小西行長の居城・宇土《うと》城復元図（熊本県・宇土市教育委員会提供）

史料で読む戦国史

小西行長

「抹殺」された
キリシタン大名の実像

島津亮二

八木書店

口絵１　伝小西行長所用　梅花皮《かいらぎ》写《うつし》 象牙《ぞうげ》張鞍《ばりくら》（16 世紀・個人蔵）

象牙を用いて梅花皮を模した鞍。小西行長所用の鞍として対馬宗氏の家臣の家に代々伝来したもの。宗義智に嫁いだ行長の娘マリアがもたらしたという伝承を持つ。

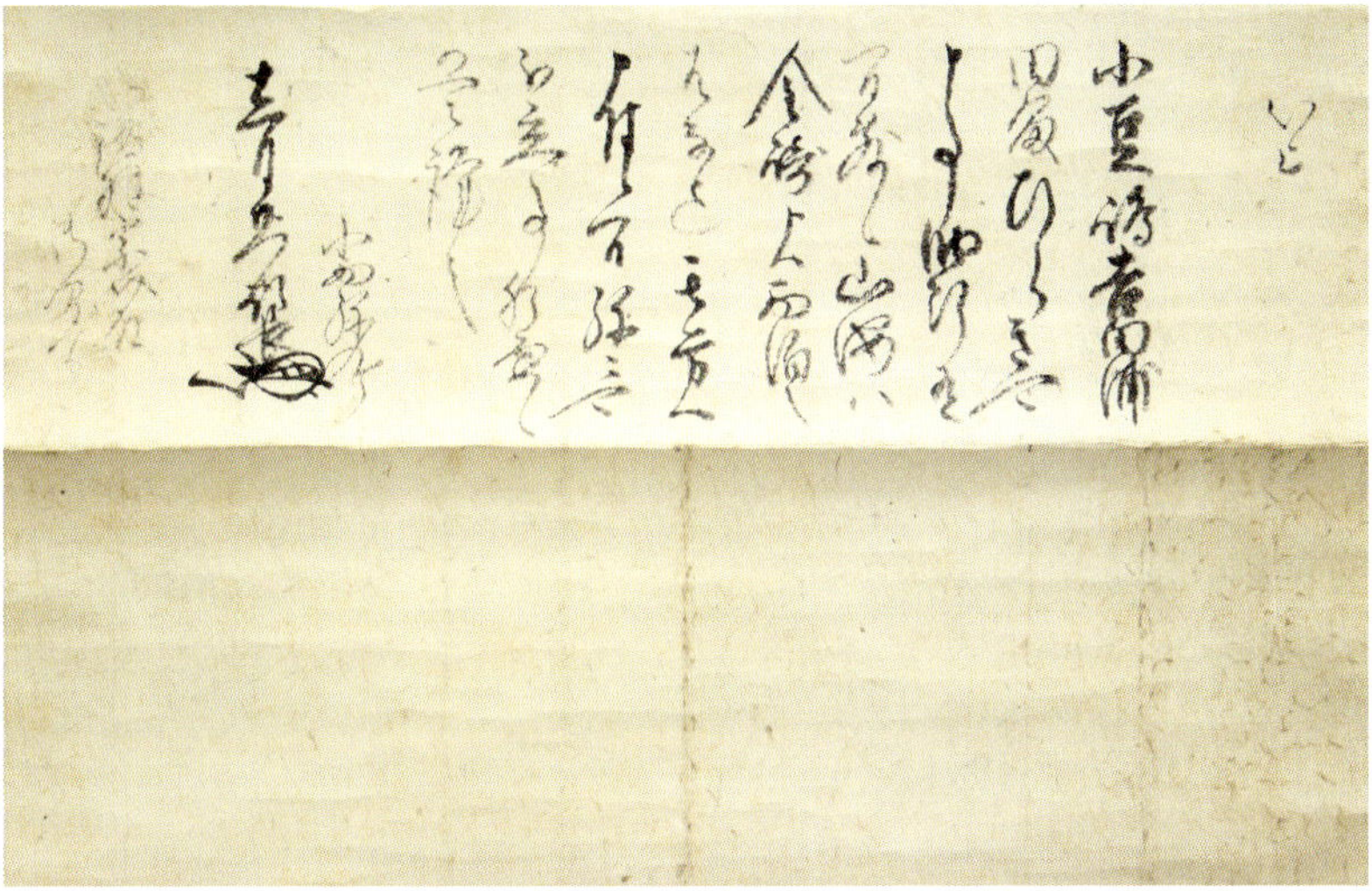

口絵２　小西行長書状（天正 10 〜 14 年・1582 〜 1586）12 月 21 日付

（高松市歴史資料館所蔵）

「弥九郎」と名乗っていた頃の行長書状。行長と小豆島との関係が直接わかる日本側の一次資料は現段階でこれ一点のみ。近年存在が明らかになった。

〔本書 25・74・75・224 頁参照〕

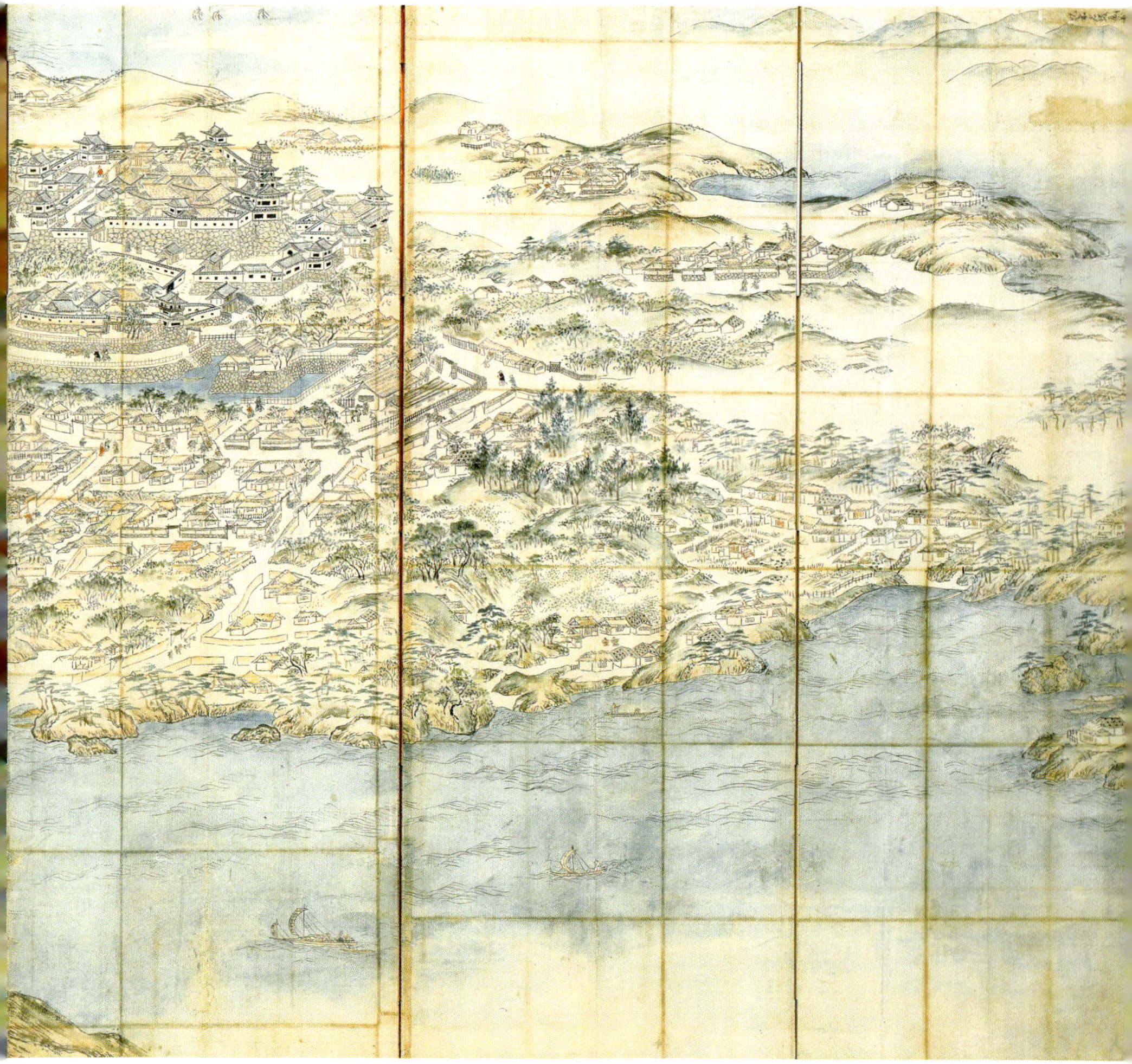

口絵３　肥前名護屋城図屏風（桃山時代　16世紀末・佐賀県立名護屋城博物館所蔵）

秀吉の朝鮮出兵の拠点、肥前名護屋城を描いた屏風。当時の名護屋城の様子と城下町や陣屋の様子を描く。名護屋城の築城は天正19年（1591）から小西行長・加藤清正・黒田長政らが普請に従事した〔本書117頁参照〕。また、第５扇中央には文禄２年（1593）に上陸した明の勅使一行が描かれている〔本書143頁参照〕。

口絵4「文禄の役」関係図（佐賀県立名護屋城博物館提供データをもとに作図）〔本書第四章参照〕

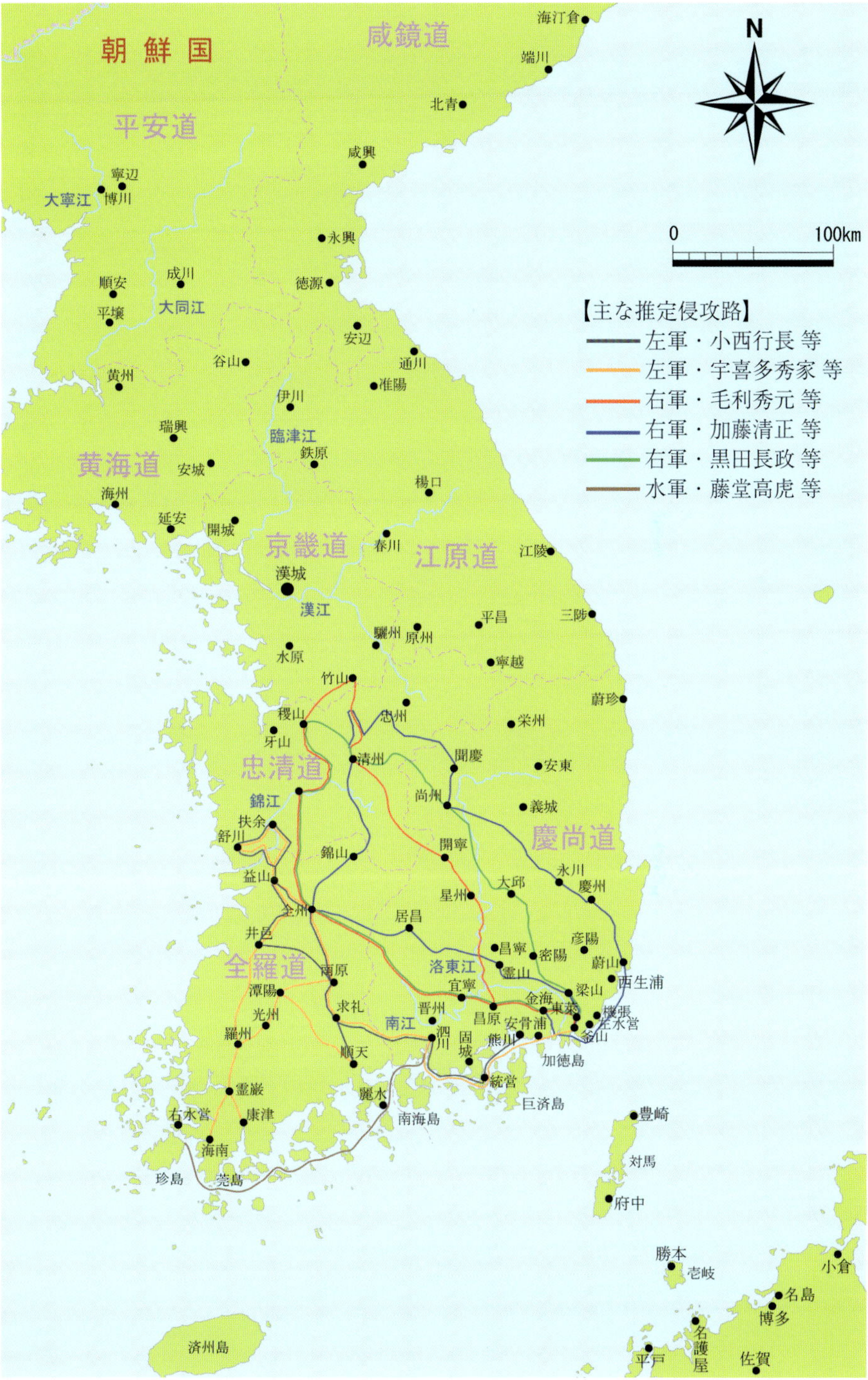

口絵5「慶長の役」関係図（佐賀県立名護屋城博物館提供データをもとに作図）〔本書第五章参照〕

口絵6　関ヶ原合戦図屛風（江戸時代後期　十九世紀・岐阜市歴史博物館所蔵）

関ヶ原合戦における小西行長隊が描かれている。江戸時代に制作された関ヶ原合戦の絵画資料の中で、これだけ行長が勇ましく大規模に描かれているものは珍しい。行長の下には小西主殿助や木戸作右衛門など、有力家臣の姿も見える。〔本書172・206頁参照〕

口絵７　伝小西行長所用　皺革包《しわがわづつみ》 胴丸具足《どうまるぐそく》（江戸時代前期　17 世紀・個人蔵）

堺の旧家に伝来。戦国大名の具足としては簡素であるが、胴部分の赤い日輪とそれを取り巻く金色の輪光は、本来鮮やかなものだっただろう。なお、胴以外の部分はほとんどが後補。行長の遺品が残り少ない中、小西行長所用と伝わる具足として貴重である。

はじめに
―小西行長の資料は「抹殺」されたのか―

「小西行長で展覧会は無理ばい。資料がなかもん。」

二〇〇二年春、私は熊本県の八代市立博物館未来の森ミュージアムで学芸員として働き始めた。さっそく上司や先輩方から「展覧会企画を考えるように」とアドバイスを受け、熊本・八代ゆかりの歴史・文化的事象はないかと勉強を始め、いくつかの企画を考え出した。そのうちの一つが、肥後南部地域を統治した戦国武将・小西行長だった。

小西行長。十六世紀後半、水軍の将として豊臣政権の一端を担った人物。文禄・慶長の役や関ヶ原合戦などにも深く関与し、キリシタン大名としてもよく知られている。一方、人物評としては「対明講和交渉で秀吉を欺《あざむ》いた」「面従腹背《めんじゅうふくはい》」「戦下手《いくさべた》」「神社仏閣を焼き払った」など、マイナスイメージで語られることが多い。

このミステリアスな人物を紹介する展覧会ができれば面白いのではないか。この構想を周囲の人々に相談した。しかし、返ってくる言葉のほとんどは……。それが冒頭に掲げたフレーズである。

博物館の展覧会とは実物資料を展示することによって初めて成立するもの。資料がないと開催は不可能だ。

改めて本腰を入れて調べてみると、確かに現存している行長関係資料は少ないとされていた。

その要因について先学は「敗軍の将であったうえにキリシタン大名だったという二重の理由で多くの史料が抹殺されてしまっていた」（田中一九九八）、キリシタン禁制の結果による「幕藩権力による歴史事実の消去」（朝尾一九七二）などと説明されていた。学生時代に日本古代史に没頭し、戦国期の研究など素人に近かった私は、行長についてのこうした説明に「納得」してしまい、早々に展覧会構想を諦め、胸の奥にしまい込んでしまった。

それから三年後の二〇〇五年、画期的な仕事が世に出された。それは宇土市教育委員会が刊行した『小西行長基礎資料集』で、行長関係資料五七八点の目録と三四六点におよぶ資料本文がまとめて収録・紹介されたのである。この資料集は主として既刊の活字史料からの収集・収録ではあったが、まさしく従来の行長研究に一石を投じた金字塔であり、「行長の資料が少ない」などとはまず言えない状況になったのである。

その後しばらくして、大分県竹田市に行く機会があり、たまたま立ち寄った竹田市立歴史資料館で学芸員の中西義昌さんと話をしていると、「うちに『行長』と書いてある書状があるんですが、小西行長のものなのかどうか……」と、中西さんが一点の巻物を持って来られた。まさか、と思い恐る恐る巻物を開いてみると、それは紛れもない天正十六年（一五八八）の小西行長知行宛行状の原本そのもの（文書12）。従来『碩田叢《せきでんそう》史《し》』に収録された写しによって内容こそ確認されていたが、原本の存在は全く知られていなかったものだ。あまりの偶然に驚きつつも、この瞬間に「行長の一次資料はまだ全国各地に残っている」と直感した。

確かに、行長に関する現存資料は決して多くはない。かといって先学が言うような、幕藩権力による資料の「抹殺」を証明する記録は、管見の限り見あたらない。実は、行長の資料は「抹殺」されていないのだ。必ずどこかに埋もれているに違いない。

こうして「その気」になった私は、小西行長発給文書の捜索活動に乗り出し、各地の博物館・資料館などが所蔵する一次資料の情報収集に乗り出し、閲覧可能なものはできるだけ現地に赴き、現物の確認を行なった。そして、従来知られていなかった一次資料の存在が次々と明らかになっていったのである。また、行長の場合、イエズス会報告書に記録が多く残されているが、こうしたヨーロッパ側の資料が日本語訳され近年次々と刊行されていたことも、資料増加の大きな要因と言える。

こうした紆余曲折を経て、開催できたのが二〇〇七年秋の特別展覧会「小西行長―Don Agostinho―」（八代市立博物館未来の森ミュージアム）である。さまざまな方のご理解とご協力によって、八十六点もの資料を出品させていただき、また、展覧会図録にはこの段階で把握していた小西行長発給文書九十点を紹介することができた。この展覧会図録と先述の『小西行長基礎資料集』とを合わせ見ると、少なくとも行長の資料が「抹殺」されたとする先行研究の見解は、克服されるべき段階に来た、と言える。

しかし、歴史研究の上では、資料の捜索・収集はあくまで基礎作業だ。研究者として次に私が取り組むべきは、しっかりと資料の内容を読み解いて、小西行長の生涯を描き、実像を解明することだと考えた。そして、それに取り組んだのが本書である。

巻末の「参考文献」に示したように、行長については先学による多くの研究蓄積がある。しかし、これらはいずれも「行長の資料は少ない」段階でなされたものである。よって、近年明らかになった一次資料をもとに行長像を捉え直すことは、少なからず意味があるだろう。
巻末には、展覧会の開催後に新たに存在を知り得た十一点を加えた「小西行長発給文書集成」（計一〇一点）を収録した。理解力・表現力に疎い私の叙述が、読者の方々にとって満足いくものであるか甚だ不安であるが、現段階で把握している一次資料を活用しながら、可能な限り小西行長の実像解明を試みようと思う。

なお、本書に引用の資料・参考文献について、左記のとおりとした。
・本書巻末に収録の「小西行長発給文書集成」を文中に引用する場合、〔文書1〕とした。
・参考文献は〔氏名・発行年〕として示し、巻末に一括して掲げた。
・引用資料は巻末に解題を付した。
その他、左記の資料は次のとおり略した。
・『日本史』＝ルイス・フロイス著の『日本史』（中央公論社）
・『日本年報』＝『イエズス会日本年報』（雄松堂書店）
・『報告集』＝『十六・七世紀イエズス会日本報告集』（同朋舎出版）

『小西行長―「抹殺」されたキリシタン大名の実像―』目次

〔付　録〕

第一章　小西一族と秀吉——一五五八～一五八五年——

「浮田直家、信長に属せんと乞ふ図」
（『絵本太閤記』二編巻之十一　佐賀県立名護屋城博物館所蔵）
宇喜多直家の使者として、羽柴秀吉（右）に面会する小西行長（左）

行長と宇喜多氏との関係は？

泉州堺の町人・「小西寿徳《じゅとく》」の二男・弥九郎《やくろう》（行長）は備前岡山の商人・魚屋《うおや》九郎右衛門の養子となっていた。あるとき、宇喜多《うきた》直家《なおいえ》にその才を買われて、信長軍の中国方面担当・羽柴秀吉のもとへ和睦の使者として派遣され、秀吉に面会、無事にその任を果す……。

行長の出自と青年期の様子について、一般的によく知られているエピソードである。だが、これは『陰徳《いんとく》太平記《たいへいき》』（享保二年・一七一七成立）・『備前軍記《びぜんぐんき》』（安永三年・一七七四成立）・『絵本太閤記』（十八世紀後半成立）など、江戸時代に編纂された軍記物に記されている話である。いずれも父・立佐《りゅうさ》の名を「寿徳」「如清」と誤認していたり、年齢差のある行長と秀吉（秀吉が二十二歳ほど上）をお互い幼少期から旧知の仲とするなど、すべての内容を鵜呑みにすることはできない。

それでは、行長の出自についてどこまでが史実と言えるのだろうか。そして、行長と宇喜多氏はどのような関係にあったのだろうか。

一　小西氏と堺・日比屋氏

小西行長の出自については不明な点が多いが、生まれ育った環境が行長の個性に与えた影響はきっと大きかったに違いない。本章では、当時の日本およびイエズス会の資料をもとに、可能な限り出自の謎に迫ってみたい。

行長の血縁関係

行長の生い立ちや個性を考える場合、まずその血縁・家庭環境を知っておく必要があるだろう。小西一族については、松田毅一の詳細な研究があり〔松田一九六七・一九八六〕、それとイエズス会報告書などを参考にして略系図を作成し巻末に掲載した（329頁）。

この略系図に見えるとおり、行長は小西立佐《りゅうさ》の二男として生まれた。略系図を一目見てわかるように、行長の両親・兄弟・子、そして血縁の堺・日比屋《ひびや》氏のほとんどが、洗礼名を持つキリシタンである。小西一族がキリスト教、そしてイエズス会と深くつながるようになったのは小西立佐の影響が強い。そして立佐をキリスト教へと導いたのは、日比屋氏との関係であった。

日比屋了珪との関係

日比屋氏は十六世紀の堺で活躍した豪商である。特に十六世紀後半の当主である了珪《りょうけい》について、宣教師ルイス・フロイスが「商人であって、シナの船が来る下（九州）に行かねばならなかった」と記しているように（『日本史』第一部三七章）、日比屋氏は九州での対外交易ルートを持つ貿易商であった。

堺における了珪について、フロイスは「この市街のはなはだ名望があり、広く親族を有する」人物と評している（『日本史』第一部三五章）。また、永禄四年（一五六一）に司祭ガスパル・ヴィレラが堺を訪れた際には「了珪の数人の子供と親族たちがキリシタンとなり、それから二年後には了珪も洗礼を受け、自らの生活および行為によって人々を大いに感化し、つねに当市のキリシタンの柱石となり生活の亀鑑であった」と記している（『日本史』第一部三五章）。こうして了珪はイエズス会宣教師との接近を強め、「彼の家は昼夜とも教会の役目を果し、彼のものであった二階を司祭たちは居室とし」たという（『日本史』第一部三五章）。

了珪がイエズス会宣教師との関係を築いた経緯について、フロイスは、当時ヴィレラが京都に近い布教拠点として「日本のヴェネツィアとも言うべき堺の市街以上に重要な場所はなかろう」と考えていたところ、了珪が「伴天連《ばてれん》がもし同所（堺）に来るならば、自分の邸に泊まってもらいたい」とアプローチをかけてきた、と記している（『日本史』第一部三五章）。

このときの了珪の思惑は、貿易商として南蛮との交渉ルートの開拓・確保が第一であり、純粋な信仰心によるものではなかっただろう。いずれにしろ、対外交易ルートを持つ日比屋了珪が堺という商業都市とキリスト教を結びつける契機を作ったのである。

小西氏と日比屋氏

行長の父・立佐が堺出身であったことは明らかであるが（後述）、出自や親類関係についての詳細は不明であり、もともと日比屋氏と縁戚関係であったのかもわからない。ただし、略系図（329頁）で示したように、小西一族のほぼ全員がキリスト教の洗礼を受けており、了珪の娘・アガタと立佐の嫡男・如清《じょせい》、了珪の子・了荷《りょうか》と行長の家臣小西末郷《すえさと》（木戸作右衛門）の娘、さらに了荷の子・弥右衛門《やえもん》と行長の娘と、両家の間に婚姻関係が二重、三重に結ばれていた。

このことを考慮すると、小西立佐と日比屋了珪、そしてその次世代の両家が、宗教的紐帯と血縁関係による強い縁戚関係を、段階的に結んでいったと考えてよい。

九州―堺の海上輸送ルートと資金力を持つ日比屋氏との強力コンビ、これこそが小西立佐・如清・行長の何よりの「武器」であった。そして、この「武器」によって、小西一族は秀吉政権の中で政治的地位を向上させたのだった。

了珪の一次資料

ところで、日比屋了珪については現段階で一次資料がほとんど確認できない。次に掲げるのが管見に入った唯一の資料（図1）である。

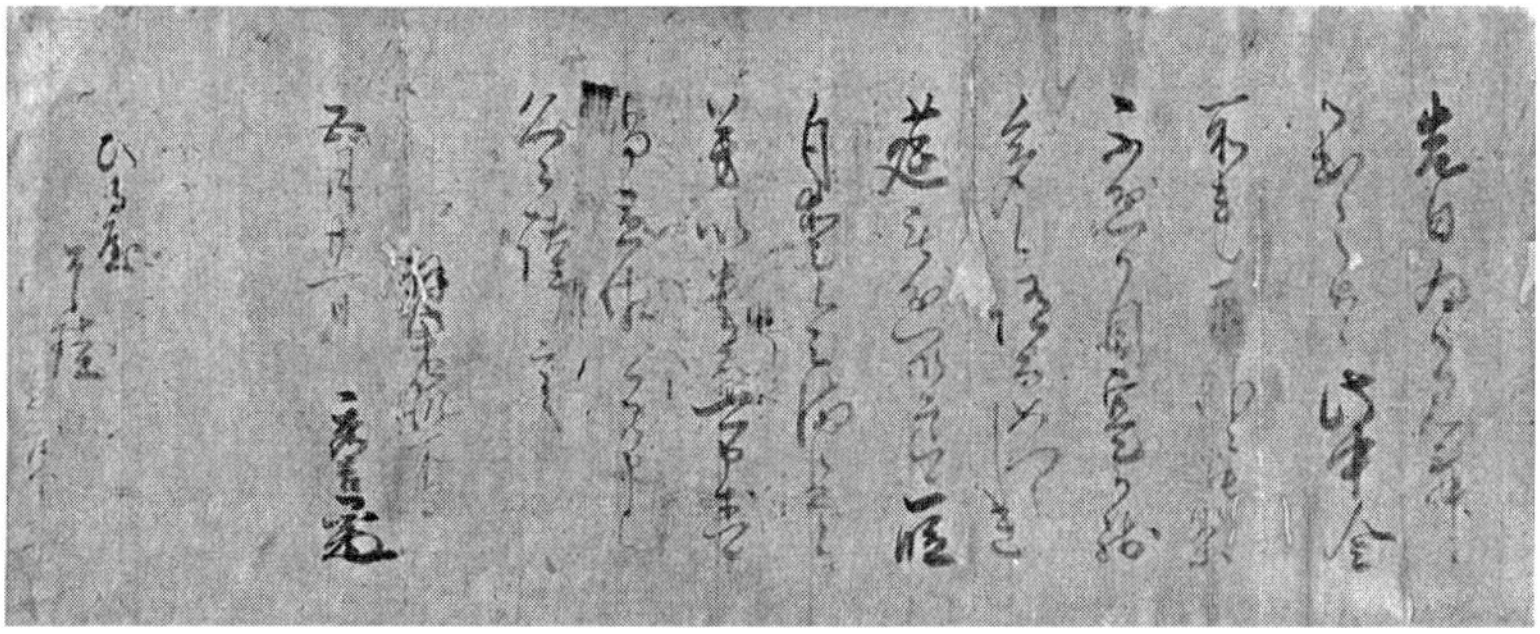

図１　日比屋了珪宛 羽柴秀吉書状（存疑）（東京大学史料編纂所所蔵）

先日為御見舞御出之由候、此中令所連「　　」条、不懸御目寔御残多候、随而めつらしき莚被懸御意候、一段自愛令満足候、旁以貴面可申述候、尚立佐《(小西)》可申候、恐々謹言、

羽柴筑前守

五月廿一日　秀吉（花押）

比《(マヽ)》日屋

了珪

玉床下

これは、東京大学史料編纂所の目録では「疑文書カ」とされている。確かに実物を見ると花押の形や全体の筆跡は秀吉書状のものと異なっており、決して「ホンモノ」とは言えない。しかし、内容は秀吉が了珪に対して見舞・進物のお礼を述べるもので、内容から判断すれば原文書からの「写し」である可能性もないことはない。特に注目すべきは最後に「尚立佐申すべく候」と、了珪への秀吉の意思伝達役として立佐の名が見えることである。文書そのものが「ホンモノ」でなくても、これが「写し」であれば秀吉─立佐─了珪の関係を示す貴重な資料と言えるだろう。また、「ニセ

モノ」だったとしても、ある時期にこの文書を偽作した人物はこの三者の関係を把握していたということになり、それはそれで興味深い。いずれにしろ、この書状はこれまでの研究ではあまり取り上げられたことがないので、問題が多い資料であることは承知の上で、あえてここに紹介しておく。

立佐の生い立ち

さて、立佐の生年であるが、フロイスによれば天正二十年（一五九二）段階で「六十歳を超えた老人」であった（『日本史』第三部四〇章）ことから、享禄年間（一五二八～三二）ごろに出生したと考えられる。

立佐の出身地について、フロイスは堺を「彼の郷里」とするが（『日本史』第三部四〇章）、これを直接証明し得る日本側の資料は今のところ見出せない。しかし、松田毅一が指摘しているように〔松田一九六七・一九八六〕、「開口《あぐち》神社文書」などにより天文年間（一五三二～一五五五）の堺に「小西」姓を名乗る有力商人の存在が確認できること、後に堺の日比屋氏との密接な縁戚関係を持つことなどを考えると、直接の血縁関係は不明だが、立佐は堺の小西一族出身者とするのが妥当であろう。

堺の豪商・津田宗達《つだそうたつ》の茶会記録『宗達他会記《そうたつたかいき》』の天文十九年（一五五〇）二月九日条に、茶会参加者の一人として「小西弥九」という人物が見えるが、あるいは彼が立佐その人かもしれない。

また、フロイスは立佐について「我らのフランシスコ・ザビエル師を識《し》っていた」（『日本史』第三部四〇章）とする。これを裏付ける他の資料は見出せないが、天文二十年（一五五一）にザビエル（図2）が堺と京都を往復した際に世話にあたったのが堺の日比屋氏であり、立佐はこの時にザビエルと何らかの接触を持ったようである〔松田一九六七・一九八六〕。

立佐は京都へ

フロイスは立佐を「ガスパル・ヴィレラ師が都地方に行った時以来の、その地における最古の改宗者」（『日本史』第三部四〇章）と評する。これをふまえると、ヴィレラが将軍・足利義輝《よしてる》から京都での布教を認められた永禄三年（一五六〇）までに、立佐は京都へ移住しており、このころにキリスト教の洗礼を受けたのだろう。後述のように行長は永禄元年（一五五八）に京都で生まれた。このことを考えると、京都への移住の時期は永禄元年までさかのぼれそうである。

図２　聖フランシスコ・ザヴィエル像
（神戸市立博物館所蔵）

この後、永禄八年（一五六五）京都から宣教師が追放された際、河内国まで同行した「都のキリシタン」三人のうちの一人が「（小西）ジョウチン立佐」であり（『日本史』第一部六七章）、早くから積極的にイエズス会宣教師を支援する行動を取っている。

こうした状況の中で、立佐の二男として生まれたのが小西弥九郎行長であった。

二　行長の生い立ちと父・立佐

行長の生年

行長の年齢を示す資料は、朝鮮の史書『宣祖実録《せんそじつろく》』宣祖二十八年（文禄四年・一五九五）二月の項に「行長今年三十八」と見えるのが唯一である。これをもとに数え年で逆算すると、行長の生年は永禄元年（一五五八）になる。

フロイスは行長について「都生まれのキリシタン」と表現している（一五八四年八月三十一日付フロイス書簡、『日本年報』上）。永禄元年（一五五八）は先述したように父・立佐が京都を拠点として活動するようになった時期と合致する。このことから、行長は永禄元年ごろに京都で生まれたと考えてよいだろう。

京都で洗礼を受ける

永禄十二年（一五六九）、フロイスは岐阜の織田信長に面会するために京都を出発した。そのときの状況を、次のように記している。

当地方のもっとも信頼しうるキリシタンの一人である立佐（小西）はその一子とともに坂本まで私に同行した。彼は私が前回、都から追放されたとき、もっとも私を援助し、三箇まで同行してくれた人である。坂本において彼は私のため或る知人の家を（宿にすべく）交渉し、私はその家に入ってロレンソを待ったが、立佐は私が同所にいる間、私に付き添わせるため己れの息子を留めた。このキリシタンが我らに抱く愛情により我らがどれほど彼に負うているか尊師に到底語り得ない。

（一五六九年七月十二日付フロイス書簡、『報告集』Ⅲ—3）

この「一子」とは、永禄元年（一五五八）生まれの行長のこととすれば十二歳。その兄・如清の生年は定かではないが、この如清・行長のどちらかだろう。

永禄三年（一五六〇）ごろには京都で洗礼を受けた立佐は、このように、子らとともに早くからイエズス会宣教師と密接な協力関係を築いていた。そして行長も父・立佐の影響を受け、「幼少の時より都の聖堂において（キリスト教の）教えを受け」た（一五八四年一月二日付フロイス年報、『日本年報』上）のである（図3）。

図3　都の南蛮寺図（部分）（神戸市立博物館所蔵）
行長もこうした都の「聖堂」（南蛮寺）で洗礼を受けた。

その後の少年期の行長については詳しいことはわからないが、父・立佐は活動をますます活発化させ、宣教師のみならず信長などの武家権力との関係を深めていく。

和田惟政と立佐

永禄十二年（一五六九）、信長との面会の結果を伝えるフロイスの使者として、立佐は摂津《せっつ》高槻《たかつき》城主・和田《わだ》惟政《これまさ》のもとに派遣されている。惟政は、室町幕府旧臣ながら信長と関係を深め活躍した武将で、当時最大のキリスト教理解者としてイエズス会宣教師が注目していた人物である。

この時の様子をフロイスは、「和田殿はその時、都から二十里の兵庫にいたので、リウサ（立佐）が（和田殿宛の）書状を引き受け、直ちに和田殿の居所に向けそれを携えて出発した。彼（惟政）は同人をあたかも己れの非常に近い親戚でもあるかのように厚遇した」と記している（一五六九年七月十二日付フロイス書簡、『報告集』Ⅲ―3）。

これを機に、立佐は惟政と親密になったようだ。フロイスは元亀二年（一五七一）の書簡で「この都において彼（惟政）はジョウチン（立佐）と称するはなはだ親しいキリシタンに、我らが食料、その他の物を欠いていないか密かに調べるように命じたが、これは我らの必要品をことごとく補うためであった。奉行（惟政）はこのキリシタンが我らによく受け入れられており、教会が事あるごとに同人を用いていることを知ると、その貧しさ故に同人を援助することに決め、生命ある限り恩恵を施した」と記している（一五七一年九月十八日付フロイス書簡、『報告集』Ⅲ―4）。イエズス会宣教師の信頼と卓越した交渉力をもとに、有力者とのつながりを広げる立佐の活動ぶりがうかがえる。

図4　織田信長像（神戸市立博物館所蔵）

信長と立佐

元亀四年（一五七三）、反信長の姿勢を見せた将軍・足利義昭《よしあき》を攻撃すべく、信長（図4）は軍勢を率いて上洛。その際に、「都のもっとも古参のキリシタンの一人である（小西）ジョウチン立佐」はフロイスの指示により、信長に謁見して日本布教長フランシスコ・カブラルの書簡と「塗金の円楯」を献上している。さらに後日「一瓶の金平糖《こんぺいとう》」を献上した上で、宣教師の活動説明を行なうと、信長は満足したという（『日本史』第一部一〇一章）。

このことは、立佐がフロイスら宣教師から相当の信用を得ていたことを物語っている。こうした信用をもとにイエズス会と権力者との仲介役を果したことが、立佐が信長・秀吉らに見出されることにつながったのだろう。

天正九年（一五八一）、信長の「京都御馬揃《おうまぞろ》え」の経費について、フロイスは「祭りの第一回目の披露だけで七百の騎馬が登場し、その費用は十万タエルを超えるとのことであるが、これは（高山）右近《うこん》殿及び（小西）立佐、その他支出された費用をよく知る人たちの話である」と記している（一五八一年四月十四日付フロイス書簡、『報告集』Ⅲ—5）。これを見る限り、立佐はすでにこの段階で信長への接近を達成していたのである。

堺とのパイプを深める

立佐は京都を基盤にキリシタンとして活躍しつつも、堺の町衆や豪商とのつながりを維持し、『宗及自会記《そうぎゅうじかいき》』に「京之小西立佐」としてたびたび登場している（天正三年正月二十五日条・天正八年二月十五日条など）。立佐としては、堺において特に人望と財力を持つ日比屋氏とのつながりを深めようと意図していたのは間違いない。その最たる出来事が立佐の嫡男・如清と日比屋了珪の娘・アガタとの結婚である。

この両者がいつ結婚したかははっきりしないが（少なくとも娘・マルタが天正二十年〈一五九二〉に生まれているので〈松田一九六七・一九八六〉、それ以前であることは確実）、権力への接近を志向する立佐と、堺のキリシタンの柱石であり対外貿易商である了珪の二人は意図的に結束を強め、激動の時代を乗り切ろうとしたのだ。

フロイスが「思慮に富み、交渉に長けて」いたと記すように、おそらくは立佐自身、とても優秀な能力の持ち主だったのだろう。それに加えて、堺の日比屋氏を中心とする町衆・豪商とのつながり、そして、イエズス会宣教師との太いパイプ、この二点を持ち合わせていることが立佐の最大の「売り」であった。これは小西行長の歴史的前提として最も重要な点である。

三　行長と宇喜多氏

秀吉書状に見る宇喜多氏と行長

青年期の行長が備前（岡山県東部）の宇喜多氏に仕えていたというエピソードは本章冒頭（2頁）で紹介し

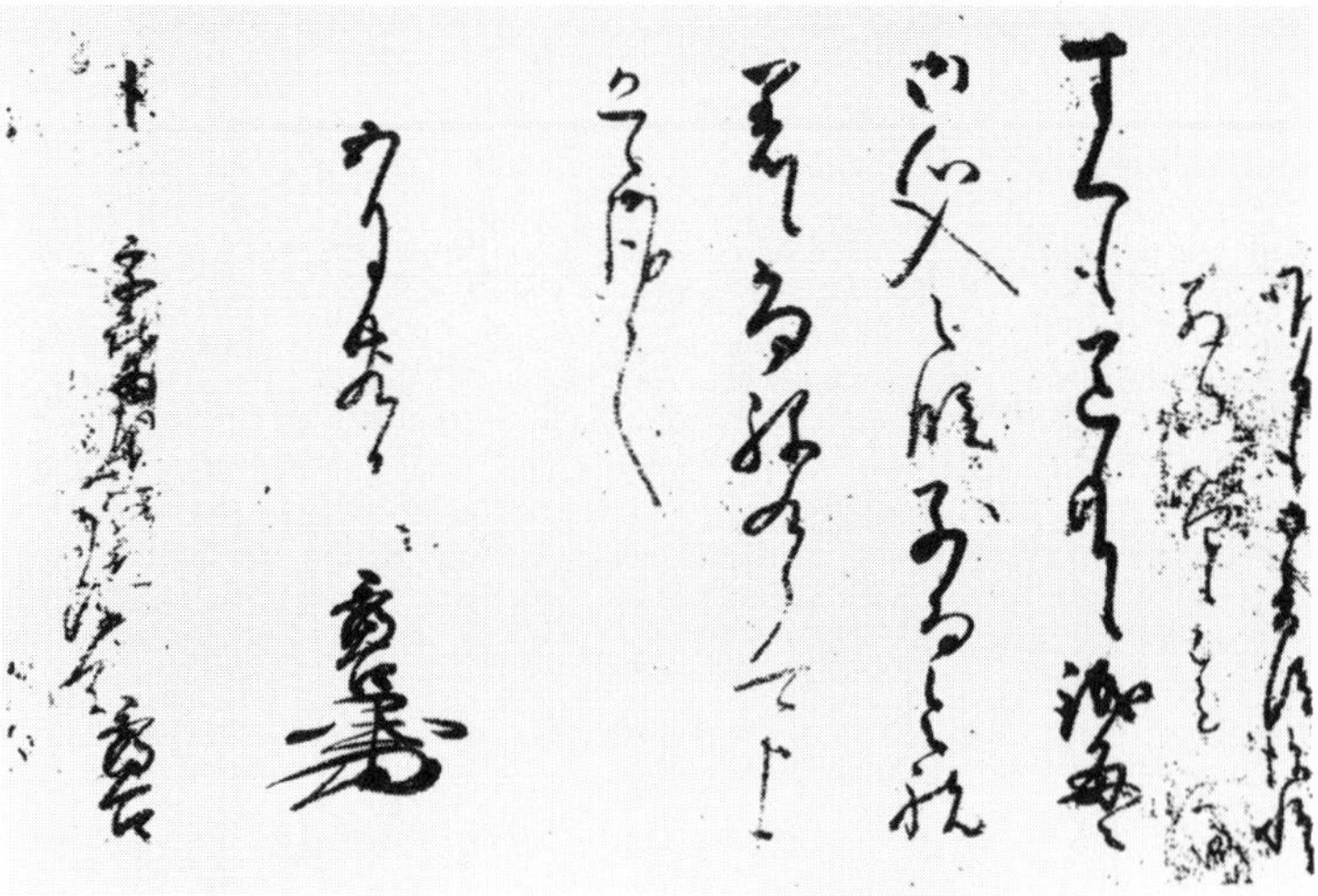

図５　年未詳５月29日　宇喜多左京亮宛 羽柴秀吉書状
（「戦国武将文書」、東京大学史料編纂所所蔵）

たとおりだが、宇喜多氏と行長との関係を示す日本側の一次資料については、次の羽柴秀吉書状がある（図５）。これまでほとんど紹介されたことがない資料なので、全文を紹介しておく。

昨日も御音信□格別□　　□候、已上、
すくも送給候、誠毎々御心入之段、別而令祝着候、
尚弥九郎（小西行長）可申候、恐々謹言、
　五月廿九日　　秀吉（羽柴）（花押）
（礼紙ウハ書）
「（切封）宇喜多左京亮殿　　秀吉」
　　　　　御□答

これは、「すくも」を贈られたことに対して、秀吉が「宇喜多《うきた》左京亮《さきょうのすけ》」に礼を述べたものである。この書状の年代ははっきりしないが、宇喜多氏が織田氏に接近する天正七年（一五七九）から、秀吉が関白に就任し、判形を記した丁寧な書状を発給しなくなる天正十三年

（一五八五）までの間の書状であろう。

まず問題となるのは、この書状の「宇喜多左京亮」が誰を指すのか、ということである。宇喜多氏の中で「左京亮」を名乗る人物に宇喜多詮家《あきいえ》（後の坂崎出羽守直盛。宇喜多直家の異母弟・忠家の子）がいる。しかし、彼が左京亮を名乗るのは天正十四年（一五八六）からなので、詮家ではあり得ない。とすると、その父・忠家（図6）の可能性が考えられるが、忠家が左京亮を名乗ったとする一次資料は見出せず、こちらもはっきりしたことは言えない。現段階では、詮家以前に左京亮を名乗っていた宇喜多家臣の誰かというしかない。

さて、この書状の中に「尚、弥九郎（行長）申すべく候」と、秀吉と「宇喜多左京亮」の間の伝達役として行長の名前が見えるが、注目したいのはその表記である。通常、秀吉が他の武将に対して発給した書状に行長のことを記す場合、「小西弥九郎」と記すことが多い。しかし、本状では「弥九郎」と下の名前のみで記してある。これは「弥九郎」と「宇喜多左京亮」がすでに既知の親しい間柄であることをふまえての表記のように感じられる。

図6　宇喜多忠家（安心）画像
（岡山県立博物館所蔵・写真提供）

宇喜多氏に仕官

宇喜多氏と行長の関係については、フロイスの書簡の中に関連する記述がある。天正十四年（一五八六）の書簡には「関白殿（秀吉）の海の司令長官アゴスチイノ弥九郎殿（小西行長）は、三ヶ国を領し関白殿の養子となった備前の王・八郎殿（宇喜多秀家）の旧臣であった故、八郎殿部下の貴族大身達は皆アゴスチイノの友人であった」と記されている（一五八六年十月十七日付フロイス書簡、『日本年報』下）。この記述により、行長がはじめ宇喜多氏に仕官していたことは確実である。

この他にも、文禄四年（一五九五）のオルガンティーノ書簡に次のような記述がある。

> 三ヶ国、すなわち備前・美作・備中の国主なる備前宰相殿《宇喜多八郎》の甥にあたり、アゴスチイノ《小西行長》の非常な親友で、あたかもこの国主の養子のようにしていた重立った貴人の若者が、大坂で洗礼を授かってから二ヶ月が経っている。（中略）我らは彼がいつかは、その模範と権威によって先に述べた（備前・美作・備中の）諸領国を改宗させるであろうとデウスに信頼している。彼の父忠家《宇喜多》は、先述の諸領国〔それらを今は息子が領有している〕の故人となった国主の兄弟であり、その甥《秀家》の重立った助言者である。一同はアゴスチイノとこの上ない友情で結ばれているので、我らはこれらの諸領国のキリシタンへの接近についての、我らの最高の希望が、我らの主（なるデウス）によって欺かれようとは思ってもいない。（中略）この年報を終えようとした頃、パウロ左京殿《宇喜多詮家》という備前国の青年が私を訪問するために当地に来た。
>
> （一五九五年二月十四日付オルガンティーノ書簡、『報告集』I―2）

ここに登場する「若者」＝「パウロ左京」とは、宇喜多詮家のことである。ここで行長と宇喜多家臣一同が「この上ない友情で結ばれている」と記述されているのは、行長が宇喜多家旧臣であったという事情を考えると全く違和感がない。先述の宇喜多左京亮宛羽柴秀吉書状の存在、および「弥九郎」表記ともつじつまが合う。

このように、行長は青年期のはじめ、宇喜多氏に仕官していたのであり、後々までその交友は続いたようである。

もっとも、いつ、どのようにして行長は宇喜多氏に仕えるようになったのか。この点については一次資料が見出せず、はっきりしたことはわからない。いずれにしろ、行長が青年期のある期間に、宇喜多氏に仕えていたのは間違いない。

秀吉との出会い

寛永十四年（一六三七）までに成立したと推定されている小瀬甫庵《おぜほあん》著『太閤記《たいこうき》』では、天正七年（一五七九）、宇喜多直家が家老たちと合議して織田方との和平を決定し、「秀吉卿へ小西如清をして、その旨申奉りければ」、秀吉は事のほか喜んだ、とある。いたってシンプルな記述であるが、本章冒頭で述べた『備前軍記』『絵本太閤記』などのドラマチックな内容とは若干趣を異にしている。

もちろん『太閤記』もあくまで編纂物であり、ここで「如清」と記しているのは本来「弥九郎（行長）」であるべきなど、いくつかの問題点はある。しかし宇喜多氏に仕官していた行長が、秀吉（織田軍）との和平交渉に関与していたという可能性はある。前述のように、行長の父・立佐はこの段階ですでに信長政権への接近を果しており、宇喜多方の和平交渉担当者として、確かに行長は適任者だっただろう。しかし、これに関しても一次資料が見あたらず、現段階では推測にすぎない。史実として確実に言えるのは、それまで宇喜多氏に仕官していた行長が、天正八年（一五八〇）ごろから秀吉のもとで活躍し始めるということのみである。

そして、ここから行長の立身出世が始まるのである。

四　秀吉に登用される立佐と行長

秀吉に仕える

宇喜多氏と織田氏が和睦を結んだことを契機に、行長はこの時期、中国地方の攻略作戦を担当していた羽柴（豊臣）秀吉（図7）に仕えるようになるが、日本側の現存資料で、先に秀吉との関係が現れるのは父・立佐である。

天正八年（一五八〇）に比定される播磨国網干《あぼし》郷（兵庫県姫路市）の百姓中に宛てた羽柴秀吉書状（三木文書）において、秀吉は、旧主三木通秋《みちあき》ら「英賀《あが》にげのき候もの共候ケ物《そうろうがもの》」があればすみやかに差し出すこと、「立佐」を派遣するのでその指示に従うことを命じている。この書状の存在により、天正八年（一五八〇）時点で立佐は秀吉の指示のもとに行動していることがわかる。

立佐が以前から信長方として活動していたことは先に述べたとおりであるが、天正八年に立佐が秀吉の配下として活動し始めるのは、ほぼ同時期に行長が秀吉に仕え始めることとおそらく無関係ではあるまい。

行長（弥九郎）の名前が初めて日本の一次資料に登場するのは、天正九年（一五八一）に比定される九月二十四日の羽柴秀吉書状である（黒田家文書）。この書状は、秀吉が黒田孝高《よしたか》（如水《じょすい》）に対して阿波の国人衆《こくじんしゅう》からの人質の取立てと「牢人《ろうにん》」者の成敗を命じたものである。この中で「委細《いさい》小西弥九郎に書付《かきつけ》を以て申渡し候、能々《よくよく》相談せらるべく候」「何《いずれ》も具《つぶさ》に弥九郎申すべく候」と、秀吉は行長に具体的な指示を伝達させ、孝高と協議させている。

これを見る限り、行長はすでに天正九年段階で秀吉の命令を諸将に伝え、実行させる立場にあったことがわかる。

図7　豊臣秀吉木像
（名古屋市秀吉清正記念館所蔵）

信長書状に見える「小西」

天正九年（一五八一）で、行長の行動がわかる資料がもう一つある。同年に比定される十一月六日付織田信長黒印状写である。これまでの先行研究では全く注目されていない資料なので、ここで全文を紹介しておく。

去晦日注進状、今日六到来、委曲聞召候、

一、敵警固船二百艘計罷上之処、則其方令案内、自室（播磨）小・西、安宅乗出、至家島（播磨）追上之旨、尤以神妙候、尚々

無由〔油〕断可調儀事専一候、
一、備中忍城〔山脱〕事、宇喜多〔直家〕依無覚悟、如此之段沙汰之限、此方まで無念不及是非候、其付宇喜多煩再発之由候、永々所労少得験気、又相発候旨、雖本復仕候、是又無是非次第候、
一、藤吉郎〔秀吉〕永々在陣辛労仕候間、只今打入候ても、年内備中面出陣如何候、とても彼口別之儀も不可有之候間、不相変候共、隙明次第帰陣可然候、自此方も此分可申遣候、猶其元よりも成其意、可申聞簡〔肝〕要候、其面警固船之躰、又備中面之儀珍事候者、重而可注進候也、

十一月六日　御黒印〔織田信長〕

蜂須賀彦右衛門尉〔正勝〕とのへ

（『増訂織田信長文書の研究　補遺・索引』所収）

この書状は、信長が播磨・備前・備中での毛利氏との戦闘状態にある中で発給したものである。『織田信長文書の研究』ではこの文書を天正七年（一五七九）のものと比定するが〔奥野一九八八〕、そうではない。文中に見える「備中　忍城《びっちゅうおしじょう》」（忍山城《おしやまじょう》のこと。岡山県岡山市）における戦闘は天正九年（一五八一）の出来事であることが指摘されており〔山本一九九四〕、この書状は天正九年のものと位置づけられる〔森二〇〇三〕。

この書状によれば、毛利方の警固船二〇〇艘ばかりが海上を上ってきたところ、蜂須《はちす》賀《か》正勝《まさかつ》が状況を知らせ、室津《むろのつ》（兵庫県たつの市御津町室津《むろつ》）から「小西」が「安宅《あたけ》」（船）で乗り出し、敵を家島《いえしま》（兵庫県姫路市）まで

追い上げるという働きを見せており、信長はそれを称賛している。

では、この「小西」とはいったい誰を指すのか。おそらく行長だろう。というのも、フロイス『日本史』に天正九年（一五八一）の出来事として「（修道士が）アゴスチイノと称する一キリシタンの所領・室の港」で布教したという記述があり（第二部三二章）、天正九年段階で播州室津は行長の管理下におかれているからである。そうすると、この信長書状に見える、「室」より軍船で乗り出した「小西」はやはり行長とみてよい。ちなみに、松田毅一の研究によると、天正十年（一五八二）段階で行長は秀吉から小豆島《しょうどしま》（香川県小豆島町）の管理権をも任されるようになった〔松田一九六七〕。

このように、行長は信長方に属し、秀吉の配下となった直後から海上交通で活躍し、後に「海の司令官」と称された能力の片鱗を見せていた。むしろ、もともと行長にこうした船団航行・統率能力があることを秀吉が見抜き、行長を抜擢して、室津・小豆島という海上交通の要衝管理を担当させたと考えたほうがいいだろう。

このころ中国方面攻略を担当していた秀吉にとって、その任務遂行には瀬戸内海交通の掌握が急務であった。立佐・行長の登用は、こうした問題を解消しようとする秀吉の目論見が背景にあったのである。

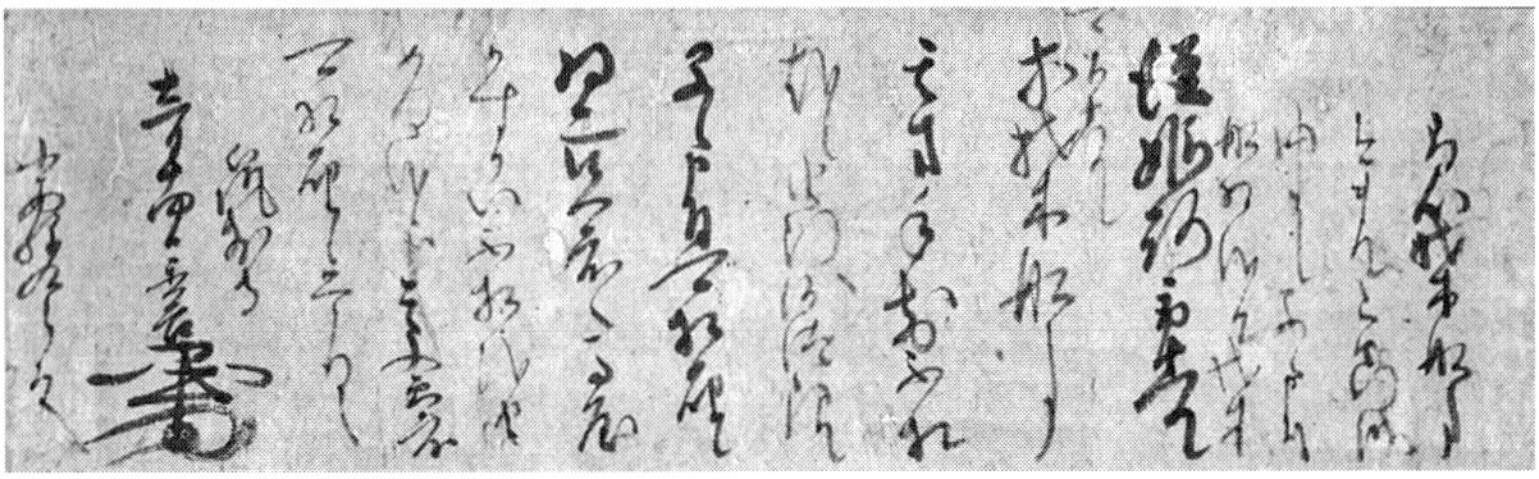

図8　年未詳12月14日付 小西弥九郎宛 羽柴秀吉書状
（大阪城天守閣所蔵）

五　海の司令官・小西弥九郎

主な任務は海上輸送

天正九年（一五八一）以降になると、「小西弥九郎」（行長）の名は秀吉書状を主とする資料の中にしばしば登場するようになる。そこから豊臣政権樹立過程における行長の役割がうかがえる。

まず、大阪城天守閣が所蔵している年未詳十二月十四日付小西弥九郎宛羽柴秀吉書状（図8）は、天正十一～十二年（一五八三～八四）ごろの大坂城本丸築造工事に関連するものと考えられている〔大阪城天守閣二〇〇〇〕。その内容は、秀吉が弥九郎（行長）に対し、姫路から届くはずの材木・船および馬屋のかすがいが届いていないことを「曲事《くせごと》」であると叱責するもので、秀吉の怒りの感情がよく伝わってくる。

播磨の姫路からの輸送というのは、この時期に行長が近辺の室津を管理下においていることが背景にあるのだろう。いずれにしろ、ここからうかがえるのは秀吉の指示のもと、海上物資輸送の任にあたっている行長の姿である。

次に天正十三年（一五八五）以前のものと推定される四月十一日付某宛羽柴

秀吉書状（榎戸克弥氏所蔵文書）は、行長を室津まで追いかけ、行長と相談し兵粮を受け取るように指示する内容である。これも、行長が室津を拠点として兵粮輸送の任を務めていたことを示す資料である。

このように、行長は瀬戸内海の海上輸送の一端を担う任務を務め、秀吉家臣の中で頭角を現していったのである。

行長の地位

フロイスは一五八四年一月二日付一五八三年度日本年報（『報告集』Ⅲ―6）において、行長を「海の司令官」と称し、「二万五千クルザード余の俸禄」を受けていると表現している。これによれば、少なくとも天正十一年（一五八三）段階で、行長は水軍の将としてのある程度の地位を得ていたことになる。ちなみに同年春、行長は秀吉の命を伝達すべく関船二艘に兵一〇〇人をともなって、讃岐の香西浦《こうざいうら》（香川県高松市）にいたったと伝えられている（『南海通記《なんかいつうき》』）。

この時期の行長の地位が具体的にうかがえるのが、天正十二年（一五八四）に比定される六月十六日付羽柴秀吉書状（竹内文書）である。この書状は長宗《ちょうそ》我《が》部《べ》元親《もとちか》の軍勢が讃岐の十河存保《そごうまさやす》の居城を攻撃している状況の中で秀吉が「小西弥九郎・石井与次兵衛・梶原弥助」の三名に発給したものである。秀吉は、「十河城《そごうじょう》」への兵粮輸送を仙石秀久《せんごくひでひさ》に任じたので、秀久の命に従って「警固船」を手配するよう、行長ら三名に命じている。

この資料から、次の点が明らかになる。

この時期の行長が当時淡路洲本《すもと》城主であった仙石秀久の指揮下にあったこと、そして当時秀吉管轄の舟手《ふなて》衆《しゅう》（水軍担当）として大坂湾一帯の警備にあたっていた石井与次兵衛・梶原弥助らと同様の地位にあったことである〔田中一九七五〕。

フロイスが言うところの「海の司令官」という表現は、聞こえはいいが、実態は司令官とは言いがたく、天正十一年段階ではあくまで秀吉配下の舟手衆の一翼にすぎなかったと考えるべきである。もっとも、この時期の行長が着実に担当任務を遂行していたことは間違いない。

戦闘への参加

フロイスによれば、天正十二年（一五八四）三月に根来《ねごろ》・雑賀《さいか》衆が秀吉の留守をついて大坂・岸和田への攻撃を行なった際、「羽柴の海軍の司令官」たる行長は「直ちに約七十艘の艦隊」を率いて大坂湾に赴き敵を撃破した。また六月には秀吉による尾張竹ヶ鼻《たけがはな》城（岐阜県羽島市）の水攻めにも動員されている（一五八四年八月二十一日付フロイス書簡、『日本年報』上）。これらの記述も、行長の活躍を誇張しすぎている観は否めないが、秀吉による軍事作戦の一端を担っていたことは事実だろう。

同年のものに比定される年未詳十月十一日付羽柴秀吉書状（図9）では「南方」（紀州あたりを指すか）への出馬のために警固船を確保して大坂に集結させることを、須佐美甚太郎《すさみじんたろう》・高橋木工《たかはしもく》の両名に命じているが、「猶小西弥九郎申すべく候」と、この命令を伝達する奏者を行長が務めている。この宛名のうち、須佐美氏は鎌倉時代から続く小豆島の有力者である〔池田町一九八四〕。小豆島の管理者としてこの地域の船舶を統括

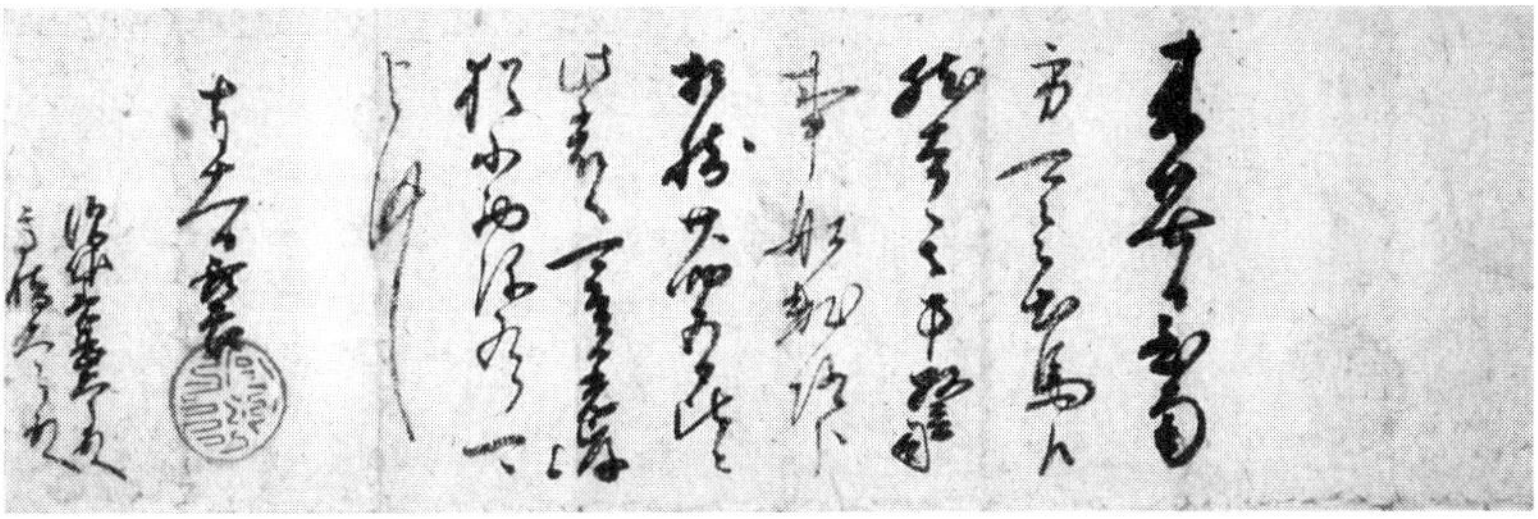

図 9　年未詳 10 月 11 日付 須佐美甚太郎・高橋木工宛 羽柴秀吉書状
（熊本市立熊本博物館所蔵）

している行長の姿が如実に現れた資料と言えよう。

小豆島との関係

ここで、小豆島に関係する年未詳十二月二十一日付小西行長書状〔文書1〕を紹介しておく。これは近年存在が明らかになった書状で、現在高松市歴史資料館が所蔵している。内容は「□□羽宗介」に宛てた書状で、小豆島の吉田浦（香川県小豆島町吉田）の田畠開発を命じ、「金崎」（金ヶ崎）から「西泊《にしどまり》之《の》はな」までの開発をしっかり行うようにと述べられている。内容から推すと、宛所の「□□羽宗介」はおそらく吉田浦一帯の有力者であろう。

注目すべきは、署名が「小西弥九郎行長」とフルネームで記されていることである。「弥九郎」時代の行長発給文書は、現段階でこれと後述の〔文書2〕の二通しか確認されていないためだ。

先述したように、行長は天正十年（一五八二）から秀吉に小豆島の管理を委任されている。その後、天正十三年（一五八五）には小豆島を所領とし、以後天正十六年（一五八八）肥後入国まで小豆島領主であった。このことと、行長が「弥九郎」を称している時期（天正十五年二月まで）を考え合わせると、この書状は天正十年（一五八二）から天正十四年（一五八六）の間のものと推定される。

行長と小豆島の関係については、従来イエズス会報告書の記述が伝えるのみであったが、この書状が新たに確認されたことにより、行長が小豆島支配に関与していた事実が裏付けられたのである。

六　紀伊・四国攻めと行長

紀伊攻めに参陣

天正十三年（一五八五）三月からの秀吉による泉南・紀伊攻めにおいて、行長は出船および警固仕度についての秀吉の命を毛利水軍に伝達する役割を果している（天正十三年比定三月一日付小早川隆景《こばやかわたかかげ》書状写、『萩藩閥閲録《はぎはんばつえつろく》』）。さらに直後には、自身も水軍の将として紀伊に赴き、「千石権《せんごくごん》兵衛尉《のひょうえのじょう》（仙石秀久）・中村孫平次（一氏）・小西弥九郎其外人数」は湯川直春《ゆかわなおはる》を攻撃する一手として参戦している（天正十三年比定三月二十五日付羽柴秀吉書状、小早川家文書）。

その後、有名な秀吉の太田城（和歌山県和歌山市）の水攻め（海津二〇〇八）にも参戦している。フロイスによれば、「筑前殿（秀吉）は海の司令官アゴスチニヨ（行長）に命じ、艦隊を率いて湖に入り、大船をもって先頭に立ち城を攻撃せしめ」、「大小の絹の旗多数に紋章として聖十字架を描いたるものを携えて、敵の対岸に接近し」、「彼は先頭に進んで全艦隊を指揮し、その船が多数であったため、城の大部分を占領した」（一五八五年十月一日付フロイス書簡、『日本年報』下）。

まるで太田城攻撃が行長の独壇場であったようなフロイスの書きぶりであるが、この紀伊攻めにおける水軍の編成は「中村孫平次（一氏）・仙石権尉《せんごくごんのじょう》（秀久）・九鬼《くき》右《う》馬允《まのじょう》（嘉隆）を大将と為し、小西・石井・梶原等船奉行」（「紀州御発向之事」）というものであり、実際には攻撃に加わった舟手衆の一人にすぎなかったのだろう。

また、この時に太田城攻撃に参加していた真鍋貞成《まなべさだなり》は、行長について「小西摂津守其時分三千石下され舟手をいたされ中候」と記録を残している（『大日本史料』十一編之十五）。数値に信がおけるかは問題だが、この時期の行長の地位を知る上で参考になろう。この段階で行長の石高は三〇〇〇石であり、まだ秀吉の舟手衆の一人でしかなかったのだ。

四国攻めにも参加

行長は、続いて同年の秀吉による四国攻めにおいても舟手衆として動員された。その様子は宣教師フランシスコ・パシオの書簡に記されている。

> （一五八五年）七月六日（日本暦では六月九日）、我等は佐賀関（豊後）を発し、十二日塩飽《しわく》（讃岐）に着いたが、途中盗賊に会わず、風がなかったため、常に櫓《いかだ》で進んだ。塩飽に着いて海の司令長官アゴスチニヨ（行長）が異教徒である当地の殿に書簡を送り、予が到着した時、室までの船を与え、大いに歓待せんことを依頼した由を聞いた。アゴスチニヨはまた我等が同地を通過する時泊る宿の主人に、同じ趣旨の書簡を送った。同地には

またアゴスチニヨの家臣である青年キリシタンが一人居り、羽柴筑前殿（秀吉）の土佐、讃岐、阿波及び伊予の四国に派遣する軍隊を輸送するため、船の準備に塩飽に来た由を語り、アゴスチニヨは同地より十レグワの所にて艦隊を待受けている故、もし彼のもとに行かんと欲すれば、その船にて動向すべしといった。予はこの招待に応じ、日比と称する地に着いた時、天明に到着するはずである故、そこにて彼を待つよう伝えた。アゴスチニヨは果たして翌早朝多数の船を率いて到着し、十字架の旗を多数立てた大船に乗り、同所にいた貴族達に面会することなく、直《ただち》にわが船に来り、予をその船に移して大いに歓待した。

（一五八五年七月十三日付フランシスコ・パシオ書簡、『日本年報』下）

このパシオ書簡によれば、行長は天正十三年（一五八五）六月中旬ごろ、秀吉の軍勢が四国に渡海するための船舶準備の任にあたり、家臣を船舶調達のため家臣を塩飽（香川県丸亀市）に派遣、また行長自身も日比《ひび》（岡山県玉野市）付近まで出向いていたことになる。

これと同じ動向を伝える小西行長書状〔文書2〕が現存している。この書状は、行長が秀吉家臣・宮城長次郎（宮木《みやぎ》豊盛《とよもり》）に宛てたもので、天正十三年（一五八五）八月二日に比定される。内容は渡し舟の調達について、塩飽・直島《なおしま》（香川県直島町）まで命令したので二・三日中に舟が揃う見込みであること、今日備中（岡山県西部）から土《と》佐泊《さどまり》（徳島県鳴門市）に戻ったことなどを伝えている。

この行長書状は、京都市歴史資料館の調査により、豊盛ゆかりの京都・永運院《えいうんいん》に伝わる襖絵《ふすまえ》の下張りから発見されたものである〔京都市歴史資料館二〇〇六〕。これによって先に紹介したパシオ書簡の内容の正確さが裏付けられた。この両資料から、行長が天正十三年六月から八月に、秀吉軍の四国渡海のための船舶を手配していたことが明らかとなったのである。

ちなみに、『南海通記《なんかいつうき》』によれば、この四国攻めの際、行長は宇喜多・黒田・仙石らの軍勢とともに讃岐方面の陸戦に参陣したようであるが、具体的なことはわからない。確実なのは、四国攻めにおいても行長が、船舶調達など海を舞台として活躍したということである。

行長の出世

この泉南・紀伊攻めと四国攻めの過程における行長の働きは、秀吉を十分満足させるものだったようで、これを機に、行長の地位は向上を見せる。

特に、四国攻めは、秀吉が陸続きではない地域を初めて対象にした大規模戦闘であった。よって、その達成には大量の兵士・物資の海上輸送が不可欠であり、この方面において行長の功績は大きなものだったのだろう。天正十三年（一五八五）七月に関白任官を果した秀吉にとって、四国攻めの成功の意味は大きく、これにより瀬戸内海交通の掌握を果し、次の九州攻めへの地盤固めに成功したからである。

フロイスは、この直後の状況について「筑前殿（秀吉）は、アゴスチイノ（行長）に多くの栄誉と恩賞を与え、全領土の水軍司令長官という称号を授けた。アゴスチイノは、一島を受け持っていたが、それは管理権だけで小豆島と呼ばれた。羽柴は彼の功績に対し、そこの収入のすべてを付して与えたが、それは相当な額であった。今アゴスチイノは、彼の所領の室の港に、一つの大きな教会を建てるための資材を集めている」

と記している（一五八五年十月一日付フロイス書簡、『報告集』Ⅲ―7）。

また、ほぼ同時期に宣教師セスペデスは書簡の中で「（小西）立佐とその子弥九郎（小西行長）は、筑前殿（秀吉）に非常に可愛がられ、身分が上がり、日々、筑前殿に引き立てられ、立佐は、河内の知行一万四千俵の代官に任命され、その子アゴスチイノ（行長）は、水軍司令長官と小豆島、室の港、およびその他二、三の港の預主にされ、合わせて二万俵近い収入を持つ」と記している（一五八五年十月三十日付セスペデス書簡、『報告集』Ⅲ―7）。ヨーロッパ宣教師の記録は二俵＝一石に換算できるので、行長はおよそ一万石の収入を得るようになったと考えられる。

この天正十三年（一五八五）、秀吉は中国・四国および北国の制圧を達成し、支配下におく武将の大規模な国替えを実施している（藤田一九九三）。行長が小豆島や室津を所領とするようになったことも、この政策の一環と考えるべきだろう。それは行長の実力を秀吉が認めたからに他ならない。

泉南・紀伊攻めと四国攻めに活躍した天正十三年は行長にとってまさしく飛躍の年となったのである。

七　父・立佐の活躍

秀吉の側近になる

ところで、先述のセスペデス書簡において、立佐が河内の代官に任命されたと記されているように、行長と同じ時期に立佐の地位も向上していることは注目に値する。

行長と同じく、立佐が天正八年（一五八〇）ごろから秀吉の配下として活動していたことは先述したとおりであるが、その後も秀吉の側近として着実に信頼を得ていった。フロイスは次の記述を残している。

（秀吉が信頼する五名のキリシタンについて）、三人目はジョウチン《（小西）》立佐と称するキリシタンで、貧しいがはなはだ才智豊かな人である。（羽柴殿は）彼に堺の市の財宝をことごとく委ねた。また、彼の子は名をアゴスチイノ《（行長）》といい、幼少より都の教会で教化されて育ったが、この人を海の司令官とし、二万五千クルザード余の俸禄を与えた。巡察師《（ヴァリニャーノ）》はこの人たちをよく識っているが、彼らはデウスの恩を忘れず、むしろ神の御手から授かった恩恵をわきまえている故に、司祭たちを庇護しキリシタン宗団を援助している。子息《（行長）》は、司祭たちが数多の理由から堺の市に建設を希望している教会に供するため、三十里以上離れた自領から、およそ五百クルザードの木材を海路にて運ばせた。

（一五八四年一月二日付フロイス一五八三年度年報、『報告集』Ⅲ―6）

また、同年報において天正十一年（一五八三）司祭オルガンティーノが大坂の秀吉を訪問した際、交渉に同席したのは「ジョウチン立佐と称する財務長官」と秀吉が「寵愛する秘書官で安威《あい》（了佐）」の二人のみであったとも記されている。

フロイスの一五八四年度年報（『報告集』Ⅲ―6）には、立佐が「（秀吉の）茶の湯の道具を保管」していると記されており、天正十四年（一五八六）に秀吉が司祭コエリョら一行を大坂城に招いた際にも「アゴスチイノの父（小西）ジョウチン立佐が先導し、関白がことごとく黄金で造らせたその茶室、および茶の湯の道具を（我らに）観覧せしめた」（『日本史』第二部七六章）としている。

秀吉の側近としての役割について、現段階で日本側資料からの裏付けはできないが、フロイスの記録などを見る限り、この時期に立佐が秀吉の信用を得て側近として仕え、茶道具など秀吉所持の物品管理担当のような役割を任されていたことはおよそ間違いない。

ちなみに前述のフロイス一五八四年度年報には、立佐・行長父子が秀吉に寵愛されていることを荒木《あらき》村重《むらしげ》が妬んで讒言し、これにより両人は役職を追われたが、すぐ後に疑いが晴れ、両人は「元の地位に復帰したばかりでなく、今では恩恵と収入がいっそう増加した」というエピソードがある。

蔵入地代官に

もう一つ注目すべきは、同じ一五八四年度年報において、「ジョウチン立佐は彼（秀吉）の収入の管理者」であったとされる点である。これについて具体的なことはわからないが、それに関連すると思われる秀吉から立佐に宛てた天正十六年（一五八八）十二月十六日付朱印状を紹介しておこう。この資料は従来から存在が指摘されていたが、全文を紹介した書物は管見の限り見出せないので、ここに掲出しておく。

天正十五年分納物成算用相究、払之朱印・小日記迄候て皆済也、但此日付以前之朱印・小日記有之共、
重而のさん用ニ相立ましき也、

天正十六
十二月十日（秀吉朱印）
〔小西立佐〕
こにしりうさ
（下条文書）

これは天正十五年〔一五八七〕分の年貢収納決算について確かに皆済《かいさい》したことを、秀吉が「こにしりうさ」〔小西立佐〕に告げた確認状と言うべきものである。

問題はこれがどこの「天正十五年分納物成」なのかある。これは一五八五年十月三十日付セスペデス書簡（『報告集』Ⅲ―7）に「立佐は河内の知行一万四〇〇〇俵の代官に任命され」と見えることと関連するのだろう。

つまり、立佐は天正十三年〔一五八五〕ごろに河内の豊臣蔵入地《くらいりち》〔直轄領〕の代官に任用されており、本状がこの蔵入地の年貢皆済に関するものである可能性が高いということになる。

そして堺奉行に

秀吉の下での立佐の役割の一つとして、さらに堺奉行〔代官〕がある。これについては、アルヴァレス〔J.L. Alvarez 一九五九〕・豊田武〔豊田一九六六〕・朝尾直弘〔朝尾一九七二〕・松田毅一〔松田一九八六〕ら先学の研究蓄積がある。

これらの成果をふまえて立佐と堺との関係を整理すると、「〔羽柴殿は〕彼〔立佐〕に堺の市の財宝をことごとく委ねた」(一五八四年一月二日付フロイス一五八三年度年報、前掲31頁)という記述から、天正十二年(一五八四)段階で立佐は秀吉から堺の財政管理を委ねられていた。その後、天正十四年(一五八六)にいたり、秀吉は堺奉行・松井友閑《ゆうかん》を罷免し、後任に石田三成・小西立佐を任命した(一五八六年十月十七日付ヴァリニャーノ宛フロイス書簡、『日本年報』下)。そしてこの任は立佐が没した天正二十年(一五九二)まで続いたのである(『日本史』第三部四〇章)。これらの史実はイエズス会報告書の記述から導き出されることがほとんどである。

これまで、立佐が堺奉行であったことを示す日本側の資料は、天正二十年(一五九二)五月二十九日に堺南北十六ヶ寺に宛てた豊臣秀吉朱印状の中で、当時堺奉行の任にあったことが確実な富田《とみた》清左衛門尉《せいざえもんのじょう》(政澄)と「小西和泉法眼《ほうげん》(立佐)」の名が併記されている(朝尾一九七二)、という一点のみとされてきた。

しかし、それだけではない。堺の「大阿弥陀経寺文書《おおあみだきょう》」の中に、同寺(旭蓮社《きょくれんしゃ》)の塩風呂の入浴規定を定めた天正十六年(一五八八)十二月二十日付の石田隠岐守正継《いしだおきのかみまさつぐ》定書があるが、この文中に「右之旨相定むの段斟酌《しんしゃく》に候、立佐西国下向に付て相談せず候条、如何候《いかがそうろう》と雖も《いえど》」という一節がある。

この「立佐」はまさしく小西立佐に他ならない。つまり本来こうした「定」は堺奉行である石田正継《まさつぐ》(三成の父)と立佐が両人相談の上で決定すべきであるが、今回は立佐不在のためやむなく正継の裁量で決定したと言っているのである。この文書も、確かに立佐が堺奉行の任にあったことを裏付ける貴重な資料と言えよう。

立佐の地位向上について少し時期を進めて述べてみたが、行長が水軍の将として各地を奔走し功績をあげるのと同時に、父・立佐は秀吉の側近として財政管理能力を発揮し、地位を高めていたことが明らかになった。

立佐・行長という「両輪」が連動して働き続けたことにより、秀吉の天下統一過程に付随して、小西一族は地位を向上させることができたのである。

〔コラム①〕神様として祀られる行長

近世肥後において、行長は寺社仏閣を弾圧した人物として批判的に喧伝され、そのイメージは大きな影響力をもって近年まで語り継がれていた。行長統治期についての「地域の記憶」がこのような形で伝承されてきたわけだが、こうした「負」のイメージ形成の最大の要因は、彼がキリシタンであったからだ。徳川幕府がキリスト教禁止という姿勢を取っていた以上、行長が「負」のレッテルを貼られたのは歴史の流れからすると必然的なことであった。

ところが、こうしたイメージとは全く異なる行長像が伝えられている地域がある。慶長五年（一六〇〇）関ヶ原合戦で敗れた行長が東軍に捕縛された場所である岐阜県揖斐川《いびがわ》町春日中山。ここには次のような伝承が伝わっている。

関ヶ原合戦で破れ伊吹《いぶき》山中に逃げ込み、川合《かわい》という集落にたどり着いた行長を地元の源太夫という人が見つけ、匿《かくま》おうとしてさらに奥の中山へ行長を連れて行った。中山の人々は行長を守ろうと、観音寺の須弥壇《しゅみだん》の中に匿う。しかし、村の要之助《ようのすけ》が奥地の押又《おしまた》へ炭焼きに行った際、同じく炭焼きに来ていた不破郡新井《ふわぐんあらい》の林蔵《りんぞう》という人物から、家康から行長ら西軍の武将に対して厳しい探索命令が出ていることを聞いた。要之助は、行長を匿っていることが知れたら中山が厳しいお咎めを受けると考え、その場で林蔵と相談し、すぐに地元の領主・竹中重門《たけなかしげかど》へ報告。結局、竹中の家来により行長は捕らえられてしまった。要之助らが通報したことを知らない中山の人は困惑したが、行長は〝中山にだまされた〟と強く恨みに思い、連行される途中に「あの村を三度焼き払ってくれようぞ」と言い、中山を睨みおろした。その後、中山では本当に度々火事が起きるようになり、これを「小西様の祟り」と恐れた村人たちは、宝暦四年（一七五四）に行長公の位牌を祀り、観音寺で供養するようになった。さらに大正十二年（一九二三）のある日、不破郡の御岳教徒・高木某という人がやってきて、「最近私のところへ小西行長公の霊が現れ『中山が私を仏として扱うのは不快である』と言われるので、今後は神としてお祀りなされ」と言ったので、観音寺の隣地に社を建てて小西神社とした。

（春日村教育委員会『春日村の文化財』一九八九）

この「小西様」を祭神とする小西神社（下右図）は、現在も中山の人々によって大切に祀られている。このように、この春日中山地域にはキリシタンとしての要素がまったくない行長伝承が伝わっているのだ。

また、小西神社隣の中山観音寺には行長を供養する位牌と、天神に擬した衣冠束帯姿の「小西行長画像」（下左図）が安置されている。行長に対する畏怖の念を体現したこの画像は、この地域独自の歴史・信仰観を示すとても貴重な文化財と言える。

遠く離れた熊本と中山で四〇〇年間育まれてきた行長のイメージ。その内容の違いはそれぞれの歴史的環境・背景によるものだが、いずれもその根幹には行長の実像が隠れているに違いない。

小西神社
（岐阜県揖斐川町春日中山）

「小西行長画像」
（中山観音寺所蔵）

第二章　九州への道程——一五八六〜一五八八年——

「小西行長、任国に赴く図」
（『絵本太閤記』五編巻之九　佐賀県立名護屋城博物館所蔵）
淀君（右端）に肥後赴任の挨拶をすませ、門を出る行長（左）

行長は「高名《こうみょう》のない男」？

天正十六年（一五八八）、豊臣秀吉は肥後国を半分に分かち、北部を加藤清正《かとうきよまさ》に、南部を小西行長に与える。加藤清正は「賤ケ岳《しずがたけ》七本槍」で高名を得た武将で、この人事は北政所《きたのまんどころ》（秀吉正室ねね）が強く推挙していた。一方、行長は「このときまで大した高名もなかった」が、こちらは淀君《よどぎみ》が「出世させよう」と秀吉に強く要望し、その結果、行長は「小西摂津守」を名乗り、晴れて肥後半国「十九万石」の主となった。六月四日、行長は淀君のもとに挨拶に訪れ、それから肥後へ赴任していった。（『絵本太閤記《えほんたいこうき》』）

肥後半国の領主になる前の行長の事績について、江戸時代の史書はほとんど何も語らない。しかし、全く功績がない無能な男が、いきなり「十九万石」（実際は十四万石余）の領主になれるとも思えない。

果して、行長は実際に「高名」がない男だったのだろうか？

一　秀吉の九州攻めと行長

秀吉のもと、水軍の将として頭角を現した行長。その活躍の舞台は、天正十三年（一五八五）に関白となった秀吉の天下統一過程とリンクする形で九州へと移っていく。

本章では、行長が伴天連《ばてれん》追放令・対朝鮮問題という大きな壁にぶつかりつつ、秀吉の九州政策の上で不可欠な存在として奔走していく様子を明らかにしていきたい。

大坂での秀吉・コエリョ会談

天正十四年（一五八六）正月、当時の日本キリスト教界最高責任者であるイエズス会準管区長コエリョは、島津氏によるキリシタン大名・大友氏への攻撃中止と、日本での布教許可を秀吉に要請するため、大坂に向け長崎を出発。その道中、塩飽《しわく》（香川県丸亀市）付近にさしかかったときの状況について、随行していたフロイスは次のように記している。

日本において甚だ有名なる塩飽の港に向かったが、我等の旅行のことはすでに堺に聞え、アゴスチニヨ（小西行長）弥九郎殿は船をもって我等を迎えいれるため家臣数人を遣わした。室に着いたが、同所はアゴスチニヨに属する甚だよき港で、彼に代わって同地を治めていた一人の兄弟が我等を出迎えた。同所の高いよい位置に小庵があって、そこでミサを行なった。天候は我等の直《ただち》に旅行を続けることを許さなかった故、パードレはすでに洗礼を受けていたアゴスチニヨの重立った家臣たちの妻女を集め、キリシタンとなるため説教を行なうことを命じた。アゴスチニヨの兄弟の夫人もまた聴聞を望み、カテキズモの説教を受けて、重立った夫人十七人に洗礼を授けた。

（一五八六年度フロイス日本年報、『日本年報』下）

この記述によって、この時期の行長が堺―室津《むろのつ》間に海上ネットワークを持っていること、またイエズス会宣教師らとの関係を積極的に深めようとしていることがうかがえる。

同年三月、秀吉は大坂でコエリョを引見し会談。この際に、秀吉は「朝鮮及びシナ国を征服するために渡航する決心」を表明し、コエリョに「大なる帆船二隻」の手配を要請した（一五八六年度フロイス報告書、『日本年報』下）。

すでに天正十三年（一五八五）には大陸出兵の意思を表明していた秀吉は、九州をその足がかりとする構想のもと、大友氏と紛争中であった島津氏に停戦令を発布。しかし、島津氏がこれに反抗的な姿勢を示したことにより、秀吉は九州攻めの意思を固めつつあった。コエリョが秀吉に謁見したのはこのようなタイミングである。

この謁見後、秀吉はコエリョら宣教師を連れて自ら大坂城内を案内するなど最大限のもてなしを行なっている。そして秀吉は、イエズス会の布教活動に理解を示し、この後、五月四日付でイエズス会による布教許可状を発給した。

イエズス会は永禄十二年（一五六九）に織田信長・足利義昭《よしあき》らによる布教許可状を得ていたが、天正十年（一五八二）の信長の死により、その権利は事実上消滅していた。しかし、この秀吉との交渉で、イエズス会は日本における布教権の再獲得に成功したのである〔清水一九八九〕。

秀吉とすれば、イエズス会が持つ艦隊の軍事力と、九州に一定の勢力を持つキリシタン大名を味方につけることは、九州攻め（とその次の大陸出兵）に得策と考えたのであろう。この秀吉のイエズス会への接近は、この後の行長の行動に大きな影響を与えることとなる。

行長の小豆島布教要請

秀吉との謁見後、九州への帰途につくコエリョに対し、行長は自領・小豆島《しょうどしま》への宣教師派遣を要請した。

パードレ（コエリョ）が堺より出発する前、アゴスチニヨ（小西行長）弥九郎殿は、備前国の前に在って、小豆島と称し、多数の住民と坊主が居る島に、同所の安全のため二ヵ所の城を築造することを命じたが、彼の最も望むところは該島（小豆島）に聖堂を建築し、大なる十字架を建て、皆キリシタンとなり、我等の主デウスの御名が顕揚されんことであると言い、該島は備前に近く、同所より八郎殿（宇喜多秀家）の国に入る便宜がある故、同地にパードレ一人を派遣せんことを求めた。彼は我等のよい友である故、船二艘を準備し、水夫及び兵士を付してパードレを豊後に送ることとした、パードレ（コエリョ）は右の希望を聞いてこれに応じ、我等の主のために尽さんとして、大坂のセミナリヨよりパードレ（セスペデス）一人をさいた。

（一五）八六年七月二十三日（天正十四年六月七日）堺を発し、右のパードレを同行してかの島（堺より四十レグワ）の前に至り、牛窓と称し、同じくアゴスチニヨに属する町に彼を残した。右のパードレは同日ジアンと称する日本人イルマンと共に出発して右の島に向かったが、島の司令官であるキリシタンの貴族も同行した。

（一五八六年度フロイス報告書、『日本年報』下）

このセスペデスの布教活動により、小豆島では一ヶ月で一四〇〇人以上の人が洗礼を受け、さらに室津でも「重立った人一二〇人に洗礼を授け、三〇〇〇を超える人達が皆つぎにキリシタンとならんとする」成果を出している。

小豆島での布教推進は、この前年に行長が小豆島を「所領」としたことが前提となっているが、その開始のタイミングが、秀吉による布教許可状の発給直後であることに注意すべきだろう。イエズス会報告書などを見る限り、これまでのイエズス会による聖堂建設や物資調達などの活動について、行長が積極的に支援していたことは間違いない。しかし、秀吉から所領を与えられた領主として、秀吉の正式な意思表明がない段階での領民への布教推進には慎重であった。

行長領での布教活動については、天正九年（一五八一）に「（修道士が）アゴスチイノと称する一キリシタンの所領・室の港」で布教したというフロイスの記述がある（『日本史』第二部三二章）。しかし、これは巡察師ヴァリニャーノの指示を受けた修道士による活動で、行長が主体的に推進したものではない。行長が主体的に領民への布教を推進したのは、この天正十四年（一五八六）の小豆島布教が初めてである。

ここに、イエズス会との関係を深めつつも、秀吉の意向をふまえて慎重に行動を起こす行長の姿勢がうかがえる。

イエズス会士との交際

この時期の行長とキリシタンとの関わりを示す日本側の資料がある〔文書3・4〕。ポルトガル国立リスボン図書館が所蔵する「リスボン屏風文書」の中にある小西行長書状で、宛名はいずれも「いるまんひせんて」。すなわち、天正八年（一五八〇）にイエズス会に入会し、上方で説教家として活動した修道士・ヴィセンテ洞院である。内容は両方とも馬の貸借に関する簡潔なものであるが、行長とイエズス会修道士との交流を示す一次資料として貴重である。

同じ「リスボン屏風文書」の中には、行長の兄・小西如清《じょせい》と清水了佐《しみずりょうさ》・役者利斎《やくしゃりさい》の三名が「伴天連於留岸《おるがん》様」、すなわちオルガンティーノに宛てた連署状がある。内容は建築材料・大工などの調達状況について知らせるもので、中村質《ただし》によれば、天正十四年（一五八六）、秀吉の大坂城修築による大坂セミナリオ普請への影響について明石滞在中のオルガンティーノに宛てたものらしい〔中村一九八八〕。

こうした小西一族のキリシタンとしての積極的活動の背景の一つに、先述した秀吉のイエズス会への接近姿勢が影響を与えていることは間違いない。おそらく、小西一族が持つイエズス会とのパイプが、秀吉家臣団の中における自身の個性だと行長は自覚していただろう。

赤間関へ兵粮輸送

天正十四年（一五八六）七月、秀吉は中国・四国衆に命じて九州攻めを開始する。そこで行長が与えられた役割は、彼が最も得意とする兵粮物資輸送であった。

秀吉が同年八月十四日に安国寺恵瓊《あんこくじえけい》・黒田孝高《よしたか》・宮木豊盛《みやぎとよもり》らに宛てた書状（黒田家文書）に「兵粮の儀、小西弥九郎（行長）に申し付け、関戸迄遣すべく候間、兵粮を置く所々の事」とあり、同年十月三日に同じ安国寺・黒田・宮木三名に宛てた豊臣秀吉書状（黒田家文書）に「小西弥九郎ニさき兵粮を遣わされ候ハ、兵粮と申ハ家のばを取候ものにて候間、能々さけすみ、弥九郎帰次第ニ追々御兵粮遣わさるべく候、其《そ》の心得専《こころえせん》要《よう》に候《そうろう》事」と見える。

秀吉はすでに「関戸《せきど》」（赤間関《あかまがせき》、山口県下関市）に武器や兵粮の貯蔵施設を作り、九州攻めの拠点として整備していた（毛利家文書）。これらの記述より、この時期行長が兵粮輸送のため大坂と赤間関《あかまがせき》を往復していたことがうかがえる。ちょうど同じころ、イエズス会副管区長コエリョが下関に滞在していたが、その地での活動を述べたフロイス『日本史』にも「アゴスチイノ弥九郎殿が、上から関白が（派遣した）軍勢のために届けた八千ないし一万俵の米を積載した多数の船を率いてやって来た」と記されている（第二部八一章）。

また、十月十七日に加藤嘉明《かとうよしあき》に宛てた豊臣秀吉書状（近江水口加藤文書）には、「関戸に至り兵粮壱万石遣され候、小西弥九郎に仰せ付けられ候、其方千石分請け取り届け遣すべく候」との記述も見える。行長は、赤間関において九州攻めに従事する軍勢への兵粮分配をも担当していたのである。

秀吉のいる大坂から見て、攻撃対象である九州は遠隔地である。よって、兵粮確保は九州攻めの成否のカギを握る重要課題であった。そして秀吉は、現地での兵粮徴収ではなく、もっとも確実な大坂からの兵粮輸送という方法を選んだ。この重要な役割を任されたのが行長だったのであり、行長に対する秀吉の信頼の厚さがうかがえる。

松浦氏への命令伝達

この時期、行長は秀吉から新しい任務を与えられる。肥前松浦《まつら》氏に対する命令伝達である。

松浦氏は天正十四年（一五八六）三月、南蛮笠や象牙などを進呈するなど、早くから秀吉に恭順の意を示していた（天正十四年五月二十八日付豊臣秀吉書状、松浦文書）。秀吉は同年八月、松浦氏に対して忠節を果すことと九州攻めにともなう警固船出動を命じている。この時、命令を伝達すべく派遣されたのが「小西弥九郎（行長）」であった（同年八月十五日付豊臣秀吉書状、松浦文書）。以降、行長はこの年の十二月までは松浦氏の警固船出動を監督するような役割を果している（同年十月十八日付豊臣秀吉書状、同年十二月三日付豊臣秀吉書状、いずれも松浦文書）。先述したように、この時期、行長は兵粮輸送で赤間関へ赴いているが、その際に平戸まで足を延ばし、松浦氏に対する任務も遂行していたのだろう。

そして、天正十五年（一五八七）初頭から、秀吉は松浦氏に対するあらゆる交渉窓口役を、行長にほぼ固定した（それまでは尾藤甚右衛門が担当）。その表れとして、これ以降、松浦氏に宛てた秀吉書状の末尾に、「猶小西弥九郎申すべく候」（詳細は小西弥九郎が申し伝える）という文言が付くケースが増える。

これ以前から、秀吉は各地の諸大名とのやりとりをする際に、大名ごとにその仲介・交渉を担当する人物

（「取次」）を特定し、その人物に命令を詳しく伝達・補足させる、という方針を取っていた（山本一九九〇・二〇〇九）。秀吉が諸大名に対する命令を的確かつ円滑に実行させ得るかどうかは、この仲介・交渉役の人格・力量が大きなカギを握っていたのである。

行長は松浦氏に対して、「取次」の任務を担うこととなったのである。そして、天正十五年（一五八七）正月には、松浦氏からの人質受取りに成功し、松浦氏に対して、秀吉の九州下向予定と軍勢出動命令を軍目付《いくさめつけ》・黒田孝高とともに伝達している（天正十五年正月二十六日付豊臣秀吉書状、松浦文書）。

秀吉が行長を肥前松浦氏の「取次」とした意図については、来たるべき「唐入り《からいり》」（明への侵攻）の根拠地と瀬戸内海—堺を結ぶ海上輸送ルートの掌握と指摘されている（森山一九六六・国重一九八八）。堺を基盤に持つ瀬戸内海の舟手衆である行長と、肥前の一大海上勢力である松浦氏という二つのそれぞれの性格から考えても、この指摘は妥当だろう。

立佐による兵粮輸送

同時期に秀吉は、「堺の代官（小西）ジョウチン立佐に対し、米を満載した船舶を率いて下関に赴き、そこから軍勢の補給を采配するようにと命じた」（『日本史』第二部九三章）。『太閤記《たいこうき》』には「遠国之事なれば、兵粮米・馬之飼料、下行あるべき奉行として、小西隆佐《りゅうさ》（立佐）・建部寿徳《たけべじゅとく》・吉田清右衛門尉《よしだせいうえもんのじょう》・宮木長次《みやぎちょうじ》（豊盛）」が任じられ、この四人は天正十四年（一五八六）に大坂を出立し、「三拾万人之兵粮・二万疋之馬之飼料」の調達・分配を命ぜられたと記されている。九州攻めの準備段階で、これまで行長が担当していた瀬戸内海における兵粮輸送の任は父・立佐らが務めることとなったのである。

秀吉は、海上交通の掌握が特に重要となる九州の地理的特性、そしてすでにイエズス会が進出し、多くのキリシタンが存在するという九州の状況をしっかり理解していたのだろう。秀吉による立佐・行長登用は、この父子しか持ち得ない、「キリシタン」「海上輸送」という個性の積極的な活用に他ならない。そしてこの後、行長の活躍の場は九州へと移っていく。

この段階で、秀吉は九州完全制圧後の構想をすでに持っていたのは間違いない。その青写真の中で小西行長はすでに不可欠な存在だった。

水軍として九州へ

天正十五年（一五八七）三月、秀吉は九州へ出陣。すでに前年から四国・中国諸大名を九州へ派兵していたが、今回の出陣には、高山右近《たかやまうこん》を筆頭とし、黒田孝高《よしたか》・蒲生氏郷《がもううじさと》らキリシタン大名が主力部隊として編成された。

秀吉配下のキリシタン大名は、九州攻めを島津氏に抑圧されているキリシタン大名や信者を解放する聖戦と位置づけ、高い士気を示していた〔藤田一九九五〕。大坂にいたイエズス会司祭は、キリシタン将兵が十字架で飾られた盛装で行進する姿を目撃している（『日本史』第二部九三章）。

先述したように、秀吉は前年のコエリョとの会見によって、九州攻めに対するイエズス会の協力を得ることに成功している。今回の軍事編成は、イエズス会およびキリシタン大名の活用を画策した秀吉の意図の表

図1　秀吉が滞在した八代城（古麓城）遠景
（著者撮影）

れと見ていい。

行長は、この九州攻めにおいて水軍の主力部隊として動員された。同年三月二十六日付の筑紫《ちくし》広門《ひろかど》宛豊臣秀吉朱印状（筑紫家文書）に、この秀吉水軍のメンバーとして「九鬼《くき》大隅守（嘉隆）・小西日向守（行長）・脇坂《わきざか》中務少輔（安治）・加藤左馬助（嘉明）・菅平右衛門・石井与二兵衛・梶原弥介・能島《のしま》・来島《くるしま》・徳井」らの名が示されている。詳細は後述するが、この朱印状が発行されて以降、行長の名は「小西日向守」として登場することとなる。

八代での秀吉・コエリョ会談

秀吉は同年三月二十五日に赤間関に到着。その後、四月十日に筑前秋月《あきづき》（福岡県朝倉市）を突破し、四月十六日に肥後隈本《くまもと》（熊本県熊本市）、同十九日には肥後八代《やつしろ》（同八代市）に到達と、破竹の勢いで九州西海岸を南下した。

この時の行長の活躍について、フロイスは「アゴスチニヨ弥九郎殿（行長）は艦隊を率いて進み、肥前の国主及び大身達を悉く関白（秀吉）に服従せしめた。その中にキリシタンたる有馬殿及び大村殿もあったが、彼等は薩摩の勢力より脱したるを喜び、我等もまた満足した」と記している（一五八七年度日本年報、『日本年報』下）。

有馬氏や大村氏は肥前の海岸部を拠点とし、特にイエズス会との関係が深い大名である。行長がこうした大名たちとの交渉にあたっているのも、秀吉の意向によるものに違いない。すなわち、秀吉が行長に与えた任務は、できるだけ無駄な戦闘による浪費を避けるべく、事前交渉によって相手を服従させることであった。行長はこの期待に見事に応えたのである。

さて、秀吉は八代城（古麓《ふるふもと》城、図1）滞在中に、イエズス会副管区長コエリョやルイス・フロイスらと再び面会している。この時、秀吉の意向を受け、コエリョらを長崎から八代へと案内したのは行長であった（『日本史』第二部九三章）。行長は秀吉とイエズス会を仲介する「取次」的役割をも果していたのである。

秀吉はこの時改めてコエリョらに対し、「日本全国を平定し秩序立てたうえは、大量の船舶を建造せしめ、二十万から三十万の軍勢を率いてシナに渡り、その国を征服する決意」を表明し、コエリョはこれに協力する意向を示している。一方コエリョは、マカオからのポルトガル貿易船についての特許状交付を要請。秀吉はこれを承諾し、貿易船が堺付近まで入航するよう求め、ポルトガル貿易に対する積極姿勢を示している（『日本史』第二部九四章）。この場に行長は同席していないが、こうしたコエリョらの要望は、事前に行長らと相談の上のことであろう。

薩摩川内に到達

秀吉の先鋒隊は、四月二十四日に薩摩《さつま》川内《せんだい》に到達。二十八日には脇坂《わきざか》安治《やすはる》・小西行長ら水軍が、島津軍が立て籠もる平佐《ひらさ》城（鹿児島県薩摩川内市）を攻撃し、翌日に開城させている（「平佐城責之事」、『薩藩旧記雑録《さっぱんきゅうきざつろく》』）。

この時、「九鬼大隈守（嘉隆）・脇坂中務少輔（安治）・加藤左馬助（嘉明）・小西日向守（行長）」ら水軍の将四人が連名で作成した木製の禁制高札が現存している（文書5）。これは、天正十五年（一五八七）四月二十七日付で川内・新田宮《にったぐう》における乱妨《らんぼう》・狼藉《ろうぜき》を禁じるために作られた禁制で、高札として掲示されたものである。ちなみにこの禁制高札は、「小西日向守」の署名を持つ現存唯一の実物資料でもある。

そして、五月三日に秀吉が薩摩川内に到着。これを受けて、八日に島津義久《よしひさ》が泰平寺《たいへいじ》（鹿児島県薩摩川内市）に出向いて降伏の意を示し、九州攻めは終結した。

二　伴天連追放令と行長

秀吉―宗氏の「取次」

九州攻めから大陸出兵にいたる過程の中で、最大のキーパーソンとなったのは対馬の宗義調《そうよししげ》・義智《よしとし》である。朝鮮半島に近く、耕地が少ない地理的条件のもと、宗氏は代々、朝鮮王朝と密接な関係にあり、朝鮮との交易を主要な経済基盤としてきた。

朝鮮との強いパイプを持つ宗氏に対し、秀吉は九州攻め前年の天正十四年（一五八六）に書状を送り、九州攻めの後は「高麗国《こうらい》」（朝鮮のこと）への出兵を計画していること、その際には秀吉に忠節を尽くし、軍功次第で知行を給付することを伝えた（天正十四年六月十六日付豊臣秀吉書状、宗家文書）。この書状からも、秀吉が九州攻めと大陸出兵を一連のものと構想していたことが明らかである。この一方的な通達は、宗氏にとってはまさしく寝耳に水であっただろう。

次に宗氏と秀吉とのやりとりが確かめられるのが、九州攻めで秀吉が薩摩川内に到着した直後の天正十五年（一五八七）五月四日付の宗義調に宛てた秀吉書状である。

去月十三日書状、今月四日於薩州千台川到来、殊差越柳川権助（調信）、鷹五居弟兄、並花莚十枚、弓五十張、同矢、悦思食候、抑九州儀悉平均被仰付、早被御隙明候間、至高麗国御人数可被差渡候之條、成其意可抽忠儀事肝要候、然者只今人質雖進上候、猶以実子可相越候、於延引不可然候、尚小西日向守（行長）可申候也、

五月四日（秀吉朱印）

宗讃岐守（義調）とのへ

（宗家文書）

宗氏は九州攻め終結目前の秀吉のもとに、家臣・柳川権助《やながわごんすけ》（調信《しげのぶ》）を使者として派遣した。この秀吉書状はその返答であり、改めて「高麗国」への軍事侵攻の意思を示し、さらに「実子」を人質として差し出すこと、詳細は「小西日向守」（行長）が述べることを伝えている。

この秀吉書状を補足するため、行長は宗義調に書状を送り、秀吉の「御内証《ごないしょう》」（内意）と自らのアドバイスを伝えている〔文書6〕。その内容は次の四点に集約できる。

①秀吉との面会のため、義調自身が筑前へ出頭したほうがよい。

②人質として家臣の内野善衛門《うちのぜんえもん》を平戸《ひらど》まで派遣しているようだが、人質は一族の近い親類から出すこと。なるべく年少者がよい。
③「高麗国之儀」をすみやかに行うこと。「返事」が遅くなれば、秀吉が対馬に軍勢を差し向けること。
④五島付近の「賤舡《せんこう》」（海賊船）を堅く取り締まること。

特に重要なのは③である。この「高麗国之儀」とは、具体的には朝鮮国王に対する日本の内裏への出仕要求を指し、秀吉は宗氏にその交渉を命じたのである。このことは、この後、秀吉が博多に凱旋する際に北政所《きたのまんどころ》へ宛てた書状で「こうらいのほうまて、にほうの大いりゑしゆし可申よし、はやふねをしたて、申つかわせ候」と述べていることから判明する（同年五月二十九日付北政所宛豊臣秀吉書状、妙満寺文書）。

日本の内裏へ出仕することは「服属」に他ならない。当時、中国明朝の冊封体制化に属していた朝鮮王朝が、この要求をスムーズに受け入れるはずはなかった。ここから、朝鮮王朝と秀吉との間で板挟みとなる宗氏の苦悩の日々が始まるのである。

前掲の秀吉書状の「尚小西日向守申すべく候也」という文言と〔文書6〕の存在からわかるように、行長は宗氏担当の「取次」を命じられた。それは宗氏による対朝鮮交渉を監督する役割を行長が任されたことを意味している。

そして、③で交渉が進まない場合は秀吉が対馬に軍勢を差し向ける、と脅しをかけているように、この段階の行長は、まだ秀吉の「取次」として、宗氏に対して冷静な姿勢を貫いていた。

九州諸大名への「監督権」

天正十五年（一五八七）六月七日、秀吉は筑前筥崎《はこざき》（福岡県福岡市）に到着し、九州の国分《くにわけ》に着手。さらなる混乱を避けるためか、従来の九州大名に対しては、所領は減少させつつも改易はしていない。その一方で、次の大陸出兵に備えて、小早川隆景《こばやかわたかかげ》（筑前一国と筑後・肥前の一部）・黒田孝高（豊前六郡）・佐々成政《さっさなりまさ》（肥後）ら有能な家臣を九州に配している。

この時、行長は所領を新たに与えられてはいない。しかし、フロイスは「アゴスチイノ弥九郎（行長）に対しては、海に係る地方のすべての殿たちに及ぶ、一種の監督権が与えられたので、彼の地位と栄誉は高まり、大いなる殿としてすべての殿が、彼を敬意をもって接している」と記している（一五八八年二月二十日付フロイス書簡、『報告集』Ⅲ―7）。

この「海に係る地方のすべての殿たち」とは、具体的には肥前の松浦氏・有馬氏・大村氏ら、および対馬の宗氏などを含んでいるのだろう。また、「一種の監督権」とは、秀吉の命令を正確に伝達し、その実現に向けての指導・助言を行なう「取次」の任務と考えられる。この「行長―九州北部沿岸部の諸大名」という枠組みは、後の朝鮮出兵の出陣体制へとそのままシフトしていくこととなる。

博多町割り奉行

もう一つ、行長に与えられた任務が博多町割り奉行である。

古来、海上交通・対外交易拠点として繁栄していた博多は、この時期、竜造寺《りゅうぞうじ》氏や大友氏による戦乱の影響を受けて荒廃していた。九州制圧後、次の大陸派兵と対外貿易強化を目論んだ秀吉は、博多の兵站《へいたん》基地化を構想し、筥崎《はこざき》到着後、すぐさま博多の復興を命じた。

『宗湛日記《そうたんにっき》』によれば、秀吉は六月十一日に博多町の復興設計図作成を命じ、翌日から町割りを開始させている。その「五人」の奉行として滝川雄利《たきがわかつとし》・長《な》束正家《つかまさいえ》・山崎片家《やまざきかたいえ》・小西行長ら四人の名があげられている。残る一人は、石田《いしだ》三成《みつなり》とするのが通説である〔清水一九九三〕。

この町割り奉行に行長と三成の両者が名を揃えていることは重要である。この時期、三成は行長の父・立佐とともに堺奉行の任にあった。よって、小西父子と三成に博多との関係を持たせることにより、秀吉は人脈・流通面において堺—博多間の把握を可能にしたのである。

その点で注目すべきは、この時期の博多の町政運営に強い影響を及ぼしていた神屋《かみや》宗湛《そうたん》・島井《しまい》宗室《そうしつ》ら、博多を拠点とする貿易商の存在である。以前から、宗湛や宗室らは、信長・秀吉ら権力者と交流を持っていた〔福岡市博物館一九九七〕。特に茶道具コレクターとして名を馳せていた宗室は、千利休《せんのりきゅう》や堺商人とも深い関係を築いていた。

このような、秀吉—利休—宗室という関係に象徴されるように、以前から豊臣政権—堺商人—博多商人というネットワークの芽は形成されていた〔田中一九六一〕。この点を考えても、行長・三成らの博多町割り奉行起用は、堺と博多を結ぶネットワークの強化という側面があったと言えよう。

こうした事情をふまえると、堺の人脈をバックに持ち、加えて九州北部沿岸の「監督」を任された行長が、博多復興の一翼を担うことは、秀吉にとって当然の人材活用であった。

この時期の行長は、秀吉から新たな任務を次々と与えられ、家臣としてまさしく順風満帆といった観がある。しかし、この数日後、行長の立場を揺るがす事態が起きることとなった。

対イエズス会政策の転換

これまで述べてきたように、秀吉は天正十四年（一五八六）のコエリョとの会談以来、イエズス会に協力姿勢を示していた。

しかし、九州攻めの過程の中で、秀吉はキリシタン大名の強力な結束力や領民の集団改宗の実情、そして大村純忠《おおむらすみただ》によって天正八年（一五八〇）にイエズス会に寄進されていた長崎の要塞化などを目のあたりにする。キリスト教に対する警戒心を強めた秀吉は、九州制圧後、それまでの教会保護政策を転換し、イエズス会の活動を規制する方針を打ち出すこととなる。

天正十五年（一五八七）六月十五日、筥崎にて秀吉はコエリョに対し、長崎に対するイエズス会の領主権を認めない意向を示す。その三日後には、キリスト教統制についての十一ヶ条に及ぶ「覚《おぼえ》」（神宮文庫蔵）を発布〔平井一九八六・清水一九八八〕。この法令は、信仰自体は自由とするものの、領主による人民の強制改宗禁止、武士身分のキリスト教入信制限、牛馬の屠殺《とさつ》・肉食禁止などを打ち出しており、秀吉のキリスト教およびキリシタン大名への警戒心がそのまま表れた内容と言える。

伴天連追放令発令

六月十九日、これより以前から秀吉はポルトガル船の博多廻航を要求していたが、博多湾が暗礁《あんしょう》や浅瀬の危険性があることを理由に、船長モンテイロは博多廻航を拒否する意向を秀吉に伝えた。このモンテイロの回答に不安を抱いた行長たちは、せめてフスタ船（小型軍船）を秀吉に差し出すようにコエリョに忠告するが、コエリョはこれも拒否している。このポルトガル船の博多廻航拒否という事態をきっかけに、イエズス会に対する秀吉の不信感は頂点に達した。

そしてこの日の夜、まず秀吉は、当時最もイエズス会から信頼されていたキリシタン大名・高山右近に棄教を要求する。

> （高山右近が）最初高槻にいた時は家臣を全員キリシタンにしたほか、その地の殿下《（秀吉）》が与えたすべての神仏の寺社を破壊した。明石でも同じことをしており、また先日徳運《とくうん》（施薬院全宗）が行った大村や有馬の地でも同様なことが行なわれていた。これにより日本にいる司祭たちは大きな力を持ちつつある。このような一問一答の間に、関白殿《（秀吉）》の怒りは激怒や憤怒に変わり、いつも激情にかられた時のように爆発した。すぐさまジュスト《（高山）》右近殿〔今まで寵遇し、また大いに尽くす所のあった〕に伝言を伝えさせたが、その骨子は、キリシタン宗門の布教のためそれほど尽くし、神や仏の末寺を破壊し、家臣たちを自由意志というより強制的にキリシタンにする者は、天下人に良く仕えることはできない。したがってキリシタンをやめるか、さもなく領国より追放するというものであった。

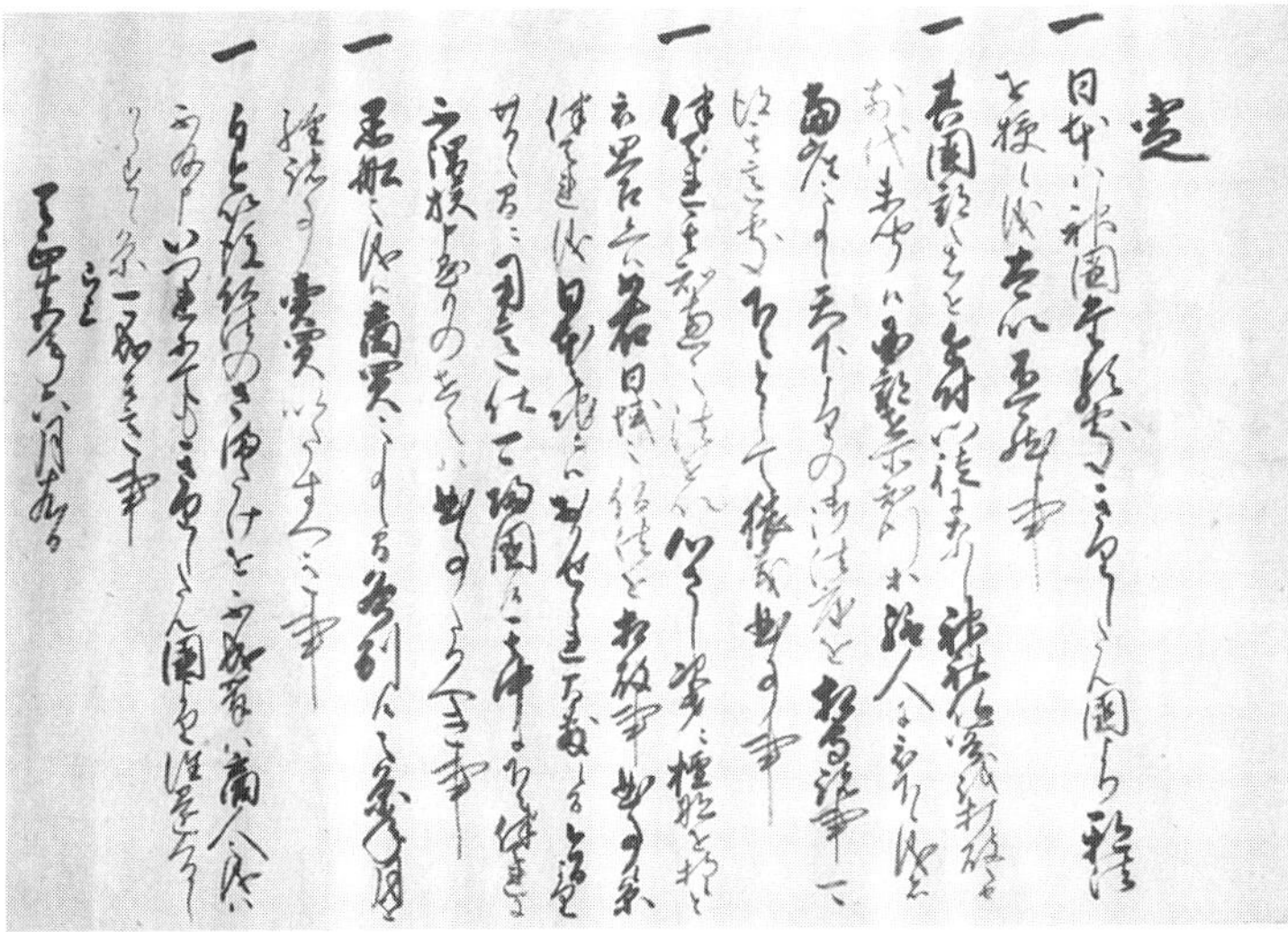

図2　天正15年6月19日付 伴天連追放令（松浦史料博物館所蔵）

（一五八八年二月二十日付フロイス書簡、『報告集』Ⅲ―7）

当時、高山右近はキリシタン大名の精神的支柱というべき存在であったので、秀吉は棄教か改易かという選択を迫ることで、右近を棄教させようとしたのである。しかし右近は棄教を拒絶。秀吉は右近を改易に処し、さらにキリスト教に対する態度を硬化させていった。

秀吉は、並行して博多湾停泊中のフスタ船で就寝していたコエリョのもとへ「アゴスチイノ弥九郎殿（行長）の一家臣」と安威《あい》了佐《りょうさ》を使者として派遣し、行長の陣所へ連行して糾問。秀吉は使者を通じて、宣教師と寺社仏閣・神官仏僧との融和、そして今後は九州内でのみ宣教することを要求した。しかしコエリョはこれを拒絶。右近とコエリョの強硬な態度の結果、秀吉が発令したのが伴天連《ばてれん》追放令である。

内容は五ヶ条からなり、案文《あんもん》（草案の文書）が松浦史料博物館に現存している（図2）。その冒頭三ヶ条では、

「神国」たる日本でのキリスト教布教および神社仏閣破壊の禁止、二十日以内の宣教師の日本からの退去を明記。後の二ヶ条には南蛮船との貿易継続と南蛮人の往来承認の方針が示されている。キリスト教布教への警戒と南蛮船貿易への期待という、この時点での秀吉の思惑が如実に記されている。

布教禁止の側面では、新たに宣教師退去を命じている点で、秀吉が前日に出した先述の十一ヶ条「覚」から一歩踏み込んだ内容となっている。これらの法令により、領主やイエズス会による強制的なキリスト教布教活動は否定されたのである。

この方針は、秀吉が没する慶長三年（一五九八）まで基本的に変わることはなく、この後の行長の生き方にも大きな影響力を及ぼすこととなる。

行長は「泣いた」

行長がキリシタンであることを、この時期の秀吉が知らないはずはない。しかし、行長が伴天連追放令発令の過程の中で秀吉から処罰を受けた形跡はない。

なぜなら、伴天連追放令はあくまでキリシタン大名やイエズス会宣教師による強制改宗などを禁じたものであって、個人の信仰心を規制するものではない。高山右近が改易されたのも、彼の信仰心そのものが主たる問題ではなく、高槻《たかつき》や明石で領民の強制改宗や寺社破壊に及んでいた「実績」が問題にされたからである。

前節で述べたように、行長も小豆島や室津でイエズス会の協力による布教活動を推進していた「実績」はある。しかし、秀吉はそれを問題にはしなかった。その理由は、これまで述べてきたように、九州を拠点とする今後の大陸侵攻・対外交易政策において、秀吉が行長の能力や人脈をフルに活用しようと目論んでいたことによるのだろう。

そもそも、キリシタン武将・大名として数々のキャリアがあり、日本キリスト教界の精神的支柱であった高山右近と違い、九州諸大名の「取次」とはいえこの時点の行長はあくまで室津・小豆島の小領主にすぎない。秀吉は行長を処罰しても他大名に対する「見せしめ効果」は低いと考えたのかもしれない。秀吉は今後の行長の「利用価値」を重視したのである。ちなみに、父・立佐も秀吉の側近という地位に何ら変わりはなく、秀吉は、その後のイエズス会や高山右近の動向について立佐に尋ねている（一五八八年二月二十日付フロイス書簡、『報告集』Ⅲ―7）。

しかし、伴天連追放令の発令により、行長は自身の布教活動やイエズス会との関係の見直しを迫られることになった。処罰を恐れた行長は、手のひらを返したように、自領の室津や小豆島に滞在中の宣教師に退去を促している。この行動をフロイスは「冷淡《れいたん》」と評しているが、秀吉の命令が絶対である行長にとっては当然の行動であった。

行長の行動に真っ向から立ち向かったのが、室津に滞在していた宣教師オルガンティーノである。この時のオルガンティーノと行長のやりとりは、行長の性格を知る上で重要なので、長くなるが引用しておく。

　私（オルガンティーノ）は了珪（日比屋）の息子ヴィセンテにアゴスチイノ（小西行長）を呼びに行かせたが、彼はこれによって不幸が生じ、彼とキリシタン集団に降りかかるかも知れぬことから、我らに好意を示すことを大いに恐れたので、私の伝言を聞く勇気がなかった。しかし私は強い気力をもって、もう一度ヴィセンテを堺に遣わし、いづれにせよ室にすぐ来るように、もしこれを受諾しないのなら、私が堺にそなたを探しに行き、そなたの家かその父の家に入り、如何にしても告白を聴き、このような時に悪魔が仕掛ける束縛からそなたを解放せねばならんと言わせた。彼は私が大坂に行き、彼の家に入るのを恐れ、ここで私を去らせようと来訪した。(中略)私はアゴスチイノに言った。私が室に留まるのは彼を愛し、また都のキリシタンを励まして信仰を堅くするためである。しかしもし彼が何かを恥じて私をどこかに隠そうというのであれば、私は自分を泊めてくれるような人がいない時は、都や大坂の道の真中に行くであろう。というのは、信仰に対する悪魔との第一回目の戦いでは、私は平戸に行くのを適当とは考えなかった。すなわち遠くへ行ってしまえば、必要なときに助けに行けないからである。これを聞くとアゴスチイノは泣き出し、何の返答もせずに立って弥平次《結城》の部屋へ行き、そこに三時間以上いたが、ただ私に対する好意と告白のこと以外は話さず、私は何の言葉も発しなかったが、すぐ大急ぎで私を隠す場所を設け、その後告白をする準備を始め、もし関白殿《秀吉》がこのことで彼を咎める時には信仰のために死ぬ絶対的な決意をした。

(一五八八年十一月二十五日付オルガンティーノ書簡、『報告集』Ⅲ―7)

こうして、オルガンティーノの説得によって改心した行長は、オルガンティーノや改易されたばかりの高山右近らを小豆島に潜伏させることを決断したのである。

行長の「信仰心」

行長の伝記として最も著名な遠藤周作《えんどうしゅうさく》の『鉄の首枷《くびかせ》』は、特にこの場面をクローズアップし、「六月十九日事件以後、あれほど弱く、卑怯で、怯《おび》えた行長が今、このような危険に身を曝すようになった心情には、秀吉の野心の傀儡《かいらい》にはもうなりたくないという気持ちが含まれていたにちがいない」とする。そしてこれを、秀吉に対する行長の「面従腹背《めんじゅうふくはい》」の生き方へのターニングポイントと捉えている（遠藤一九七七）。

確かに、伴天連追放令の趣旨に背き、宣教師を自領に潜伏させることは、秀吉を「だます」行動とも言える。行長にも葛藤や悩みがあったに違いない。しかし、これはキリシタンとしての行長に主眼をおいた、一面的な理解ではないだろうか。

重要なのは、表向きにしろ、行長が「秀吉家臣」としての立場を優先させている事実である。行長の信仰とは、常に彼の政治的立場が優先される「信仰心」であった。この後、秀吉の在世中に、行長が秀吉の命令に背き、自らの「信仰心」を優先させることは一度もない。

すでに豊臣政権のもとで出世を果し、独自の役割を担っていた行長は、「秀吉家臣」としての生き方しか想像できなかっただろう。この後の彼の人生を見ても「秀吉の野心の傀儡にはもうなりたくないという気持ち」を抱いていたとは考えられない。あくまで行長の主たる属性は「秀吉家臣」であり、彼の第一目標は豊臣政権の発展と安定および自身の地位向上であった。

そのためにも、イエズス会とのつながりが、自分たちにしかない「存在価値」であることを行長（および小西一族）は自覚していた。それは、秀吉の本質的願望が九州を拠点とするポルトガル貿易であり、当時の日本では、イエズス会宣教師の仲介なしの南蛮貿易（マカオ―長崎間貿易）はありえない状況だったからである。

秀吉がポルトガル貿易を望む以上、イエズス会宣教師の日本滞在を黙認せざるを得ない。結果として、秀吉が打ち出した宣教師の国外追放という方針は不徹底に終わる。行長はこうした秀吉の方針の矛盾を早くから見抜き、強制的な布教さえしなければ、イエズス会宣教師と日本における共存は可能と行長は予測したのだろう。

一五九〇年十月十四日付イエズス会総会長宛ヴァリニャーノ書簡によれば、伴天連追放令の発布直後、コエリョはすぐ有馬に赴き、当時の九州キリスト教界の有力者・有馬《ありま》晴信《はるのぶ》に対して、キリシタン大名の勢力を結集させ、秀吉に敵対するよう要請した。そしてコエリョ自身も資金と武器弾薬を提供する旨約束し、その準備に取りかかるが、有馬晴信と行長はコエリョを嫌悪していることを公言し、コエリョの計画を阻止する行動をとっている〔高瀬一九七七〕。

このように、これ以降も行長はイエズス会との関係を維持していく一方、秀吉家臣としてイエズス会の行動を監督する役割を果していくのである。

小西「摂津守」に

秀吉の九州攻め終了後、行長が一次資料に登場するのは、秀吉が宗義調に宛てた天正十五年（一五八七）八月二十二日付朱印状（宗家文書）である。朝鮮王朝との交渉を油断なく務めるように、という内容であるが、ここで行長は「小西摂津守《せっつのかみ》」として登場している。これが小西「摂津守」行長の初見である。

現存の一次資料を見る限り、行長の「名乗り」は三通りある。それぞれの時期を整理すると左表のとおりとなる。

①「弥九郎」から②「日向守」への変化が見られる天正十五年（一五八七）三月ごろは、ちょうど九州攻めのため秀吉自身が大坂を出立し、行長も九州へ従軍した時期である。

確実なことはわからないが、おそらくは九州出陣の直前、行長を水軍の主力部隊として編成しようとした秀吉が、それまで何の官途《かんと》・受領名も持っていなかった行長に「日向守《ひゅうがのかみ》」の受領名を許したのであろう。「日向守」が九州の受領名であることも、行長が秀吉に期待されていた九州北部沿岸大名の「取次」として

名乗り	初　出	最　後
①「小西弥九郎」	天正九年（一五八一）九月二十四日 同日付黒田官兵衛宛羽柴秀吉書状 （黒田家文書）	天正十五年（一五八七）二月二十二日 同日付黒田官兵衛宛豊臣秀吉朱印状 （黒田家文書）
②「小西日向守」	天正十五年（一五八七）三月二十六日 同日付筑紫広門宛秀吉朱印状 （筑紫家文書）	天正十五年（一五八七）五月四日 同日付宗義調宛豊臣秀吉朱印状 （宗家文書）
③「小西摂津守」	天正十五年（一五八七）八月二十二日 同日付宗義調宛豊臣秀吉朱印状 （宗家文書）	慶長五年（一六〇〇）九月十九日（在世中） 同日付竹中重門宛徳川家康書状 （関ヶ原町立歴史民俗資料館所蔵文書）

の役割と、何か関係があるのかもしれない。

しかし、②「日向守」はわずか三〜四ヶ月程度しか続かず、同年八月には③「摂津守」へと変化している。この変化のタイミングが六月から八月のいつかははっきりしないが、契機としては六月に秀吉が筑前筥崎で実施した九州国分、あるいは大坂帰還後の秀吉が八月ごろに実施した豊臣大名への武家官位制導入の動き〔藤田一九九五〕などが考えられる。

そもそも、「守《かみ》」とは律令制下の「国《くに》」の長官を意味する。その「国」が西海道の「中国」（『延喜式《えんぎしき》』）である日向から、畿内の「上国」（同）である摂津へと替わったことは、この変化が「昇進」としての性格を持つことを示唆している。よって、この変化は、九州攻めの恩賞としての意味があるのかもしれない。この時期の行長の地位向上の反映と捉えられよう。

これ以降、「摂津守」の受領名は、行長が亡くなるまで変化することはなかった。

三　秀吉上使、そして肥後領主へ

肥後・肥前一揆勃発

天正十五年（一五八七）六月、秀吉から肥後国を与えられた佐々成政《さっさなりまさ》（図3）は、早速領内の把握のため検地を試みる。しかし、旧来の在地勢力である国衆《くにしゅう》の抵抗を受け、七月には領内で一揆が勃発する事態となった。いわゆる肥後国衆一揆である。

京都でこの報を受けた秀吉は、さっそく事態の把握と一揆鎮圧にとりかかる。この時の行長の役割がうかがえる資料を掲示しておく。

態染筆候、肥後国一揆等少々令蜂起付而、為可成敗、小早川左衛門佐（隆景）・黒田勘解由（孝高）・並壱岐（毛利吉成）被差遣候、毛利右馬頭（輝元）も自身罷立候、猶様子為可被聞召、小西摂津守（行長）被差遣候、依一左右御人数之儀、大和大納言（豊臣秀長）、江州中納言（豊臣秀次）、備前宰相（宇喜多秀家）、其外四国之者共を始、出陣之儀可被仰付候、九州之儀者五畿内同前ニ被思召候条、何之道ニも堅被仰付候ハて、不叶儀候、殿下（秀吉）も来春者、至博多被成御動座、唐・南蛮・高麗国迄可被仰付候、然者高麗国之儀、以最前、筋目急度相究可申越候、猶小西（行長）可申候也、

十月十四日（秀吉朱印）

宗讃岐守（義調）とのへ

宗対馬守（義智）とのへ

（宗家文書）

図３　佐々陸奥守成政之像（古川雪嶺筆）
（富山市郷土博物館所蔵）

これにより、秀吉が一揆鎮圧軍として小早川隆景《こばやかわたかかげ》・黒田孝高らを編成・派遣したこと、行長が現地の様子を調べる上使

として派遣されたことがわかる。ちなみにこの時、肥後国衆一揆の鎮圧にあたっていた竜造寺《りゅうぞうじ》家晴《いえはる》の留守中、肥前諫早《いさはや》においても一揆が勃発しており、行長は肥前一揆の情報収集をも命じられていた。この経緯については国重顕子《くにしげあきこ》の研究に詳しい（国重一九八八）。

この行長の役割は、以前からの九州諸大名の「取次」としての立場の延長線上にあるものであろう。また、宗氏の対朝鮮交渉についての「取次」も、行長が並行して務めていることもわかる。

この朱印状に「九州之儀者五畿内同前」と記されているように、秀吉は九州を畿内と同様の重要拠点と考えていた。その後に続く文言を考えても、「唐・南蛮・高麗国」への侵攻計画を前提として構想されたものと考えられる。

このように考えると行長は、秀吉が九州諸大名に期待する事項の主要部分を監督する役割を担っていた。秀吉の行長に対する期待と信頼は厚い。

肥前一揆の事後処理

やがて肥後・肥前の一揆ともに鎮圧に向かい、現地で情報収集にあたっていた行長は、天正十五年（一五八七）十二月ごろ上洛して秀吉に状況報告を行っている（図4）。

この行長の報告のうち、肥前諫早一揆についてフロイスは次のように述べている。

アゴスチニヨ（小西行長）弥九郎殿が我等の味方であったことは、この際大なる助となった。関白殿（秀吉）が都に帰った後、

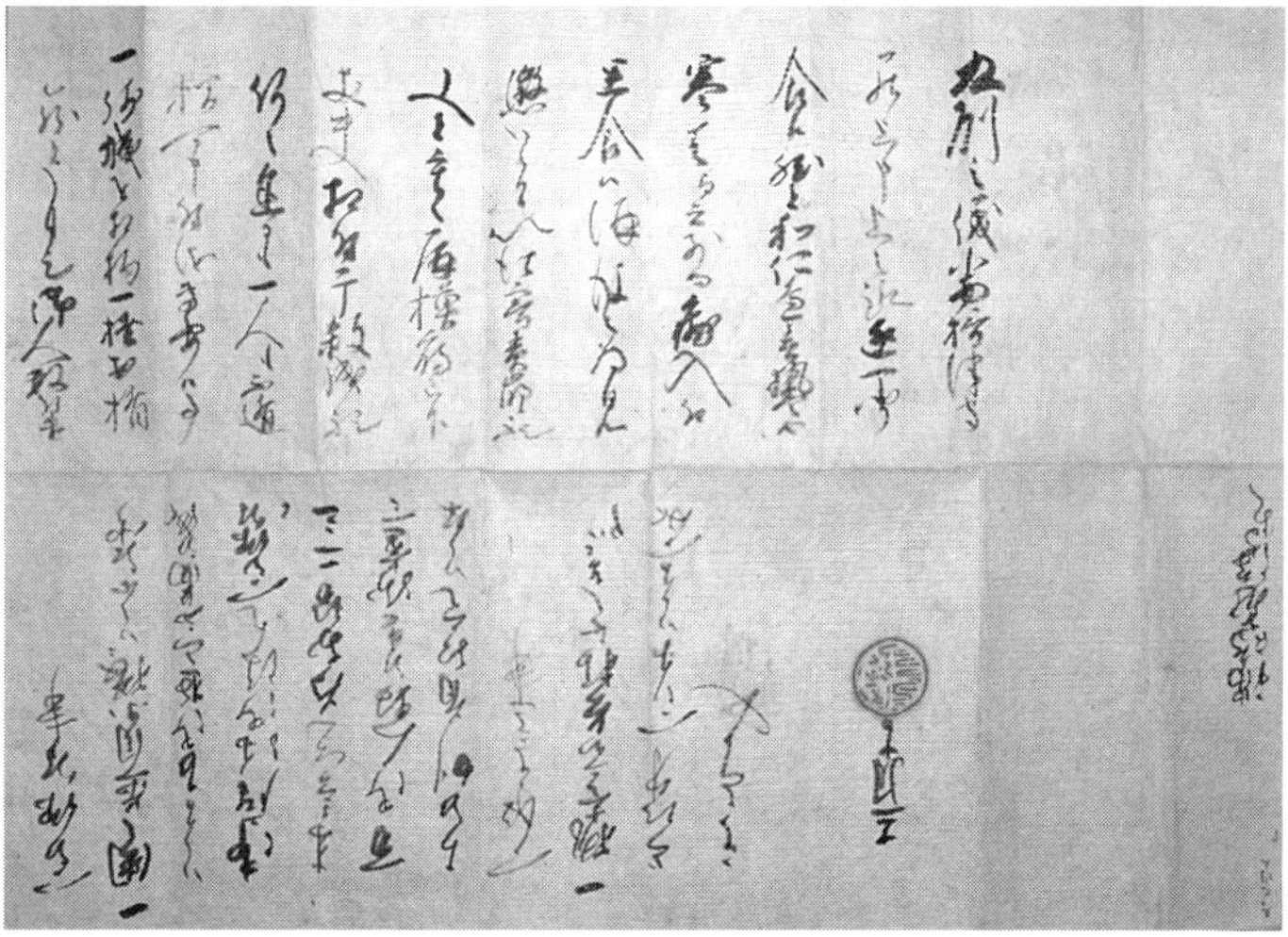

図 4　天正 15 年 12 月 10 日付 豊臣秀吉朱印状
（佐賀県立名護屋城博物館所蔵）

弥九郎殿は下の海岸地方の監督者として艦隊を率いて当地方に来り、諫早の領内に起こった変動を知ったが、諫早がキリシタンとなる約束をしたため、ビセプロビンシィヤル（コエリョ）が彼ならびに彼を援けた有馬殿《晴信》の救護を請うたので、何も知らぬ風をなし、都に帰った後、諫早殿《西郷信尚》のことを適当に報告し、関白殿が満足するよう取り計らった。

（一五八七年度フロイス日本年報、『日本年報』下）

要するに、肥前諫早一揆は「諫早殿」（西郷信尚《さいごうのぶひさ》）と「有馬殿」（晴信）が関係していたが、コエリョの要請により、行長は同じキリシタンである有馬晴信のことは適当にごまかして、秀吉に報告した、ということである。

国重顕子が指摘しているように、これこそが行長の「取次」の役割を如実に表している記録と言えよう。すなわち、在地の実態を鑑みて、諸大名の動きを把握し、その上で豊臣大名として行動を取らせるよう指導・監督する役割であり、単なる命令伝達役だけではない〔国重一九八八〕。ここにイエズス会の信頼をバックに九州北部のキリシタン大名の「取次」を務める行長の役割が表れていると言えよう。

肥後一揆の事後処理

もう一方の肥後国衆一揆に対して、秀吉は断固たる態度で弾圧を行っている。天正十六年（一五八八）正月には現地に九人の上使衆《じょうししゅう》と二万余の軍勢を派遣して事後処理にあたらせた（天正十六年正月五日付豊臣秀吉書状、小早川家文書）。

その上使衆のメンバーは、浅野長政《あさのながまさ》・加藤清正《かとうきよまさ》・福島正則《ふくしままさのり》・小西行長・黒田孝高・毛利吉成《もうりよしなり》・戸田勝隆《とだかつたか》・蜂須賀家政《はちすかいえまさ》・生駒親正《いこまちかまさ》である（天正十六年五月十五日付生駒親正等連署書状写、新納《にいろ》文書）。いずれも秀吉に長く仕えている忠実な家臣ばかりであり、肥後再編に対する秀吉の意気込みが表れている。

行長は同年二月ごろに九州へ向かい、同月二十九日ごろには下関《しものせき》に滞在している。ここから対馬の宗義調へ宛てた書状〔文書8〕では、五月ごろまで肥後に滞在することになるだろうとの見通しを述べている。行長は三月五日に博多で神屋宗湛の振舞いを受けていることから（『宗湛日記』）、少なくとも肥後に入国したのは三月上旬以降のことであろう。

上使衆は肥後に赴任するとただちに検地に着手している。その担当は、浅野長政が山本《やまもと》郡・飽田《あきた》郡・詫摩《たくま》郡、生駒親正が玉名《たまな》郡・山鹿《やまが》郡、蜂須賀家政が菊池《きくち》郡・合志《ごうし》郡、戸田勝隆・黒田孝高・毛利吉成が阿蘇《あそ》郡・

益城《ましき》郡、福島正則・加藤清正・小西行長が宇土《うと》郡・八代《やつしろ》郡・葦北《あしきた》郡・天草《あまくさ》郡であった（相良統俊肥後国検地覚書、成恒《なりつね》文書）。

この時の検地は、わずか二ヶ月程度の期間で実施されたもので、検地奉行による土地実測は行なわれず、上使衆監督のもとで村役人が作成した「指出《さしだし》」（前領主への年貢・公事納入などの先例を書いて新領主へ提出する文書）にもとづいた方法であったことが指摘されている〔松本一九九四〕。厳格な対応を志向する一方で、結局は村の百姓・役人の申告によらざるを得なかったのである。

こうした肥後への対応の背景には、秀吉がこの先の大陸出兵を見通していたことが大きいだろう。先述の天正十六年正月五日付豊臣秀吉書状（小早川家文書）では、肥後への上使衆派遣方針を伝えると同時に「九州を堅く仰せ付けられ候えば、唐国迄思し召すままに仰せ付けらるべきとの事候条、寔《まことに》大坂之つほの内同然に御心得成られ候」と記している。秀吉は九州の支配基盤整備の先に「唐国」への進出を意図していたことは間違いない。肥後はその構想の中で重要な位置を占めており、だからこそ肥後国衆一揆に対する事後処理には厳格かつ迅速な対応で臨んだのである。

肥後半国の領主に

一五八八年二月二十日付のフロイス日本年報に次のような一節が記されている。

肥後国においては、関白殿（秀吉）が同国を与えた陸奥守殿（佐々成政）に対して謀叛が起こったので、関白殿は再びアゴス（小西行長）

チニヨを当西国地方に派遣し、肥後国の指揮を彼に命ずるという噂がある。関白殿が我等に対して迫害を進めんとする時は、わが多数のキリシタンの大身及び貴族と共に有馬（晴信）を援ける同盟を結んでいる故、右の如くなった場合には、我等にとって甚だ有利となるであろう。（中略）もし、肥後国がアゴスチニヨの所領となるに至れば、我等の主は迫害により当諸国の領主の間に大なる団体を作らしめ、関白殿が急にその目的を達するに至らざるよう計い給うであろう。

（一五八七年度フロイス日本年報、『日本年報』下）

イエズス会側の期待による記録とも考えられるが、これによれば、すでに天正十六年（一五八八）の早い段階で、佐々成政に替わる肥後領主として小西行長の名が噂されていた。

小西行長と加藤清正が秀吉から正式に肥後領主に任命されるのは同年閏五月十五日である。しかし、清正の場合は、それより前の閏五月六日に阿蘇小国《おぐに》の土豪・北里《きたざと》氏に対して、夏麦《かばく》収納・夫役《ぶやく》徴収、百姓の武装解除や村への帰村・耕作活動再開などを命じている定書《さだめがき》が現存しており〔熊本県立美術館二〇〇七〕、正式に任命される前に実質的な領主活動をスタートさせていたことが明らかである。おそらくは天正十六年正月の上使衆派遣段階で、行長や清正には次期肥後領主としての秀吉の意向がすでに伝えられていたのだろう。

そして、同年閏五月十四日、秀吉は「陸奥守前後悪逆《あくぎゃく》事」と題する佐々成政への弾劾文を九州諸大名に発布。翌十五日に、清正と行長それぞれに知行宛行状《ちぎょうあてがいじょう》を発給し、両者を肥後領主に任命した。この結果、行長は肥後南半分の領主になったのである。

〔コラム②〕行長の花押の変遷

本書末尾に行長発給文書集成を収録しているが、行長文書の現存例が多数確認できたことで、行長の花押《かおう》（サイン）の形状変化も明らかになってきた。

花押A（文書1、天正十～十四年と推定）と花押B（文書2、天正十三年と推定）はいずれも「弥九郎」を称している時期のものである。筆致の微妙な違いはあるものの、形状自体はほぼ同一と見てよい。

次の花押C（文書5、天正十五年四月）は、行長が「日向守」を称している時期（天正十五年三月～五月）のものである。A・BとCを比べると、左下部分の筆の運びがA・BではV字型である部分が、Cでは円を描くような運筆となっている（点線円部分）。「日向守」花押はこの一例しかないため、この違いが偶然か意図的か判断しがたいが、相違点としてあげておく。

ところが花押D（文書12、天正十六年九月）になると、これまでの花押と明確に違う点が一つ出てくる。中央部分の二本の縦線の長さが、A・B・Cでは左から右下に伸びていく大きな斜線を越えていなかったのに対し、Dになると下に伸びて、一番下の横線に接するようになっている（点線円部分）。

これはほんのわずかな差異にも思えるが、Dの形状は、行長が没する慶長五年（一六〇〇）まで一貫して同じであり、A・B・Cとは明確に異なる。これは、行長が意図的にCからDへと形状を変化させた結果である。おそらく、この変化は天正十五年（一五八七）八月に「摂津守」を称することと連動しているのだろう。とても繊細なデザイン変更であるが、これも行長の個性の表れである。

花押E（文書9、天正十五年以降）は、「摂津守」時代の花押の中では独特な筆致である。この文書9は行長自筆書状と思われ、Eは「自筆書状専用花押」と想定可能かもしれない。

【小西弥九郎】の花押

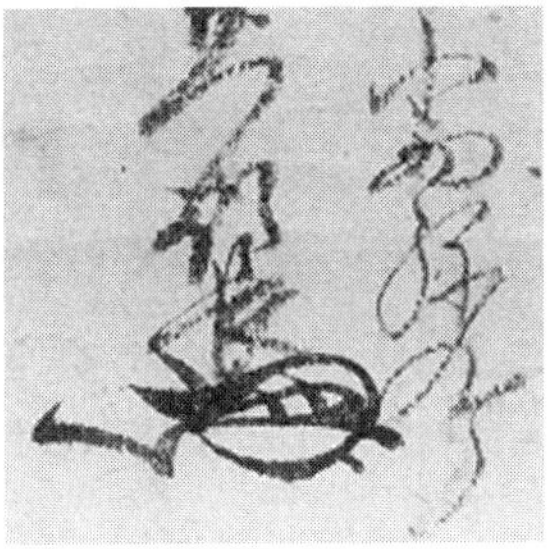

花押 A〔文書 1〕

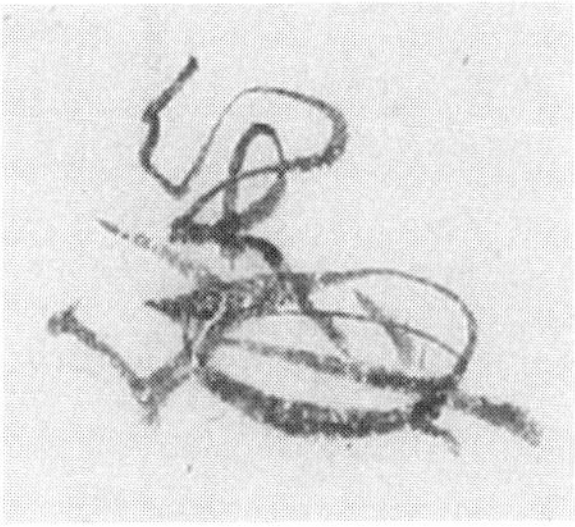

花押 B〔文書 2〕

【小西日向守】の花押

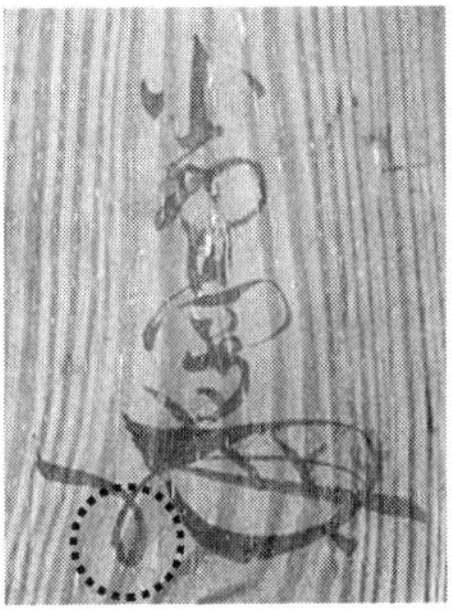

花押 C〔文書 5〕

【小西摂津守】の花押

花押 D〔文書 12〕

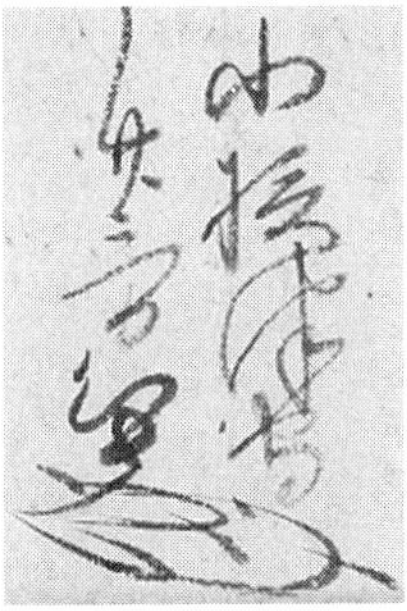

花押 E〔文書 9〕

第三章

肥後統治と対朝鮮交渉――一五八八〜一五九一年――

「清正・行長、先陣を争ふ図」
（『絵本太閤記』六編巻之四　佐賀県立名護屋城博物館所蔵）
清正（右中央）の挑発に行長（左中央）は刀に手をかけ、周囲が必死に両者をなだめる。

行長と清正はやっぱり「不仲」？

清正「朝鮮の都を攻める際は、我を先陣とすべし！」
行長「何を言う！　秀吉様の命令で先陣に任じられているのはそれがしだ！」
清正「ふん！　先陣とはそもそも武勇の者が務めるものだ！」
行長「何を！　それがしが貴様に武勇で劣るというのか！　ならばそれがしと勝負して、勝ったら先鋒を務めるがよい！」
清正「ほほう、面白い！　やるか！」

（『絵本太閤記《えほんたいこうき》』）

天正二十年（一五九二）、朝鮮の都・漢城攻撃直前に、日本の諸将が軍議を開いた際の有名なエピソードである。『日本外史《にほんがいし》』など、江戸時代の史書でも行長と清正《きよまさ》は「不仲」と記され、現代では遠藤周作《えんどうしゅうさく》が行長と清正を「水の人間」「土の人間」として対比的に描写するなど（『鉄の首枷』）、両者の「不仲」のイメージは一般的に固定している。

果して、この「不仲」の実像はいかなるものか？

一　行長の肥後統治

肥後南半国の領主となった行長は、さっそく家臣団編成や城郭整備など領国経営の基盤整備に着手する。しかし、一方で秀吉の「唐入り」（明への侵攻）体制準備および朝鮮との事前交渉を担当していたゆえに、ますます多忙で悩ましい日々を送ることになる。

行長の所領と領知高

天正十六年（一五八八）閏五月十五日、秀吉は行長と清正にそれぞれ肥後統治に関する朱印状を数種発給した。残念ながら行長に宛てた朱印状は現存せず内容が確認できないが、清正宛のものはいくつか現存している。

於肥後国領知方、都合拾九万四千九百拾六石、目録別紙在之事、被宛行之訖、但、以此内弐万石、国侍ニ可被下之条、御朱印次第相渡、則其方可致合宿、其外身宛全可令領知候也、

天正十六
後五月十五日（秀吉朱印）

加藤主計頭とのへ

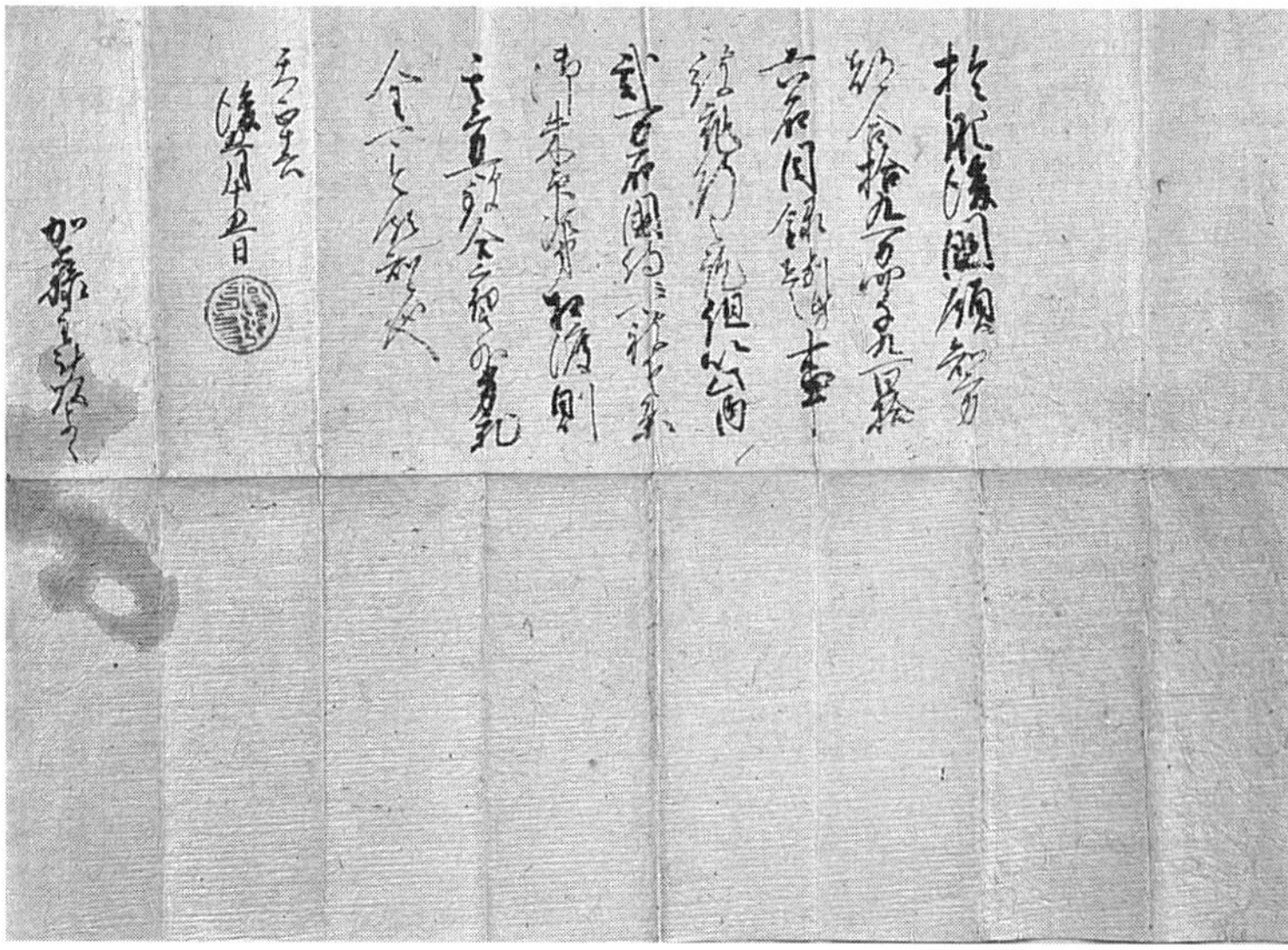

図1　天正16年閏5月15日付 豊臣秀吉朱印状（富山市郷土博物館所蔵）

これは秀吉が肥後のうち「拾九万四千九百拾六石」を与える領知方宛行状《りょうちがたあてがいじょう》である（図1）。これとセットの領知方目録も現存しており（尊経閣文庫所蔵）、清正に与えた玉名《たまな》郡・山鹿《やまが》郡・山本《やまもと》郡・飽田《あきた》郡・詫摩《たくま》郡・菊池《きくち》郡・合志《ごうし》郡・阿蘇《あそ》郡・葦北《あしきた》郡の石高とその合計、国侍《くにざむらい》分と清正分の領知高内訳が記されている〔熊本市一九九四〕。行長のものは現存していないが、おそらく行長にも同時にこの領知方宛行状と目録のセットが発給されたはずである。行長に与えられたのは、清正の領知方目録に載っていない益城《ましき》郡・宇土《うと》郡・八代《やつしろ》郡・天草《あまくさ》郡の肥後南部の合計四郡である。

問題は行長の領知高である。これまで日本側の一次資料は確認されておらず正確な数値は不明である。参考となる他の資料には、「三十二万俵（＝十六万石）」（一五八八年度コエリョ日本年報、『報告集』Ⅰ―1）、「十九万石」（『絵本太閤記《えほんたいこうき》』第五編巻之九）、「二拾四万石」（『肥後国誌《ひごこくし》』「宇土郡松山手永宇土城迹」の項）などといろいろな数値が記されているが、どれも確証がない。ここでは慶長三年（一五九八）八月の日付を持つ「日本国総目録」という資料に注目したい。

この中の「諸国御給人」という項に、「一、拾九万五千石　肥後内　加藤主計頭清正」「一、拾四万六千三百石　肥後内　小西摂津守」という記録がある。何にもとづいて作成された資料かは不明だが、このうち清正の領知高は、前掲の秀吉朱印状に記された領知高（「拾九万四千九百拾六石」）と比べて若干の誤差はあるものの、ほぼ正確な数字と言える。よって、行長の領知高「拾四万六千三百石」もある程度信頼できると考えられるので、本書ではこれを参考数値として掲げ、およそ一四万六〇〇〇石前後だったと推定しておく。

行長・清正の肥後共同統治

先に紹介した領知高に関する清正宛朱印状とは別に、同日の閏五月十五日に秀吉が清正に宛てた朱印状がもう一通ある。

其方事、万精を入、御用ニも可罷立と被　思食付而、於肥後国領知方一廉被作拝領、隈本在城儀被　仰付候条、相守御法度旨、諸事可申付候、於令油断者可為曲事候、就其陸奥守（佐々成政）事、以一書被　仰出候ことく、去十四日腹を切させられ候、雖然家中者之儀者不苦候間、其方ニ小西（行長）相談、其々見計、知行念を入遣之、為両人可拘置候、猶浅野弾正少弼（長政）・戸田民部少輔（勝隆）可申候也、

後五月十五日（秀吉朱印）

加藤主計頭（清正）とのへ

（『天理図書館善本叢書第六八　古文書集』）

これによれば、秀吉は清正に対して、「隈本《くまもと》在城」と「御法度《ごはっと》」を守り統治にあたること、佐々《さっさ》成政《なりまさ》の旧臣について清正と行長が「両人」で相談して召し抱えることを命じている。これもおそらくは、ほぼ同内容の朱印状が行長にも発給されただろう。

注目すべきは、この時期に秀吉から清正・行長に宛てられた肥後統治に関する書状に、「両人」という語句がよく見られることである。例えば、次の天正十六年六月十三日付秀吉朱印状もその一つである。

閏五月廿五日書状披見候、其許弥相静候由可為言分候、諸城普請置目等儀入念申付候段尤候、其国事先事如被仰下候、小西（行長）集両人ニ領知方被宛行条、相守其旨、人数相集、諸事無由断可申付儀肝要候、有付候上ニて在番之者共をも相甘、城々儀可被立置と又不入をハ破却之所も可有之候、小西ニも此道申聞、万事追々可致言上候也、

六月十三日（秀吉朱印）

加藤主計頭（清正）とのへ

（『苓北《れいほく》町史』史料編）

ここにも、肥後について清正と行長の「両人ニ領知方宛行われ」と見える。肥後国内の城の存続・破却を見極めるべきことを「小西ニも」申し伝えて協議し、その結果を言上するように命じている。このように、秀吉は行長と清正に対し、「両人」が肥後を共同統治することを求めたのである〔宇土市教育委員会二〇〇七〕。

清正と行長に共同統治させた理由は二つ考えられる。

第一に、そもそも行長や清正の肥後領主任命が大抜擢であるため、負担を分散させたことである。行長は活躍の場を広げつつも、肥後拝領の直前段階では小豆島《しょうどしま》・室津《むろのつ》など一万石程度の領主であった（本書第二章参照）。清正は天正十一年（一五八三）八月朔日に三〇〇〇石を宛行われ、その後も何度か加増を受けているが（『天理図書館善本叢書第六八　古文書集』所収文書）、それでも肥後拝領の直前段階では所領一万石に満たない秀吉の一家臣にすぎなかった。にもかかわらず、秀吉は大きな所領統治の経験がなかったこの二人を、いきなり肥後半国の領主としてそれぞれ任命したのである。まして、佐々成政の失政、さらに一揆鎮圧後という緊迫した状況であったことを考えると、秀吉が統治経験の浅い「両人」に対し、共同統治を指示したことは十分考えられる。

もう一つの理由は、秀吉がすでにこの二人を大陸侵攻の先鋒として想定して、肥後からの派兵を計画していたことである。この後、秀吉は宗義智《そうよしとし》に宛てた書状において、「高麗国王」の日本参洛が実現しなければ、「小西摂津守（行長）・加藤主計頭（清正）両人」に九州の軍勢を率いさせ、「先勢」として渡海させる意向を伝えている（天正十七年三月二十七日付豊臣秀吉書状、宗家文書）。このことを考えると、この「両人」をセットで肥後領主とし、共同統治を命じたことが、秀吉の大陸侵攻への一連の構想だったと理解できよう。

以上、経験の浅い二人の負担を軽減すること、および大陸侵攻への布石という二つの理由により、清正と行長は肥後の共同統治を命ぜられたのである。

なお、秀吉がなぜこの二人を大陸侵攻の「先勢」に選んだのか、その理由は定かではない。推測するに、行長についてはこれまで述べてきたような、海上輸送能力や交渉能力が求められ、清正については高い軍事能力が期待されたのだろう。特に行長の肥後配置については、九州諸大名を統率する「取次」任務との関係が考えられる。この翌天正十七年（一五八九）二月ごろに行長は有馬《ありま》・大村両氏をともなって秀吉に謁見するため上洛している（一五八八年度コエリョ日本年報、『報告集』Ⅰ―1）。この上洛は、秀吉に恭順の意を示すために直接挨拶が必要であることを、行長が両氏に「指導」したことで実現している。このように行長は、秀吉が九州の中央部に打ち込んだ豊臣政権の楔《くさび》だった。

行長の肥後入国時期

『肥後国誌《ひごこくし》』（「宇土郡松山手永宇土城迹」の項）によれば、行長は天正十六年（一五八八）六月十三日に大坂から出船し、同二十七日に宇土に入部したという。また『絵本太閤記《えほんたいこうき》』（第五編巻之九）は六月四日に行長が肥後赴任の挨拶のため淀君《よどきみ》の屋敷に参上したとし、淀君に見送られながら屋敷の門を出て行く場面が描かれている（本書40頁）。この二書によれば、六月中に大坂から宇土に入国したことになる。

天正十六年五月十五日に肥後検地の上使衆《じょうししゅう》九人全員で署名した文書が残っている（天正十六年五月十五日付生駒親正《いこまちかまさ》等九名連署状写、新納《にいろ》文書）。この中に行長も含まれており、この時期に肥後に滞在していたことは間違いない。しかし他の一次資料では、同年閏五月から六月ごろの動向は把握できない。以上の三つの資料をすべて信じれば、五月段階で肥後にいたが、六月になってわざわざ一度大坂に戻り、再び肥後に赴任したことになる。

もっとも、清正は三月に上使衆として肥後に入国後そのまま滞在しており、先述したように肥後領知方拝領の閏五月十五日付朱印状が発給される以前の段階で、すでに実質的な統治に着手していた（本書72頁）。おそらく行長にも、上使衆として肥後に派遣される段階で肥後領主とする方針が伝えられていたはずであり、清正と同様に三月以降も大坂に戻ることなく肥後に滞在した可能性もある。この点の解明は、今後の一次資料の出現を待つより他はない。

家臣団を編成

肥後南部の領主となった行長は、さっそく家臣団の編成に着手しており、八月から九月にかけての知行安《あん》堵《ど》状・知行宛《あてがい》行状が確認できる〔文書11～13〕。特に〔文書12・13〕は、どちらも九月二十五日付であり、おそらくこの日までに大部分の家臣団編成を終え、一斉に知行宛行状を発給したのだろう。

行長の家臣団編成については、コエリョの日本年報にも記述がある。

しかしながら、関白殿（秀吉）は肥後の国を二つの部分に分かつことを決意した。そしてそのほぼ半分をアゴスチイノ弥九郎殿（行長）に引き渡し、かつてはかの地方一帯の幾人もの殿たちの所有に帰していた多くの城と多くの領地の主君にさせた。肥後は一つの海の入り江によって有馬の諸地と天草の島々とから隔てられている。天草の島々にはかつて相良殿、イトン《（伊東カ）》殿、さらに肥後の別の領主に属していたすべての城下が含まれている。したがってアゴスチイノは三十二万俵以上の収入を誇る主君にのしあがったのである。このほかに関白殿はアゴスチイノへ下の海浜地方全域にわたる監査権を与えた。（中略）このことは都の諸地方の多くの、多くのきわめて身分ある善良なキリシタンたちにとって大きな救いであった。彼らはこの迫害によって自分たちの土地や財産を失って追放の憂き目にあっていたし、多くのきわめて異常な悲惨に耐えていた。アゴスチイノは彼らを一人残らず自分のもとへ収容し、立派な職務と収入とを与え、彼らの一部を自らの親類衆とした。親類衆は親戚になりかわってその相談役となる。さらに別の一部へは二千、三千、四千から六千俵という厚遇をもって司令官職や名誉職を与えた、このような厚遇を受けた者たちのなかに、パウロ文太夫《（伊地智）》殿、ジョルジ弥平次《（結城）》殿、堺のビセンテ《（日比屋了荷）》、そして右近《（高山）》殿の親類衆の数人がいる。彼は以上をすべて親類衆として選びだした。　（一五八八年度コエリョ日本年報、『報告集』Ⅰ―1）

こうした記録や当時の資料などをもとに、肥後統治時代の行長家臣をまとめたのが表1である。判明している数は少なく、その中でも来歴がわかるのは数人であるが、そこから家臣団編成のおよその傾向がうかがえる。

まずは行長の兄弟ら一族であり、小西主殿助《とのものすけ》・小西与《よ》七郎《しちろう》があげられる。

次にコエリョが言うような「親類衆《しんるいしゅう》」（重臣）である。コエリョは伊地智《いちじ》文太夫《ぶんだゆう》、結城《ゆうき》弥平次《やへいじ》、日比屋《ひびや》了《りょう》

表1　小西家臣団

	名　前	役職・石高など	出　典
小西一族	小西主殿助	行長弟、洗礼名ペドロ、隈庄城代	（年未詳）十二月二十八日小西主殿助書状（島津家文書）など
	小西隼人	行長弟、主殿助と同一人物か	『宇土軍記』、『肥後国誌』など
	小西与七郎	行長弟、洗礼名ジアンか	文禄二年正月八日豊臣秀吉朱印状（八代市立博物館所蔵）
	小西若狭守行□	名護屋御作事奉行　行長兄弟か	天正十七年十二月二十七日小西若狭守書状写（有浦文書）
	小西忠右衛門	行長甥、小西主殿助の子か	一五九九—一六〇一年「日本諸国記」（『報告集』Ⅰ—3）
重　臣（親類衆）	日比屋了荷	日比屋了珪の子、洗礼名ビセンテ、「親類衆」	一五八九年二月二十四日付コエリョ一五八八年度日本年報など
	小西作右衛門末郷（木戸作右衛門・小西美作）	洗礼名ジアン、八代城代	文禄二年七月七日小西末郷書状（相良家文書）など
	伊地智文太夫	もと河内キリシタン、洗礼名パウロ、「親類衆」	一五八九年二月二十四日付コエリョ一五八八年度日本年報など
	結城弥平次	もと河内キリシタン、洗礼名ジョルジ、「親類衆」、矢部（岩尾・愛藤寺城代）	一五八九年二月二十四日付コエリョ一五八八年度日本年報など
	内藤忠俊（小西如安・飛彈）	もと丹波守護、洗礼名ジョアン	万暦二十三年正月二十一日明神宗勅諭（宮内庁書陵部所蔵）など
家　臣	竹内吉兵衛	洗礼名アンブロジオ、御馬廻	フロイス『日本史』、『吉野覚書』
	平賀弥右衛門	宗への使者	天正十六年二月二十九日小西行長書状（宗家文書）
	小西次郎四郎	島津義弘への使者	「家久公御譜中」文禄三年十一月二日（『薩摩旧記雑録』）

	人名	内容	典拠
家臣	滝七右衛門重時	島津への使者・取次	文禄四年六月五日小西行長書状（島津家文書）など
	八木田勘兵衛	相良への使者・取次	文禄五年正月十二日小西行長書状（相良家文書）など
	村尾弥七	相良への使者・取次	（年未詳）三月十日村尾弥七書状（相良家文書）など
	井上甚兵衛正次	相良への使者・取次	（年未詳）五月十二日井上正次書状（相良家文書）など
	鳥飼権右衛門	八代郡より六〇〇石	天正十六年九月二十五日小西行長知行宛行状（竹田市立歴史資料館所蔵）
	安部文蔵	益城郡より四〇〇石	天正十六年九月二十五日小西行長知行宛行状（『黄薇古簡集』）
	某	八代郡より一五〇石	天正十九年十一月二十日小西行長知行宛行状（個人蔵）
	森左吉	益城郡より一五〇石	慶長四年十一月十八日小西行長知行宛行状（大阪青山大学・短期大学所蔵）
	須佐美甚太郎	もと小豆島の土豪	（年未詳）六月十八日小西行長書状（個人蔵）
	須佐美太郎左衛門	八代郡古閑村より加増一〇〇石	慶長四年四月十八日小西末郷知行宛行状（八代市立博物館二〇〇七展覧会図録）
	児島三郎左衛門	小西末郷陪臣か	慶長四年四月十八日小西末郷知行宛行状（八代市立博物館二〇〇七展覧会図録）
	高橋勝三郎	順天城攻防功績により加増一〇〇石	慶長三年十月十一日小西末郷知行宛行状（高橋文書）
	某丹後	家老五〇〇〇石？	『宇土軍記』、『三宮社記録』、『肥後国誌』
	某平馬	家老三〇〇〇石？	『宇土軍記』、『三宮社記録』、『肥後国誌』
	伊藤与左衛門	木山城代	『肥後国誌』
	太田市兵衛	矢部（岩尾・愛藤）城代	『肥後国誌』

二次資料にのみ見える家臣		
南条玄宅		『宇土軍記』、『三宮社記録』、『肥後国誌』
日比左近右衛門		『宇土軍記』、『三宮社記録』、『肥後国誌』
植木（上木）菖蒲之介		『宇土軍記』、『三宮社記録』
内藤備前		『肥後国誌』
内藤采女		『肥後国誌』
小西左近		『肥後国誌』
小西右兵衛		『肥後国誌』
山路勘右衛門		『三宮社記録』、『肥後国誌』
相田平兵衛		『三宮社記録』、『肥後国誌』
雪野九兵衛		『三宮社記録』、『肥後国誌』
吉田茂九衛門		『三宮社記録』、『肥後国誌』
芳野（芳賀）新五	鉄砲頭	『宇土軍記』、『三宮社記録』、『肥後国誌』
加藤内匠	鉄砲頭	『宇土軍記』
長野久兵衛	足軽頭　足軽十人預り　三〇〇石	『宇土軍記』
竹原久八	足軽十人預り	『宇土軍記』
某半助		『宇土軍記』
某喜余久		『宇土軍記』

荷《か》の名をあげているが、小西末郷《すえさと》（木戸作右衛門）、内藤忠俊《ないとうただとし》（小西如安《こにしじょあん》）らもこの階層と考えてよい。

このうち、日比屋了荷は小西氏と縁戚関係にあり、かつ妻は小西末郷の娘である（本書第一章参照）。よって日比屋了荷と小西末郷は小西氏の縁戚関係から抜擢されたと考えられる。

この他、伊地智文太夫はかつて河内烏帽子形《かわちえぼしがた》（大阪府河内長野市）の有力者で、オルガンティーノらイエズス会宣教師たちとのつながりもある古くからのキリシタン。結城弥平次は河内岡山（大阪府四条畷市）の有力者で、永禄六年（一五六三）にキリシタンに改宗した結城忠正《ゆうきただまさ》の甥であり、京都南蛮寺《なんばんじ》建設に関与するなどイエズス会の協力者であった。そして、内藤忠俊はもともと丹波の守護代で早くからのキリシタンである〔松田一九六七〕。

このように彼ら「親類衆」の特徴は、もともと畿内の有力者であり、かつキリシタンだということである。コエリョが言うように、彼らはこの時期「自分たちの土地や財産を失って追放の憂き目にあっていた」。しかし、武将・領主としての経験がある上に、キリスト教という共通の宗教規範、そしてイエズス会との関係もある彼らは、行長にとって頼りになる存在であったに違いなく、肥後領主となるにあたり彼らを抜擢したのだろう。そして、小西末郷・内藤忠俊ら数人には「小西」姓を名乗らせている。

また、肥後入国以前から行長の配下であったと考えられる家臣もいる。例えば、須佐美《すさみ》甚太郎・太郎左衛門父子がそうで、須佐美氏はもともと小豆島の土豪であり〔池田町一九八四〕、小豆島にいたころ甚太郎は行長を通じて秀吉から船舶の調達を命じられたこともある（前掲25頁図9参照）。須佐美氏はおそらくこの後に、小豆島を所領とした行長の配下となり、行長とともに肥後にやってきたのだろう。

その他の家臣については来歴がはっきりしない。しかし、前掲（81頁）の天正十六年閏五月十五日朱印状で秀吉が清正と行長に対して、佐々成政の旧臣を召し抱えるよう指示していたことを受け、以前から肥後に在住していて家臣として採用された人が多くいたはずである。

それまで一万石程度の領主だった行長にとって、一四万石余の肥後半国統治と軍事力編成の基礎となる家臣団の人員確保は最優先課題だったに違いない。秀吉はこうした事情も含めて、行長らに「地元武士の優先雇用」を促していたのかもしれない。また、親族や畿内の有力キリシタン武将を重臣とし、前所領からも有力な人材を連れてきていることは、早急な人材確保の必要性の反映とも理解できよう。

二　城郭整備と天草一揆

領内の城郭編成

秀吉が行長と清正に対して、肥後国内の城の存続・破却を見極めるべきことを命じているように（天正十六年六月十三日付豊臣秀吉朱印状、前掲82頁）、支配拠点となる領内の城郭編成は行長にとって家臣団編成と並ぶ重要課題であった。よって、行長は肥後入国後ただちに城郭編成に着手し、宇土城を本城、その他に支城を整備し、それぞれに城代を配置した。『肥後国誌』などが記す支城と城代は図2のとおりである。

このうち、矢部《やべ》城代の結城弥平次（一五九六年度フロイス日本年報、『報告集』Ⅰ―2）と八代城代の小西末郷（一五九九年度ヴァリニャーノ日本年報、『報告集』Ⅰ―3）の配置については、イエズス会年報でも確認すること

図2　行長の配置した肥後国内の城郭と城代

支城	城代
木山城	伊藤与左衛門
隈庄城	小西主殿助・小西忠右衛門
矢部（岩尾・愛藤寺）城	結城弥平次・太田市兵衛
八代城	小西末郷（小西作右衛門・小西美作）

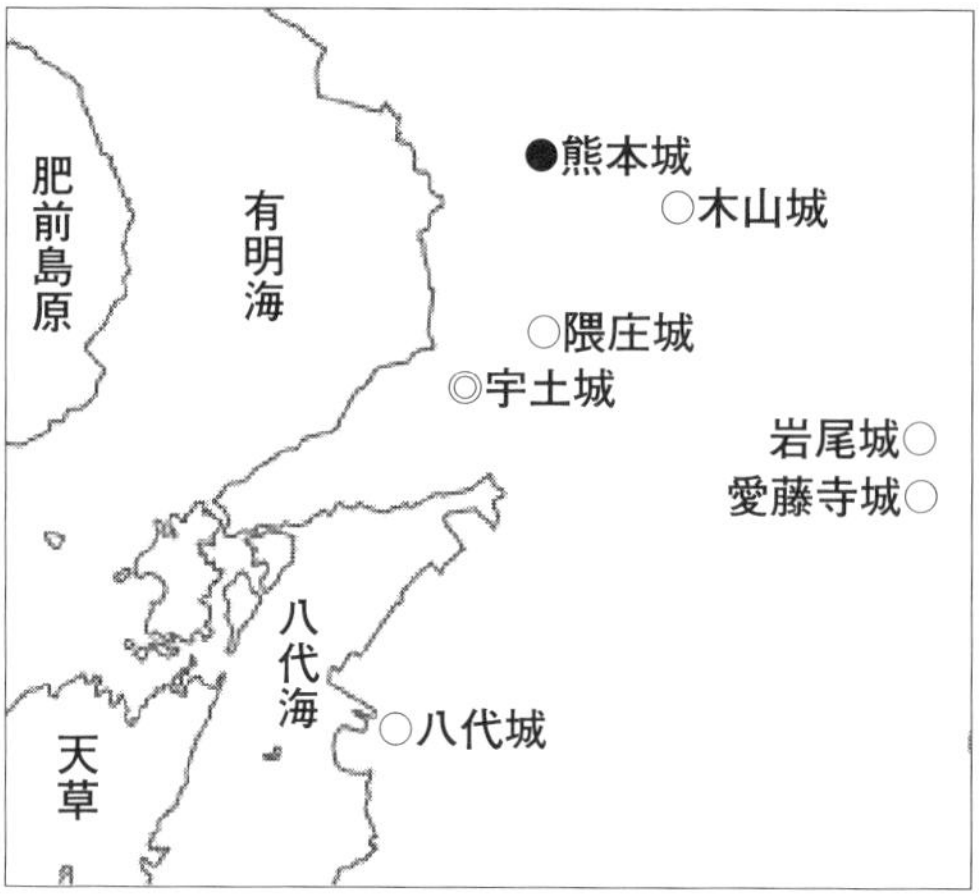

ができる。

隈庄《くましょう》城代については、慶長四年（一五九九）段階で「忠右衛門《ちゅうえもん》殿」という「アゴスチイノの甥で、十七歳の青年」が隈庄を治めているという記述（一五九九―一六〇一年「日本諸国記」、『報告集』I―3）があり、おそらく忠右衛門は小西主殿助の子と考えられる。

また、「肥後の別の部分には豊後と境界を接し、そのなかにはかつては御船（甲斐《かい》宗運《そううん》）および阿蘇殿（阿蘇《あそ》惟光《これみつ》カ）のものだった諸々の土地が含まれる。アゴスチイノはこれらの土地を一人の異教徒の領主に与えた」という記述（一五八八年度コエリョ日本年報、『報告集』I―1）がある。これは内容からもう一人の矢部城代・太田市兵衛のことを指すかと思われるが、詳細は不明である。

宇土城を築城

宇土は熊本平野の南端、緑川《みどりかわ》河口近くの宇土半島基部に位置する。行長がここを本拠地したのは、肥前を主とする沿岸部諸大名と海上の統括・監督という任務と関係があり、有明海《ありあけ》・八代海・天草という九州西海岸の重要な海上交通の把握に最適な場所だったからだろう。もちろんそれを意図したのが秀吉であろうことは言うまでもない。

戦国期、宇土には西岡台《にしおかだい》に名和《なわ》氏の本城（中世宇土城）が築かれていた。しかし、行長はこれを使用せず、西岡台の東約三〇〇メートルの低丘陵上（宇土市古城町城山）に新城（近世宇土城）を築造したのである（図3・4）。

近世宇土城と城下の構造については『新宇土市史』や発掘調査報告書などに詳細が述べられている。それらの成果をまとめると、以下の通りとなる。

①本丸跡の発掘調査の結果、小西時代の下層部から野面《のづら》積みの石塁や石列・門礎《もんそ》・礎石《そせき》・建物跡が検出されている。

②主郭部分は本丸を中心に南側に二ノ丸・三ノ丸が位置し、三ノ丸部分には重臣の屋敷が存在した。主郭部分の北側には堀状の溝を有する家臣屋敷の広大な区画が配されており、主郭部分とこの家臣屋敷全体が「総構え《そうがま》」として堀で取り囲まれていた。

③主郭北側の家臣屋敷に隣接して緑川からつながる運河が引き込まれ、水路が城下にめぐらされていた。少なくとも、本丸付近の「瓢箪淵《ひょうたんぶち》」まで船が入り込むことが可能であった。

④主郭東側に商家と町人居住地である城下町が広がり、その外側の船場川付近に「外構え」＝外郭の防衛拠点である「石ノ《いしの》瀬《せ》城」が築かれていた。

このように、石垣をともなう本丸があること、重臣・下級家臣・商工業者や町人の居住地が明確に区分されているなどの特徴を考えると、行長が築城した宇土城がいわゆる「織豊《しょくほう》系城郭」であったことは明確である。また、③のような船が航行可能な運河の存在は、城下の物資運搬・流通の便を高めるものであり、水運

図3　宇土城跡（宇土市教育委員会提供）

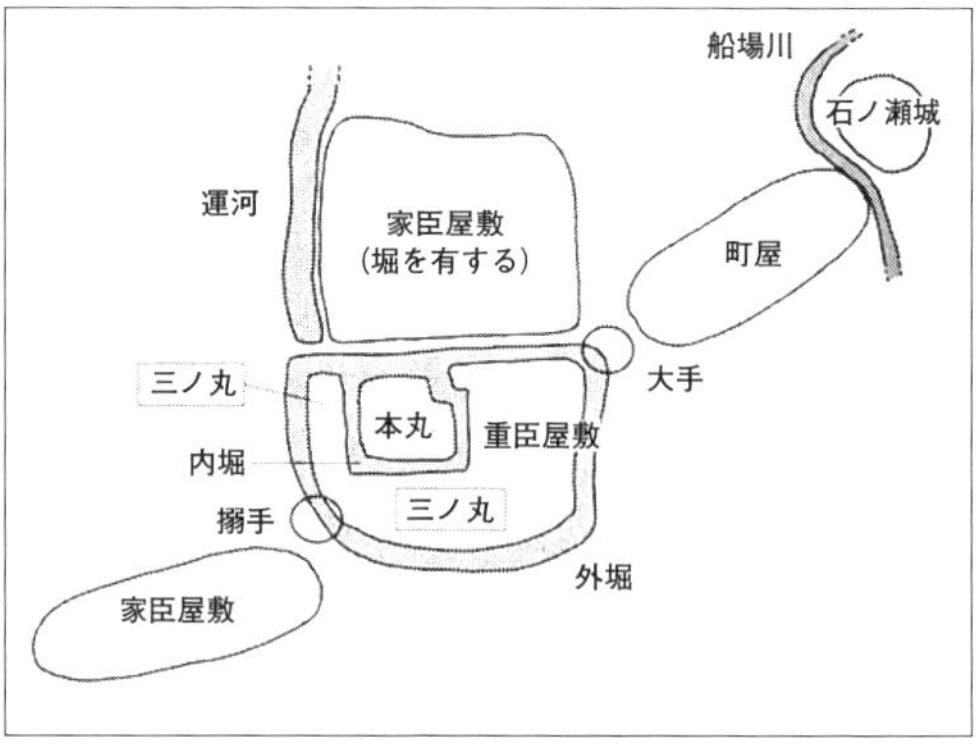

図4　宇土城域概念図
（宇土市教育委員会提供）

で身を立てた行長らしい城下町構造と言える（本書前見返し）。

八代城（麦島城）も築城

もう一つ、行長が築城したのが八代城（麦島城《むぎしま》）である。もともと八代には、戦国期の相良《さがら》氏が拠点とした中世山城・八代城（古麓《ふるふもと》城）があり、天正十五年（一五八七）の九州攻めの際に秀吉が滞在したのはこの城であった。行長はこの古麓城を廃し、球磨《くま》川河口に位置する麦《むぎ》島《しま》に新たな八代城（麦島城）を築造した（図5・6）。

「徳淵津《とくぶちのつ》」とよばれた球磨川河口一帯は、相良氏の統治時代より中国貿易の拠点として繁栄を見せていた。九州平定の途上、八代に滞在した秀吉は、八代の地理環境をしっかり把握しており、八代には「奉公人・町人・其外百姓男女にて五万も有る」とする書状を毛利氏に送っている（天正十五年四月二十日付豊臣秀吉朱印状写、『豊公遺文』）。こうした海上交通の拠点に、秀吉が沿岸部諸大名と海上の統括・監督権を与えた行長を配したことは決して偶然ではあるまい。

麦島城については平成八年（一九九六）および平成十～十五年（一九九八～二〇〇三）にかけての道路建設にともなう発掘調査が行われた〔八代市教育委員会二〇〇六〕。その成果を簡潔にまとめると、以下の通りとなる。

①広大な石垣と堀で区分された本丸部分と二ノ丸部分に推定される区画が検出された。小西時代と考えられる第一期石垣は本丸・二ノ丸ともに野面積みである。

②本丸西側の外堀は五十メートル規模の幅を持ち、麦島城北側の球磨川河口・徳淵津との水運を意識した構造となっている。

③本丸跡からは桐文鬼瓦《きりもんおにがわら》、本丸西側石垣部分からは金箔瓦《きんぱくがわら》が出土した。滴水瓦《てきすいがわら》など朝鮮系の軒丸《のきまる》・軒平《のきひら》瓦《がわら》も多数出土している。

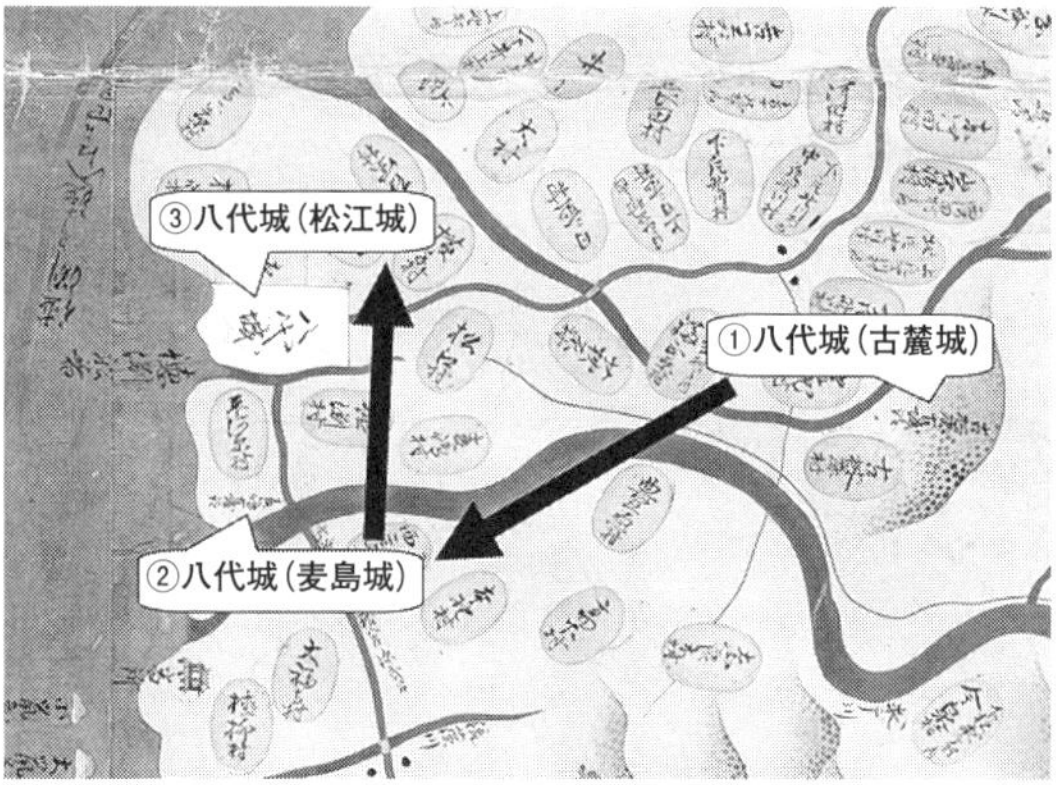

図５　八代城の変遷
（「肥後国絵図」八代市立博物館所蔵より作成）

図６　麦島城小天守跡西側石垣
（八代市教育委員会提供）

宇土城と同様、①からは麦島城が広大な石垣を持つ「織豊系城郭」であることを示しており、②は麦島城の構造が対外貿易港・徳淵津と一体のものとして構想されていたことを示唆している。また、③の豊臣政権の威信を示す桐文鬼瓦・金箔瓦の出土は、麦島城築造が秀吉のバックアップを受けてのものであることを物語っている（図7）。こうした麦島城の特徴は、行長と八代を「海」という特徴で結びつけた秀吉の構想の象徴と言えよう。

このように、行長によって築城された宇土城と八代城（麦島城）は、豊臣政権の権威と行長の個性とが色濃く反映された城郭であった。

図7　麦島城本丸跡出土桐文鬼瓦
（八代市教育委員会所蔵）

天草五人衆と行長

九州北部諸大名と海上の統括・監督という行長の任務との関係で注目されるのは、九州西沿岸部の中央に位置する天草《あまくさ》諸島が行長の所領に含まれていることである。加えて、天草は以前からキリシタンの多い地域であることも、行長の管轄とする大きな要因であったに違いない。

しかし、天草統治は行長の入国当初から複雑な様相を呈していた。天草には以前から大矢《おおや》野《の》氏・天草氏・志岐《しき》氏・栖本《すもと》氏・上津《こうつ》浦《うら》氏らの国人領主（いわゆる「天草五人衆」）が勢力を持ち、先述した佐々成政の失政後の国衆一揆制圧とその事後処理においても天草五人衆の勢力は解体されなかった。そのことを示すのが次の知行宛行状二通である。

①天正十五年（一五八七）五月晦日　豊臣秀吉朱印状

於肥後国天草郡内九十町事、今度為御恩地被仰付之上者、全致領知、令与力羽柴陸奥守（佐々成政）、向後可抽奉公之忠勤者也、

天正十五
五月晦日（秀吉朱印）

大矢野民部（種基）少輔とのへ

（『苓北町史』史料編）

①は九州攻め直後に秀吉が発給したもので、大矢野《おおやの》種基《たねもと》に対して、天草郡「九十町」を「御恩地」として宛行《あてが》い、今後は佐々成政の与力《よりき》となることを命じている。この約一年後に秀吉から種基に出された知行宛行状が次の②である。

②天正十六年（一五八八）閏五月十五日　豊臣秀吉朱印状

肥後国天草郡内千七百五拾五石事、今度以御検地之上、為新恩地被宛行之訖、全令領知、小西摂津守（行長）ニ

致合宿、可抽忠節候也、

天正十六
後五月十五日（秀吉朱印）

大矢野民部（種基）大輔とのへ

（『苓北町史』史料編）

②では、種基に対して天草郡の「千七百五拾五石」を「新恩地」として宛行い、小西行長に従う（「合宿」）することが命じられている。「御検地の上を以て」とあるように、①の「九十町」が②では石高表記へと変化しているが、これは同年三月から五月にかけての上使衆検地の成果であり、天草郡でも検地が実施されたことがわかる。しかし、変わったのは表記だけで、種基が依然として高い知行を安堵されているように、行長肥後拝領に際しても、実態としては天草五人衆の勢力に変化はなかったのである。

肥後統治を開始した行長が、同年八月に天草弾正忠《だんじょうのじょう》に宛てた知行安堵状が現存している〔文書11〕。この知行安堵状は、秀吉の「御朱印之旨」をふまえて発給されたもので、その上で行長に対する忠節（「合宿」）が命じられている。おそらく他の天草五人衆に対しても、まず秀吉から知行が宛行われ、その後に行長への忠節を求める知行安堵状が発給されたのであろう。

こうした状況のもと、行長は翌年三月に天草氏（おそらく天草伊豆《いずの》守種元《かみたねもと》）を本砥《ほんど》（本渡）の代官とする旨を本砥の百姓中に通達している〔文書14〕。

天草五人衆の抵抗

やがて、天草五人衆は行長に反抗的な姿勢を示し、事態は軍事衝突へと向かう。天正十七年（一五八九）九月二十五日比定にされる大矢野種基宛の加藤清正書状（大矢野文書）は、行長と天草五人衆が「意違《いたがい》」（反目）して「大儀」（軍事衝突）に及ぼうとしており、それは天草五人衆の一人であった志岐麟泉《しきりんせん》の「短慮《たんりょ》」（反抗的態度）が原因であるとしている。

行長と天草五人衆との戦いの原因として、天正十七年の春、宇土城の築城開始に際して行長が天草五人衆に対して課役を求めたところ、天草五人衆がそれに反発・抵抗したという説明がよくなされる（宇土市教育委員会二〇〇七）。

しかし、この理解だけでは説明がつかないことがある。イエズス会報告書を読むと天草五人衆（特に天草氏）と秀吉の深い確執が背景にあったことがうかがえるのである。

> ドン・ジョアン（天草久種）がこのような決意を固めたわけはこうであった。浅野弾正（長政）が他の司令官たちを率いて肥後にやってきた時に、ドン・ジョアンは確報として関白殿（秀吉）が自分を殺すよう命じたことを知ったからである。（中略）彼は重大な不信感にかられ、もはやこれ以上関白殿だのその手の司令官だのには信用はおくまいと決意をかためた。そして自分からすすんで関白殿の前に身を投げ出してむざむざと殺されるくらいなら、勇敢に戦って死にたいと思うようになった。そこでこう決心をかためた。後日アゴスチイノ（行長）

が記述の支配権をもって肥後に留まり、関白殿がドン・ジョアンのもとへ一通の詫び状を送りつけ、アゴスチイノがその詫び状の言葉を保証して、御身を決して悪いようにせぬと申し越してきたとしても、余は絶対にこれに耳をかさず、自分の決心を揺るがしたりはしない、と。（中略）アゴスチイノはこれまでのところ、彼への態度をあやふやにし、彼が軟化し、ついには降参し、関白殿が年頭にあたって全諸侯に行うことを命じているとおり、ドン・プロタジオ《（有馬晴信）》や大村殿《（純忠）》、そのほか下の全諸侯とともに関白殿へ新年の礼をしにいくことに期待をつないでいた。しかし彼はそのようなことに理解を示さず、他のすべての諸侯が赴くなかにあって、自らの側から赴いたり、何びとか代理を遣わしたりすることを毛頭望まなかった。あまつさえ彼は志岐殿《（麟泉）》とともに全面的に関白殿の敵であることを自ら内外に明らかにしてしまった。

（一五八八年度コエリョ日本年報、『報告集』Ⅰ―1）

これによる限り、「意違」の根本要因が天草氏や志岐《しき》氏らの豊臣政権に対する不信にあることは明白である。先述したような秀吉や行長による「忠節」「合宿」要求などに彼らが応じないのも当然だった。行長が領国経営を開始して、普請などの諸課役負担を要請するにつれ、「短慮」が浮き彫りになったのだろう。よって、この軍事衝突の根本要因は行長と天草五人衆との単なる確執ではなく、豊臣政権に対する天草五人衆の抵抗運動と理解したほうがよい。だからこそ、秀吉から肥後の共同統治を委ねられている行長と清正は豊臣政権の威信をかけて、彼等を屈服させねばならなかったのである。

天草一揆の鎮圧

天正十七年（一五八九）九月、行長はまず志岐麟泉《しきりんせん》（鎮経）を討伐すべく、志岐（熊本県苓北町）へ伊地智文太夫率いる先発隊を派遣するが、あえなく敗退。十月に自ら軍勢を率いて志岐へ出陣した。途中、口之津で有馬・大村・松浦《まつら》氏らに軍事協力を要請し、同月十三日に志岐に着陣（苓北町一九八四）。志岐麟泉の親類にあたる有馬晴信を志岐城内へ派遣するも功を奏さず（一五九〇年度フロイス日本年報、『報告集』Ⅰ―1）、苦戦の末に十一月八日ごろ麟泉は降伏し、志岐城は鎮圧された。

図8　加藤清正画像（本妙寺所蔵）

注意すべきは、この直前に清正（図8）が五人衆の一人・大矢野種基に対して、行長が志岐へ渡海する際、志岐氏に対して援軍を派遣しないように要請していることである（天正十七年九月二十五日比定大矢野種基宛加藤清正書状、大矢野文書）。天草郡は行長の領分であったが、行長とともに肥後の共同統治を委ねられている清正にとっても無関係ではなく、当初から行長と清正は共同で天草一揆鎮圧にあたっていたのである。もっとも、その役割分担は行長が現場で鎮圧にあたり、清正は隈本《くまもと》にいながらバックアップするというものであっただろう。

しかし、清正もこの後、軍勢を率いて志岐に渡海した。清正の渡海・参戦理由については、『清正記《きよまさき》』などの記述をもとに、行長が一揆を鎮圧できず、清正に援軍を乞うたと説明されることが多い。しかし行長は、自身と清正両人がともに渡海して「御国を明」けてしまうのは秀吉の「御諚《ごじょう》」（命令）に反するので、思い留まらせようとしたが、十月二十八日に清正は志岐に渡海してきてしまった、と秀吉に報告している（文書15）。

この行長の言い分が実情をそのまま反映しているのかどうか、判断は難しいが、いずれにしろ秀吉は清正の行動を承認し、「天草表儀《あまくさおもてのぎ》」について「越度《おちど》」なきよう行長と相談して事にあたるよう命じている（天正十七年十一月二十一日付加藤清正宛豊臣秀吉朱印状、天正十七年十二月五日付加藤清正宛豊臣秀吉朱印状、いずれも『苓北町史』史料編）。

一方、志岐城制圧の事後処理について、秀吉は行長に対して清正と相談するよう厳命している（天正十七年十二月五日付小西行長宛豊臣秀吉朱印状、志岐文書）。このように、秀吉は天草一揆問題について当初から一貫して行長と清正の共同対処を指示しているのであり、両人の行動はこの基本方針に大きく規制されていたのである。

志岐城制圧後、行長と清正の軍勢は天草種元の立て籠もる本渡城を包囲。この際の様子についてイエズス会報告書は次のように記す。

> アゴスチイノ《(行長)》の意図は、本渡のキリシタン宗団を救出することで、事実それを強く望んだのであった。そのために彼はこの城塞を攻撃するにあたって、何度にもわたりひそかに使者を城中の人々に遣わして、和解するよう、そして投降するようにと勧告した。しかしアゴスチイノはついに無関係を装うことができなくなり、やがて関白殿《(秀吉)》の前で、その点を中傷されるようなことがあってはならないと考え、またす

でに虎之助（加藤清正）—彼の考え方はアゴスチイノと非常に違い、武力で城塞を占領して、勇者の名と名声を博すことにあった—がアゴスチイノの側ではじつに気乗りのしない攻撃の仕方であると嘆きはじめているのを知り、アゴスチイノとしてもやむなく小競り合いをもう少しまじえざるを得なくなった。

（一五九〇年度フロイス日本年報、『報告集』Ⅰ―1）

ここには、天草一揆鎮圧という秀吉家臣としての目的と、イエズス会協力者としてキリシタン集団の戦闘被害を極力抑えたいという、行長の悩みが的確に描写されている。

最終的に、天正十七年十一月二十五日に行長・清正両軍の総攻撃により本渡城は落城（天正十七年極月十九日付加藤清正宛豊臣秀吉朱印状、『苓北町史』史料編）。天草久種《ひさたね》は降伏の意を示し、天草五人衆は行長のもとに服属することとなった。

天草とイエズス会活動

一揆鎮圧の後、行長は志岐城代に日比屋了荷《ひびやりょうか》を命じ、天草統治を担当させている。

オルガンティーノ師はふたたび志岐にいた。彼はアゴスチイノ（行長）によってその地の統治をまかされたヴィセンテ（日比屋了荷）と名のる統治者によってその地に呼ばれたのである。この人々が〔そのために呼びかけられた〕庶民一般の福祉に関係することについて論じていた時、肥後から司祭を訪ねて来たアゴスチイノが突然に到来した。彼は到着するが早いか、その地の貧しい農民や小作人たちが戦争のために食事に必要なあらゆるものに不自由していて貧困のどん底にあったので、オルガンティーノ師に、貧民たちに自分の封禄米から適当に配分してよいとの許可を与えた。そして速やかに二百俵の米や麦を持って行かせた。さらにヴィセンテに命じて、先の司祭がその目的のためであれ、教会その他の建物を建てるためであれ、彼に求めてきた以上のものを勧んで与えさせた。それにも飽きたらず、彼自ら教会を一屋と我らの同僚のための快適な住居とを建てるため、その中でも最良の広い地所をあてがおうとまでした。そして彼らの生計にとって十分な収入をしかるべき時に与えることを約束した。同じく、迫害がおさまれば、彼の全領土でも同じことをするつもりだとも約束した。

（中略）肥後の貴人たちは男女を問わず全員、大矢野島がもっとも近かったので、ミサを聴き、告白をし、聖体を拝領するために、しきりにそこへやって来る。それは、一五九〇年四月二十八日付で、オルガンティーノ師が次のように書いているところから察することができる。

「私たちは大矢野でこの聖なる祭典をじつに稔り多いものとして挙行しました。と申しますのは、アゴスチイノの奥方ジュスタ様は肥後のすべての貴人名士をひきつれて、この聖週間に当地に滞在され、男女を問わず皆のものが習慣にのっとって鞭打ちの苦行を行ない、告白して、聖体を拝領し、貧しいキリシタン、とりわけ志岐の人々に多くの喜捨を施したからです。（後略）」

（一五九〇年度フロイス日本年報、『報告集』Ⅰ―1）

肥後に入国した後、行長は宇土や八代など九州本島地域において積極的にキリスト教布教や教会建設を実施した形跡は見られない。これは間違いなく、秀吉の伴天連《ばてれん》追放令を意識しての行動である。

しかし、このフロイス報告に見えるように、天草地域においては、積極的とは言えないものの、布教活動や教会建設に踏み切っている。志岐における活動について、行長自身が「迫害がおさまれば、彼の全領土でも同じことをするつもりだ」と述べているように、キリスト教政策について自領の中でも天草地域を特別扱いしていることは疑いない。以前からキリシタンが多い土地柄だという点も大きいが、おそらくは九州本島から離れ、海を通じれば肥前島原・長崎に最も近いという天草地域の地理的環境のもと、自らの監督下において「控えめに」キリスト教保護活動を行なうのは差し支えないと判断したのだろう。一方で、天草地域におけるキリスト教活動の容認は、当時イエズス会から最大の信頼を受けていた行長が、同会に示した政治的配慮という意味もあろう。

以降、イエズス会は行長・日比屋了荷の庇護のもと、天草地域において諸活動を展開した〔苓北町一九八四〕。天正十九年（一五九一）にはそれまで肥前加津佐《かづさ》（長崎県南島原市）にあった宣教師養成のためのコレジヨ（大神学校）が河内浦《かわちうら》（熊本県天草市）に移転。高度な教育が行われる一方、天正遣欧四少年がヨーロッパからもたらした金属活字印刷機によって、宗教書や辞書などの教材が出版された（天草版）。天草におけるこうしたキリスト教文化発展の背景には、行長の政治的影響が色濃く見られるのである。

三　立佐・如清の活動

立佐は室津・小豆島を管理

行長が肥後南部の領主に任じられることにともなって、立佐《りゅうさ》はさらに重用されるようになったようである。天正十八年（一五九〇）の状況を記したフロイス『日本史』の中に次のような記述がある。

堺において敬われた一キリシタン、ジョウチン立佐（小西）は（小西行長）アゴスチイノの父にあたり、（かっては）多くの子供につきまとわれた非常に貧しい身であったのに、今では（関白から）厚く信用され、挙用されてきわめて富裕であるばかりか、堺の市の代官である。彼は（人々に）恐れられて服従されているのみならず、関白（秀吉）の財務を司っており、室《むろ》の集落ならびに、関白が、初め息子のアゴスチイノ津の守殿に与えた小豆島を支配下に置いている。（『日本史』第三部九章）

これによれば、立佐は堺奉行の任にありながら、行長が肥後に転じたことをきっかけに、行長から室津と小豆島の管理を引き継いだようである。

天正十六年（一五八八）九月に大坂から帰国する島津義久《よしひさ》が室津に滞在した際、「小西了佐（立佐）」がこの地で進物などのもてなしをしており（「天正拾六年御日記」、『薩藩旧記雑録《さっぱんきゅうきざつろく》』）、この時期、室津が立佐の管轄であったことは確からしい。天正十九年（一五九一）に巡察師オルガンティーノが室津に到着した際、「土地の代官たちは、ジョウチン立佐の命令を受けていたので、非常に好意を示して我らを出迎えた」（一五九一・九二年度フロイス日本年報、『報告集』Ⅰ―1）という。

立佐、長崎へ

立佐の役割の真骨頂と言うべきものが、長崎でのポルトガル商人との交渉である。イエズス会の一五八八年度日本年報に次の記録がある。

本年、関白殿《(秀吉)》はこの長崎の港へアゴスチイノ《(行長)》の父である立佐《(小西)》を自らの代理人として二十万クルザード以上にのぼる金子を持たせて派遣した。その目的は九百ピコの絹を買いつけることにあった。関白殿の命令は、自分の代理人が希望分を買ってしまうまでは、他の何びとも絹の買いつけは行なってはならぬというものであった。このことによって少なからぬ不満がポルトガル人のなかに生じた。しかし、この任務が立佐に与えられたことは、わが主なるデウスの大いなる恵みにほかならなかった。彼はキリシタンであり、司祭たちに服し従う心のきわめて強い人物であったから、あっさりと司祭たちの心のままに振舞ってくれた。かくてポルトガル人たちは利益を得、かならずしも不満足な結果にはならなかった。もし立佐が異教徒であったなら、まぎれもなく彼らはこのたびのことに不満をいだいたであろう。

（一五八八年度コエリョ日本年報、『報告集』Ⅰ―1）

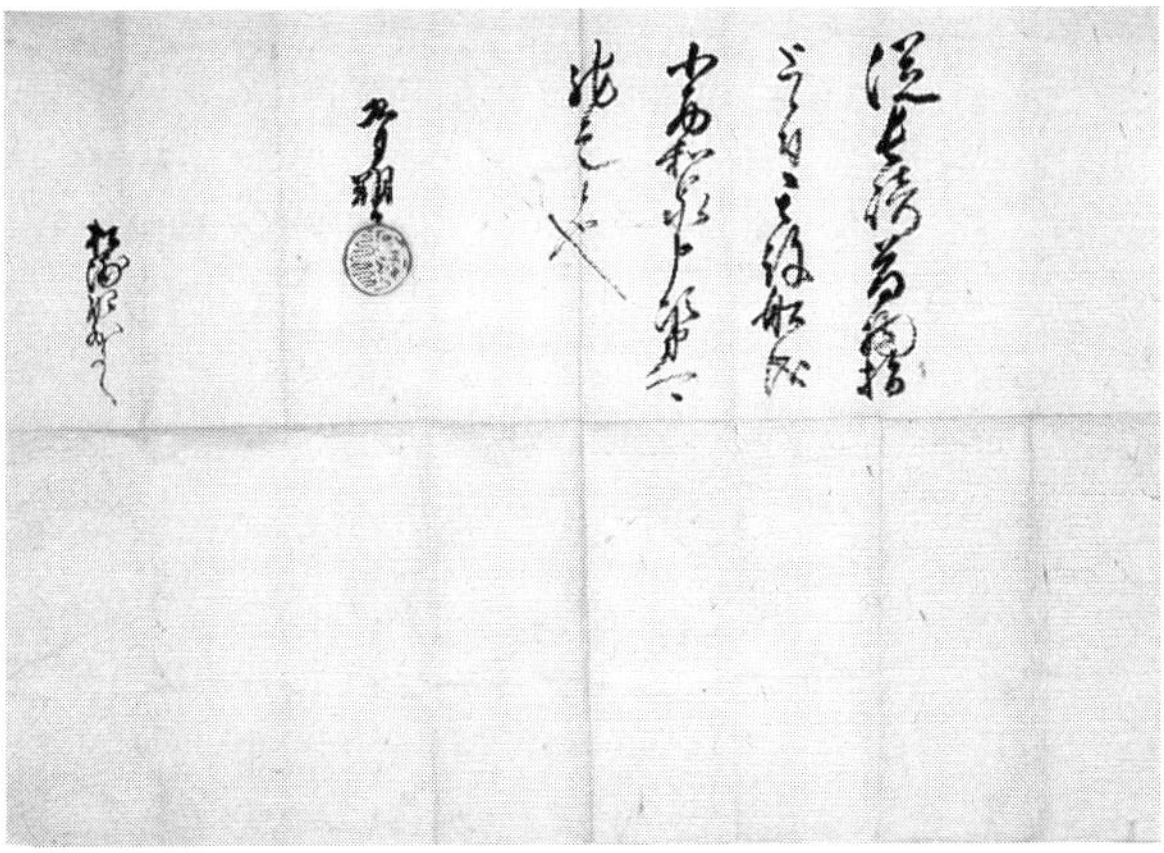

図 9　天正 16 年 9 月朔日付 豊臣秀吉朱印状
（松浦史料博物館所蔵）

この秀吉による長崎への立佐派遣が事実であったことは、長崎からの荷物輸送用の船舶調達について「小西和泉」（立佐）の指示に従うように命じていることにより明らかである（天正十六年九月朔日付松浦鎮信宛豊臣秀吉朱印状、図9）。

天正十五年に、秀吉は博多で伴天連追放令を発令しているが、その中でも交易目的の南蛮船来航は容認されており、秀吉が九州を起点とする南蛮貿易の掌握を志向していたことは確実である。その秀吉の対外貿易構想の中で立佐の役割は大きく、秀吉が立佐を長崎に派遣したのは、キリシタンでありイエズス会宣教師とのパイプを持つという立佐の個性をフルに活用しようとした結果だろう。

これらを総合的に考えると、この時期、秀吉は小西立佐・行長父子をして、大坂・堺―室津・小豆島―博多・長崎という畿内から九州に連なる海上輸送ルートの掌握にあたらせたのである。これこそ、小西一族が秀吉政権の中で最も期待された任務であり、それを可能にしたのは、やはり立佐が築き上げた堺の町衆《まちしゅう》や商人、そしてイエズス会宣教師との太いパイプであった。

キリシタンとしての地位

立佐と行長のキリシタンとしての地位がうかがえるのが、イエズス会文書館に現存する天正十六年イエズス会総長宛キリシタン代表奉書状である。これは、「千五百八十八年五月十日」の日付を持つ文書で、前年に出された秀吉の宣教師追放令を受けた状況においても、なお一層の信仰の堅固さを表明しようとする京都・堺の代表的キリシタン信徒十三名の署名を持つ。

長大な文書なので引用は省略するが（全文は〔松田一九六七〕を参照）、署名者の筆頭が「こにし如清へんと」（小西如清）である。同文書のポルトガル語訳文には「Conixi Riussa Joachin」（小西立佐）の名も見えている。さらには、先述の堺・日比屋氏の「了五了珪」、その子「ひせんて了荷」の署名もある。このことから、当時、小西立佐・如清、そして日比屋了珪・了荷が、日本を代表するキリスト教信徒としての地位を確立していることがわかるのである。

当時のイエズス会報告書やフロイス『日本史』が立佐・如清らを代表的なキリシタンとして記述しているが、この書状の存在は、そのことの信憑性の高さを裏付けるものである。

小西「和泉法眼」立佐

こうして、秀吉政権の中での地位を高めていった立佐は、天正十六年ごろから「和泉《いずみ》」を称しており（天正十六年九月朔日付松浦鎮信宛豊臣秀吉朱印状、前掲図9）、天正十八年（一五九〇）十一月には「法眼《ほうげん》」（法印に次ぐ僧の位）に任じられている（『晴豊記《はれとよき》』）。

その後の立佐の動向がうかがえる日本側の資料を紹介しておこう。

琉球国より来候者ニ、可被下之御用候條、銀子念を入、百枚、石田治部少輔《三成》ニ可相渡候也、

三月十四日（秀吉朱印）

小西和泉入道《立佐》とのへ

（道川三郎左衛門文書）

この小西和泉入道（立佐）宛の秀吉朱印状に関する文書に、同じく琉球の使者に対して銀子一〇〇枚の下賜を命じる同日付の島津義久宛秀吉朱印状（『薩藩旧記雑録』）がある。

この時期、秀吉は琉球国の軍事編成について島津氏を介して駆け引きを行なっており〔上原二〇〇二〕、立佐宛と義久宛の朱印状は同時に出されたものと考えていいだろう。この朱印状で立佐は、琉球の使者に渡す銀子一〇〇枚を石田治部少輔（三成）に渡すように秀吉から命じられており、立佐が財政出納管理の役割を担っていたことをうかがわせる。

こうした立佐の財政的役割がいつごろまで遡れるのか、日本側の資料がまだ少ない状況なので何とも言えないが、少なくともフロイス『日本史』などで頻出する「ジョウチン立佐と称する財務長官」という表現や、

後の天正二十年（一五九二）秀吉の名護屋《なごや》（佐賀県唐津市）下向の際、立佐が「出納長官」「財産管理者」に任命されたという記述（『日本史』第三部四〇章）には、相当の信憑性があると見てよい。

四　宗氏との対朝鮮交渉

宗氏の対朝鮮交渉

天正十六年（一五八八）に肥後統治を開始した行長が領内整備とともに抱えていた問題が、宗氏を通じた対朝鮮交渉である。行長がこの問題に関与するのは天正十五年（一五八七）五月ごろからであることは前章で述べたが（53頁）、その後の展開を整理しておきたい。

天正十五年六月、宗義調《そうよししげ》・義智は筑前に出向いて秀吉に謁見。秀吉は宗氏の対馬一国支配を安堵する一方で、朝鮮国王の参洛を求め、朝鮮との交渉にあたるよう命じた（天正十五年六月十五日付宗義調・宗義智宛豊臣秀吉知行宛行状、同日付宗讃岐守・宗対馬守宛豊臣秀吉書状、いずれも宗家文書）。

この時点における秀吉の朝鮮に対する要求と認識は『九州御動座記《きゅうしゅうごどうざき》』の中の「明年ハかうらいの王を供奉申さるべきの由候、今迄対馬の屋形ニしたカハれ候間、明年必定日本地へ御渡海あるべく案中候」という記述によって知られる。自己の勢力範囲の周縁諸勢力を次々と服属させ版図を拡大してきた秀吉にとって、朝鮮は九州制圧後の新たな周縁諸勢力の一つにすぎなかった。よって、朝鮮が宗氏に服属している勢力だと認識していた秀吉は、宗氏を朝鮮「取次」のように位置づけ、朝鮮国王の参洛（＝服属）交渉を担当させたのである。

以前から朝鮮との交易を行っていた宗氏は、秀吉の服属要求が朝鮮王朝に通じるはずもないことを当初から自覚していただろう。しかし、すでに五月段階で行長が、「交渉が遅れるようならば軍勢を対馬に差し向ける」と宗氏を脅迫していたように〔文書6〕、これを拒めば秀吉による成敗の対象となることもわかっていた。「対馬国主勿論別儀《べつぎ》有《ある》まじく候」（『九州御動座記』）と記されているように、宗氏は秀吉の方針に抵抗することもできなかったのである。

よってこの後、宗氏はすみやかに家臣の柚谷《ゆずや》康広《やすひろ》を朝鮮に派遣。同年九月二十八日付宗義智宛の書状で行長は、宗氏による朝鮮への使者派遣を秀吉に進上したことを伝え、さらに「どんな御用でも御隔心《かくしん》なく仰せ付けください」と述べている〔文書7〕。ここに宗氏の「取次」として、秀吉の命令実現のために助言・相談役を務めようとする行長の姿勢がストレートに表れている。

同年十月十四日付の宗義調・宗義智宛豊臣秀吉朱印状（宗家文書）で、秀吉は宗氏に対して、「来春」には博多に移り、「唐・南蛮・高麗国」征服に着手すること、よって「高麗国」との交渉をすみやかに実現させるように命じている。「来春」と明示することで、宗氏にプレッシャーを与えつつも、この時期ごろまでは秀吉も行長も、朝鮮国王参洛はスムーズに実現すると楽観的に考えていたようである。

秀吉の要求が無謀であることを熟知していた宗氏は、事態の収拾を図るため、柚谷康広を「日本国王使」に仕立て上げて朝鮮に派遣し、なおかつ「朝鮮国王の参洛要求」を「日本の新国王に対する通信使派遣要求」にすり替えて交渉にあたらせた〔中村一九六九〕。秀吉による対朝鮮交渉は、すでに最初のアプローチから、交渉担当者による論理のすり替えが行われていたのである。

これに対し、朝鮮王朝ではこの使者の接待・対応に対して様々な物議がおこり交渉は難航。結局、朝鮮国王は日本への通信使派遣要求を拒否する決定を下すが、それは翌年三月のことであった。

行長の焦りと「すり替え交渉」

宗氏と同様に困ったのは行長である。宗氏による対朝鮮交渉の停滞は、宗氏の「取次」たる行長の失態と秀吉にみなされかねない。行長は秀吉と宗氏との間で完全な板挟み状態に陥ったのである。

よって行長は天正十五年（一五八七）冬に家臣・平賀弥右衛門《ひらがやえもん》を対馬に派遣して情報収集にあたらせており、また翌天正十六年（一五八八）二月には宗義調に対して、「朝鮮との交渉の進展について秀吉がしきりに尋ねてくるので、早く様子を伝えてくれ」と書状にて求めている〔文書8〕。この直後に行長は肥後に入るのであるが、心の中にはこの「板挟みストレス」を抱えたままだったに違いない。

天正十七年（一五八九）三月、対朝鮮交渉の停滞にしびれを切らした秀吉は、宗義智（宗義調は前年末に死去）に対して朝鮮国王の参洛遅延を責め、実現できなければ、「小西摂津守（行長）・加藤主計頭（清正）両人」に九州の軍勢を率いさせて朝鮮へ渡海させるので、義智自身朝鮮に赴き、この夏までに国王参洛を実現させるよう厳命した（天正十七年三月二十八日付宗義智宛豊臣秀吉朱印状、宗家文書）。

窮地に追い込まれた義智は交渉実現のため、博多聖福寺《しょうふくじ》の僧・景轍玄蘇《けいてつげんそ》を正使、自らは副使となり、同年六月朝鮮に渡海した。行長はこの使節団に博多の豪商・島井宗室《しまいそうしつ》を使者として随行させている〔文書15〕。

この直前の同年五月初旬、行長は博多に滞在している（『宗湛日記』）。おそらくこの時期に義智は今までの朝鮮との交渉経緯を行長に「御隔心なく」打ち明け、行長もようやく実態を把握したのではないだろうか。行長にとっては、秀吉からしきりに要求される朝鮮国王参洛要求に対して、とにかく何らかのリアクションをする必要があった。そして、義智や行長自身の立場、「取次」としての責任、こうした葛藤の末、行長は義智の「要求すりかえ交渉」を承諾。通信使派遣が実現すれば、それを朝鮮国王服属の使者と秀吉に説明することで、行長は宗氏と自分自身の面目は保てると判断したのであろう。島井宗室は、行長に代わる相談役および義智の交渉の経緯を見届ける役割として朝鮮に派遣されたのである。また、この年に行長の娘・マリアが義智に嫁ぎ、行長と義智は紐帯を強めている。これも対朝鮮交渉の推移と無関係ではないだろう。

そして、義智ら使節団は八月に漢城《ハンソン》（ソウル）にて朝鮮国王に拝謁するが、ここでも義智らは「国王の日本参洛」という秀吉の要求を、通信使派遣要求にすり替えて交渉を実施。九月にいたって、朝鮮側から秀吉の日本統一祝賀のための通信使派遣の決定を得た。

朝鮮使節来日

朝鮮からの通信使派遣決定はただちに義智から行長へ伝えられ、天草在陣中の天正十七年（一五八九）十一月八日、行長はその交渉成果を報告する書状を、浅野長政《あさのながまさ》を通じて秀吉へ送っている〔文書15〕。注意すべきは、この書状で朝鮮側が「高麗人出船仕《しゅっせんつかまつ》る儀」を承諾したと、国王参洛とも通信使派遣とも解釈できる曖昧な表現を使っていることである。おそらく行長による意図的な表現であろう。実際にこの報告を受けた秀吉は、この「高麗人出船」を朝鮮国王（「国主」）参洛と理解していた（天正十七年十二月二十八日付宗義智宛豊臣秀吉朱印状、宗家文書）。

天正十八年（宣祖二十三年・一五九〇）三月、黄允吉《ファンユンギル》を正使、金誠一《キムソンイル》を副使とする朝鮮使節団は漢城を出発し、七月に京都へ到着。このころ、秀吉は小田原城を陥落させた後、関東・奥州を平定し、八月二十日に駿府に入る。

このとき、行長は朝鮮使節団来日にともなって上洛。その後、駿府に赴いており〔池内一九一四〕、交渉の経緯と朝鮮使節の入京を秀吉に報告したものと思われる。おそらく行長は秀吉に対して、今回の朝鮮使節を「朝鮮国王服属」の使者と説明したのだろう。この時期に巡察使ヴァリニャーノに対して送った書状の中で行長自身が「これらの使節は関白が彼らの地を侵略しはしまいかとの恐怖から関白に対して一種の忠誠を示す意味で派遣されて来た人々」（『日本史』第三部九章）と述べていることは、注目に値する。

行長の報告を受けた秀吉は、朝鮮使節との面会を果していない段階にもかかわらず、すぐさま来春の「唐入り」（明への侵攻）の意向を示し、行長と毛利吉成に準備を命じた（天正十八年八月二十二日付増田《ました》長盛《ながもり》宛山中長俊書状、喜連川《きつれがわ》文書）。朝鮮使節の入京を知った秀吉は、すでに朝鮮服属は既成事実であると認識し、本来の念願である「唐入り」へ本格的に動き始めたのである。

十一月、秀吉は京都で朝鮮使節と接見。この使節を国王服属の使者と思い込んでいた秀吉は、朝鮮の「入朝」を賞し、「征明嚮導《せいみんきょうどう》」（明征服の先導）を要求する答書を送った。秀吉の国内統一祝賀を目的にやってきた朝鮮使節は、当然この答書に困惑し、景轍玄蘇に内容の改作を要請するも認められず、玄蘇や柳川調信《やながわしげのぶ》らにともなわれて帰国した。この後、義智自身も朝鮮に渡り、朝鮮に対して、秀吉が要求する「征明嚮導」は「仮途入明《かとにゅうみん》」（朝鮮の道を借りて明に入る）の意味であると説明〔中村一九六九〕。しかし、朝鮮側がこれに応じることはなく、交渉は膠着《こうちゃく》状態に陥った。

「唐入り」準備にあたる

一方、秀吉から「唐入り」準備を命じられた行長は、その一環として肥前名護屋《なごや》での軍事拠点造営に関与していく（口絵3）。

猶以被添御心候ハヽ、辱可存候、将又鳥目百疋進入候、以上、
雖未申通候令啓候、仍名護屋御主殿為御作事奉行、拙者罷越候、於其元御用之儀申上候へ之由、摂津守（小西行長）被申置候、則摂津守書状為進之候、万端奉頼存候、向後切々可得御意候間、令省略候、恐惶謹言、
小西若狭守
十二月廿七日　　行（花押）
（有浦）大和守殿参
人々御中
（有浦文書）

この書状は行長の家臣・小西若狭守《わかさのかみ》が肥前波多《はた》氏の家臣・有浦大和守《ありうらやまとのかみ》に宛てたもので、行長の意向を受けて「名護屋御主殿」の「御作事奉行」として派遣されたことを伝えている。名護屋は肥前波多氏の領内で

あり、今後の普請・作事を円滑に実施するために、肥前地域の大名の「取次」の行長がこうして事前に連絡調整を行ったのであろう。「小西若狭守」が誰を指すのか不明だが、行長の親戚あるいは重臣クラスの家臣と考えられ、行長が家臣を総動員して「唐入り」準備にあたっている様子もうかがえる。

先述したように秀吉は当初、天正十九年（一五九一）の「唐入り」開始を表明していたが、この年は大崎・葛西《かさい》一揆などの奥州動乱、実弟豊臣秀長《ひでなが》と実子鶴松《つるまつ》が死去したことなどが影響し、「唐入り」は天正二十年（一五九二）三月に延期される。しかし、そのための準備は着々と進められ、引き続き行長は黒田《くろだ》長政《ながまさ》・加藤清正らとともに名護屋城普請を仰せ付けられている（天正十九年八月二十三日付相良《さがら》頼房《よりふさ》宛石田正澄書状、相良家文書）。

多忙な行長

この時期の行長自身の動向を整理すると次のとおりである。

こうして見ると、天正十六年に肥後半国領主となったとは言え、行長はほとんど領内統治に専念する余裕もなく、九州「取次」および宗氏との対朝鮮交渉に忙殺されていたことがわかる。行長自身、天正十八年（一五九〇）にヴァリニャーノに宛てた書状で「折から私は肥後にいることができなくて、はなはだ遺憾」と述べている（『日本史』第三部九章）。しかしこのことは、「唐入り」を前提とした秀吉の九州支配戦略において行長が重要不可欠な存在であったことを証明している。

秀吉に才を買われ、肥後半国領主という大出世を遂げた行長は、その後、領国整備と対朝鮮交渉という

「二足の草鞋《わらじ》」を履き、悩みながらひたすら走り続けた。そしてその道は朝鮮へとつながっていくのである。

年表　天正十六年～十九年の行長の動向

年	月	事項
天正十六年（一五八八）	閏五月ごろ	肥後南半国拝領、入国。
天正十七年（一五八九）	二月ごろ	有馬・大村両氏とともに秀吉のもとへ上洛。
	五月	博多で神屋宗湛の茶席に出座。
	十一月	天草一揆鎮圧。
天正十八年（一五九〇）	八月	上洛後、駿府に赴く。以後朝鮮使節に同伴し京都に滞在。
天正十九年（一五九一）	初頭	室津を通過（一五九一・九二年度フロイス日本年報、『報告集』I―1）、九州へ。
	十一月	家臣某に知行宛行状発給〔文書17〕。この時期は肥後滞在か。

〔コラム③〕創作された行長の書状

左に掲げた一通の書状。差出者は「行長」で花押もある。これはひょっとして新出資料か？

内容を見てみよう。「李如松《りじょしょう》」「張世爵《ちょうせいしゃく》」「呉惟忠《ごいちゅう》」は文禄二年（一五九三）一月初旬の平壌《ピョンヤン》城の小西軍を攻撃した明の武将。これに「長政」（黒田長政）「隆景」（小早川隆景）らが応戦したとあるが、黒田・小早川軍が明・朝鮮軍と戦闘したのは同年一月末の碧蹄館《ビョクジェグァン》の戦いか、二月の幸州《ヘンジュ》山城の戦いのはず。いずれにしろこの書状の日付「三月九日」は文禄二年のことのようだ。これらの戦闘において、宛名の「宇佐美民部少」という人物は「一番鑓《いちばんやり》」で「粉骨《ふんこつ》高名《こうみょう》」の働きをみせ、その「武勇之徳名」を賞して行長が褒美を与える、言わば「感状」というべき内容となっている。しかし、全体的に固有名詞が多すぎることや紙の使い方・祐筆《ゆうひつ》の筆跡・花押の形状など、不自然なところが多いような……。

実はこれ、偽文書である。和歌山県立文書館に寄託されている「軍学者宇佐美定祐《うさみさだすけ》文書」の中の一通だ。この偽文書の「作者」は承応三年（一六五四）に紀州徳川藩に仕官した越後流軍学者・大関左助《おおぜきさすけ》。左助は藩の家臣団編成の理論部門を担う一方、自分の由緒を上杉謙信の軍師宇佐美定行《うさみさだゆき》（架空の人物）の末裔と称するようになる。そしてその由緒を証明するために、源頼朝から大坂の陣にいたるまでの数十通の感状・証文を作り上げたのであり、その創作過程が明らかにされている（遊佐二〇〇七・二〇〇八）。

佐助が創作した由緒によれば、祖父・宇佐美民部は文禄年間に小西行長に仕えたことになっており、現在、宇佐美家文書の中には二通の「小西行長感状」が含まれている。宇佐美民部の軍功を称える行長宛の「豊臣秀吉書状」や「徳川家康書状」もある。

注目すべきは、紀州徳川藩に仕えた人物が、行長との由緒を語り、行長の「感状」をも物理的に創作していることである。「はじめに」で述べたように、

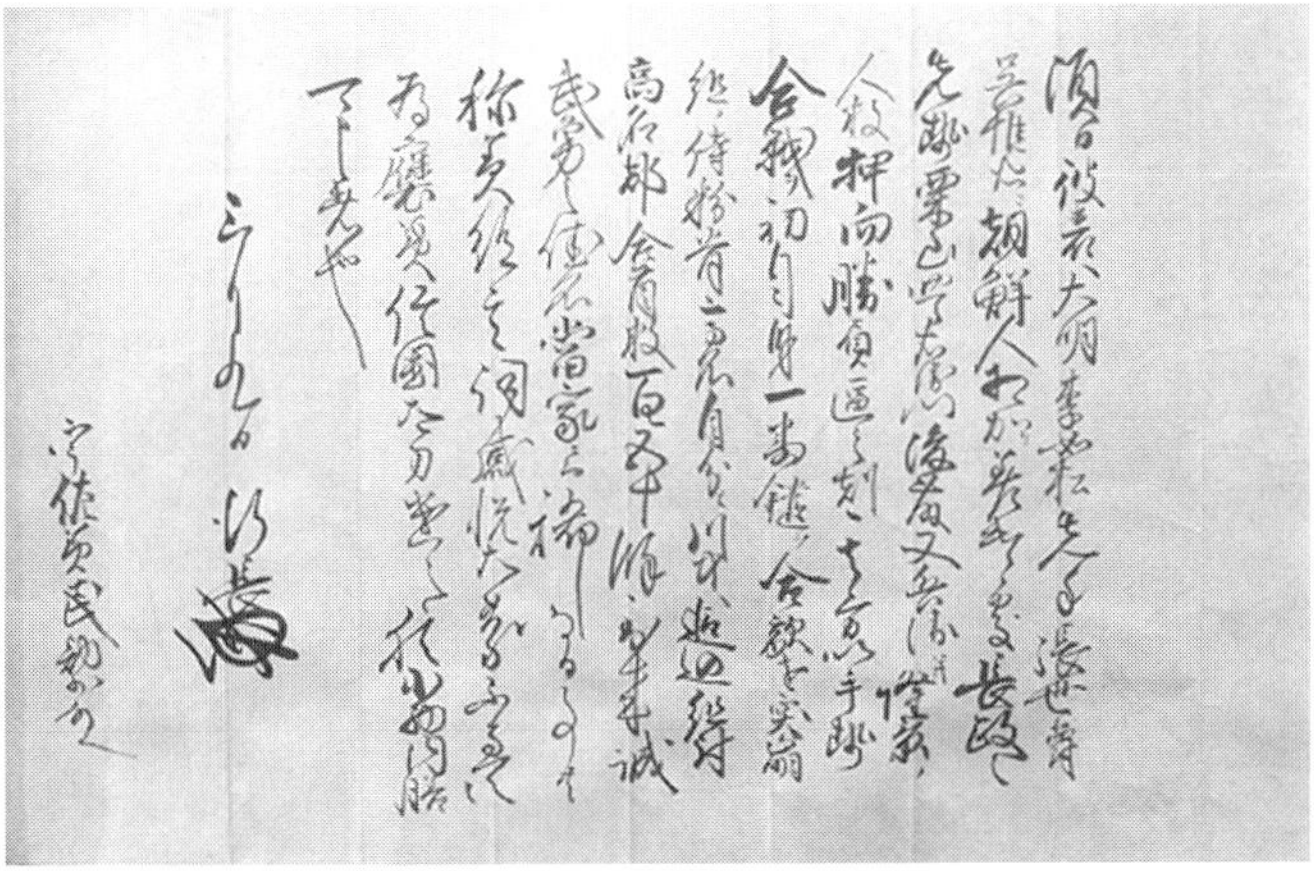

江戸時代に創作された「小西摂津守行長感状」
（和歌山県立文書館寄託資料）

本書の巻末付録にある数々の行長書状と見比べれば、紙の使い方・祐筆の筆跡・花押の形などの違いは一目瞭然。

従来、行長の資料は「抹殺」されたと言われてきた。しかし、この「小西行長感状」の存在は、江戸時代に行長がタブー視されていなかったことを物語る。

偽文書であっても、宇佐美家文書は従来の行長資料「抹殺」説に見直しを迫る貴重な資料といえる。

頃日彼表へ大明李如松、先手張世爵・
呉惟忠ニ朝鮮人相加リ差出候処、長政之
先勢栗山四郎右衛門・後藤又兵衛并隆景ノ
人数押向勝負逼之刻、其方以手勢
合戦ヲ初、自身一番鑓ヲ合、敵を突崩、
組ノ侍粉骨高名、自分も川中へ追込組討
高名、都合首数百五十余到来、誠
武勇之徳名当家ニ而稀なる事共、
称美従言詞感悦大慶不過之候、
為褒美、信国太刀遣之候、猶小西内膳
可申者也、

三月九日　　行長（花押）

宇佐美民部少殿

第四章　文禄の役——一五九二～一五九六年——

「太閤怒《いか》って行長・三成等を責め給ふ図」
（『絵本太閤記』七編巻之五　佐賀県立名護屋城博物館所蔵）
怒る秀吉（右上）に低頭して弁明する行長（中央）と石田三成ら三奉行（左端）

行長は秀吉を欺《あざむ》いたのか？

朝鮮出兵が始まった四年後の文禄五年（一五九六）九月、行長の尽力で日本へ派遣された明《みん》皇帝の勅使は秀吉と大坂で会見。そこで南禅寺《なんぜんじ》の僧・玄圃霊三《げんぽれいさん》が明皇帝の勅書を読み上げる。その文中の「豊臣秀吉を封じて日本の国王とす」との文言を聞いた秀吉は怒り狂って叫ぶ。「我は自らの兵力で日本の主となったのだ！　どうして明の力を借りなければならないのか！　行長は明が我を明の皇帝にすると言ったから、朝鮮から兵を撤退させたのだ！　行長は明に内通して我を欺いたのか！　早く行長を引き出して明の使者とともに首を刎《は》ねよ！」と。行長は慌てて弁明し、何とか一命を取りとめる……。

（『絵本太閤記《えほんたいこうき》』）

江戸時代の史書に記された日明両国の講和交渉をめぐるこの有名なエピソードは、今なお史実として語られることが多く、従来の行長のイメージにも大きな影響を与えている。

行長は果して本当に秀吉を欺いたのだろうか？

一　釜山上陸から漢城入城

天正二十年（一五九二）四月、行長は日本の第一軍として朝鮮に渡海。釜山《プサン》—漢城《ハンソン》—平壌《ピョンヤン》へと進撃する一方、秀吉の意向に沿いつつ、明との講和締結に向けて奔走を続ける。すべては日本に有利な講和締結という「功績」と、東シナ海の制海権掌握という野心のため。その講和交渉の結末はいかなることに。

開戦直前の動き

天正二十年正月、秀吉は改めて三月一日からの「唐入り《からい》」（明への侵攻）の意向を示し、正月五日付で軍団編成に関する数種類の朱印状を諸大名に発給した。この内容と経緯については、中野等《ひとし》の研究に詳しい（中野二〇〇六）。天正十八年（一五九〇）の朝鮮使節来日により、朝鮮はすでに日本へ服属したものと思い込んでいる秀吉は、「高麗国《こうらい》」（朝鮮）へ渡海させる諸大名に禁制を発給するなど（図1）、朝鮮を経由する「唐入り」実現のための具体的な行動に出たのである。

しかし、ここで行長と宗義智《そうよしとし》は、実際に朝鮮が日本へ協力するかどうかを再度交渉すると秀吉に進言したようで、後に秀吉は「高麗儀、対馬守（宗義智）・小西摂津守（行長）罷《まか》り渡り、出仕《しゅっし》之段相究《あいきわ》むべきの由言上候に付て、差し遣わされ候」と説明している（天正二十年三月十三日付木下勝俊等宛豊臣秀吉朱印状、中川家文書）。

おそらく行長や義智は、最終的に朝鮮が秀吉の要求を拒否することを初めからわかっていたに違いない。

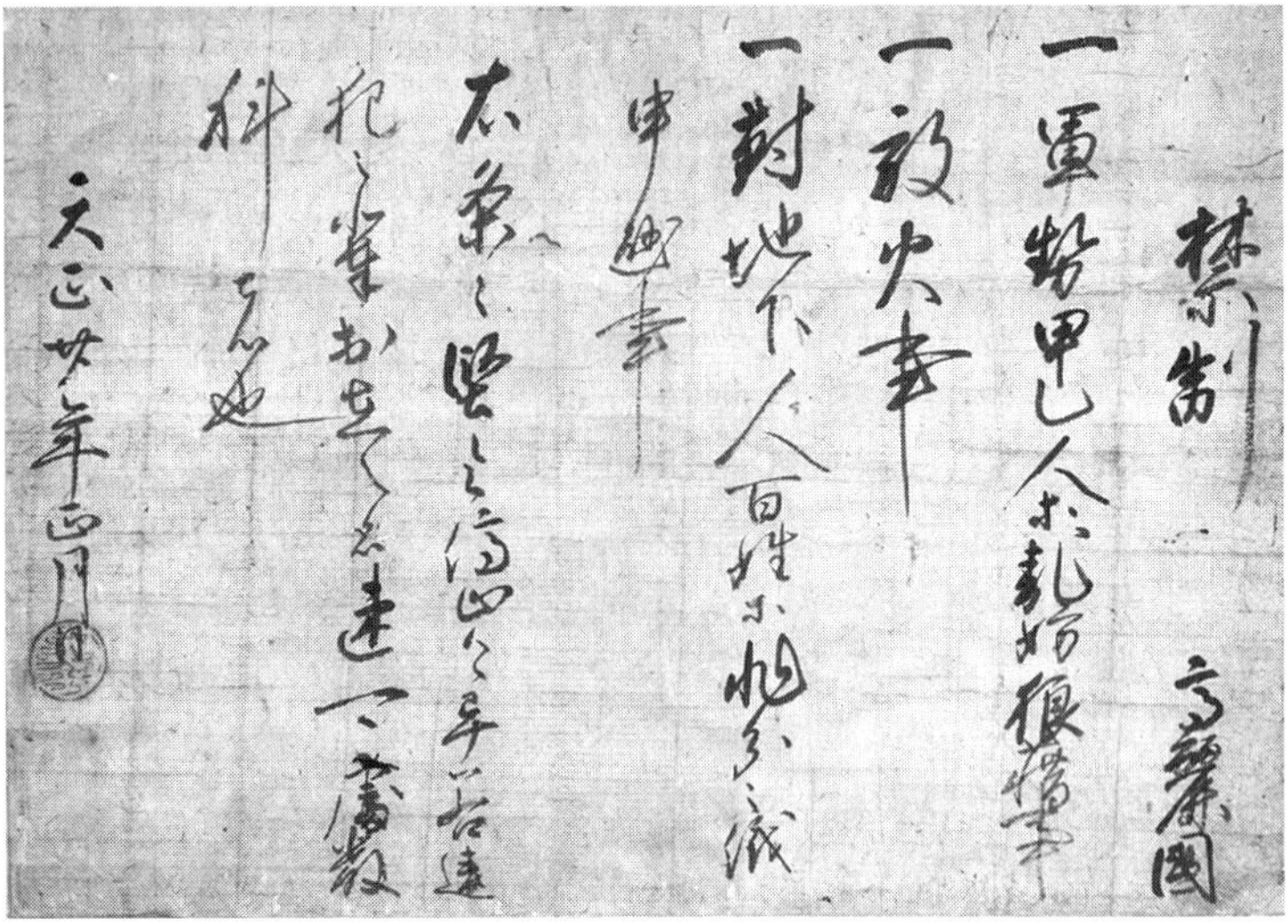

図1　天正20年正月付 高麗国禁制（本妙寺所蔵）

にもかかわらず、この期に及んで朝鮮との最終交渉を進言したのは、もちろん戦争回避を目指す目的もあっただろうが、「先年日本に服属の意を示した朝鮮が、ここに来て非協力的な態度になった」という論理を作り出し、自分たちのこれまでの対朝鮮交渉の責任を回避しようとする一面があるように思われる。

　この行長らの進言を受けて、秀吉は正月十八日に次の朱印状を義智に発給している。

就唐入儀、高麗国御人数被成御通候、然者高麗国儀、先年以名代御礼申上候條、無御別儀候、右之趣其方高麗へ可申聞由、御理申上候付而、三月中壱岐・対馬ニ、在陣儀被仰付候、若人数相通候事、於票異儀は、卯月朔日御人数被差渡、高麗国可有御退治候条、可成其意候、即小西（行長）摂津守被差添候也、

　正月十八日（秀吉朱印）

羽柴（宗義智）対馬侍従とのへ　（宗家文書）

秀吉は行長と義智に対して、再度朝鮮側に日本への服属と「唐入り」にともなう軍勢通過協力の意思確認を行なうこと、これに朝鮮が従わないときは四月一日から「高麗国御退治あるべし」との意向を伝えた。また、同日付秀吉朱印状の意向を黒田長政《くろだながまさ》に伝達した〔文書18〕によれば、秀吉は毛利吉成《もうりよしなり》・加藤清正《かとうきよまさ》・黒田長政に対して壱岐・対馬での待機を命じ、朝鮮への「御使」たる行長の返事があるまでは決して朝鮮へ渡らないように厳命している。「唐入り」開始のタイミングは、行長らの最終交渉の結果に委ねられたのである。

しかし、この段階で行長たちが本気で対朝鮮交渉に取り組んだ形跡はない。行長ら第一軍に従軍した妙心寺僧・天荊《てんけい》が記した『西征日記《せいせいにっき》』によれば、行長が松浦《まつら》・有馬《ありま》・大村ら肥前諸大名の軍勢を率いて対馬に到着したのは三月十二日。対馬北端の豊崎《とよさき》に移動したのが三月二十三日である。結局のところ、行長・義智ともに朝鮮には渡っていないのである。

実際には、以前から対朝鮮交渉の担い手であった博多聖福寺《しょうふくじ》の僧・景轍玄蘇《けいてつげんそ》を朝鮮に派遣して最終交渉にあたらせたようで〔池内一九一四〕、玄蘇は四月七日に対馬に帰還し（『西征日記』）、行長に朝鮮の服属および協力拒否という交渉結果を伝えたと考えられる〔中野二〇〇六〕。これにより、「日本に服属の意を示していた朝鮮が、この段階で日本に反抗した」という論理が成り立つことになり、行長はこれを秀吉に報告したのであろう。実際に朝鮮侵攻開始直後の秀吉は、「大明国に軍勢を進める際、朝鮮は日本軍に道を通らせ、その案内をするように命じていたところ、ここにきて敵対した」と認識していた（天正二十年四月二十二日付宗義智宛豊臣秀吉朱印状、宗家文書）。

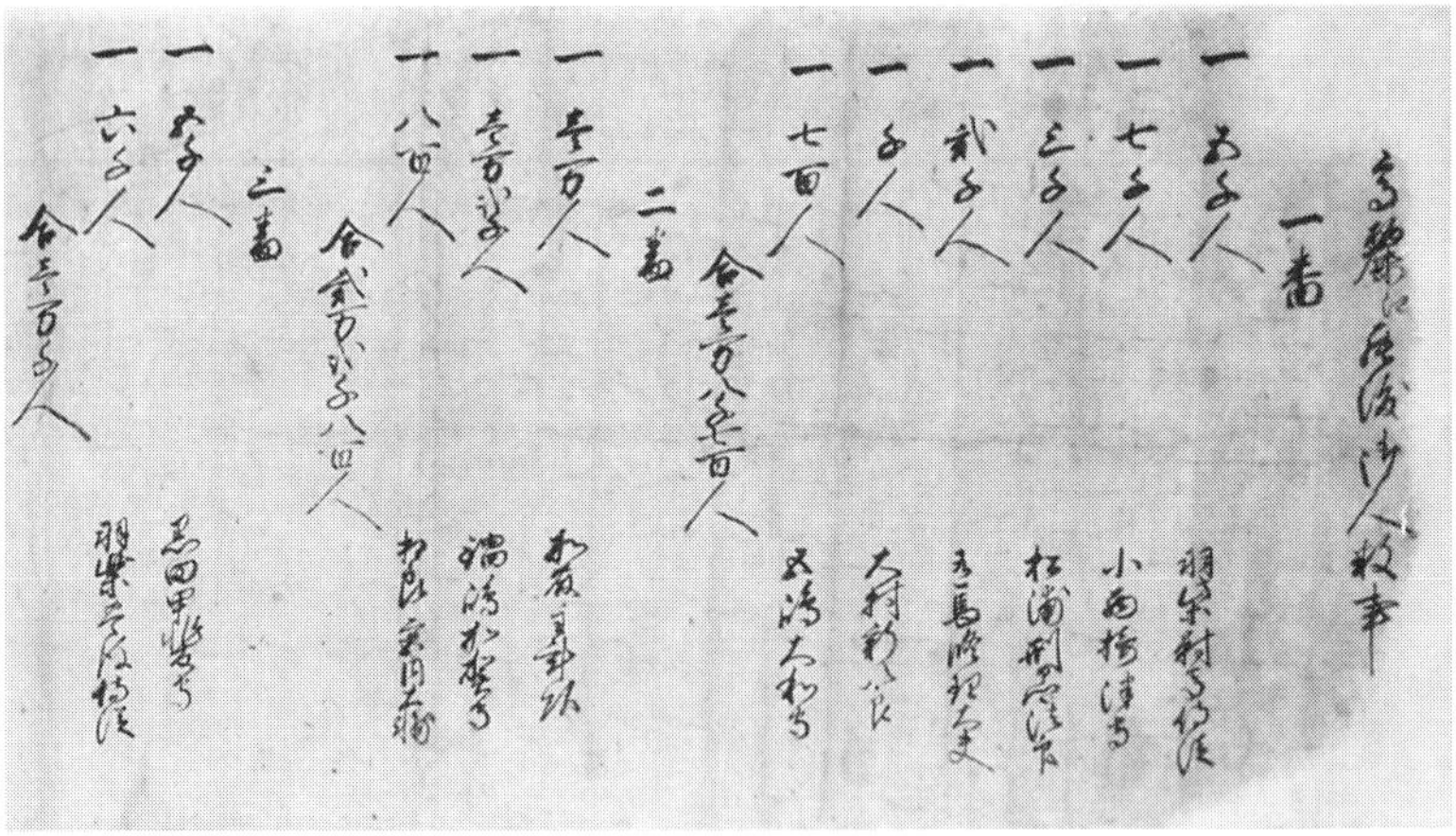

図2　天正20年3月13日付 豊臣秀吉朱印状（冒頭部分）
（佐賀県立名護屋城博物館所蔵）

こうして、朝鮮側の態度を見極めた行長ら第一軍は、四月十二日に朝鮮侵攻を開始。行長の活動はこれからしばらく朝鮮半島にうつることとなる（朝鮮半島の地名は口絵4・5参照）。

釜山上陸

小西行長が率いる第一軍の構成は次のとおりである（天正二十年三月十三日付豊臣秀吉朱印状、図2）。

宗　義智　五〇〇〇人
小西行長　七〇〇〇人
松浦鎮信　三〇〇〇人
有馬晴信　二〇〇〇人
大村喜前　一〇〇〇人
五島純玄　七〇〇人

総勢一万八七〇〇人からなる第一軍が、天正二十年四月十二日、釜山浦《プサンホ》に到達し釜山鎮《プサンジン》を包囲。宗義智は「仮途《かと》」

（軍勢の通過）を要請するが、釜山鎮僉使《せんし》・鄭撥《チョンパル》はこれに抵抗し、激戦の結果、翌十三日に釜山鎮は陥落した（図３）。

次いで、行長らは釜山北側の東莱《トンネ》城を包囲（図４）。ここでも、行長は「仮途入明《かとにゅうみん》」（朝鮮の道を借りて明に入る）を朝鮮側に要求するが、城内の東莱府使・宋象賢《ソンサンヒョン》は「戦いて死するは易《やす》し、道を仮《か》すは難《かた》し」と返答し交渉は決裂。結局十四日に東莱城も日本軍によって陥落した。また、その翌十五日には機張《キジャン》・左水営《ジャスヨン》両城をも陥落させている（『西征日記』）。この段階で行長と義智は日本の秀吉のもとへ戦況報告の使者を派遣したようで、これを受けて秀吉が義智に出した返書の内容が次の朱印状である。

去十五日注進状並絵図、今日二十二到来、加披見候、抑大明国為涎伐、先朝鮮国江可被成御動座処ニ、御詫言申上付而、朝鮮儀被成御赦免処、以三使御礼申上候、然間大明国へ御動座之路次、可被成御通立旨、被仰出候條、案内を可仕処ニ、却而依敵対申、釜山海之儀責崩、悉討果、不休其息、とくねき（東莱）城乗破、是又不残刎首付而、以其響城々十一ヶ所退散之由、被聞召届候、殊粉骨之動、神妙ニ被思食候、九州・四国・中国、其外船手之人数、追々差遣候間、申談、此上ハ無越度様ニ相申、都へ之事舟合跡々人数引付可相動候、備前宰相（宇喜多秀家）至而釜山海可相渡之由、被仰遣候條、可成其意候也、

卯月廿二日（秀吉朱印）

羽柴対馬侍従（宗義智）とのへ

（宗家文書）

図３　釜山鎮殉節図（複製）
（佐賀県立名護屋城博物館所蔵。原品は大韓民国陸軍博物館所蔵）

図 4　東莱府殉節図（複製）
（佐賀県立名護屋城博物館所蔵。原品は大韓民国陸軍博物館所蔵）

これを見ると、行長・義智は四月十五日に戦果を報告する注進状と朝鮮の絵図を送り、それが二十二日に秀吉のもとに届いたことがわかる。「釜山海」「とくねき城」（東莱城）などでの「粉骨の動き、神妙に思《おぼ》し食《め》され候」と秀吉は第一軍の戦功を褒《ほ》め称《たた》えている。朝鮮に渡海する諸大名に同日発給した朱印状では、この行長と義智らの戦功を羨んで軽々しい行動を取らないよう、厳命している（天正二十年四月二十二日付加藤嘉明《かとうよしあき》宛豊臣秀吉朱印状、近江水口加藤文書）。

交渉を模索しながらの進軍

その後、行長ら第一軍は破竹の勢いで朝鮮の都・漢城を目指して北上し、梁山《ヤンサン》・密陽《ミルヤン》・大邱《テグ》を経由して、四月二十四日には尚州《サンジュ》で巡辺使・李鎰《イイル》率いる朝鮮軍を破り尚州城に入城。この翌日、行長がこの地から秀吉へ戦況を報告した披露状が〔文書19〕である。

この披露状でまず行長は、二十四日の尚州での戦果を誇示し、「大将分三十余人・弐万計」を追い散らし「大将分其外千余人討ち捕らえ候」と述べている。しかし、『西征日記』によればこの時の戦果は「首三百」である。どうやら行長は秀吉へ戦果を誇大に報告していたようである。

また、続く部分で行長は、この戦いで漢城からやってきた「日本通事」（通訳）を捕え、この通事に「朝鮮国王は日本に人質を出し、唐入りの案内を務めるべし」という秀吉の「御諚《ごじょう》」（命令）を伝えて、漢城へ派遣したと述べている。さらに、朝鮮国王が「唐入り」案内を務めるのであれば「赦免《しゃめん》」するが、少しでも「障《さわ》り」ある態度を示せば「討ち果す」という意気込みも述べている。ここで行長が述べている意向は、秀吉から与えられていた当初の任務内容そのものだろう。

このとき行長に捕えられた通事は景応舜《キョンウンスン》という者であった。この一連の経緯が朝鮮の宰相・柳成龍《ユソンリョン》が記した『懲毖録《ちょうひろく》』に記されている。

〔さきにわが軍が〕尚州で敗れた時、李鎰《イイル》の軍中に倭学通事景応舜《キョンウンスン》という者がいて、賊に捕えられたが、倭将平〔小西〕行長は、平〔豊臣〕秀吉の手紙と礼曹に送る公文一通とを〔景〕応舜に授けて、放ち帰らせてきた。そして、「東莱にいた時、蔚山郡守を生け捕りにし、手紙を托して送り帰したが、いまだに返報がない。郡守すなわち李彦誠《イオンソン》である。賊中から戻ったが、罰せられるのを畏れ、みずから逃れて来たと言い、その手紙を隠して伝えなかった。それで、朝廷はこれを知らなかったのである。朝鮮が、もし講和の意志をもっているならば、二十八日李徳馨《イドクヒャン》に忠州《チュンジュ》でわれわれと会うようにさせるように」と伝言させた。

（『懲毖録』）

思うに〔李〕徳馨は、往年かつて宣慰使として倭使を接待したので、〔小西〕行長が彼と会おうとしたのであろう。

早い段階での朝鮮国王の服属という成果を求められていた行長は、とにかく釜山上陸直後から朝鮮王朝との交渉実現を模索していた。しかし、諸々の事情で朝鮮側の対応は遅れ、朝鮮の返書を携えて漢城を出発した景応舜は加藤清正《かとうきよまさ》に殺されるなど、事の成り行きは行長の思い通りにはいかなかったのである。

図５　壬辰倭乱戦没者供養塔（韓国・忠州市　著者撮影）

漢城入城と還住政策

尚州を突破した行長ら第一軍は四月二十六日に聞慶《ムンギョン》にいたり、その後難所の鳥嶺《チョリョン》を通過して、二十七日に忠州《チュンジュ》に到達。ここは漢城を流れる南漢川の上流に位置し、朝鮮王朝にとっては漢城防備の要衝である。ここで三道都巡察使・申砬《シンリプ》が率いる朝鮮軍の主力部隊八〇〇〇人が迎え撃ったが、日本軍はこれを撃破した（図５）。最後の砦である忠州陥落の報を受けた朝鮮国王は二十九日に漢城を脱出し北へ向かった。

行長らは二十八日に忠州で「朝鮮地図」をもとに軍議を開いている（『西征日記』）。ここで、合流した加藤清正らと漢城への入城ルートについて協議したようで、行長ら第一軍は忠州から北進し驪州《ヨジュ》を経て漢城へ、清正ら第二軍は西進し竹山《チュクサン》を経て漢城を目指すこととなった。

そして、五月二日、行長ら第一軍は漢城の東大門《トンデムン》に到達（『西征日記』。『吉野《よしの》覚書《おぼえがき》』は翌三日早朝に入京とする）。清正ら第二軍は翌三日に漢城南大門《ナンデムン》から入京した〔『西征日記』『吉野覚書』〕。なお、清正は「五月二日」付で漢城に入京したと報告する披露状を秀吉に送っているが〔天正二十年五月二日付長束正家《なつかまさいえ》・木下吉隆宛加藤清正披露状、韓陣《かんじん》文書〕、事実とは考えにくい。一日早めたのは行長と清正の漢城入京を巡る先陣争いに起因すると指摘されている〔北島一九九五〕。

しかし、いずれにしろ日本軍が漢城入りしたのは朝鮮国王がすでに北へ逃亡した後であり、行長はひとまず漢城に留まり、ここで現地支配のための政策に着手する。五月五日、行長は清正と協議し、一旦陣を城外へ移転し、一方で漢城の四方の城門に「榜《ぼう》」〔木札〕を立て、逃散してしまった漢城の住民にもとの生活への還住《かんじゅう》を促す政策を取っている〔『西征日記』〕。

行長らは単に進軍するだけではなく、それぞれの占領地を実効支配するための基盤作りが求められており、そのためには何より住民の還住が不可欠であった。しかし、住民にその意志を伝達するためには言葉の壁があった。それを乗り越えるため、朝鮮人に通じる言葉で趣旨を示した「榜」を立てて還住を促したのであり、第一軍はすでに同様の政策を実施していた〔『西征日記』〕。このような方針は秀吉の意向にもとづくものであり、秀吉が漢城の加藤清正へ宛てた天正二十年五月十六日付朱印状〔加藤文書〕でも、漢城の町人および朝鮮各地の農民を村々に還住させるよう命じている。

ちなみにフロイスは行長の釜山上陸から漢城入城までの軍功を知った秀吉が「アゴスチイノ〔行長〕は短期間で、わずかな手兵を率いて、異国の、しかも大国朝鮮へ踏み入って、あっぱれ勝利を博したのである。そういうわけだから予は彼に多くの領地を与え、彼を予に次ぐ大名としよう」「もしアゴスチイノによってなされた功績を悪しざまに罵ったり、とやかく誹謗する者があれば、予はその者を重罪に処罰するであろう。たとえ道理をもって彼の不義をとやかく沙汰しようとも、予は取り合わぬであろう」と述べ、日本における行長の評判は大いなる賛辞で占められたと記している（一五九一年・九二年度フロイス日本年報、『報告集』Ｉ―1）。

二　平壌入城、そして撤退

行長と清正の「ズレ」

第一軍・第二軍が漢城を陥落させた後、他の日本軍は続々と漢城に集結した。そして、今後の戦略について軍議を行なった結果、小西行長ら第一軍は漢城の北西で明と国境を接する平安道《ピョンアンド》の平定を担当することに決定。その後、行長は漢城を発ち、五月十四日ごろ臨津江《イムジンガン》で再び朝鮮軍と対峙した。

この日、行長は宗義智家臣の柳川調信《やながわしげのぶ》と従軍僧・天荊に命じて朝鮮へ講和を促す書状を作成させ朝鮮軍へ届けようとするが、加藤清正の軍勢が妨げとなり届けられなかった（『西征日記』）。このあたりから、行長と清正の「唐入り」に対する基本姿勢の違いが浮き彫りになりつつあった。

清正はこの年の六月一日に木下吉隆《きのしたよしたか》・長束正家《なつかまさいえ》に宛てた書状（韓陣文書）の中で、「漢城を占拠して以降、九州・四国・中国衆らは談合と称して長々と逗留《とうりゅう》して進軍せず、拙者としては甚だ迷惑である。これでは明国の国境に攻め込むのが遅くなってしまう。秀吉様の意向をなんと心得ているのか、とても迷惑である」と述べている。秀吉の意向を迅速な朝鮮全土制圧と明への武力侵攻と理解していた清正にとっては、見込みのない明との講和交渉などによる時間のロスは「迷惑」そのものであった。

一方、行長も秀吉の本来の意向が「唐入り」であることは重々承知しており、その実現に向けて軍事的にも外交的にも奮闘していた。しかし、これまでも述べてきたように行長の方法の第一はあくまで交渉による朝鮮国王の服属および明との講和交渉開始である。秀吉の意向に沿いつつ、交渉によっていかに日本に有利な状況で戦争を終結させられるか。これが行長自身の基本姿勢であり、秀吉に期待された行長ならではの働きであった。よって行長はこの「功績」を目指しながら講和交渉を模索し続けるのである。

しかし、五月十五日・十六日に朝鮮側に手渡した書簡は、「朝鮮が日本の言うとおりに明への道を通そうとしなかったから成敗されるのである。日本は講和を目指しているので、朝鮮はすみやかに日本と明との講和を斡旋《あっせん》するように」という、日本の軍事行動を一方的に正当化するような内容であった（『西征日記』）。また、行長と義智は六月一日と十一日にも、朝鮮に国王の漢城帰還と講和を促し、日本への人質を催促する書状を送っている（『宣祖《せんそ》実録《じつろく》』宣祖二十五年七月一日条）。特に一日の書状では日本との講和の意がある場合には行長と義智を窓口にするようにと記されており、こうしたところに日本側の交渉の実権と功績を独占しようとする行長の下心がみてとれる。

もっとも、当然朝鮮側がこれを受け入れるはずもなく、時間がかかるわりに成果はほとんどあがらなかった。こうした時間の浪費が、清正には目障りに感じられたのであろう。

後に清正は木下吉隆に宛てた書状（天正二十年九月二十日付木下吉隆宛加藤清正書状、加藤清正文書集）で「大明への道筋にあたる平安道は行長の管轄になっているが、いまだに平定されておらず不安定な状況だそうだ。

自分が管轄している咸鏡道《ハムギョンド》のように安定していれば秀吉様の明への御動座は可能だが、平安道が不穏のままなら難しいのでは」と行長に対する批判を述べている。このような状況を考えると、朝鮮出兵の過程で二人の確執が表面化しつつあったことは確実なようである。

平壌入城

五月下旬に臨海江《イムジンガン》を突破した行長・清正ら日本軍は、二十九日に開城《ケソン》を制圧。行長ら第一軍はここから平壌攻略に兵を向け、清正ら第二軍は北部の咸鏡道の制圧に向かった。

六月九日、大同江《テドンガン》で日本の景轍玄蘇・柳川調信と朝鮮の李徳馨による講和交渉が行なわれるが、お互いこれまでの主張を繰り返すのみで交渉は決裂（『宣祖実録』宣祖二十五年六月九日条）。これにより日本軍の平壌攻撃が現実的なものとなり、十一日に朝鮮国王は平壌を脱出してさらに鴨緑江《アムノッガン》方面に逃れ、明に救援を求めた。六月十五日、行長らの第一軍は平壌を占領し、ここに逗留することとなった。

明は属国朝鮮の危機を知って、祖承訓《そしょうくん》らを援軍として派遣し、七月十九日に平壌を攻撃した（『懲毖録』）。フロイスはこの戦いで、行長の弟ルイスと従弟のアントニオ、そして日比屋了珪《ひびやりょうけい》の孫が戦死したと伝えている（『日本史』第三部五一章）が、激戦の末に行長ら日本軍はこれを撃退した。

このような状況の中で、行長はこの地から「弟のジアンを関白の許に派遣して現地の情勢を報告し、多くの理由をあげて、シナへの遠征は実行不可能である旨伝達した」（『日本史』第三部五一章）。この「ジアン」は小西与七郎と考えられ、文禄二年（一五九三）正月、秀吉は行長に届ける武器送達の使者として小西与七

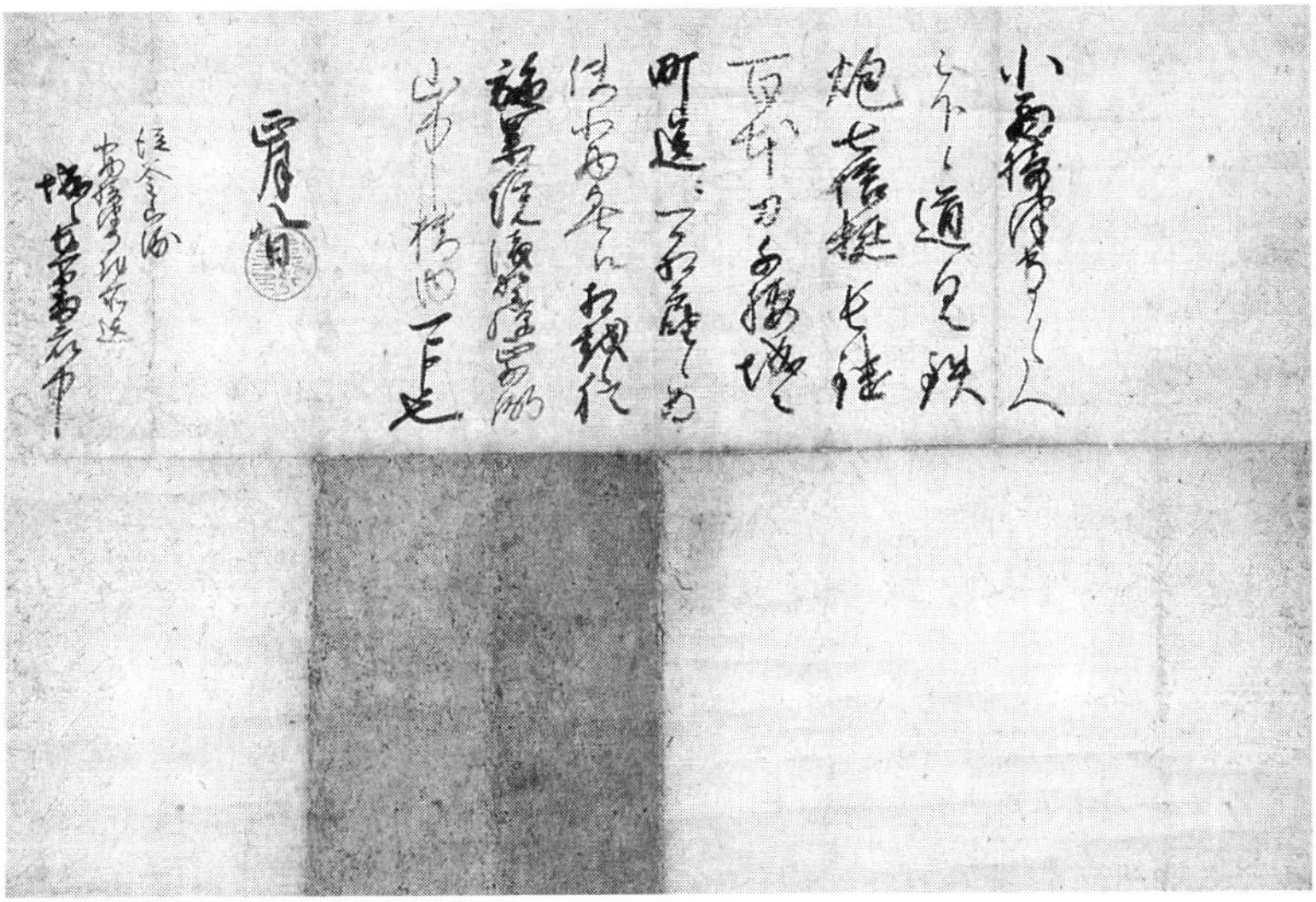

図６　（文禄２年）正月８日付 豊臣秀吉朱印状（八代市立博物館所蔵）

郎を再び朝鮮半島に派遣している（文禄二年比定正月八日付豊臣秀吉朱印状、図６）。『日本史』が伝える行長の「征明《せいみん》の実行不可能」進言は、秀吉の「唐入り」構想を根底から否定したものか、それとも「時期的にまだ不可能」というものなのかわからないが、少なくとも行長が自身の見解を直接秀吉に進言していることは注目すべきである。

　また、行長は八月七日に平壌から漢城に赴いて（『西征日記』）、日本からやってきた三奉行（大谷吉継《おおたによしつぐ》・増田《ました》長盛《ながもり》・石田《いしだ》三成《みつなり》）や朝鮮在陣諸将と軍議を開き、この年の明への侵入延期と秀吉の朝鮮への渡海中止を秀吉に進言することを議決した。これも、平壌に到達した行長の征明実行不可能という見解が容認された結果であろう（佐島一九九二）。この軍議のあと、行長はすぐさま平壌に戻っている（文書20）。

沈惟敬との接触

祖承訓らの平壌敗戦に衝撃を受けた明は、同時期に北方民族・韃靼《だったん》による侵攻に頭を悩ませていたこともあり、日本との講和を模索し始め、兵部尚書《ひょうぶしょうしょ》・石星《せきせい》は使者として沈惟敬《しんいけい》を派遣した。

九月初め、行長と沈惟敬は平壌で会談した。沈惟敬はもともと市井無頼の徒で、日本の情勢に詳しいということで石星が「遊撃《ゆうげき》」の称を名乗らせて派遣した者にすぎなかったが、行長らにすればようやく得ることのできた明との接触点であり、これが明との初めての直接交渉であった。そしてこの際に行長は、日本の封貢《ふうこう》（交易）許可と大同江以東の日本帰属許可を明側に求めている（『宣祖修正実録《せんそしゅうせいじつろく》』宣祖二十五年九月条）。明との交渉という段階になり、行長は秀吉の「唐入り」を「冊封要求《さくほう》」へとすり替えて交渉し始めたのである。先述したように、行長はすでに、明との直接戦争は避けるべきという考えにいたったようで、実際に行長は平壌から先に進軍しようとはしていない。

一方の沈惟敬は、行長らの要求回答には皇帝の裁可が必要として、それに要する期間である五十日間の停戦協定が日明間で結ばれた（『宣祖修正実録』宣祖二十五年九月条）。しかし、この直後、明では軍務提督・李如松《りじょしょう》らが主戦論を主張し始めた。結局、明は李如松率いる大軍を派遣し、文禄二年（一五九三）正月初めに平壌を包囲したのである。

平壌から漢城へ撤退

文禄二年（一五九三）正月七日に明軍は平壌総攻撃を開始し、行長ら日本軍は大打撃を受けながらなんとか持ちこたえるも、平壌放棄を決定し、翌日、明軍が城外に引いている隙を見て平壌から脱出。その後、行長軍は南下して鳳山《ポンサン》・白川《ペクチョン》・開城へと退却し〔文書21〕、一月半ばには漢城まで撤退した。このとき、行長ら第一軍の兵員はもともとの一万八七〇〇人に対して、六六二六人にまで減少していた〔参謀本部一九二四〕。

漢城入りした行長は、城内に陣所を定めず、漢城南方の南大門外にある龍山《ヨンサン》に陣をおいた。ここは朝鮮王朝の穀倉がおかれていた場所であり、行長はここに陣所を築いている〔太田一九九九〕。

平壌での勝利に乗じて漢城奪還を狙い南下した明軍だったが、一月二十六日、漢城北部の碧蹄館《ビョクジエグァン》で小早川《こばやかわ》隆景《たかかげ》ら日本軍の迎撃によって敗北した〔文書22〕。これにより戦意を喪失した明は、再び日本との和議を模索する方針に転換した。朝鮮軍は二月十二日に幸州《ヘンジュ》山城の戦いで日本軍を撃退するも、その後の戦局は膠着《こうちゃく》状態となった。

一方、この時期漢城に集結していた日本軍は、深刻な疫病《えきびょう》流行と兵粮不足に頭を悩ませている状況であった。二月二十七日、漢城在陣中の諸将十七名により軍議が開かれ、ここで秀吉の渡海延期と漢城を放棄して釜山まで撤退すべき方針が話し合われ、諸将同士、今後は私情によらず「とにもかくにも公儀の御為」に言動し「衆議《しゅうぎ》」に従うことなどについて誓約が行なわれている〔文書23〕。このような誓約の存在自体が、この段階で日本諸将の間で意見の対立や不満が渦巻いていたことを物語っている。

三　講和交渉の展開

偽りの「勅使」来日

平壌から漢城に撤退した行長は、再び明との講和を模索し始める。文禄二年（一五九三）三月には景轍玄蘇に講和を提案する書状を作成させて明と朝鮮側に送付。その結果、明の李如松は平壌から漢城へ沈惟敬を派遣し、三月十五日、行長と沈惟敬は再び交渉のテーブルに着くこととなった（『懲毖録』）。

そして四月には両者の間で、次の四点について合意にいたった（『宣祖修正実録』宣祖二十六年四月条）。

①加藤清正が捕えた朝鮮王子と従者の返還
②日本軍は漢城から釜山まで撤退
③明軍は開城まで撤退
④明から日本への使節の派遣

このうち④について明側は、備倭軍務経略《びわぐんむけいりゃく》（辺境配置の軍事長官）・宋応昌《そうおうしょう》が沈惟敬と共謀し、部下の謝用梓《しゃようし》と徐一貫《じょいっかん》を明皇帝から派遣された勅使に偽装して日本へ派遣することで応じることとした。漢城の日本軍中ではこの勅使は明からの人質と考えられていたようで、この人質到来に「都の諸大名」「小西一手の人々」

図 7　晋州城（韓国・晋州市　著者撮影）

もみな喜んだという（『吉野覚書』）。

しかし、行長や玄蘇、そして三成ら三奉行など実質的に交渉を行なっているメンバーは、勅使の正体を承知していたのではないか。平壌からの撤退という負い目を持っていた行長にとっては、どのような形にしろ、自らの交渉によって明から勅使が派遣されることになったという功績が重要だったに違いない。実際、名護屋在陣中の秀吉には、この勅使は明からの「侘《わ》び言《ごと》」（謝罪）の意を伝える使者として報告されている〔文書24〕。

四月十八日、日本軍は漢城から撤退を開始し、明使節・沈惟敬・朝鮮二王子とともに釜山へ南下。行長は石田三成・増《まし》田《た》長盛《ながもり》・大谷吉継《おおたによしつぐ》の三奉行らと明の勅使である謝用梓・徐一貫らをともなって五月八日に釜山を発ち、十五日に名護屋に到着した。秀吉はこの勅使受け入れに際し、名護屋に在陣している大名・御伽衆《おとぎしゅう》・医師などあらゆる人々に勅使についての悪口雑言を禁ずるための誓紙を提出させている（文禄二年五月二十日付「誓紙一巻」、東京国立博物館所蔵、大阪城天守閣展覧会

図8　名護屋入りした明の勅使一行
(『肥前名護屋城図屛風』佐賀県立名護屋城博物館所蔵)

図録『秀吉御伽衆』参照)。秀吉は待望の勅使受け入れにかなり神経を使っていた。

その一方で秀吉は同日に、朝鮮半島南部の要衝・晋州《チンジュ》城(図7)攻略を厳命(文禄二年五月二十日付豊臣秀吉朱印状、島津家文書)するなど、半島南部の全羅道《チョルラド》・慶尚道《キョンサンド》・忠清道《チュンチョンド》・江原道《カンウォンド》の四道の実効支配実現に向けた戦略を示した。当初、電撃的に明国へ迫ろうとしていた秀吉の戦略は、この時期にいたって沿岸部に城塞(倭城)を設けた上でじっくりと朝鮮を浸食する方針へと転換したのである(中野二〇〇六)。こうした秀吉の命令を現地に伝えるべく、行長と三奉行は六月初めには釜山に戻り、六月下旬には軍勢を率いて晋州城攻めに参陣している。

秀吉は五月二十三日に名護屋城で明勅使を引見し(図8)、その後、朝廷との間で明との講和条件を調整した後、六月二十八日に石田・増田・大谷の三奉行と行長に対して、七ヶ条からなる講和条件を示した(中村一九六九)。その内容は次のとおりである。

①明皇帝の女を日本の后妃として差し出すこと。
②明との勘合《かんごう》を復して官船・商船の往来を認めること。。
③日本・明両国大臣が誓紙を取り交わすこと。
④朝鮮八道のうち、南四道を日本に割譲し、他の四道と漢城を朝鮮に還付すること。
⑤朝鮮王子および家老を一、二名人質として差し出すこと。
⑥捕虜にした朝鮮二王子を、沈惟敬を通じて朝鮮国王に返還すること。
⑦朝鮮の重臣たちに、今後日本に背かない旨を誓約させること。

これを見てもこの段階での秀吉の目標が、朝鮮南四道の割譲承諾を条件とした明との講和成立であることがわかる。特に、②の「勘合」貿易再開要求は、明の冊封下に入ることを前提とする条件であることが注目される。秀吉自体、これまでの戦況報告によって、明の征服などは非現実的なことと悟り、当初の「唐入り」の構想は大きく転換していたのである。

よって、今後の交渉でいかに日本の体面を保ちつつ明との講和を結ぶかが、この段階における秀吉と三奉行および交渉担当者たる行長の課題であった。そしてこの直後、行長は家臣の内藤忠俊《ないとうただとし》（小西如安《じょあん》）を、明「勅使」に対する秀吉からの講和使として、北京の明皇帝のもとへ派遣することにした。

北京へ内藤忠俊を派遣

七月中旬、明に帰国する勅使を釜山にて受け入れ、朝鮮二王子を引き渡した行長は（中村一九六九）、十九日に釜山で沈惟敬と会談している（文禄二年七月十七日付相良長毎宛小西末郷《すえさと》書状、相良家文書）。おそらくこのときに内藤忠俊を用いた今後の交渉の構想について協議したのであろう。

八月下旬に漢城を発った忠俊は、九月上旬に平壌に到着し、その後遼東《りょうとう》にいたった。このとき忠俊は明へ誼《よしみ》（通交）を求める秀吉の「納款表《のうかんひょう》」を携えていたが、講和にはあくまで明への降伏を示す文書が必要とする明の経略・宋応昌は、熊川《ウンチョン》在陣中の行長のもとに「関白降表」を要求する使者を派遣。十二月には沈惟敬が熊川へ到来した。この際、行長は秀吉のもとに交渉の経緯と明側の要求を伝えるために家臣の一人を使者として派遣し（『日本史』第三部五五章）、今後の明側との交渉方法について報告。そして沈惟敬と協議した結果、行長は「関白降表」を作成して沈惟敬に託し、沈惟敬は文禄三年（一五九四）正月に熊川を出発した。

この後、四月に行長は一旦日本に戻り、秀吉のもとに参上している（文禄三年卯月十六日付加藤清正宛豊臣秀吉朱印状、加藤清正家蔵文書）。ここで行長が秀吉にどこまで交渉の実態を打ち明けたかは定かではないが、前掲の秀吉講和条件七ヶ条に沿った形で交渉が進展していることを伝えたのであろう。この朱印状で来年再び派兵する可能性は「大明返答」次第と述べていることからも、秀吉はある程度の対明交渉の実情は承知していたと考えられる。行長は秀吉の意向を全く無視して講和交渉を行なっていたのでは決してない。

沈惟敬から「関白降表」を手にした忠俊は、文禄三年十二月初旬にようやく北京に到着、明皇帝に拝謁を果す。ここで明側は、①釜山駐留の日本軍はすみやかに撤退すること、②日本の冊封は許可するが別に貢市《こうし》

（交易）は認めない、③日本は朝鮮と修好してともに明の属国となることの三点を要求し、忠俊はこれを承諾。さらに忠俊は日本の朝鮮に対する行動について厳しく詰問を受けたが、最終的に翌年正月、明側は秀吉を日本国王に封じ、その冊封使として正使・李宗城《りそうじょう》、副使・楊方亨《ようほうこう》を日本へ派遣することを決定した。

行長の野心

ところで、明は秀吉を日本国王に封じると同時に、日本の大名・武将へ官職を与えることを決定していた。それは、内藤忠俊が事前に要請した授職候補者名簿をもとにしたものであった。『経略復国要編《けいりゃくふっこくようへん》』に収録されている、その「名簿」の詳細は次のとおりである〔中村一九六九〕。

日本国王　豊臣秀吉
神童世子《しんどうせいし》　嫡子（秀頼《ひでより》）
都督《ととく》兼関白　豊臣秀次《ひでつぐ》
大都督《だいととく》　小西行長・石田三成・増田長盛・大谷吉継・宇喜多秀家《うきたひでいえ》
※特に行長は九州全体を統治し、明沿岸の海上警備と朝鮮との修好を担当
日本禅師　景轍玄蘇
亜都督《あととく》　徳川家康・前田利家《まえだとしいえ》・羽柴秀保《ひでやす》・羽柴秀俊《ひでとし》・蒲生氏郷《がもううじさと》・毛利輝元・某国保・小早川隆景・有馬晴信《ありまはるのぶ》・宗義智

日本一道禅師　竹渓宗逸《ちくけいそういつ》
都督指揮　前田玄以《げんい》・毛利《もうり》吉成《よしなり》・長束正家・寺沢正成《てらさわまさなり》・施薬院全宗《やくいんぜんそう》・柳川調信《やながわしげのぶ》・木下吉隆《きのしたよしたか》・
石田正澄・某家次・某行親・小西末郷
亜都督指揮　島津《しまづ》義弘《よしひろ》・松浦《まつら》鎮信《しげのぶ》・山中長俊・五島《ごとう》純玄《すみはる》・岡本重政《おかもとしげまさ》・某信□
乞封爵　平山五右衛門・安宅《あたか》甚蔵《じんぞう》・平田四郎兵衛・西山久助・吉下申蔵・吉田善右衛門・
西川七郎・吉田九次・十瀬少吉・松井九大夫

これは内藤忠俊が要請した名簿であるから、主君・行長の意向が反映されたものとみるのが自然である。実際に明は秀吉を「日本国王」とし、要請とは官職が異なるものの、小西行長・宇喜多秀家・増田長盛・石田三成・大谷吉継・徳川家康・毛利輝元・羽柴秀保らに「都督僉事《ととくせんじ》」（明の五軍都督府の官職）を授与することを決定した（『神宗実録《しんそうじつろく》』万暦二十三年正月乙酉条）。このうち、前田玄以・小早川隆景に実際に与えられた「辞令」の存在が確認されている（「前田玄以宛明国箚符《さっぷ》」東京大学史料編纂所所蔵、「小早川隆景宛明国箚符写」小早川家文書）。ちなみに、この要請名簿に掲載されている人物のほとんどが、後に関ヶ原で西軍につく武将である。すでにこの段階で「東軍」「西軍」の基礎となる「派閥」が形成されていることは注目される。

このように、行長による官職要請・授与の結果は、結果として秀吉および諸大名にも受け入れられているのである。官職要請名簿の内容も行長の独断ではなく、ある程度は秀吉の意向を反映したものと考えるべきであろう。特に秀吉の志向に合致するように、関白秀次を差しおき、「嫡子」秀頼を「世子《せいし》」と位置づけていることは重要である〔佐島一九九五〕。

注目すべきは、行長が官職要請名簿において、さりげなく自身を「大都督《だいととく》」筆頭として秀吉家臣の最高ポストに位置づけ、かつ九州支配権と東シナ海の海上支配を要請している点である。もちろん、全権交渉担当である自身の身分を明側に高くみせるための配慮という側面もあろう。しかし、明からの官職授与という千載一遇のチャンスを逃すわけもない。この名簿は行長の野心と「戦争後」の政治体制構想の反映とみてよい。すなわち、日本・明・朝鮮の修好関係を保ちつつ、三国を結ぶ東シナ海全体の海上交通を掌握し、九州を基盤に権力を得る。これが行長が秘めた野心だった。しかし、その実現のためには豊臣政権を安定に導くことが必要であり、行長の手によって早くこの戦争を終わらせなければならなかった。よって、行長は何があってもこの交渉をまとめあげる必要があったのである。

そして、正使李宗城《りそうじょう》ら明の冊封使は、秀吉に与える明皇帝の誥命《こうめい》と勅諭《ちょくゆ》を携えて北京を出発し、文禄四年（一五九五）四月に漢城に入った。

熊川でセスペデス招聘

内藤忠俊が明へ派遣され、講和交渉結果をもたらすまでの間、九州勢を中心とする諸大名は朝鮮半島南沿岸部に城郭（いわゆる「倭城」）を築き、それぞれの地での在番が命じられた。行長や宗義智らが担当したのは、要地晋州に通じる洛東江《ナクトンガン》河口西部の熊川《ウンチョン》である。この地には十五世紀に宗氏との海上交易拠点として倭《わ》館《かん》がおかれた港（乃而浦《ないじほ》・薺浦《やいほ》）があり、まさしく行長が拠点とするにふさわしい拠点である。行長らはこの

図９　熊川倭城址 天守台（著者撮影）

図10　熊川倭城址 石垣（著者撮影）

沿岸部の小高い山を利用して城郭を築いており、現在でも山頂の天守台から整然と並ぶ石垣の痕跡をはっきりと確認することができる（図９・10）。

当時の熊川城の様子については、現地を訪れた司祭セスペデスの書簡から知ることができる。

アゴスチイノ《（行長）》はまだ外出先から（熊川城に）帰っておらず、私は彼と逢っていなかったのですが、彼は先日（熊川城に）帰って私が到着していることを知ると、ただちに使者を遣わして祝意を表しました。（中略）彼は私が朝鮮に来たことを喜び、彼の幕僚が家屋や宿舎を設けている城の下方に私がいると、多くの城塞から日本の異教徒が大勢そこへアゴスチイノを訪ねて出入りするから好ましくないと言って、私は城の高いところで、ヴィセンテ兵右衛門《（日比屋了荷）》殿といっしょに住むようにと取り決め、そこへキリシタンが私を訪ねて行って告白するようにと命じました。

このような経過で、私はそのヴィセンテとともに城の最高部に住んでいるのですが、ここに来る道は急坂ですし、険阻な崖でもありますから、キリシタンにとって、ここまで登って来る功徳は決して小さくはありません。

（中略）この熊川城にはアゴスチイノといっしょに、有馬・大村・五島・平戸・天草・栖本《すもと》の諸侯ら、彼のすべての同盟軍とその幕僚がおり、いずれも海に沿ったところに居を構えています。城の上ではアゴスチイノの弟の与七《（与七郎）》殿とヴィセンテ兵右衛門が見張番を務めています。

（『日本史』第三部五一章）

セスペデスは修道士ファンカンとともに、文禄二年（一五九三）十一月に行長の要請により長崎から熊川に招かれた。行長はセスペデスに陣中で宗務を行わせ、小西（ジアン）作右衛門尉末郷や日比屋（ヴィセンテ）兵右衛門了荷、小西（ペドロ）主殿助ら家臣の他、宗（ダリオ）義智や有馬晴信・大村喜前《よしあき》ら諸将もセスペデスのもとを訪れている。

セスペデス招聘《しょうへい》は、長期在陣の厭戦《えんせん》ムードを払拭《ふっしょく》させ、かついかにして士気維持に努めるかを行長が苦慮した結果であろう。キリシタン将兵が霊的講話を聞いて、告解《こっかい》（赦しの秘蹟）を受けることにより、陣中の士気を高めようとしたものと思われる〔五野井二〇〇三〕。

しかし、この書簡に見えるように、行長はセスペデスの存在が他に知られないように配慮している。これはこの段階でもなお、行長が秀吉の伴天連《ばてれん》追放令を意識しているからである。

このように、セスペデス招聘は「こっそり」行なわれたはずであったが、結局はキリシタン以外の諸将に知られてしまう。特に加藤清正は「太閤様の布告に背いてセスペデス師に説教し告白を聴かせ、多くの人々に洗礼を授ける許可を与えたのだから、彼の名を太閤様のもとに告訴すべきだ」と騒いだ。そのため、行長はやむなくセスペデスを日本に帰らせている（一五九五年度フロイス日本年報、『報告集』Ⅰ―2）。

大名同士の交流

熊川および釜山在番中にあたる文禄二年（一五九三）七月から文禄四年（一五九五）三月の明勅使の漢城到着までの期間については、行長の発給文書が多く現存している〔文書26～43〕。宛先の内訳は相良《さがら》長毎《ながつね》〔文書

26・28・30・33・34・40・41〕・島津義弘《よしひろ》〔文書27・35～39・43〕・島津忠恒《ただつね》〔文書42〕・堀内氏善《ほりうちうじよし》〔文書29・31・32〕となり、行長が現地で各諸大名と頻繁に連絡・情報交換していたことは明らかである。

内容として興味深いのは、まず行長が在陣諸大名への秀吉の朱印状通達の取りまとめ役をしていることである〔文書30・33・34〕。このことは行長が朝鮮在陣中の諸大名と秀吉との間を取り持つパイプ役を果していたことを示している。よって、朝鮮での日本軍の中における行長の政治的地位も当然高かったに違いない。

大名同士の交流という点では島津義弘とのやりとりが興味深い。島津義弘は当時巨済島《コジェド》に在陣していたが、「今日は明からの飛脚が来たが、書中では伝えにくいので、今夕直接参上してお話したい」〔文書35〕、「昨日はご馳走《ちそう》ありがとうございました。昨日の酒に酔ってしまい、お礼を伝えるのが遅くなりました」〔文書38〕、「明日の朝にお越しになることは了解しました」〔文書39〕、などという文言が多く見られ、行長と義弘がお互いにかなり頻繁に行き来をしていた様子がうかがえる。

四　講和交渉の破綻

秀吉の最終和平条件

文禄四年（一五九五）一月に北京を発った明使と沈惟敬は四月に漢城へ到着し、先に沈惟敬が熊川の行長のもとへ派遣された。ここで沈惟敬と会談した行長は、待望の明勅使の受け入れ準備について秀吉と相談するために四月末ごろに寺沢正成《まさなり》とともに熊川を発ち、五月六日に名護屋に到着している〔文禄四年五月七日付

島津義弘宛寺沢正成書状、『薩藩旧記雑録《さっぱんきゅうきざつろく》』)。

行長と正成から明勅使派遣と漢城到着の報告を受けた秀吉は、文禄四年(一五九五)五月二十二日、行長らに対して次の三ヶ条からなる和平条目を提示している(『江雲随筆《こううんずいひつ》』)。

①「大明」の命により朝鮮を寛恕《かんじょ》するが、朝鮮王子一人を日本に渡海させ秀吉の臣となること。また、「朝鮮八道之中四道」を日本領とすること。この「四道」を王子に与え、朝鮮大臣を副王子とすること。
②沈惟敬とともに朝鮮王子が熊川に到着次第、日本の「軍営十五城之中十城」を破却すること。
③「大明皇帝」が朝鮮と日本の和平を要求するので朝鮮国を赦《ゆる》す。今後は日本と明との間で勘合による官船・商船の往来を行なうこと。

これをみると、秀吉の当初の「唐入《からい》り」(明への侵攻)などという目的は見る影も無く、文禄二年(一五九三)の七ヶ条和平条件(前掲144・145頁)からも後退した内容となっていることが一目瞭然である(明皇帝の女を日本の后妃とすることなどは削られている)。

もっとも、先述したように明の冊封下に入ることで和平交渉を進めることはすでに七ヶ条の段階で示されていたことであり、行長はこの方針にもとづいてここまで明との交渉を進めてきた。その行長の報告を受けたこの段階で、すでに秀吉は明の冊封下に入ることを了承し、「大明皇帝」の命により朝鮮と和平を結ぶことを受け入れているのである。このようにして明との戦争を終結させることはこの講和に関する秀吉と行長の共通認識であった。

しかし、この戦争を日本の勝ち戦として終結させなければならない秀吉にとって、朝鮮服属の象徴である王子の渡海と朝鮮南部四道の割譲だけは譲れない条件であった。そしてこの二つの条件が最後までネックとして残り続けるのである。

講和に向けた軍縮

六月に寺沢正成とともに再び朝鮮へ戻った行長は、しばらく釜山に在陣した。これから翌年八月の秀吉・明勅使会談までの間について、行長が諸大名に宛てた発給文書が多数確認できる〔文書44～68〕。

この中で特徴的なのは、在番体制の縮小・再編を命じる小西行長・寺沢正成の連署状の数々である。例えば、「唐島《からしま》」（巨済島《コジェド》）に在番していた島津忠恒に対しては各拠点の軍縮・破却〔文書48・49〕を命じ、その後に「唐島」倭城破却の上、加徳島《カトクド》への陣替えを命じている〔文書55〕。注目すべきは「唐島」倭城破却の様子を「遊撃官人」（沈惟敬）に検分させていることであり、この軍縮・再編の目的の一端が講和交渉締結のため、明側に日本の軍縮姿勢を実感させることにあることをうかがわせる。

また、小西・寺沢は相良長毎に対して「さるミ」（朝鮮人）の日本連行禁止を通達しているが、同じ文面で「遊撃通事」を同伴の上、城廻りの朝鮮人の人口を確認するよう命じており〔文書46〕、これも同じく明との講和交渉を意識した政策と考えられる。

また、この時期の小西・寺沢は秀吉からの朱印状を諸将に伝達し〔文書50・51・56〕、日本に報告するための在陣衆《ざいじんしゅう》の意見取りまとめなど〔文書50・57〕も行っている。こうした立場は当然秀吉から命じられたポジションであろうが、行長がそれを担当しているのは明との講和交渉担当だからであり、その交渉内容に即した形でのパイプ役を期待されたに違いない。つまり、この時期の現地政策や対明交渉の行方は行長の行動によって大きく左右される状況だったのである。

だからこそ、情報を一手に握る行長のもとには在陣諸将から頻繁に「我々はいつ日本に帰れるのか」という問い合わせがあったようで、「帰朝」の見通しについての書状が多い〔文書56・61～65〕。ところがどの書状を見ても、「帰朝」、あるいは講和交渉について、具体的な内容は記されていない。もちろん、このような内容が必ずしも全て文書で伝達されるとは限らず、口頭で報告されることが主だったのかもしれない。しかし、対明交渉の場合、明との窓口を一本化するためにも、また情報が乱れ飛ぶ混乱を防ぐためにも、行長は同じ日本軍の諸将に対しても口を閉ざさざるを得なかったに違いない。

こうした事情が、諸将が行長への不信感を募らせる要因となり、後に行長が孤立していくことへつながっていくのである。

明正使の逃亡

漢城から南に向かった明勅使は文禄四年（一五九五）十一月に釜山の小西陣中に到着〔文書58〕。行長は日本での受け入れ態勢を整えるべく、文禄五年（一五九六）正月に沈惟敬とともに日本へ渡り〔文書59〕、その間、釜山では重臣・小西末郷《すえさと》が勅使の番を担当した〔文禄五年三月六日付相良左馬助宛小西末郷書状、相良家文書〕。明勅使は北京で任命を受けたときに命じられていたように、日本軍が朝鮮半島から完全に撤退完了したことを受けて日本に渡り、秀吉に冊封を伝えるつもりであった。一方、秀吉が軍勢の完全撤退を認めないことをわかっている行長や義智らは、すみやかに日本に渡り冊封を行なうように明勅使に要請。副使・楊方亨《ようほうこう》はこれに応じる姿勢をみせたが、正使・李宗城《りそうじょう》はあくまで日本軍完全撤退後の日本渡海・冊封を主張し続けた〔佐島一九九七〕。

しかし、義智らの強硬な態度に耐えられなくなった李宗城は、四月三日夜に釜山の日本陣営から逃亡。行長は釜山に戻って「勅使不慮《ふりょ》之儀」の事後処理にあたる〔文書61〜65〕。結局、副使であった楊方亨が正使、沈惟敬が副使となり、行長も同行して六月半ばに日本へ向けて釜山を発った〔文書66〕。

行長は、とにかく明勅使による秀吉の日本国王任命と冊封さえ実現すれば、事態は収拾できるという見通しを持っていたようである。しかし、最終的に「朝鮮からの日本軍撤退」をめぐる双方の矛盾調整ができないまま、明勅使は日本に渡った。これが講和破綻の主要因となるのである。

日明講和の破綻

明勅使の日本渡海にともない、朝鮮国王は正使・黄慎《ファンシン》、副使・朴弘長《パクホンザン》らによる通信使節を日本へ派遣しており、その一連の行程の様子については『日本往還日記《にほんおうかんにっき》』に記されている。この朝鮮使節一行と明勅使一行は文禄五年（一五九六）八月十九日に堺で合流。当初、明勅使と朝鮮使節の両者ともに秀吉との面会が予定されていたが〔文書67・68〕、朝鮮使節が王子を同伴させていないことと、日明講和交渉に朝鮮が非協力的であったことを理由に秀吉は立腹し、結果的に朝鮮使節は秀吉と面会できなかった〔『日本往還日記』〕。

九月一日、秀吉は大坂城で明勅使と対面し、明皇帝からの誥命《こうめい》・勅諭《ちょくゆ》と金印・冠服の進呈を受けた。同時に、行長を筆頭とする諸大名には、先述の行長による明官職の要請にもとづき、明皇帝から官職任命書と衣服が与えられている〔一五九六年度フロイス日本年報補遺、『報告集』Ⅰ―2〕。

この後、秀吉の面前で読み上げられた誥命の「茲《ここ》に特に爾《なんじ》を封じて日本国王と為す」という文言に秀吉が激怒し交渉が決裂したと言われているが〔北島一九九五〕、実際には大坂城での謁見自体は無事に終了している。

これまでみてきたように、秀吉は早くから明の冊封を受け入れる方向で行長に交渉を担当させてきたのであり、明勅使を肯定的に受け入れるのは当然であった。山室恭子が指摘しているように、この場面で講和が破綻し、秀吉が行長を激しく叱責するというエピソードは、後世の創作話にすぎない〔山室一九九二〕。秀吉を日本国王に封じる明皇帝の誥命〔明王贈豊太閤冊封文、大阪歴史博物館所蔵〕・勅諭〔宮内庁書陵部所蔵〕も現存している。

しかし、問題が起きたのは大坂城謁見の直後、明勅使が堺に戻ってからのことである。ここに秀吉は明勅使歓待のために高僧を派遣するが、フロイスが記録しているような、次のやりとりが講和破綻の引き金となった。

使節一行が堺へ帰ると、太閤《（秀吉）》はただちに彼ら使節一行の後を追って、高貴と言われた大いなる権威を有する四名の長老といわれる仏僧に命じて、太閤自らが先日出席して謁見したのと同じように彼らを歓待させた。シナ人たちはこのことによって非常に安心したが、とりわけ太閤は仏僧たちを通じて書状をしたため、その中で彼は彼ら使節一行が已れに対して要求するものは、何でも断念せぬがよかろうと彼らに対して非常な懇切ぶりを示した。彼らはこれに対して書状をもって答え、そして次のように要望した。「（朝鮮の）全陣営を取り毀し、また朝鮮にいる日本の駐留軍を撤退させること。次にシナ国王が何年も前に慈悲によって許したように、朝鮮国民の過失を寛恕すること。彼らはたしかに破滅に値したかも判らぬが、たとえ破滅の罰をもって処罰されたところで、そこからは何らの利益ももたらされぬであろう」と。こうして彼らは極力、朝鮮人たちに対する慈悲心に動かされるようにと太閤に懇願した。仏僧たちは大坂へ帰ると、ただちに書状を太閤に差し出した。太閤はそれを読み、諸陣営を取り毀すことに関するかの要請の箇所に及んだ時、非常な憤怒と激情に燃え上がり、あたかも悪魔の軍団が彼を占拠したかのようであった。彼は大声で罵り汗を出したので、頭上からは湯煙が生じたほどであった。彼がかくも激怒したのは、日本人がシナ人にひどく恐れられており、朝鮮人にはなおいっそう恐れられていることを承知していたし、また講和を結ぶためには、朝鮮国のわずか半分だけでも入手するという已が最初の考えを忘れてはいなかったからである。（一五九六年度フロイス日本年報補遺、『報告集』Ⅰ―2）

このように、秀吉は明の冊封は受け入れつつも、朝鮮四道の割譲が認められず、朝鮮半島からの軍勢撤退を要請されたことに対して激しく抵抗したのである。秀吉にとっては、内実は明からの冊封許可とわかっていても、あくまで日本国内に対して今回の明勅使来日は、「大明より詫《わ》び言」（明からの講和要請）という体裁でなければならなかった。そのためにも一定の領土割譲は実現せねばならず、これが果せない場合は「明からの講話要請」のレトリックは破綻して秀吉の権威は揺らぎ、政権瓦解にもつながりかねなかったからである〔中野二〇〇六〕。

また、秀吉は朝鮮に対しても怒りを募らせた。

（太閤は）また朝鮮人に対しても憤怒を発した。なぜなら彼は（朝鮮）国王を赦し、（国王のために）領国を再建させることを決定し、戦後で己が将兵により捕虜となった三名の王子を釈放してやったにもかかわらず、（国王）自らが謝意を表するために来訪しなかったのみならず、本件につき一名の王子も（謝恩使として）派遣せず、たった一人の身分の低い男を随行者を一人もつけず、また贈物ももたせずに遣わして使節の役に任じたからである。

（一五九六年度フロイス日本年報補遺、『報告集』Ⅰ―2）

朝鮮王子の渡海は、文禄四年五月に秀吉が行長に示した和平条件（154頁）の一つである。領土の割譲同様、朝鮮服属の象徴である王子の日本渡海が実現しないことは、秀吉の権威が揺らぎかねない大問題であった。

以上のように、朝鮮からの日本軍撤退と朝鮮王子の日本未渡海の二点が秀吉には受け入れられず、講和は破綻したのである。そして、秀吉はあくまで「シナ人とは回復された友好を保とうとする態度であったが、朝鮮人には決してそうしなかった」（一五九六年度フロイス日本年報補遺、『報告集』Ⅰ―2）のであり、朝鮮半島南部の支配を実現するために、この後再び派兵を命じることになるのである。

行長のミス

この講和破綻における行長の立場について、フロイスは次のように伝えている。

太閤はまた、アゴスチイノ《(行長)》に対しても怒りをぶちまけ、彼《(行長)》が（朝鮮の）陣営を取り毀つことについてのこの意見をシナ人たちに提言したと考えたが、それはもっとも真実に反していた。なぜなら彼は、彼らシナ人にこの種の要望は提案しないように、むしろ説得しようと努力したからである。そして彼はこう付言した。「たとえ彼らを撤退に追いやらなくとも、そのようなことは彼らが自発的にするであろう。とりわけ拙者が朝鮮国を占領することはできまいと認めた場合には」と。それにもかかわらず太閤《(秀吉)》は、アゴスチイノを政庁から遠ざけて、彼について多くの悪態をついた。

（一五九六年度フロイス日本年報補遺、『報告集』Ⅰ―2）

明側が朝鮮からの日本軍撤退を要求していることを以前からわかっていた行長は、その要求を取り下げるよう事前に明勅使との間で調整を試みた。しかし、完全な要求撤回にはいたらなかったため、行長は明勅使に対して、秀吉の面前で日本軍撤退要求を伝えないよう口止めを要請していた。行長はとにかく、秀吉が求めている明からの冊封さえ実現すれば、事態は戦勝終結へと進展すると考えていたのだろう。だが、その場しのぎの工作は功を奏することなく、間接的には行長の「調整不足」が原因で、講和が破綻したとも言える。また、秀吉が激怒したもう一点の朝鮮王子未渡海をめぐる問題も、根本的には天正十八年（一五九〇）に行長らが仕立てた朝鮮「服属使節」の来日によって、秀吉がすでに朝鮮が日本に服属したと思い込んでいたことが起因している。

太閤は同じ憤怒に燃え、アゴスチイノ《（行長）》にシナ使節一行とともに朝鮮に行くよう命じたので、これまで彼がアゴスチイノに対して宣言していたすべての愛顧と好意は水泡に帰した。全五ヶ年に及ぶ多くの労苦と諸々の勝利に対して尽くした最大の責務のゆえに、太閤が日本国全土の第一級の国主たちの面前で、いとも大いなる（小西行長に対する）称賛を公然と明らかにした後のことであった。そして皆の意見は、彼《（行長）》はまもなく大いなる位階へ昇進させられようし、また少なくとも完全な一領国を加増されるに違いないというのがすでに明瞭であった。彼は朝鮮戦役で働いたすばらしい功績のためだけでなく、太閤からこれほどまでに強く望み、また期待された今回のシナ使節を実現させたことで、彼はそのような褒賞がもっともふさわしかった。これらのことは、彼《（行長）》は決して成功するだろうとは予測していなかったとしても、アゴスチイノの賢明さと熱意だけが、たしかに太閤の希望をかなえたのであった。

（一五九六年フロイス日本年報補遺、『報告集』Ⅰ―2）

行長が対朝鮮・明との交渉において果した役割は大きく、厳しい戦況と多大なストレスのなか、戦争終結のため秀吉が求めた明勅使の派遣を実現させた手腕は評価されるべきだろう。しかし、その交渉過程の中でどうしても調整できず、功を焦って強引に体面を取り繕った朝鮮服属と日本軍撤退問題が、結果的に自身に跳ね返ってくることになったのである。

フロイスが言うように、この講和実現により行長が得ることができたはずの地位と名声は水泡に帰した。しかし、秀吉は要望どおりに明勅使来日を実現させた行長を処罰することもなかった。そして行長は再び朝鮮へ渡ることになったのである。

立佐の死と如清の役割

文禄の役の期間中、小西一族は一つの転換期を迎えていた。一つは行長の父・立佐《りゅうさ》が天正二十年（一五九二）に没したことである。

為唐入見舞、糒三十袋到来、遠路悦思召候、去二日高麗之都落去候、大明国迄被仰付候、猶小西和泉法（立佐）
眼・富田（政澄）清左衛門尉可申候也、
五月廿九日（秀吉朱印）
堺南北
十六ヶ寺
（開口《あぐち》神社文書）

これは、秀吉が「堺南北十六ヶ寺」からの「唐入見舞《からいりみまい》」に対して出した返礼の朱印状であり、「去る二日、高麗の都《みやこ》落去候」と、行長ら日本軍が漢城を陥落させたことを述べているから、この朱印状は天正二十年のものに間違いない。ここに取次役として小西和泉法眼《いずみほうげん》（立佐）と当時堺奉行であった富田清左衛門尉《とみたせいざえもんのじょう》（政澄《まさずみ》）両人の名前が出ていることから、おそらく立佐は没する直前まで堺奉行の任にあたっていたのであろう。

フロイスが「立佐が（老）関白に随伴して名護屋にいる」と言っているように、「唐入り」が開始された天正二十年に、秀吉が肥前名護屋に在陣した際に、立佐も付随して名護屋に赴いたようであるが、そこで体調を崩してしまい、その後すぐに堺に帰還。そこで死期を悟るが、堺で死ぬと仏僧により埋葬される可能性が高いため、京都にある如清の家に移り、同年九月末ごろにそこで没したという（『日本史』第三部四〇章）。

この後、立佐没後の後継について、フロイスは次のように記している。

> その後、息子のペント（小西如清）が（老）関白（秀吉）を訪れ、父が残した幾つかの豪華な茶の湯の道具を贈呈し、かねて、父の代理としてその時まで務めていた（堺奉行の）役職と業務を返上したところ、（老）関白は、「汝が堺奉行となり、汝の父が見につけていたその他の役職も司ることを望む」と述べ、（他方、彼の）室と小豆島の奉行職を解任して、それをただちに寺沢（正成）に授けた。
>
> （『日本史』第三部四〇章）

こうして室《むろ》と小豆島《しょうどしま》の管理からは外されるが、立佐の秀吉政権の中における地位と職掌は基本的に如清《じょせい》へと継承された。このことは、もちろん秀吉が如清を有能な人物と目していたとも考えられるが、むしろ堺に基盤を持つキリシタン「小西氏」の持つ個性が、当時の政権内部でまだまだ有用なものと秀吉が判断したという側面が強いのだろう。

如清は実際に立佐の役割を継承し、引き続き秀吉に伺候《しこう》していたようである。肥前名護屋を訪れた「大明国勅使」への悪口を禁止することを誓約した文禄二年（一五九三）五月二十日付誓紙（東京国立博物館所蔵、143頁参照）の連署メンバー三十二名（このとき秀吉に随行して名護屋に在陣中）の中に「小西如清」の名が確認できる。

文禄期の堺と如清との関係については次の文書がある。

尚々、商人を向候、此ものニ御そへ候て給候てハ、可為本望候、うり残なとの事をも能々書付可有候、已上、

態令啓候、仍名護屋ニてハ細々御見廻、本望至候、其後不能面談候、然者堺へしや（紗）多参候由、聞申候、可然しやを四巻、五巻程御取寄候て、此者ニ渡シ給候者、可為本懐候、尚使者口上ニ申含候、恐々謹言、

九月廿四日　　羽筑（前田）利家（花押）

小西如清 床下

（下条《しもじょう》文書）

これは前田利家から小西如清へ宛てた書状で、「名護屋ニてハ細々御見廻、本望《ほんもう》の至りに候、その後面談

能《あた》わず候」という表現から、如清と前田利家が同時期に名護屋に滞在していた文禄二年以降の早い時期の書状であろう。この文中、利家は主に堺で流通している「しゃ」（紗。生糸の織物）の商取引仲介を如清に依頼している。当時堺奉行として交易活動を把握していたであろう如清の立場が読み取れる。

その後、如清は文禄五年（一五九六）の明勅使・朝鮮通信使の堺滞在時も世話役を務めるなど、父・立佐同様に、行長との兄弟コンビで豊臣政権の中での役割を果していったのである。

〔コラム④〕行長の容貌と人柄

明の講和交渉相手だった沈惟敬《しんいけい》は、行長を「風神《ふうしん》凛凛《りんりん》、侮《あなど》るべからず」と評している（『宣祖実録《せんそじつろく》』宣祖二十五年九月七日条）。すなわち「風格があり、きりっとした容姿をしている」という意味である。これを信ずるならば、行長は「堂々とした男前」だった。しかし、行長の容貌を伝えるリアルタイムの肖像画は現在のところ確認されておらず、残念ながら私たちは「風神凛凛」な行長の顔を目にできない。

江戸時代以降も行長が画像に描かれることはほとんどない。あえてあげるとすれば本書でも多く引用している『絵本太閤記《えほんたいこうき》』の挿図である（次頁図右下）。丸顔で冴えない容姿であるが、愛嬌のある親しみやすい顔とも言える。これも江戸時代の人々の行長に対するイメージの反映とみることができよう。

小説の世界に目を向けると、遠藤周作《えんどうしゅうさく》は行長を「小肥《こぶと》りで色白」と描写している（『宿敵』）。一方、白石一郎は「腰のあたりでくびれた引き締まった逞《たくま》しい体は、女の肌を思わせるほど白い」「眉目秀《びもくしゅう》麗《れい》」と描いている（『海将』）。同じ人物描写なのに、これほどキャラクターが相違する歴史上の人物もなかなか珍しいのではないだろうか。

行長のイメージとして最も知られているのは宇土《うと》城跡（熊本県宇土市）に建つ小西行長銅像だ（次頁図左下）。昭和五十五年（一九八〇）に建設されたこの銅像は、手に刀を持ち、首には十字架をかけ、正面を見据えている。知的で逞しい顔立ちは「風神凛凛」という言葉にピッタリだ。戦後、キリシタン大名として、また秀吉の天下統一を支えた人物として評価され始めたことが、この銅像のビジュアルに反映されているのだろう。

テレビ・映画の時代物で行長が登場することはごく稀であるが、最も有名な「小西行長役」は一九七八年のNHK大河ドラマ「黄金《おうごん》の日日」における小野寺昭だろう。まさしく「堂々とした男前」

である。ちなみに、二〇一〇年四月に小西行長顕彰会の協力で実施した「小西行長を演じてほしい俳優」についてのアンケート結果は下の表のとおりである。男前揃いだが、「ちょっと影のある男前がふさわしい」という意見が多かったのが興味深い。行長にはやはり「影」がないといけないようだ。

一方、行長の人柄はどうだったのか。佐島顕子は、リアルタイムの証言から「根回しが不得手で協調性にも欠け、これと決めた己が道を突き進む」性格と指摘している〔佐島一九九五〕。私が本書執筆を通じて抱いたイメージも「頭脳明断で先見性があり、仕事はできるけど、周囲にあまり本音を話さず、友達は少ないタイプ」だ。しかしそれは、秀吉の「取次」や明との講和交渉など、機密事項を握り交渉にあたる役割上、周囲に簡単に悩みを打ち明けられないという、仕方ない側面もあっただろう。行長の「交渉ストレス」を想像すると不憫《ふびん》にも思える。

少なくとも「風神凛凛」な行長は、当時「最もストレスを抱えた武将」の一人だったことは確実である。

宇土城跡に建つ小西行長銅像（宇土市教育委員会提供）。まさしく「風神凛凛」な男前だ。

『絵本太閤記』（五編巻之九　佐賀県立名護屋城博物館所蔵）に登場する31歳の行長。頼りなさそうで、ちょっと老けすぎ？

山口達也
市瀬秀和
北村一輝
成宮寛貴
生田斗真
田辺誠一
綱島郷太郎
中村勘太郎
西村雅彦
加藤虎ノ介
北村総一朗
池内博之
藤原竜也
堺雅人
（順不同）

行長を演じてほしい俳優（アンケート）

第五章　慶長の役から関ヶ原へ

―一五九七～一六〇〇年―

「関ヶ原合戦図巻」上巻末尾部分
（江戸時代後期、岐阜市歴史博物館所蔵）

東軍に攻められる宇喜多秀家の部隊（上図の左）。その上部にひっそりと小西行長の部隊が描かれている（左図、拡大）。まさに脇役扱い。

行長は西軍の脇役？

江戸時代、関ヶ原合戦を題材にした絵画（屏風や絵巻）が各地で制作され、いくつかが現存している。本書口絵6の「勇ましい行長」は岐阜市歴史博物館所蔵の「関ヶ原合戦図屏風」に描かれているものだ。

しかしこれは珍しいケースで、関ヶ原合戦の絵画作品で行長が目立って描かれることは少なく、ほとんどの場合は脇役扱いである。上に掲げたのはその一例。行長は山に隠れてわずかに描かれており、見つけ出すのは一苦労である。

関ヶ原合戦を題材にした江戸時代の軍記物、さらに現代の小説やドラマ・映画においても、ほとんどの場合において行長は西軍の脇役扱いであり、登場すらしないこともしばしばである。

果して、本当に行長は西軍の脇役にすぎなかったのだろうか。

一　慶長の役

再び朝鮮半島に渡った行長は、秀吉が求める朝鮮南部の実効支配確立のために奔走し続けるが、慶長三年（一五九八）秀吉の死を契機に戦争は終結に向かう。日本に戻った行長を待っていたのは、朝鮮出兵の間に形成された派閥による政治権力争い。行長は一貫して石田《いしだ》三成《みつなり》と共闘し続け、やがて運命の関ヶ原に向かうことになる。

講和をあきらめない行長

文禄五年（一五九六）に来日した朝鮮通信使の正使・黄慎《ファンシン》の日記『日本往還日記《にほんおうかんにっき》』には、通信使が帰国する際の行長の対応が記録されている。

それによれば、明勅使と朝鮮通信使は同年九月九日に堺を出船し、十月九日に肥前名護屋《なごや》に到着。この数日前にすでに名護屋に到着していた行長は〔文書69〕、翌日、通信使に「酒饌《しゅせん》・鶏魚等《けいぎょ》」を贈っている。行長はこの一行に相当気を遣っていたようで、この後も通信使が釜山《プサン》に戻る道中、梨・橘・牛などを贈答している。

通信使一行は十一月二十三日に釜山に到着し、そのまま現地の日本軍営に逗留。行長が釜山に到着したのは十二月七日のことである。翌日、行長は黄慎らと面会し、とにかく朝鮮王子の日本渡海実現こそが、「大事の完了」（戦争終結）につながることを再度力説。国王に対して王子派遣を要請するように黄慎を説得し、秀吉が軍勢を再上陸させる前にこれを実現するよう求めた。この時期に行長が島津忠恒《ただつね》に宛てた書状〔文書71〕では、「来春御動の儀、仰せ出され候、去《さ》りながら朝鮮の申し様に依り、相延《あいの》び申す儀もこれ在るべく候」と、朝鮮の返答次第で来春予定の再派兵が延期になる可能性があることを伝えている。

このように、明との講和が破綻した後も、行長は戦争を回避すべく、朝鮮王子の日本渡海を条件として朝鮮との講和を模索していた。しかし、この期に及んで朝鮮側が日本の独りよがりな要求を承諾するはずもなく、結局、この行長の説得も功を成さなかったのである。

行長は黄慎に対して、「朝鮮側は壬辰《じんしん》の役（文禄の役）の咎《とが》を私の責任にしているが、それは事実ではない。あくまで関白（秀吉）の命に従っているだけであり、私はこれに従わざるを得ず、私がこのような行動を首唱しているのではない」と愚痴を述べている（『日本往還日記』）。板挟み状態の行長の立場と心情がここによく表れている。

さらに行長は内通とも取られかねない行動に走る。朝鮮側に対して、これまでの講和交渉が成立しなかったことの一因に加藤清正《かとうきよまさ》の存在があることを告げ、清正の朝鮮渡海ルートと日程を知らせて、朝鮮軍に清正を迎撃させようとしたのである〔北島二〇〇七〕。結局、この行長の謀略は成功せず、清正は無事に朝鮮に渡海する。この行長の行動からは、すでに清正との確執が決定的なものとなっていることがうかがえる。ちなみに、朝鮮水軍の将・李舜臣《イスンシン》は、この行長の情報を信じず清正を迎撃しなかった罪により、三道水軍統制使《さんどうすいぐんとうせいし》を罷免されている。

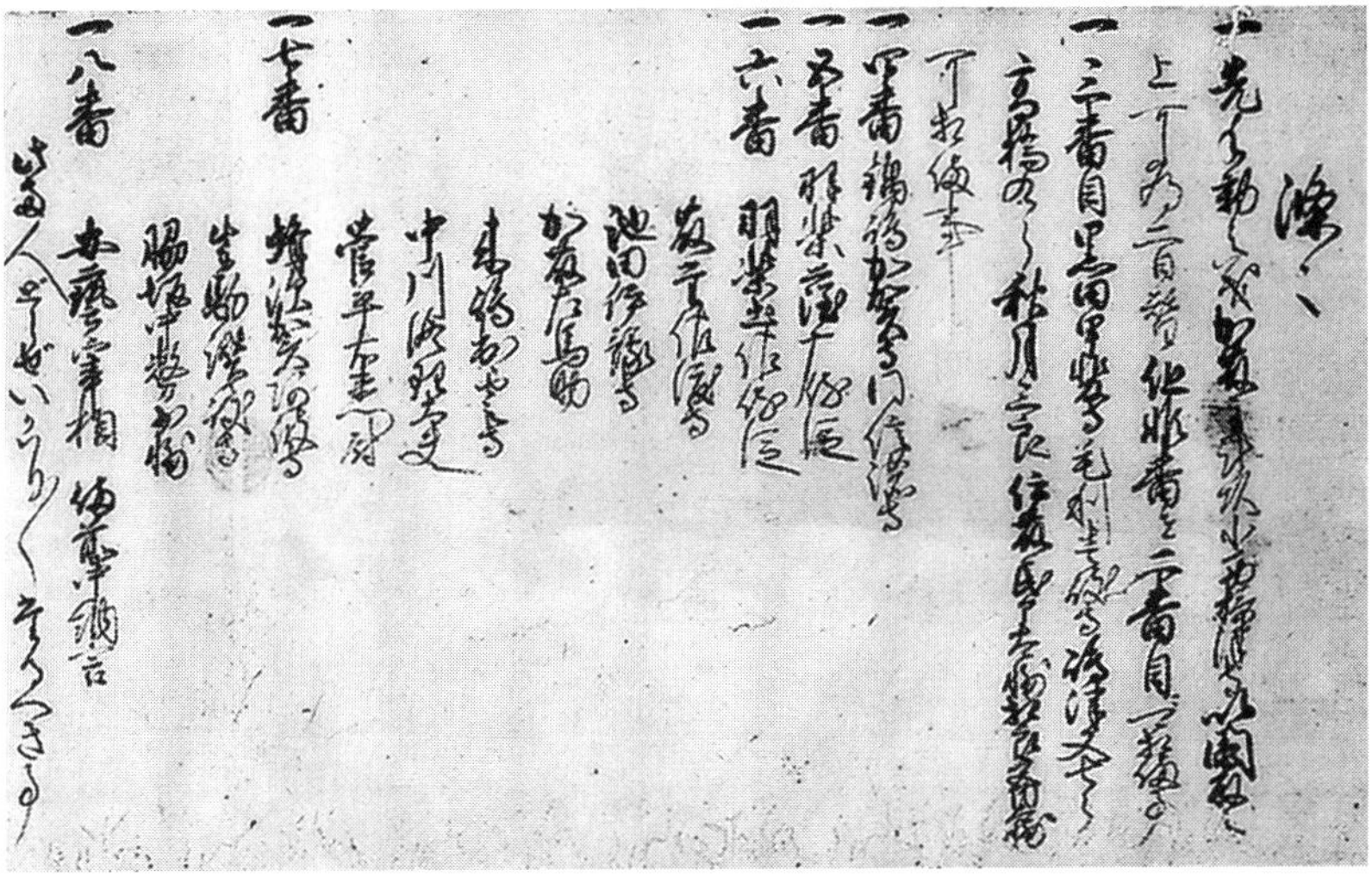

図１　慶長２年２月 21 日付 豊臣秀吉朱印状（冒頭部分）
（佐賀県立名護屋城博物館所蔵）

一方、朝鮮渡海後に西生浦《ソセンポ》に在陣した清正は、三月に義兵僧・惟政《ユジョン》（松雲《しょううん》大師）を陣中に迎え、朝鮮王子の日本渡海による講和成立を要求している。清正はこの会談の過程で、行長によるこれまでの対朝鮮・対明交渉の実態を知り（仲尾・曺二〇〇二）、行長への不信感をさらに募らせている。このことで、行長と清正はますます対立を深め、戦争後の政争にまで尾を引くことになる。

全羅道へ侵攻

慶長二年（一五九七）二月、秀吉は再派兵のために諸将陣立てを定めた。行長は清正とともに「先手」を受け持つことを再び命じられた（図1）。文禄の役と同様、今回の行長軍の構成も、宗《そう》・松浦《まつら》・有馬《ありま》・大村・五島ら九州北部諸大名により構成されており、人員は一万四七〇〇名であった。当初「唐入《からい》り」（明への侵攻）を目的としていた文禄の役とは違い、今回の派兵はあくまで朝鮮半島南部制圧による領土確保が目的であり、具体的には慶尚道《キョンサンド》（朝鮮半島南東部）・全羅道《チョンラド》（南西部）への侵攻作戦が展開されることとなる（口絵5）。
　行長は昨年末以来、釜山に滞在していたようで、慶長二年当初に釜山で在陣中の諸大名とのやりとりが確認できる〔文書73～78〕。四月八日には先述した再派兵の陣立てに関する二月二十一日付秀吉朱印状（前掲図1）が行長のもとに届き、それを諸大名に頒布しており〔文書79〕、さらに諸大名と今回の軍備に関するやりとりも行なっている〔文書80～85〕。この段階でも現地の実務統括者としての役割を担っていたようである。

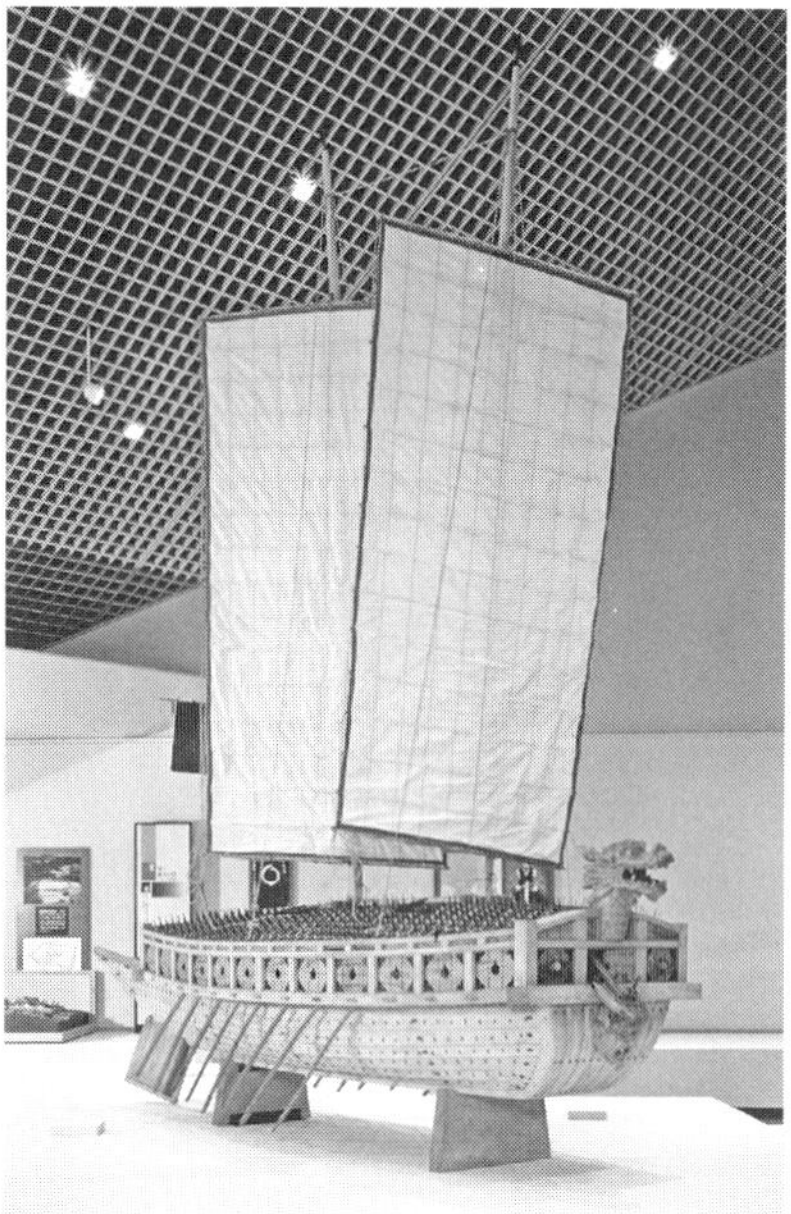
図2　朝鮮水軍の亀甲船模型
（佐賀県立名護屋城博物館所蔵）

　七月上旬になると、秀吉に渡海を命じられた諸将が、次々と釜山近郊に上陸。朝鮮水軍は海路を遮断するために、日本水軍の攻撃を試みるが、行長はその動きを逆手にとり、朝鮮に使者を派遣して釜山の日本水軍が巨済島《コジェド》へ進撃するという「行動予定」を通達している（『懲毖録《ちょうひろく》』）。しかし、この情報を信じた朝鮮水軍（図2）の将・元均《ウォンギュン》は、日本水軍の出鼻をくじくべく釜山近海へ出撃するが、日本側の迎撃を受け元均は戦死。朝鮮の宰相・柳成龍《ユソンリョン》はこの敗戦の要因を、行長の謀略によるものと認識している（『懲毖録』）。一方の行長ら日本水軍諸将はこの戦果をすみやかに秀吉のもとへ言上している〔文書86〕。行長はしたたかな策士でもあったのだ。

八月初旬、日本軍は全体を左右二軍に編成し、行長は宇喜多秀家《うきたひでいえ》を大将とする左軍の先鋒に任じられ、熊《ウン》川《チョン》から全羅道中央部の要衝である南原《ナムウォン》へ進軍した。そして、八月中旬には南原城を陥落させ、さらに北上して全州《ジュンジュ》に向かい、忠清道《チュンチョンド》に入って扶余《プヨ》から舒川《カンチョン》に進み、そこから南下して、九月中旬に全羅道井邑《チョンウプ》にいたった（『乱中雑録《らんちゅうざつろく》』）。

このころ、明・朝鮮軍の戦闘体制が整いつつあり、反撃が激しさを増していた。九月十六日、日本軍は井邑において左軍諸将による軍議を開き、これまでの軍事殲滅《せんめつ》作戦を見直す。そしてこの段階で占領している地域の住民還住を促すことにして、現地支配強化を目指す方針へと転換したのだ。そのため諸将は南沿岸部にそれぞれ城郭（倭城）を築いて在番することとなった。行長はもともと慶尚道内に在番する予定であったが、この軍議により全羅道順天《スンチョン》を拠点にすることが決定される。この軍議の結果は行長ら在陣諸将と目付《めつけ》衆《しゅう》三人（熊谷直盛《くまがいなおもり》・早川長政《はやかわながまさ》・垣見一直《かきみかずなお》）が連署して、前田玄以《まえだげんい》・増田長盛《ましたながもり》・石田三成・長《な》束正家《つかまさいえ》ら奉行衆《ぶぎょうしゅう》へ報告された〔文書87〕。

行長はこの後、各支配地で人質として連行した有力百姓の統括を目付三人衆から命じられている（慶長二年九月二十三日付熊谷直盛外二名連署状、『薩藩旧記雑録《さっぱんきゅうきざつろく》』）。また、行長ほか諸将と目付衆が作成した全羅道海南《ヘナム》地域の住民へ向けた「榜文《ぼうぶん》」では、日本軍の違法行為があった場合、書面で行長に報告するように明記されている〔文書88〕。このように、この時期の行長は目付衆と連携して現地支配の統括的役割を果していた。

そして、十二月には普請が終わった順天城の請取りを完了〔文書89〕。その後は朝鮮出兵終結まで順天に在番することとなる。

順天での行長

当時の順天城の様子は、慶長の役に渡海していた旧下野国宇都宮《うつのみや》城主の宇都宮国綱《くにつな》の記録に詳細に記されている。

一、今順天と申城ハ、四国・中国衆秀吉公御意を以取立たる城故、天守有、矢倉等も数多有之、如何にも能平地山城也、小西摂津守（行長）殿家来本丸ニおかれ、摂州ハ船入に出丸を拵、不断住宅被成候、

一、此今順天之城者南向也、大手の門南に有之、西の方は陸に続、石垣の高弐間斗有、掘口も五間斗有之候、深サハ壱間半斗のから堀也、東北の方ハ海也、三十間斗のかんせきの高峯にて海深キ也、此所を本丸に拵候、北の方ハ西へ寄程海浅し、塩の差引を以て船の出入有之、東江寄候へハ、海浅して船の出入も自由也、扨亦、舟入には柵を付、其柵の内へ悉舟を入置也、小寺丸と申大あたけも此柵の内につなぎ置也、此出丸より東は船入也、

（『宇都宮高麗帰陣軍物語《うつのみやこうらいきじんぐんものがたり》』）

この記録によれば、順天城は石垣と天守を備え、陸続きの西側には堀を造り、船留《ふなどめ》をも備えるなど海上交通と防御の便を兼ね備えた城郭であった。その遺構や縄張りについては『倭城の研究』第二号に詳しい（城郭懇話会一九九八）。

慶長三年（一五九八）正月、小西行長・宗義智《そうよしとし》・加藤清正を除く諸将は釜山に集結して軍議を開き、在番体制の縮小について協議している。この場で、行長の順天城や清正の蔚山《ウルサン》城などを放棄する方針が打ち出され、石田三成ら奉行にその旨を伝えている。

ここには順天城放棄の理由として、大河をへだてており、遠干潟のため船も着岸しにくいため交通の便が悪く、海陸とも援軍し難いという点があがっているが、この順天放棄に行長は従わなかった（慶長三年正月二十六日付宇喜多秀家外十二名連署言上状案、島津家文書）。

結果として秀吉はこの秀家らの在番体制の縮小を認めず、行長は引き続き順天に在番し続けることになる。行長が順天に固執した理由は、他の諸将に干渉されない在番体制の最西端という地理的な利便性にあり、その利便性を活かして対明・対朝鮮との講和交渉を目論んだためと考えられる。

ところで、行長が順天での在番支配に際し、朝鮮の人々を労役に動員していたことが、太田秀春の研究により明らかにされている。順天付近では小西軍が発給した「免死帖《めんしじょう》」を腰に帯びた朝鮮人男女二百余人が日本軍数十人とともに陣を張り、綿花や穀物の集積にあたっていた（『宣祖《せんそ》実録《じつろく》』宣祖三十年十月巳卯条）。この「免死帖」とはおそらく木札のようなもので、「行長の営下で労役に服すので殺すな」という意味の文面と、発給を受けた朝鮮人の姓名が書かれてあり、朝鮮人にとっては「命の保障証」のようなものであった〔太田二〇〇五〕。

こうした点から、少なくとも小西行長の支配化におかれた順天では日本軍による現地住民の掌握がある程度実現していることがわかり、行長の住民統治能力の高さが垣間見える。従来の研究では、文禄・慶長の役における行長の動向と言えば、講和交渉と戦闘ばかりが注目されてきた。しかし、太田秀春の研究のように現地での統治・戦闘の実態を解明することは、今後さらなる行長の実像解明にもつながるだろう。

朝鮮からの撤退

行長は慶長三年（一五九八）に入っても、自らの手による講和締結をあきらめてはいない。『宇都宮高麗帰陣軍物語』によれば、八月中旬に行長は朝鮮側に書状を送っている。その中で行長は、日本に対して人質を出し、国王の代替わりごとに通信使を派遣して貢物を献上することを約束すれば軍を撤退させる、と伝えている。要するに、「戦争を終わらせたければ日本に服属の意を示せ」と言っているわけである。秀吉の意向を実現させるためのストレートな要求であるが、相変わらずの独善的アプローチにすぎず、講和が成立する見通しは全く立たなかった。

一方、行長の拠点順天攻撃のために、漢城から一万三〇〇〇余の明兵を率いて南下してきた西路軍大将・劉綎《りゅうてい》は、行長が講和を模索していることを察知し、行長に講和交渉開始の誘いをかけ、おびき出して捕縛しようと計画。少しでも講和の手掛かりを得たい行長は劉綎の誘いに乗り、九月十九日に順天城を出て会談場所に向かうが、その道中で劉綎の謀略を察知し、あわてて順天城にかけ戻った。これ以降、戦局は一進一退の攻防を繰り返した。

しかし、事態は突然大きく動き出す。慶長三年（一五九八）六月ごろから次第に体調を崩していた秀吉（図3）が、八月十八日にその生涯を閉じたのである。豊臣政権はこれを機に明・朝鮮と和議を結び、一気に戦争を終結させるために動き出すこととなる。

日本側からは徳永寿昌《とくながひさまさ》と宮木豊盛《みやぎとよもり》が派遣され、十月一日に釜山に到着。朝鮮在陣諸将に秀吉の死と、朝鮮側に人質としての王子派遣もしくは貢物徴収という条件を呑ませた上で、日本へ撤退すべしという方針を伝達した。ついで徳永・宮木両名は十月八日には順天に到達し、行長にもこの旨を通達している。

青年期から秀吉に仕え、秀吉のもとで活躍し認められたことで、今の行長の地位と権勢が築かれていた。その絶対的主君の死を聞いた行長の衝撃は想像するに余りある。しかし、最前線にいた行長にそのような感傷に浸る余裕は全く無かったであろう。

行長は十月十三日、島津義弘《しまづよしひろ》が在陣している泗川《サチョン》に赴き、ここで小西行長・寺沢正成《てらさわまさなり》・島津義弘が協議のもと、「れうがい」（龍涯）という明人との間で講和交渉が行なわれた（慶長三年十月十四日付石田三成宛島津義弘書状、『薩藩旧記雑録』）。行長たちは日本側の体面が保てる条件による講和締結を土壇場まで模索し続けたのであり、その努力が実って明側から二人の人質を得ることに成功した（『看羊録《かんようろく》』）。

図3　豊臣秀吉画像
（佐賀県立名護屋城博物館所蔵）

同時に行長らは、日本への撤退へ向けた協議を始め、十月三十日に小西行長・立花宗茂《たちばなむねしげ》・宗義智《そうよしとし》・島津義弘は巨済島までの撤退方針を決定した〔文書91〕。しかし、明・朝鮮軍は海上を封鎖し、順天の行長軍の撤

図4　徳川家康画像
（堺市博物館所蔵）

退路を封鎖。この封鎖網を突破すべく島津・宗・立花ら諸将は救援に向かい、十一月十八日に明・朝鮮水軍と激しい戦闘が行なわれ（このとき朝鮮水軍の名将・李舜臣が戦死）、この戦闘の最中に行長軍は順天からの脱出に成功し、釜山に向かった。だが、加藤清正や黒田《くろだ》長政《ながまさ》らの軍勢は釜山の日本陣営を焼き払っており、すでに日本に帰国していた（『看羊録』）。

十一月二十五日にようやく釜山を発った行長は、十二月十一日に博多に到着した〔文書92〕。こうして、朝鮮における戦闘は終結したのである。

二　秀吉死後の政争

分裂の萌芽

秀吉は死の直前、嫡子秀頼の後見を五大老・五奉行らに誓約させ、秀頼《ひでより》中心の合議による政権運営を託した。しかし、秀吉死後の政界において徳川家康（図4）の政治力が群を抜いていることは当時誰もが認めていたことであり、それを自認して行動する家康と、前田《まえだ》利家《としいえ》を筆頭とする他の大老や奉行衆たちとの間で、次第に確執が広がっていった。

一方、行長は朝鮮からの帰国後、しばらく京都や大坂に滞在している。当時日本に連行されてきていた朝鮮の学者・姜沆《カンハン》は、当時の行長の様子について次のように記録している。

戊戌（一五九八）年十二月十五日すぎ、加藤清正と黒田甲斐守長政とが、先ず倭京に到着した。小西行長と島津義弘とは十二月の末に、追って倭京に着いた。

清正が、先にもどって、行長の怯懦《きょうだ》（臆病）をあざ笑った。行長は、もどって来るや、また、「清正は朝鮮の王子を待たずに、陣営を焼き払ってあわてて退却し、和議そのものを、ほとんど成立させる寸前にぶちこわした。私と島津とは、唐の質官を連れ、落ちついて殿《しんがり》をつとめながら、後からもどったのだ。私が怯懦か、清正が怯懦か」と宣言した。毛利《もうり》輝元《てるもと》らは和議不成立の咎《とが》を清正のせいにし、清正は清正で、やはり行長が、わが国との交渉に二心をもっていると咎めた。議論はもつれにもつれ、反目はますます深まった。（『看羊録』）

後世の資料であるが、『清正記《きよまさき》』には、行長と清正の誹謗中傷合戦の様子が記されている。まず行長と寺沢正成が朝鮮在陣時の加藤清正・黒田長政・鍋島直茂《なべしまなおしげ》・毛利《もうり》吉成《よしなり》ら四名の行動を非難する文書を五大老に提出。それを受けて、清正ら四名は行長の行動（「二心」を持った講和条約や現地での軍功独占、秀吉への讒言など）を非難する十一ヶ条の告発文を五大老に提出し、行長は「面目」を失ったという。このあたりの詳細は一次資料で確かめられないが、少なくとも帰国後の行長と清正が、文禄・慶長の役の過程で生じた不満を爆発させ、対立を表面化させたことは間違いない。

また、『看羊録《かんようろく》』によれば、慶長の役の際の蜂須賀家政《はちすかいえまさ》・黒田長政・藤堂高虎《とうどうたかとら》・加藤清正・早川長政《はやかわながまさ》・竹中重隆《たけなかしげたか》らの軍事行動について、石田三成が秀吉に讒言したことで、この諸将らが譴責《けんせき》を受けていた。こうした論功行賞などをめぐる確執が主因となり、すでに三成と彼らの間は分裂していたのである。

このように、秀吉没後の政争の対立構造は、文禄・慶長の役の過程で生じた諸将同士の確執に大きく起因するものであった〔笠谷二〇〇〇〕。

そして、加藤清正・細川忠興《ほそかわただおき》・福島正則《ふくしままさのり》・黒田長政・蜂須賀家政・藤堂高虎・浅野長政《あさのながまさ》・浅野幸長《ゆきなが》ら「反三成派」は、徳川家康のもとに結集。一方、石田三成は毛利輝元・宇喜多秀家《うきたひでいえ》・小早川秀秋《こばやかわひであき》・増田長盛・佐竹義宣《さたけよしのぶ》・伊達政宗《だてまさむね》・最上義光《もがみよしみつ》・上杉景勝《うえすぎかげかつ》・長束正家・島津義弘・小西行長らと党派を形成し、両派とも「朝晩に集まって軍議をこらすのが、まるで鬼蜮《きいき》（陰険な人間）のようであった」（『看羊録』）。

例えば、慶長四年（一五九九）一月九日に石田三成が茶席をもうけ、宇喜多秀家・伊達政宗・小西行長・神屋宗湛《かみやそうたん》らが振る舞いを受けているが（『宗湛日記《そうたんにっき》』）、こうした集会も妻沆には「軍議」にみえたのであろう。おそらくは、実際にこういう場で今後の政治行動についての談合が持たれ、互いに結束を強めていったに違いない。

三成と行長

石田三成は初め秀吉の近習として仕え、そこから頭角を現して出世した人物である。天正十三年（一五八五）

に関白となった秀吉のもとで奉行に任命され、太閤検地や人掃令《ひとばらいれい》・刀狩令《かたながりれい》などの政策を各地で実施するなど、秀吉政権の有能でオールマイティな官僚であった。そのことは、島津氏・佐竹氏らの大名の「取次」や博多整備担当に豊臣直轄領の代官、さらに京都所司代など、三成が秀吉政権の中で果していた役割の多様さが如実に物語っている。

このような三成と行長には共通点が多い。一つは年齢で、行長が永禄元年（一五五八）、三成は永禄三年（一五六〇）に生まれている。行長が二歳年上であるが、ほとんど同世代と考えてよい。

もう一つは両者とも父子揃って秀吉に仕えていることである。行長が父・立佐《りゅうさ》と兄・如清《じょせい》とともに秀吉政権の中で重きをなしていたことはこれまで述べてきたとおりである。また、三成の場合も、父・正継《まさつぐ》と兄・正澄《まさずみ》は秀吉政権での三成の働きを支え、一心同体で政策を実行していた〔太田二〇〇九〕。さらに職務に関しても、立佐・如清と同様、天正十四年（一五八六）から三成・正継・正澄が次々と堺奉行を務め、両家はいわば「同僚」として要地・堺の運営に邁進していたのである。

ちなみに行長の発給文書の中で三成が初めて登場するのも堺関係の書状である〔文書10〕。そして行長と三成も天正十五年（一五八七）には揃って博多町割り奉行に任命されており（第二章参照）、両者はこのころから結びつきを深めたようである。

文禄・慶長の役において、両者の結びつきはより深まった。三成は奉行として朝鮮に渡って日本軍の統括にあたっている。重要事項の決定・変更には三成の同意が必要であり、三成を通じて秀吉へ報告された。よって、実質的な朝鮮出兵の「現場担当者」であった行長とは密接な関係にあったのは間違いなく、現地と秀吉との戦略のすり合わせは、秀吉─三成─行長という行政ラインで行なわれたのである。

実際、三成自身は行長との関係について、島津義弘や相良長毎《さがらながつね》に宛てた書状の中で、「我等、前々より等閑無き」（懇《ねんご》ろな）間柄であると述べている（年未詳四月晦日付相良長毎宛石田三成書状、相良家文書。文禄四年五月二十四日付島津又八郎宛石田三成書状、『薩藩旧記雑録』）。三成は現地の状況を見て、日本側の軍事力や兵粮問題などを現実的に把握し、豊臣政権の疲弊を防ぐために秀吉のメンツを潰さない形で早く講和を締結させることを考えていたようで、この点も行長と志向を同じくしていた。よって朝鮮出兵における現地政策や講和交渉方針の決定は、この「等閑無き」関係の三成と行長が綿密に連絡を取り合い、秀吉の意向をコントロールする形で行なわれたのである。

イエズス会巡察師ヴァリニャーノも、秀吉没後の状況を記した書簡の中で、石田三成を行長と「特別の親友」と表現し、朝鮮において行長に従っていた人々は新たな盟約によって、石田三成と同盟を結んだと記している（一五九九年度ヴァリニャーノ日本年報、『報告集』I─3）。そもそも、この両者（あるいは小西・石田両氏）は、秀吉の立身出世に近習しながら能力を発揮し、秀吉のおかげで出世を実現してきた人々である。したがって、彼らが自身の存在基盤である豊臣政権の発展と安定を目指すのは当然であり、秀吉死後の政争で三成と行長が結束するのは必然的な流れであった。イエズス会報告書をまとめた『日本諸国記』の次の記述は、この点を的確に捉えている。

（行長と三成について）両名は非常な勇気と知略に富み、太閤様（秀吉）から賜わった大いなる恩義を感じていた。

太閤様は存命中、この両人に対して深い愛情を常に抱いていたし、両者が大領主になったのも太閤様のおかげであったからである。したがって両者にとり、太閤様の若君《(秀頼)》が、内府様《(徳川家康)》のために世襲封土を剝奪され、栄誉や身分の点で毀損を被ることに我慢がならなかった。このために両者は、若君に対する中心として、どうしたらその身分を今までどおり留めることができるか、絶えず心を労してきた。そして両者は、この一点につき諸大名と談合の結果、最終的にこの同盟を結ぶにいたった。

（一五九九～一六〇一年「日本諸国記」、『報告集』Ⅰ―3）

兄・如清の役割

小西氏と石田氏のつながりにおいては、行長の兄・如清の役割も重要であった。慶長三年（一五九八）には河内・堺奉行を務めていた如清は父・立佐の蔵入《くらいり》地代官の職掌も継承していた。慶長三年の河内・和泉の蔵入地年貢（慶長二年分）の算用を前田玄以・浅野長政らが「小西式部卿法眼《ほうげん》」（如清）に確認した文書が残っている（慶長三年十二月二十六日付河州泉州内御蔵米御算用状、下条文書）。注目しなければいけないのは、この時期に堺奉行と河内・和泉蔵入地代官を務めていたのは如清だけでなく、石田三成の兄・石田正澄も同じ立場にあったことである（朝尾一九七二）。後掲の「西笑《さいしょう》和尚文案《おしょうぶんあん》」においても、堺のことについて如清とともに「石木工《もく》（石田正澄）へも申越候」という文言が見える。

さらに詳しく「慶長三年算用状」を見てみると、河内・和泉国蔵入地年貢から、「高麗へ遣わさる加子」や「なこやへ慶長三年三月ニ玉薬つミ下す加子米」などへの支出が含まれており、如清・正澄が管轄する蔵入地年貢が、朝鮮出兵の兵站《へいたん》輸送経費として使用されていたことがわかる。もちろん、この年貢すべてがそれに充てられていたわけではないが、朝鮮出兵においてメインで活動した小西行長と石田三成、この二人いずれもの実兄が同時期に堺奉行と河内・和泉蔵入地代官を務め、豊臣政権の経済面の一翼を担っていたことは、重要な意味を持つ。こうした小西氏と石田氏の関係が、先述した三成と行長の結合の大きな基礎になったのであろう。

また、この時期の如清の活動については、いくつかの現存資料から垣間見ることができる。

其後者久無音背本意候、仍雖不慮之御無心之儀候、一筆令啓候、一万と申若衆於洛中久しばいをかこい、をどり申候、其地（堺）未見物未仕候由候て罷下候、於其元も一しばい仕度之由候、石木工（石田正澄）へも申越候、我等目をかけ候者之儀候間、無異儀被仰付候者可為本望候、

　　小西如清老
　　　玉床下

此間者不懸御目候、仍内々申入候、一万と申若衆さかい（堺）を未見□未仕候間、罷□於其元一しばいおどり申度之由候、無異儀以御馳走被仰付候者可為祝着□、此地へ於御上者、以拝顔御礼可申述候、

（「西笑和尚文案」）

これは秀吉の外交ブレーンとして知られる相国寺の禅僧・西笑承兌《さいしょうじょうたい》の自筆文案集「西笑和尚文案《さいしょうおしょうぶんあん》」の中に見られる小西如清宛の書状案である。続けて二通が収録されているが、内容の趣旨は同一のもので、慶長四年（一五九九）のものと推定される。ここで承兌は、洛中において「しばいおどり」で活躍している「一万と中若衆」について、「其地」（「さかい」）でも芝居ができるよう、堺奉行たる如清に取り計らいを依頼している。

さらに、徳川家康と如清の交流がわかる資料がある。

舳松瓜五籠到来候、切々之儀為悦之至候、猶元忠可申候之間、令省略候、恐々謹言、

五月廿五日　家康（花押）

小西式部卿法眼（如清）

（安藤文書）

詳しい年代は不明だが、内容は「小西式部卿法眼」（如清）からの「舳松瓜《へのまつうり》」贈答に対する家康の返礼である。「舳松」とは堺（大阪府堺市堺区）の地名であり、そこの特産品の瓜を、如清は家康に進上していたことがわかる。

これらの資料により、如清は堺奉行として、家康・承兌ら有力者と交流を深め、信頼を得ていたと言えよう。しかし、堺における如清の役割は、慶長五年（一六〇〇）の行長死去とともに終焉を迎えることとなる。

家康と行長

慶長四年（一五九九）三月、薩摩の島津忠恒が伏見屋敷で家老・伊集院忠棟《いじゅういんただむね》（幸侃《こうかん》）を殺害。これにより、忠棟の嫡男忠真《ただざね》が都城《みやこのじょう》に籠城して薩摩が内乱状態となる、いわゆる「庄内《しょうない》の乱」が勃発した。当時、豊臣政権の最高実力者であった家康は、これを鎮圧すべく九州諸大名に加勢を命じている。そして行長は、伏見において家康から「状況によっては庄内に加勢すべし」との指示を受け、同年八月、肥後へ帰国した〔文書93〕。

これより以前、詳しい経緯は不明であるものの、行長は肥後南部の水俣《みなまた》を自領として編入している。このことがきっかけで（慶長四年三月十四日付上井里兼《うわいさとかね》・桂忠詮《かつらただのり》連署状、『薩藩旧記雑録』）、薩摩は「隣国」となっており、庄内の乱勃発を受けて肥後の小西領からは八代《やつしろ》城代小西末郷《すえさと》が肥後国境に近い大口《おおくち》（鹿児島県伊佐市）まで鉄砲衆を派遣するなどの対応を見せていた（慶長四年七月十一日付小西末郷宛某書状案、『薩藩旧記雑録』）。

肥後に帰国した行長は、宇土《うと》に滞在しつつ、庄内の乱への対応を模索し続ける。しかし、家康は九州諸大名の「取次」の役割を寺沢正成に任せつつあったこともあり、行長は正成の指示を待つより他はなかった。

九月二十四日と二十七日の島津忠恒宛書状〔文書95・96〕においては、行長は家康の上使として到着する予定の寺沢正成の動向と、寺沢に言い含められている家康（「公儀」「内府様」）の「御内存《ごないぞん》」を気にかけている。

そして、行長は十月末に忠恒に対して、寺沢正成と「入魂《じっこん》」（昵懇）にして何でも相談し、早期に庄内の乱を決着させるようアドバイスを送っている〔文書97〕。しかし、結局行長は最後まで庄内の乱に直接関与することはなく、乱は翌年三月に伊集院忠真が下城することで解決した。

庄内の乱に関わる行長の動向を見る限り、行長は家康の指示に極めて忠実に動こうとしていることがわかる。しかし、それは家康個人に対する忠実さではなく、豊臣政権（「公儀」）の実質的運営者としての家康に対する対応であったと考えるべきであろう。

後のことになるが、行長は寺沢正成とともに朝鮮へ講和交渉進展を求める書契を送っている。この外交活動の発案者は家康であったが、行長たちは「公儀」の主君・豊臣秀頼の命令としてこれを実行している。（『宣祖実録』万暦二十八年四月十四日条）。この場合も、家康は豊臣政権の執政者の一人にすぎず、行長らにとって主君はあくまで秀吉の遺命により豊臣政権の後継者とされた秀頼であった。

ヴァリニャーノによれば、この時期の家康は、行長が三成に対して示している友情に感銘を受け、「家康自身がアゴスチイノ（行長）を称賛することに何ら制限をつけることができず、栄誉をもって敬意を表」し、「その後彼（家康）はしきりにアゴスチイノと親交を結び、大いに好情を示した」という（一五九九年度ヴァリニャーノ日本年報、『報告集』Ⅰ―3）。さらに家康は、慶長四年（一五九九）に三成を佐和山《さわやま》城へ引退させた後、行長を懐柔させる動きに出る。

> 石田治部少輔（三成）追放後、内府様（徳川家康）はドン・アゴスチイノ（行長）を己れの味方に引き入れようと努めた。まず第一に、彼の朝鮮における大いなる事績を、次いで彼がその友人の石田治部少輔に対して日本の他の諸侯から徴したのと同様に、ドン・アゴスチイノからも或る誓約を取りつけようとした。内府様が政権を取った時には、自分たちは必ず内府様を助け、その陣営に立つであろうという内容である。しかし、ドン・アゴ

スチイノは、若君秀頼様《(豊臣)》の栄誉や身分を傷つけぬよう万全を尽くすという条件を別にしては、その誓約に応ずることを欲しなかった。このように彼の秀頼様への熱意と忠誠心には並々ならぬものがあった。

（一五九九～一六〇一年「日本諸国記」、『報告集』Ⅰ―3）

その後も、家康は自身の曾孫と行長の嫡子の婚姻を企図するが、結局これも失敗に終わる（右同）。家康としては、何とかして三成と行長の関係切り崩しを図ったが、秀頼を中心とする豊臣政権維持という目標で一致していた行長と三成の結合を切り離すことはできなかったのである。

三　最後の肥後滞在

朝鮮出兵と行長領内の人々

文禄・慶長の役にともない、行長は秀吉に命じられて七〇〇〇人の軍勢を派遣している。当然、この軍勢は行長領内から徴発されたが、寛永期の益城《ましき》・宇土《うと》・八代各郡の人口（『肥後《ひご》読史《とくし》総覧《そうらん》』）の合計六万二三九五人を参考に、仮に当時の行長領内の人口を六万五〇〇〇人と想定した場合、人口の約一割を超える人々が朝鮮出兵に動員されていたと推定できる。

稲葉《いなば》継陽《つぐはる》の研究によれば、朝鮮に出陣した諸大名の軍隊は、戦闘員＝給人（家臣団）・雑兵（武家奉公人）と非戦闘員＝陣夫《じんぷ》（兵粮・物資輸送）・舟子《ふなこ》によって構成されていた。特に陣夫は大名の軍勢が機能する上で不可欠であり、一般的に軍勢人員の三割を占めていたという〔稲葉二〇〇三〕。行長軍七〇〇〇人の人員構成の全容は現在のところ解明する術がないが、行長領内の人々が朝鮮出兵に動員されていることを物語る資料はいくつか見受けられる。

例えば、天正二十年（一五九二）四月、行長率いる第一軍が東萊《トンネ》を北上し密陽《ミリヤン》に向かう途上で朝鮮軍と対峙した。そのときの様子について、「日中路《みち》行きて大河有。その河はたのそは道の上の山より唐人が三千程にておろしける。一番のぶしは八城《やつしろ》衆。二番のぶしに入かへて。平戸手のてつほう衆ねらひすましている程に（略）」という記述があり（『吉野覚書《よしのおぼえがき》』）、第一軍の先鋒隊が「八城《やつしろ》（八代）衆」だったことがわかる。これは八代城代である小西末郷に率いられた部隊を指すものと思われる。その規模や人員構成は不明だが、八代の人々が朝鮮出兵に動員されていることをストレートに物語っている。

図5　木製古面
（八代市立博物館寄託資料）

近年、八代では朝鮮出兵との関係がある文化財が相次いで確認されている。一つは、朝鮮半島よりもたらされたという伝承を持つ木製古面である（図5）。これは八代市内の個人宅に代々伝来したもので、これに関して、江戸中期の地誌『肥後国誌《ひごこくし》』の「八代郡高田手永」の項に「（農民であるこの家の）先祖ハ文禄ノ比《ころ》、朝鮮征伐ノ時、夫《ふ》ニ藉《か》ラレ行テ無恙《つつがなく》帰朝ス。其時、朝鮮

図6　麦島城小天守跡出土「隆慶二年」滴水瓦（八代市教育委員会所蔵）

図7　麦島城小天守跡出土 剣先文軒丸瓦（八代市教育委員会所蔵）

ヨリ持来ルトテ大ナル面一ツヲ伝来ス」という記述がある。この記述によれば、これを持ち帰ってきた「先祖」は朝鮮出兵の際に行長軍の陣夫として徴発された人であった。この記録と木製古面の存在も八代の人々が朝鮮出兵に関係したことを物語る貴重な資料と言えるだろう。

もう一つは、麦島《むぎしま》城跡の発掘調査により出土した朝鮮製の瓦である。これらの瓦は主として麦島城跡小天守跡の西側石垣部分から出土したものである。大きさや瓦頭《がとう》面の接合角度などの形状が日本製の瓦と大きく異なることから、朝鮮半島から八代へもたらされた瓦であることは間違いない。

中でも「隆慶《りゅうけい》二年」（一五六八年）の銘文を持つ滴水瓦《てきすいがわら》（図6）は、釜山の東萊邑城址から同笵《どうはん》の滴水瓦片が出土している。さらに、剣先文軒丸瓦《けんさきもんのきまるがわら》（図7）についても、釜山・慶尚左水《キョンサンジャス》営《ヨン》城址と宗義智の城郭である金《かね》石《いし》城跡（長崎県対馬市厳原町）からも同笵の軒丸瓦の出土が確認されている（八代市教育委員会二〇〇六）。このことは、釜山付近で使用されていた同一の瓦を、小西・宗両軍がそれぞれの領国に持ち帰っていたことを示す。

これらの瓦がどういう意図で日本へ運搬されたのかは不明であるが、八代と朝鮮半島を結ぶ海上交通ルートとその海上輸送に従事する人夫・船子の存在が想定される。

そもそも、八代は朝鮮出兵の際に物資輸送拠点として機能していたようで、『肥後国誌』の「球磨川渡《くまがわのわたし》」の項には「徳《とく》ノ淵《ふち》ヨリ米穀ヲ船積シ朝鮮へ運送セシ」とする里老の口伝が記されている。これらの点をふまえると、朝鮮出兵に関与していたのは必ずしも朝鮮に渡った七〇〇〇人の軍勢だけではなく、行長所領におけるほとんどの人々が生産―物資供給―輸送という後方支援体制に組み込まれていたと考えるべきだろう。

しかし、人口の一割超の人々の軍備兵粮供給が七年間続いたことは、領内の経済状況を悪化させたに違いない。「ドン・アゴスチイノは朝鮮戦役のゆえに、また非常に多くの軍勢を支配下に有しているがゆえに、非常に多額の借財を負わざるを得なかった」（一五九六年度フロイス日本年報、『報告集』Ｉ―2）のである。堺の町人は行長の財政状況を「小西摂州（行長）、肥後にて知行三十万石取られけれども、未だ銀子一貫目も溜まり申さずとの沙汰なり」と揶揄《やゆ》したと伝えられているが（『名将言行録《めいしょうげんこうろく》』）、こうした話は朝鮮出兵への出費による当時の財政状況の厳しさを反映したものと理解できよう。

肥後帰国後の領内統治

慶長四年（一五九九）八月に帰国した行長の領内統治については不明な点が多いが、少ない資料からいくつかの施策を指摘できる。

一つは、家臣団への知行宛行《ちぎょうあてがい》である。慶長三年（一五九八）十月、まだ順天在陣中の八代城代・小西末郷は家臣高橋勝三郎に「順天城きハにて討捕候手柄首」の褒美として一〇〇石の加増を認める褒状《ほうじょう》を与えている（慶長三年十月十一日付小西末郷知行宛行状、高橋文書）。しかし、これはあくまで朝鮮在陣中の応急保証措置であり、そのため褒状には一〇〇石の具体的な知行所付《ちぎょうところづけ》は明記されていない。他の例は今のところ見出せないが、朝鮮在陣中の行長や末郷は、過酷な戦況の中で主従関係と家臣の戦意を保持するため、軍功があった家臣たちへ応急的にこのような「加増保証書」を与えていたのであろう。よって、肥後に帰還した後には、家臣団の軍功による加増を具体化する必要があった。

慶長四年の知行宛行状の現存数は少ないが、行長より先に肥後に戻っていた小西末郷は慶長四年（一五九九）四月に須佐美太郎左衛門《すさみたろうざえもん》に対して八代郡古閑《こが》村のうち一〇〇石を加増する知行宛行状を送っている（八代市立博物館二〇〇七）。また、八月に肥後に戻った行長は、同年十月に家臣森左吉に益城郡のうち一五〇石を与える知行宛行状を送っている（文書98）。

そもそも慶長四年の行長の肥後帰国は、天正二十年（一五九二）以来の七年ぶりのことであった。この間の主君の長期不在と、先述した朝鮮出兵による過酷な課役負担と厳しい経済状況は、行長の求心力を少なからず低下させたと推測される。よって、この時期の家臣団への知行宛行は、朝鮮出兵の論功行賞を含めた、行長と家臣団との主従関係の再確認という意味合いの施策と考えられる。

もう一つの施策は、領内城郭の再整備である。行長は肥後への帰国直前に長崎に滞在しているが、「彼は自分の領内で種々の城郭を建設するために、この地を急いで出発した」（一五九九年度ヴァリニャーノ日本年報、『報告集』Ⅰ—3）。この「種々の城郭」が具体的にどこを指すのかはわからないが、天正十六年（一五八八）肥後入国以来、対朝鮮交渉・出兵に追われ続けてほとんど肥後を留守にしていた行長は、領内統治拠点の城郭を再整備しようとしたのであろう。これも、肥後領内における求心力の再構築活動の一環と思われる。

領内でのキリスト教布教

この時期の領内施策で最も注目すべきは、領内住民へのキリスト教布教活動である。先述したように、天正十五年（一五八七）秀吉は伴天連《ばてれん》追放令を発令し、住民の強制改宗を禁じた。これを受けて行長はイエズス会に布教活動の自粛を促す姿勢をとっているが、このことについて行長は、文禄五年（一五九六）肥前名護屋で会談した原《はら》マルチノ（天正遣欧使節の一人）に対して次のように証言している。

司祭たちは、潜伏して人々を改宗させる熱意を少なからず差し控えるようにと（私から）熱心に懇願を受けていることに対して、その目的と私の心中を知らぬ幾人かの人々は、それは私の心の狭小さと弱さ（行長）によるものであり、またデウスの栄誉を護ることへの熱意が不足しているからであるとの疑問を抱いていることを私は知らぬわけではない。しかし、私はまったくそれとは別であることを主張する。なぜなら私は太閤（秀吉）の性格や、胸中を見通しているからであり、また司祭たちがいっそう抑制して潜伏しておればおるほど、その目的をかなえるべき機会がいっそう好都合になることを知っているから、私はこれによって幾らかより厳しい態度をとったのである。

（一五九六年度フロイス日本年報、『報告集』Ⅰ―2）

図8　八代市金立院の石製キリシタン墓

このように、行長は秀吉の怒りを恐れ、キリスト教布教活動に慎重な姿勢を示していた。その証拠に、秀吉在世中は肥後の領内住民に対して積極的に布教を実施した形跡はみられない。しかし、慶長三年（一五九八）に秀吉が没して以降は、一転して領内での住民改宗を推進していく。

最初に布教が推進されたのは八代である。朝鮮から帰国した城代・小西末郷は、すぐさま長崎から宣教師バプティスタを招聘《しょうへい》して布教活動を開始。結果として「二万五千人」が洗礼を受け（一五九九年度ヴァリニャーノ日本年報、『報告集』Ⅰ—3）、「新たに十四の教会」が建てられた（一五九九〜一六〇一年「日本諸国記」、『報告集』Ⅰ—3）。のち、慶長十四年（一六〇九）に八代で殉教を遂げるジョアン服部甚五郎《はっとりじんごろう》は「美作《みまさか》ディオゴ様が朝鮮戦役からお戻りになり、キリシタンになるよう土地の人たち一同に勧め、人々は彼に従って、全員が受洗しました。私も彼らとともに洗礼を受けたのです」と述べている（ゲレイロ『イエズス会年報集』一六〇五年日本の諸事、『報告集』Ⅰ—5）。当時の八代のキリスト教文化を物語る遺物として、八代市金立院《こんりゅういん》に石製キリシタン墓一基が現存している（図8）。

次に布教が進められたのが宇土で、「わずかな日数で、異教徒たちの中の四千名が福音の光に目を向けるようになり、それから数日を経てから二千名が洗礼を授かった」（一五九九年度ヴァリニャーノ日本年報、『報告集』Ｉ―３）。これと同時期に隈庄《くまのしょう》（熊本市城南町）では、行長の甥「忠右衛門」（おそらくは小西主殿助《とのものすけ》の子）が中心となって布教活動がなされ、「三千人以上」が洗礼を受けた。この隈庄における布教活動は、「領民が所持していた偶像を一つ残らず持参させた上に、それらを火中で投じさせ」るなど、かなり過激なものであった（一五九九〜一六〇一年「日本諸国記」、『報告集』Ｉ―３）。また、矢部《やべ》（熊本県山都町）でも城代・ジョルジ結城《ゆうき》弥平次《やへいじ》による布教活動により「四千人」が洗礼を受けたといい（一五九九〜一六〇一年「日本諸国記」、『報告集』Ｉ―３）、矢部・愛藤寺《あいとうじ》城跡からはクルスを示す十字紋瓦も出土している（図９）。

イエズス会側の記録に記された洗礼者などの数値にどこまで信用がおけるか問題であるが、少なくともこの時期に小西領内において、キリシタンとなった人々が多数いたことは確実であり、この後の肥後におけるキリスト教史に大きな影響を与えることとなった。

図９　矢部・愛藤寺城の十字紋瓦
（熊本県山都町教育委員会提供）

行長による布教の意図

これらのキリスト教布教活動は、行長がまだ上方に滞在している慶長四年（一五九九）の早い段階で始められており、各地域の城代クラスの重臣が推進主体となって実施していた。もちろん、各重臣が独断で実施したとは考えられず、領内での布教開始という全体方針は行長の意向を受けてのものだろう。そして、行長は「都でキリシタンの布教が自分の家臣のもとで順調との報せを受けた時、どれほど喜んだかは驚いたほどである。なぜならこれほど彼を喜ばせたものは何もなかったからである」（一五九九年度ヴァリニャーノ日本年報、『報告集』Ⅰ―3）。当然、行長は肥後帰国後も布教活動を推進し、最終的に「ドン・アゴスチイノ（行長）の領地では、その地の布教を続けてゆき、すでに四万を超えると思しきキリシタンを教化しながら、四ヶ所の司祭館に分散して、七名の修道士と伝道士の同宿とともに六名の司祭が配置された」（一五九九～一六〇一年「日本諸国記」、『報告集』Ⅰ―3）。

こうした行長によるキリスト教布教の動機は、単に彼の信仰心にのみ求められるものではない。その点、九州の領主とキリスト教布教の関係について述べた巡察師ヴァリニャーノの次の発言が注目される。

西九州の諸領主はこの船舶（ポルトガル船）の税金から得る多額の利益を目的とし、その為、同船が自国領に入港することを希望した。そして各領主は司祭やキリスト教徒達が居れば自領の港に最大の利益が齎《もたら》されるであろうと考え、異教徒であっても、自国の港に司祭達が教会やキリスト教徒を作ることを承認した。このこと、及び司祭との交際によって次第に信仰の火が燃え上がり、大村、有馬、天草のように、領主或る者はキリスト教徒となった。彼等が教徒になると、その町は容易に改宗し、それに引き続いて領内の者はことごとくキリスト教徒となった。

（ヴァリニャーノ「日本要録」第十一章）

実際に九州のキリシタン領主たちとの交流があったヴァリニャーノのこの認識は、行長による布教活動の目的の一端をも見透かしているように思う。それはイエズス会を媒介とした対外貿易による利潤獲得、そのための基盤作りとしてのキリスト教布教である。行長領で最も早く、かつ大規模に布教が推進されたのが、領内最大の海上交通拠点・八代だったことはこのことと関係している。実際に八代は数年後のイエズス会年報に「交易と商業の盛んな大きな町」と記されるほどの経済発展を遂げる（ゲレイロ「一六〇三年・〇四年イエズス会年報集」、『報告集』Ⅰ―4）。

すなわち、行長の肥後領内におけるキリスト教布教活動は、悪化した財政状況を立て直すための地域経済振興策という一面を持ち合わせていたのであり、この時期にこうした施策を可能としたことに、「ドン・アゴスチイノ」の真骨頂がある。しかし、これらの行長の領内統治策は翌年の自身の死によって、功を成さないまま中途半端に終焉することになるのである。

披虜朝鮮人と肥後のキリスト教

この時期の肥後のキリスト教について、朝鮮半島から連行された披虜人《ひりょにん》との関係について触れておく。七年間にわたる朝鮮出兵の過程の中で、多くの人々が朝鮮半島から日本へ連行されたことは周知の事実であり、小西行長も披虜朝鮮人を肥後領内に連行していた。そのうちの数名が肥後でキリスト教の洗礼を受けていることが判明している。ここでは、ルイス・デ・メディナの研究によりながら、カウン・ヴィセンテと「おたあ・ジュリア」について紹介しておきたい〔ルイス・デ・メディナ一九八八・二〇〇三〕。

カウン・ヴィセンテは漢城《ハンソン》に生まれ、父は三〇〇〇の軍兵を率いる朝鮮の将であったが、天正二十年（一五九二）、十三歳のときに小西行長率いる第一軍に捕えられる。ヴィセンテは、行長家臣の日比屋了荷《ひびやりょうか》に預けられ、その後了荷により肥後に送られた。そして同年十二月、志岐《しき》において神父ペドロ・モレホンからキリスト教の洗礼を受けている。天草の志岐に送られたのは、了荷が行長から天草統治を任されていたからであり、洗礼名が了荷と同じ「ヴィセンテ」であることもおそらく偶然ではない。ちなみに、ガヨという一人の朝鮮人が同じ時期に志岐の神父モレホンから洗礼を受けている。

この後、ヴィセンテはセミナリオで養育され、朝鮮人の伝道士養成を目指す日本イエズス会のもと、中国語と日本語を習得している。慶長十七年（一六一二）、彼は北京に派遣され、そこからキリスト教を布教するため母国へ戻ろうとするが入国を果せず、元和五年（一六一九）にマカオを経て日本に戻った。その後、長崎・有馬地方で布教活動に従事していたが、寛永二年（一六二五）肥前口ノ津《くちのつ》で捕縛され、翌年長崎で火刑に処せられた。入牢中、彼は宣教師として、ローマのイエズス会に入会を許されている。一八六七年、カウン・ヴィセンテと先述のガヨはローマ教皇により福者《ふくしゃ》（「聖人」に次ぐ敬称）に認定されている。

もう一人、小西行長との関係でよく語られる朝鮮人キリシタンに「おたあ・ジュリア」がいる。ジュリアは慶長元年（一五九六）ごろには小西行長の妻ジュスタに仕えており、この年の五月、肥後で洗礼を受けた。ルイス・デ・メディナが紹介したイエズス会宣教師の書簡資料によれば、ジュリアが洗礼を受けたのは宇土で、洗礼を授けたのは神父モレホンである。

行長の死後、ジュリアは徳川家康の側室に仕え、慶長十三年（一六〇八）ごろには駿府《すんぷ》に滞在。慶長十七年（一六一二）、家康により流刑に処せられ、大島・新島《にいじま》、そして神津島《こうづしま》へと送られる。元和元〜二年（一六一五〜一六）ごろに赦免されて日本本土に戻り、元和三年（一六一七）には長崎に移住してキリスト教の信仰を守り続け、元和七年（一六二一）ごろから大坂に滞在。翌年も大坂にいることが確認されるが、これ以降の消息はわからず、没年・没地は不明である。

こうして二人の披虜朝鮮人の生涯を概観してみると、少なくともこの二人をキリスト教の世界へ導くこととなった大きな契機が、朝鮮出兵における小西行長の存在であった。そして、天草・宇土など肥後の小西領内におけるキリスト教環境がこの二人の人生に大きな影響を与えたことは間違いない。

資料的な制約があるのは事実であるが、行長とキリスト教という観点で肥後と朝鮮出兵の関係性を追及することは、当該期の肥後地域史研究の新たな課題となろう。

四　運命の関ヶ原

行長上洛

慶長五年（一六〇〇）一月中旬、行長は肥後から上方へ向かう。この上洛の目的ははっきりしないが、出立直前に行長が薩摩の島津義久に宛てた書状が現存している〔文書99〕。この中で行長は、「次に肥後へ下国した際には必ず参上し、いつもお世話になっているお礼を述べたい」と言っており、ここから今回の上洛についての〝特別な覚悟〟や緊張感は感じられない。まさか二度と肥後に戻れなくなるとは、この段階では全く想定していないようである。

イエズス会の記録によれば、行長は肥後から上方へ向かう道中、長崎に立ち寄り、イエズス会日本副管区長ペドロ・ゴーメスの葬儀に参列している。その後、行長は大坂にしばらく滞在したようで、この年行長はオルガンティーノとともに大坂で慈善事業（病院援助・捨て子救済）や修道院建設を実施し、堺ではキリシタン墓地を設置するなど、キリシタンとして活発な活動をみせている（一五九九～一六〇一年「日本諸国記」、『報告集』I―3）。秀吉亡き後、気兼ねなくキリシタンとして振る舞えるようになった行長は、こうした活動を積極的に推進することで、再びイエズス会との関係強化を目論んだのであろう。それは、秀吉という後ろ盾を失った今、味方となる勢力を少しでも確保しようという政治的行為でもあった。

関ヶ原合戦前夜

慶長五年（一六〇〇）六月、会津の上杉景勝征討のため、徳川家康が大坂を出立すると、政局は一気に展開し始める。これを機に、佐和山《さわやま》城に隠退していた石田三成が大坂へ入り、家康打倒に向けた行動を開始したのである。七月中旬には、毛利輝元・宇喜多秀家の両大老を盟主格に、長束正家・増田長盛・前田玄以・石田三成・小西行長・大谷吉継《おおたによしつぐ》らが大坂に結集・談合し、「秀頼様御為」をスローガンとする西軍集団が形成された（慶長五年七月十五日付上杉景勝宛島津義弘書状、『薩藩旧記雑録』）。先述したように、朝鮮出兵終了後の政治抗争の中で、秀頼を中心とする豊臣政権の体制維持を目指して三成と協同してきた行長が、西軍集団に参画するのは当然のことであり、戦さへの覚悟を決めたのもこの時期であろう。

この時期、行長は家臣千束善右衛門《ちづかぜんえもん》を九州北部の松浦・有馬・大村ら諸大名のもとに派遣し、西軍に参加するよう要請している。秀吉在世中は秀吉の取次行長に服従し、第一軍として朝鮮半島に渡り苦楽をともにした大名たちである。しかしこの三氏は、家康の取次として九州で政治力を持ちつつあった寺沢正成の所領唐津《からつ》にて協議を持ち、行長の要請を拒絶して東軍への参加を決定した（『史料綜覧』巻十三、慶長五年八月五日条）。要するに、行長は彼らに見限られたのである。ここに秀吉の威光を頼りにしか権勢をもち得なかった行長の政治力の限界がみてとれる。

さて、西軍は大坂結集直後から軍事作戦を開始し、八月初めには家康の上方での拠点・伏見《ふしみ》城を陥落させた。さらに、西軍は北陸・伊勢・美濃方面へと展開し、行長は石田三成・島津義弘らとともに美濃方面に在陣している。

このとき行長が指揮していた軍勢は、直属軍二九〇〇人と西軍「与力」の軍勢四〇〇〇人であった（『真田軍功家伝記』）。直属軍の数は朝鮮出兵における軍勢（七〇〇〇人）と比べてはるかに少ない。これは、もともと行長が戦さを想定せずに上洛していたからであり、小西末郷や結城弥平次ら優秀な重臣たちも国許に残したままであった。そのため、西軍側から行長に預けられたのが四〇〇〇人の「与力」であり、このことは行長が西軍の中枢メンバーであったことを示すものであろう。

行長は八月中旬ごろには大垣城に入り、「呂久《ろく》」（岐阜県瑞穂市）で三成・義弘らと談合を重ねている（『薩藩旧記雑録』）。この時期、石田三成・小西行長・島津義弘・宇喜多秀家の四名は、連名で大垣の寺院や村に対して乱妨狼藉《らんぼうろうぜき》を禁止する禁制を発給している。現存しているのはわずか二通であるが〔文書100・101〕、ここに行長が名を連ねていることは、彼が西軍の中枢メンバーであったことをストレートに物語っている。九月一日に家康が浅野長政に送った書状でも両軍の主なメンバーとして「石田治部（三成）・備前中納言（宇喜多秀

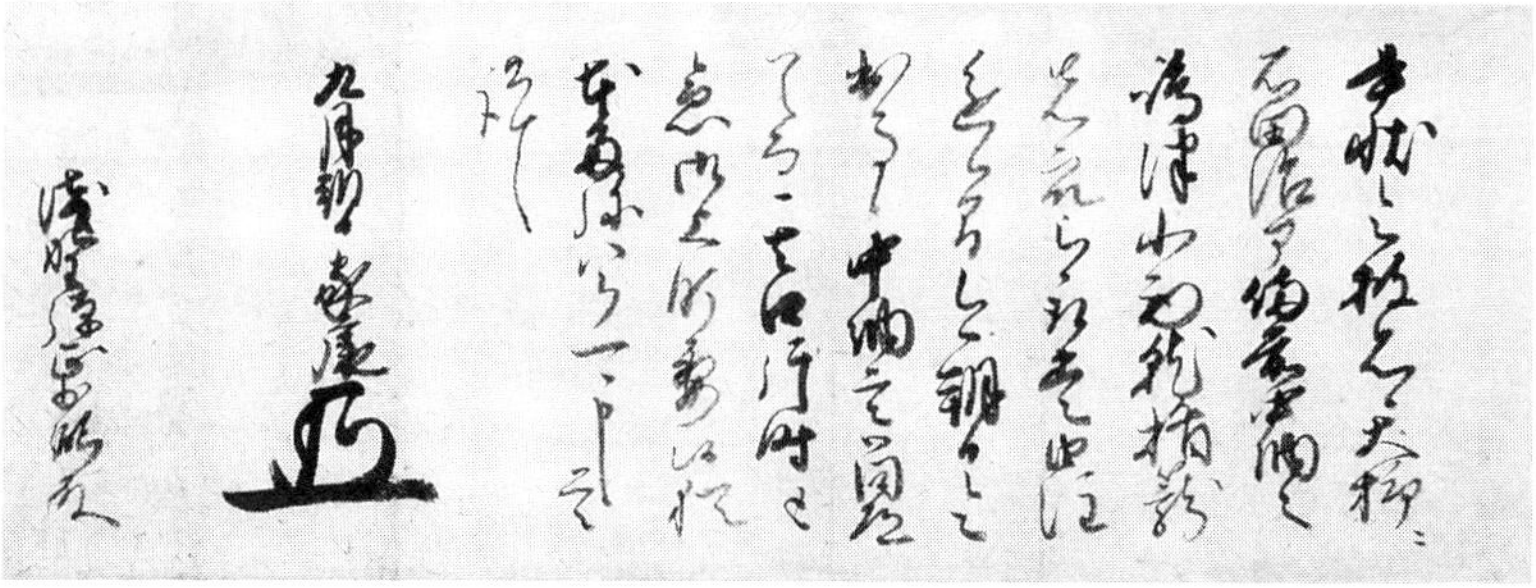

図10　慶長5年9月朔日付 徳川家康書状
（八代市立博物館所蔵）

家）・島津（義弘）・小西（行長）」の名があげられている（図10）。家康も行長が西軍の中枢メンバーであることはわかっていたのである。

よって、もしも家康との決戦に打ち勝てば、その後の豊臣政権における行長の政治的地位上昇は確実であった。行長はこうした野望を胸に、関ヶ原に臨むのである。

関ヶ原での敗戦・刑死

九月一日、家康は江戸を出立。東軍の軍勢が美濃に近付くのを受けて、十四日には西軍が関ヶ原に出陣し、行長は兵を率いて天満山《てんまやま》北方に陣を構えた。

そして十五日、東軍七万五〇〇〇と西軍八万の軍勢は関ヶ原で激突した。小西隊は当初織田長益《おだながます》・古田重勝《ふるたしげかつ》らの部隊と戦闘を開始。戦況は当初一進一退の様相を呈していたが、松尾山《まつおやま》に陣取っていた小早川秀秋の東軍への寝返りを契機に東軍が攻勢を強め、やがて西軍は潰滅した。小西隊は目立った働きはなかったものの、西軍の主力として最後まで持ちこたえたが、奮戦むなしく、北方の伊吹山《いぶきやま》へ逃亡した（口絵6）。

四日後の九月十九日、行長は伊吹山中で関ヶ原の領主竹中重門《たけなかしげかど》によって

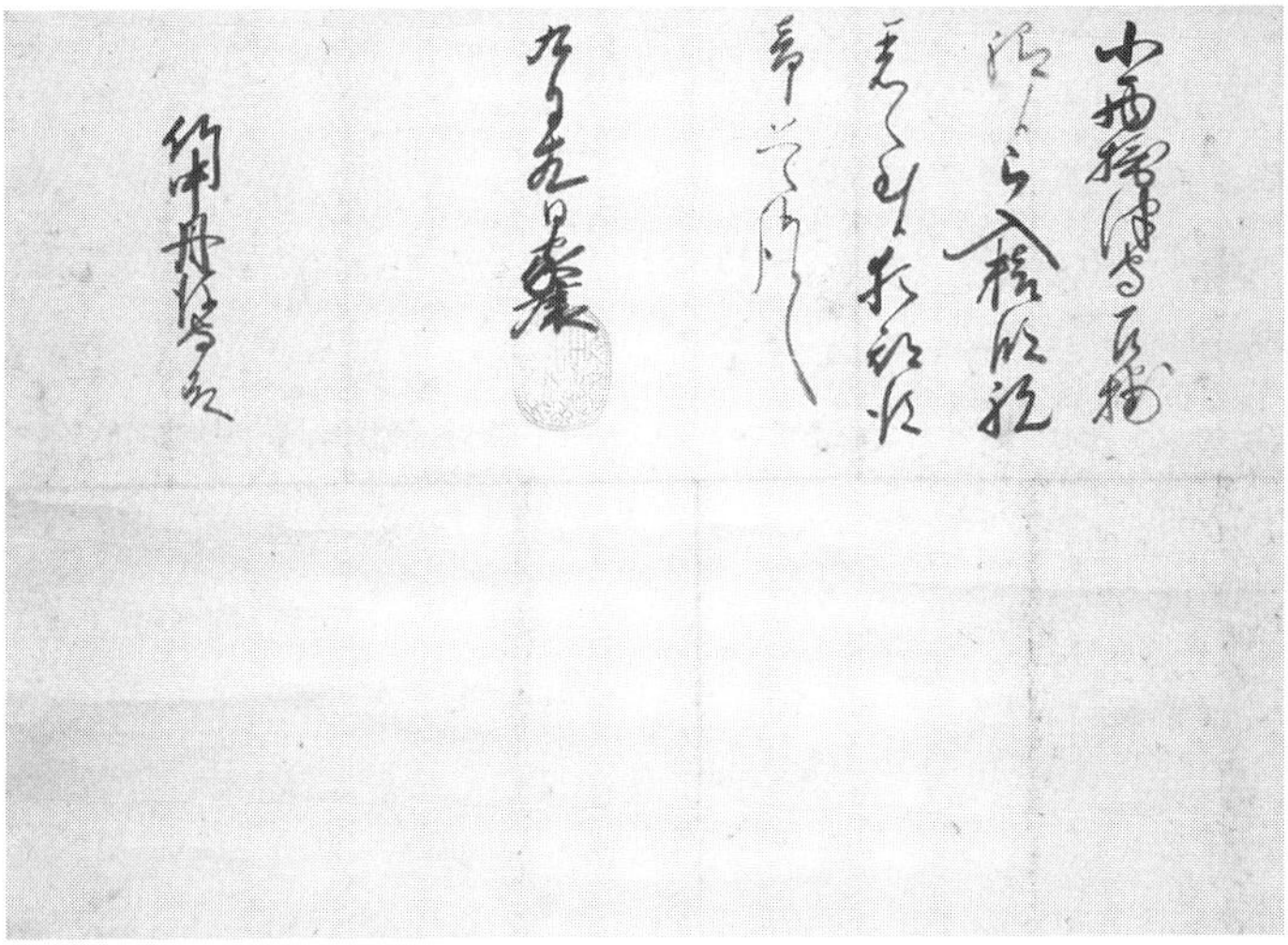

図11　慶長5年9月19日付 徳川家康朱印状
（関ヶ原町歴史民俗資料館所蔵）

捕縛された。これを賞する家康の朱印状が現存している（図11）。

小西（行長）摂津守召捕
給候、被入精段、祝
着之至候、猶期後
音候、恐々謹言、
九月十九日　（徳川）家康（朱印）
竹中（重門）丹後守殿へ

家康の侍医・板坂卜斎《いたさかぼくさい》の記録「慶長《けいちょう》 年中《ねんちゅう》 卜斎記《ぼくさいき》」によると、関ヶ原の年寄・林蔵主《りんぞうす》が山中で逃走中の小西行長に出会う。林蔵主は早く落ち延びるように促すも、行長は「内府（徳川家康）へ連て行、褒美を取れ」「我等ハ自害するも易けれ共、根本吉利支丹《きりしたん》なり、吉利支丹の法に自害ハせず」というので、やむを得ず竹中重門の家老を呼び寄せ、行長を馬に乗せて、草津に宿営中の家康本陣まで連行したという。

そして、三成・安国寺恵瓊《あんこくじえけい》らとともに大坂・堺などを引き廻された行長は、十月一日に京都六条《ろくじょう》河原《がわら》で処刑され、四十三年の生涯を閉じた。多数いる西軍の敗将の中で処刑されたのはこの三人のみである。そのこと自体、やはり行長が主要メンバーであったことを示している。行長は西軍の重要人物だったのだ。

行長の遺体は京都の司祭館に運ばれ、埋葬された。行長が妻と子息に宛てた遺書には「今後は汝等はすべての熱意と心の緊張をもってデウスに仕えるよう心掛けて頂きたい。なぜならこの世においては、世の中のすべてのものが変わり易く、何一つとして永続するものはみられぬからである」と記されていたという（一六〇〇年度カルヴァーリュ日本年報補遺、『報告集』Ⅰ―3）。キリスト教の信仰を貫き、潔《いさぎよ》く厳粛な最期だったようだ。

家康は行長の妻子については赦免している。しかし、毛利輝元のもとに身を寄せた「十二歳の嗣子の少年」は輝元の命により首を刎《は》ねられた。また、天正十八年（一五九〇）に宗義智へ嫁いでいた娘マリアは義智に離縁され、長崎に落ちのびている。そして、行長の兄である堺奉行・如清は「敵たちの手で捕縛されている（一六〇〇年度カルヴァーリュ日本年報補遺、『報告集』Ⅰ―3）。如清の末路は不明であるが、以上のように、豊臣政権のもとで権勢を高めた小西一族は、行長の死によって一気に没落していった。

一方肥後では、家康に味方しつつ、領土拡大を目指した加藤清正が、家康から軍事侵攻による肥後一国の領有保証をとりつけたことにもとづき、行長不在の小西領へ軍事侵攻を行い〔林二〇一〇〕、九月下旬には宇土城を包囲。宇土城の小西軍は清正の攻撃をよく防いだが、十月十五日ごろに開城し、城代小西隼人《はやと》は切腹

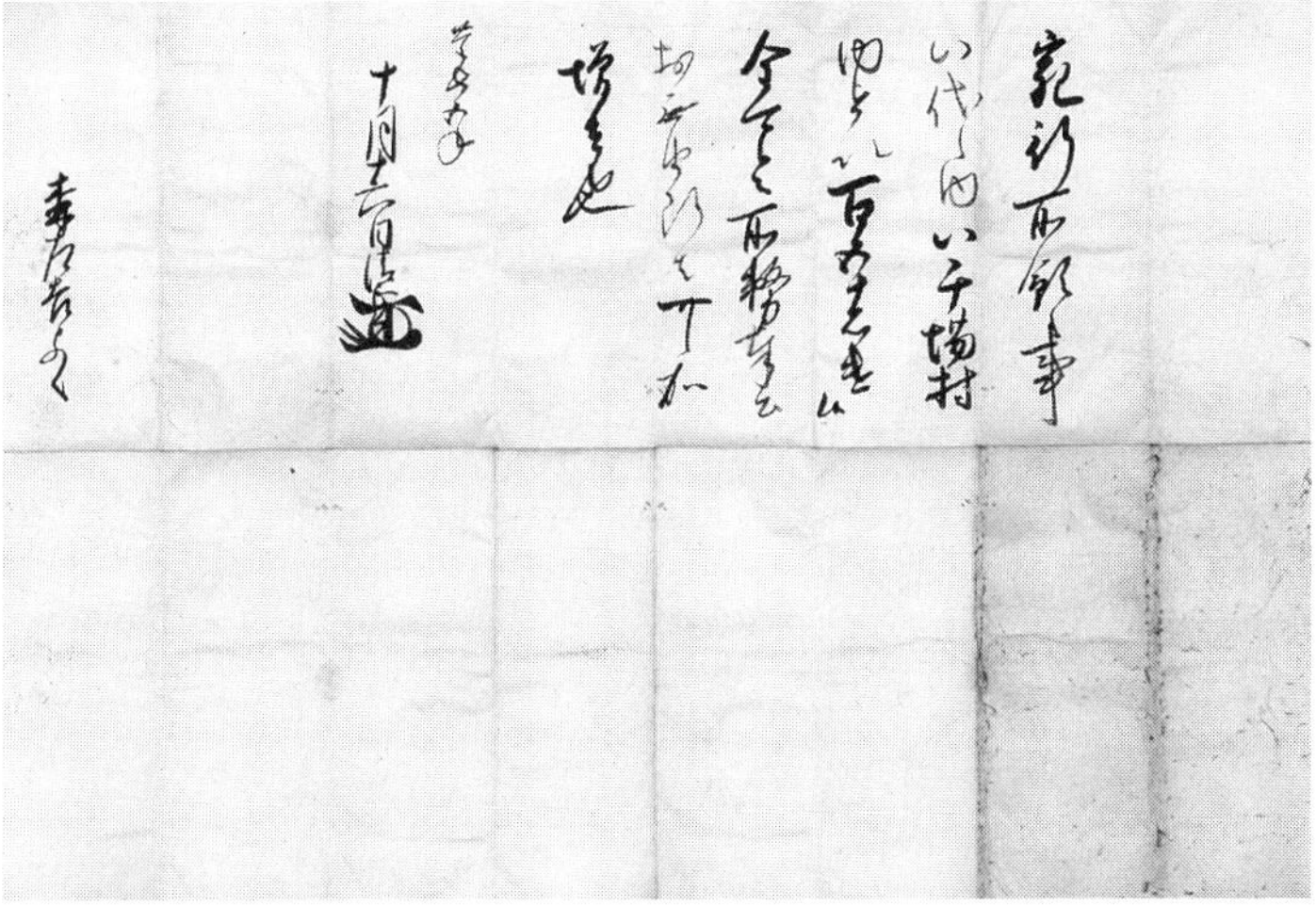

図12　慶長5年10月16日付 森左吉宛加藤清正知行宛行状
（八代市立博物館所蔵）八代城陥落とほぼ同時期に、加藤清正は行長の旧臣・森左吉（文書98参照）に対して八代郡から知行を宛行っている。

した。ついで、十七日頃には八代（麦島）城も加藤軍の手に落ち（図12）、城代小西末郷は薩摩へ落ち延びていった（一五九九～一六〇一年「日本諸国記」、『報告集』Ⅰ―3）。

こうして、行長の死により小西氏の肥後統治も終焉を迎えたのである。

行長が活躍した時代、それは戦国の争乱から統一政権成立という、まさに激動の時代だった。しかもその変化は日本国内だけの要因ではなく、キリスト教など南蛮文化の伝来や東アジア全体を巻き込んだ文禄・慶長の役など、様々な外的要因が複雑に絡み合った中での社会変化であった。

行長の生涯を振り返ってみると、まさしくこの時代の特徴を体現したような人生と言える。

武家出身ではない行長は、堺商人とのつながりと父立佐が築き上げたイエズス会との関係・信頼を武器に、秀吉の天下統一過程の中で「海」を舞台に実力を発揮し、豊臣政権のもとで栄誉と権力を獲得した。それは彼が有能だったことにもよるが、まさしく秀吉が求めた人脈と能力を持ち合わせていたことが大きい。肥後半国領主就任や朝鮮出兵担当など、これらの地位向上は大きな栄誉である一方で、多大な精神的負担をともなったと思われるが、秀吉が目指す政権の発展と安定のため、行長は心血を注いで働き続けたのである。

秀吉やイエズス会宣教師に必要とされ、乱世を駆け抜けた男、それが小西行長だったのだ。

〔コラム⑤〕八代の殉教者たち

慶長五年（一六〇〇）の関ヶ原合戦の結果、肥後南部の領主は小西行長から加藤清正《かとうきよまさ》へ替わった。この「変化」を象徴する出来事の一つに、肥後八代《やつしろ》におけるキリスト教徒の殉教《じゅんきょう》事件があげられる。

清正は旧小西領を掌握した慶長五年十月ごろから積極的に小西旧臣を召し抱える。小西旧臣にはキリシタンが多数いたが、清正は支配地域増加にともなう家臣団確保を優先し、当初彼らの信仰を問題にすることは全くなかった。

しかし、翌年に事態は一転する。清正は「一年後、彼らに対して胸中に秘めていた憎悪を露《あらわ》にし、彼らを苦しめ、過酷に迫害した」。そして、「棄教し、二度とふたたびキリシタンにならないと書かれた書類に署名するならば、直接に召抱えるであろう。さもなければ俸禄を手離すべし」という方針を家臣たちに通告した（ゲレイロ「一六〇一、〇二年の日本の諸事」、『報告集』Ⅰ―4）。

実際、清正は「一年後」にあたる慶長六年（一六〇一）十一月に、家臣団に対する大規模な知行替《ちぎょうがえ》を実施している。清正は肥後一国支配の確立過程における家臣団再編成の中で、自らの求める精神規範に反するものとして、キリスト教信仰を問題としたのであろう。これにより多数の家臣がキリスト教信仰を棄て、内藤忠俊《ないとうただとし》（小西如安《こにしじょあん》）や結城弥平次《ゆうきやへいじ》ら有力キリシタンたちは肥後から離れた。

しかし、小西旧臣の南（ジョアン）五郎左衛門と竹田（シモン）五兵衛は決して棄教しなかった。そして、慶長八年（一六〇三）十二月八・九日、この両者とその家族合わせて六名は見せしめとして処刑された。これ以降、八代でさらに五名が殉教したが、これはまさしく「小西から加藤へ」という変化がもたらした事件であった。また、日本全体でも、この事件は徳川の世になって初めて起きた殉教だったので、「ヤツシロ」での殉教は宣教師によってすぐにヨーロッパに報告され、衝撃をもって受け止められたのである。

中でも注目されたのが竹田五兵衛の妻アグネスだ。キリスト教を篤く信仰し、夫に従い殉教を遂げた彼女の姿は模範的人間像とみなされたようで、一七八三年イタリア・パルマで彼女を主人公とする悲劇『AGNESE MARTIRE DEL GIAPPONE. TRAGEDIA（悲劇・日本の殉教者アグネス）』が制作されている。ヨーロッパで日本の一般女性を主人公にした劇が作られた例はおそらく他にあるまい。まさしく歴史の奇縁である。この悲劇の台本は平成十五年（二〇〇三）に存在が確認され、平成十九年（二〇〇七）には八代市民の手によって「市民オペラ・アグネス」として復元上演された。

さらに平成二十年（二〇〇八）、八代の殉教者十一名は教皇ベネディクト十六世によって「福者《ふくしゃ》」（「聖人」に次ぐ敬称）に認定された。行長同様、熊本では殉教者たちへも顕彰の芽が開こうとしている。

八代で殉教するアグネス

（『悲劇・日本の殉教者アグネス』、原題『AGNESE MARTIRE DEL GIAPPONE.TRAGEDIA』、上智大学キリシタン文庫所蔵）

八代カトリック教会に建つ「殉教者之碑」

（熊本県八代市　著者撮影）

近年、多くのカトリック信徒が全国から八代に訪れている。

終章　変わりゆく行長の評価

江戸時代における行長の評価は低いと思われがちだが、必ずしも最初からそうだったわけではない。寛永十一～十四年（一六三四～三七）ごろに刊行された小瀬甫庵《おぜほあん》の『太閤記《たいこうき》』では「行長剛勇にして、機警《きけい》あり、好みて兵書を読み、策略に長ぜり」と、その才を高く評している。また、文禄元年（一五九二）漢城《ハンソン》入城の際、乱妨狼藉《らんぼうろうぜき》厳禁の軍令を出した上で軍勢を入城させたというエピソードに触れ、「寔《まことに》泉州堺《せんしゅうさかい》の地《じ》下人《げにん》如清《じょせい》が子として、かく有しは、尤《もっとも》長《たけ》ある勇士ならんか。永禄の比《ころ》はな鑓《やり》をつきし人達はおほかめれど、かやうの時しづまりかへり、法して入、異国に佳名《かめい》有しは、まれにこそ」と、その有能さを絶賛している。このように、少なくとも江戸時代前期には、武将としての行長の才能を積極的に評価する気運があった。

しかし、その気運は徐々に低下の一途をたどる。その一つの要因はキリスト教禁教の影響が考えられる。元和六年（一六二〇）に不干斎《ふかんさい》ハビアンが記した排耶書《はいやしょ》『破提宇子《はでうす》』に「小西摂津守（行長）モ提宇子《でうす》ノ張本タリシ故ニ、仏神ノ加護ナク、光成（石田三成）ガ非道ノ謀叛《むほん》ニ与《くみ》シ、大路ヲ渡サレ、首ヲ刎《はね》ラレ、従類悉《ことごと》ク絶ヘ子孫残ラズ」と見えるように、すでに十七世紀初頭には行長の末路を仏神の罰とする理解があった。時代が進みキリスト教禁教が徹底されるにしたがって、こうした行長評が寺社サイドから喧伝されたことは容易に想像できる。

その顕著な例が肥後の行長旧領の寺社である。十七世紀の肥後の地誌『肥後国誌《ひごこくし》』に見える旧小西領の記述は「天正十六年小西行長領ニ至リ耶蘇《やそ》ノ邪宗偏僻《へんぺき》シテ社頭焼燼《やきつく》シ神領ヲ没収ス」という内容で溢れている。天正年間に行長が自領の寺社を焼くなどの行動をとったとはまず考えられないが、経済的にも宗教政策においても厳しかった行長統治時代の記憶がキリスト教禁教の風潮と相まって、「寺社の敵・行長」のイメージが喧伝されたのだろう。

行長のイメージ低下のもう一つの要因は、加藤清正《かとうきよまさ》の対立軸として行長が語られたことである。肥後では、寛永九年（一六三二）の加藤氏改易後、細川氏の時代になっても清正の菩提寺たる本妙寺《ほんみょうじ》が隆盛を保ち、やがて清正は庶民の間で「清正公《せいしょうこう》」として神格化されていく（池上一九八三）。

こうしたなか、清正の事績を顕彰する書物がいくつか編纂される。そのうち寛文年間（一六六一〜七三）に編まれた『清正記《きよまさき》』では行長に対する次のような叙述が見える。

①漢城攻撃の一番手を主張した行長に対して、清正が「あざ笑ひて、天草にて一揆にたてられし事は今に覚えずや」と行長の天草一揆鎮圧での不甲斐なさに対し皮肉を言う叙述。（「戦下手」のイメージ）

②「小西行長は日本堺の浦の町人なり、宗対馬守《そうつしまのかみ》（義智《よしとし》）縁有《えんあ》る者故《ものゆえ》、朝鮮大明への案内者につき彼道へ指向、日本太閤か本の武将は加藤清正なり」という記述。（武将のイメージ否定）

③行長の和平交渉を「虚言」と記述。（秀吉を騙《だま》す行長のイメージ）

これらの叙述は清正の行動・武勇の正当性を強調する意図で記されたものだが、結果として「武将・行長」のイメージを相対的に低下させる内容となっている。『清正記』は、全国に写本も多く現存し、後世の軍記物に与えた影響は大きい。こうした清正顕彰の動きにともなって、行長のマイナスイメージも各地に広まって人口に膾炙《かいしゃ》されていったのではないだろうか。

要するに十八世紀以降、加藤清正の武勇が肥後を拠点に全国的に喧伝されると同時に、行長のイメージは低下の一途をたどったと考えられる。その結果として形成された行長の評価は、二十世紀前半の歴史家・徳《とく》富蘇峰《とみそほう》の次の言葉に集約されている。「加藤、小西と云へば、世間は加藤を君子的武将の典型とし、小西を小人的狡児《こうじ》の標本として居る」「彼の関ヶ原に於ける、末路の蕭条《しょうじょう》たる為めに、其の反対者なる清正は、一方に日蓮宗と妥協して、一種の神明と尊崇せられたるに引き換え、彼は一個の鄙夫《ひふ》の如く見做《みな》され了《おわ》ったのだ」〔徳富一九三五〕。

その徳富蘇峰は「彼は又《ま》た世間で評判せられた程のツマらぬ漢でもなかった」「行長は当時に於て、融通もあり、気転も利く、世界的知識と、世界的見聞との所有者であった」と、行長の再評価を試みている。しかし、蘇峰もまた「資料の壁」に阻まれたのである。「小西と云ひ、加藤と云ひ、朝鮮役に尤《もっと》も関係多き家は滅びた。特に小西の如きは、切支丹《きりしたん》大名として、将《ま》た関ヶ原の敗将として、二重の罪を受けた。されば彼に関する記録の如きは、殆ど尋《たず》ぬ可きものは無かった。彼は朝鮮役に於ては、重大なる役目を働いた一人でありながら、彼の為めに法廷に於て、一人の弁護者なきのみか、其の彼に有益なる資料さへ、一も提供せられなかった」〔徳富一九三五〕。

行長について「関ヶ原の敗将かつキリシタンなので資料がない」とする見解は、管見の限りこの蘇峰の論述が最初である。そして、その発展形が行長資料「抹殺」説であり、これ以降の歴史研究者はこの見解に縛られ続けたのである。

この蘇峰以来の「呪縛」を解くべく、本書では可能な限り現存資料に基づいて行長の再検証を試みた。その目的が果せたかどうかは心許無いが、戦国武将かつキリシタンとして活躍し、失敗し、苦悩する人間・小西行長の実像が少しは浮き彫りになったかと思う。そして、現存資料の全容が明らかになりつつある今、本書が叩き台となって、今後さらに行長の研究が進展すれば、それに勝る喜びはない。

「抹殺」されていた行長は、本書によって甦った。行長の研究はようやくスタートラインにたったばかりなのだ。

小西行長発給文書集成

凡例

一、本集成は、小西行長が発給した文書のうち、現在所在および内容が確認できる資料（写・案文・連署状を含む）について翻刻し、釈文に解説と「一言要約」を付して収録したものである。
一、収録資料には通し番号・発給年月日・所蔵および出典を記した。
一、配列はおよそ発給年月日とした。年号がない資料は、推定年を（　）で記した。
一、釈文には、適宜句読点を付し、旧字・異体字などは、固有名詞を除いて常用漢字に改めた。変体仮名も現行字体に改めたが、江（え）・者（は）・而（て）・与（と）・ゟ（より）はそのまま用いた。改行は」で示した。
一、虫損・欠損などにより判読不明な部分は、文字数に応じて□□□、文字数が不明な場合は［　］で示した。

小西行長発給文書集成一覧

〔所蔵・典拠略称〕武田論文＝武田勝蔵「伯爵宗家所蔵豊公文書と朝鮮陣」

番号	名称（形状）	宛所	発給年月日	所蔵・出典
1	小西行長書状（折紙）	□□羽宗介	（天正十〜十四年〈一五八二〜八六〉）十二月二十一日	高松市歴史資料館
2	小西行長書状（折紙）	宮長（宮木豊盛）	（天正十三年〈一五八五〉カ）八月二日	京都市歴史資料館
3	小西行長書状（竪紙）	いるまんひせんて（ヴィセンテ洞院）	（天正十三〜十四年〈一五八五〜八六〉）	リスボン屏風文書（中村質『近世長崎貿易史の研究』）
4	小西行長書状（竪紙）	いるまんひせんて（ヴィセンテ洞院）	（天正十三〜十四年〈一五八五〜八六〉）	リスボン屏風文書（中村質『近世長崎貿易史の研究』）
5	小西行長外三名連署禁制	宮内（新田神社）	天正十五年（一五八七）四月二十七日	新田神社（鹿児島県薩摩川内市）
6	小西行長書状	宗讃岐守（義調）	（天正十五年〈一五八七〉）五月八日	武田論文
7	小西行長書状	宗対馬守（義智）	（天正十五年〈一五八七〉）九月二十八日	武田論文
8	小西行長書状	宗讃岐守（義調）	（天正十六年〈一五八八〉）二月二十九日	武田論文
9	小西行長書状（切継紙）	りうい・りやうさ	（天正十五年〈一五八七〉以降）九月二十三日	大阪城天守閣
10	小西行長書状（竪紙）	宗及（津田宗及）	（天正十五〜十六年〈一五八七〜八八〉）	『思文閣古書資料目録』第二八号
11	小西行長知行安堵状（折紙）	天草弾正忠	（天正十六年〈一五八八〉）八月二十八日	個人蔵
12	小西行長知行宛行状（折紙）	鳥飼権右衛門	天正十六年（一五八八）九月二十五日	竹田市立歴史資料館
13	小西行長知行宛行状写	安部文蔵	天正十六年（一五八八）九月二十五日	『黄薇古簡集』
14	小西行長知行預ヶ状写	本砥（渡）百姓中	（天正十七年〈一五八九〉）三月十日	個人蔵
15	小西行長書状写	浅野弾正少弼（長政）	（天正十七年〈一五八九〉）十一月八日	『武家事紀』
16	小西行長書状（切紙）	下刑法（下間頼廉）	（年未詳）七月五日	『山口県史』資料編中世三
17	小西行長知行宛行状（切紙）	（宛所欠）	天正十九年（一五九一）十一月二十日	個人蔵
18	小西行長書状（折紙）	甲州（黒田長政）	天正二十年（一五九二）正月十八日	東大史料編纂所所蔵台紙付写真
19	小西行長書状写	長束大蔵太輔（正家） 木下半介（吉隆）	（天正二十年〈一五九二〉）四月二十五日	『豊公遺文』
20	小西行長書状（折紙）	九鬼大隅守（嘉隆）	（天正二十年〈一五九二〉）八月十八日	木島文書
21	小西行長書状	吉蔵（吉川広家）	（文禄二年〈一五九三〉）正月十三日	吉川家文書七四七
22	小西行長書状（折紙）	毛利七郎兵（末次元康）	（文禄二年〈一五九三〉）二月四日	『山口県史』資料編中世三
23	宇喜多秀家外十六名連署契状		（文禄二年〈一五九三〉）二月二十七日	吉川家文書一三六

24	宇喜多秀家外五名連署状写	長束大蔵大輔（正家） 石田木工頭（正澄）	（文禄二年〈一五九三〉）四月十七日	『日本戦史　朝鮮役』
25	小西行長書状（切紙、もと折紙）	毛利六郎左衛門尉（元政） 杉森孫兵衛	（年未詳）四月二十八日	『山口県史』資料編中世三
26	小西行長書状（折紙）	相良宮内少輔（長毎）	（文禄二年〈一五九三〉）七月七日	相良家文書七一四
27	小西行長書状（折紙）	羽兵（島津義弘）	（文禄二年〈一五九三〉）七月十一日	島津家文書四―一六―一五
28	小西行長書状（折紙）	相良宮内太輔（長毎）	（年未詳）十月十二日	相良家文書八三四
29	小西行長書状（折紙）	堀安（堀内氏善）	（年未詳）十月二十二日	堀内文書
30	小西行長書状（折紙）	相良宮内太輔（長毎）	（文禄二年〈一五九三〉）十二月三日	相良家文書七三三
31	小西行長書状	堀内安房守（氏善）	（年未詳）正月八日	堀内文書
32	小西行長書状（竪紙）	宛名欠（堀内氏善カ）	（年未詳）二月十四日	堀内文書
33	小西行長書状（折紙）	相良宮内少輔（長毎）	（文禄三年〈一五九四〉）六月九日	相良家文書七五四
34	小西行長書状（折紙）	相良宮内太輔（長毎）	（文禄三年〈一五九四〉）七月十九日	相良家文書七五五
35	小西行長書状（折紙）	羽兵（島津義弘）	（文禄三年〈一五九四〉）七月二十四日	島津家文書四―一七―四一
36	小西行長書状（折紙）	羽兵（島津義弘）	（年未詳）八月十一日	島津家文書四―一七―四三
37	小西行長書状（折紙）	羽兵（島津義弘）	（文禄三年〈一五九四〉）八月十六日	島津家文書四―一六―三三
38	小西行長書状（折紙）	羽兵（島津義弘）	（文禄三年〈一五九四〉）八月十八日	島津家文書四―一六―三四
39	小西行長書状（折紙）	羽兵（島津義弘）	（文禄三年〈一五九四〉）八月二十四日	島津家文書四―一六―三七
40	小西行長書状（折紙）	相良宮内太輔（長毎）	（年未詳）二月四日	相良家文書八三二
41	小西行長書状（折紙）	相良宮内少輔（長毎）	（年未詳）二月二十七日	相良家文書八三三
42	小西行長書状（折紙）	島又八（島津忠恒）	（文禄四年〈一五九五〉）三月十一日	島津家文書四―一〇―一
43	小西行長書状（折紙）	羽兵（島津義弘）	（文禄四年〈一五九五〉）三月十一日	島津家文書四―一七―一〇
44	小西行長書状（折紙）	島又八（島津忠恒）	（文禄四年〈一五九五〉）六月五日	島津家文書四―一九―六
45	小西行長書状（折紙）	島又八（島津忠恒）	（文禄四年〈一五九五〉）六月十九日	島津家文書四―一九―七
46	小西行長・寺沢正成連署状（折紙）	相良宮内少輔（長毎）	（文禄四年〈一五九五〉）七月四日	相良家文書七二八
47	小西行長書状（折紙）	島又八（島津忠恒）	（文禄四年〈一五九五〉）七月五日	島津家文書四―一九―一〇
48	寺沢正成・小西行長連署状（折紙）	島津又八郎（島津忠恒）	（文禄四年〈一五九五〉）七月八日	島津家文書四―一九―一一
49	小西行長書状（折紙）	島又八（島津忠恒）	（文禄四年〈一五九五〉）七月二十五日	島津家文書四―一九―一二

50	小西行長・寺沢正成連署状（折紙）	島津又八郎（忠恒）	（文禄四年〈一五九五〉）七月二十六日	島津家文書四―一〇―七
51	小西行長・寺沢正成連署状（切紙）	毛利六郎左衛門尉（元政）	（文禄四年〈一五九五〉）八月四日	『山口県史』資料編中世三
52	小西行長書状（折紙）	島又八（島津忠恒）	（文禄四年〈一五九五〉）八月五日	島津家文書四―一九―一三
53	小西行長書状（折紙）	島津又八郎（忠恒）	（文禄四年〈一五九五〉）八月十三日	島津家文書四―一九―一四
54	加藤清正等二十二名連署血判起請文（竪継紙）		文禄四年〈一五九五〉八月二十日	大阪城天守閣
55	小西行長・寺沢正成連署状（折紙）	島津又八郎（忠恒）	（文禄四年〈一五九五〉）八月二十八日	島津家文書四―一九―一六
56	小西行長・寺沢正成連署状（折紙）	島津又八郎（忠恒）	（文禄四年〈一五九五〉）十月朔日	島津家文書四―二〇―八
57	小西行長・寺沢正成連署状（折紙）	島津又八郎（忠恒）	（文禄四年〈一五九五〉）十月十二日	島津家文書四―一九―一七
58	小西行長書状（折紙）	相良宮内太輔（長毎）	（文禄四年〈一五九五〉）十月二十一日	相良家文書七五〇
59	小西行長書状（折紙）	相良宮内太輔（長毎）	（文禄五年〈一五九六〉）正月十二日	相良家文書七五一
60	小西行長書状（折紙）	（大浦）左衛門太夫	（文禄五年〈一五九六〉）正月十五日	長崎県立対馬歴史民俗資料館
61	小西行長書状（折紙）	相良宮内太輔（長毎）	（文禄五年〈一五九六〉）四月二十四日	相良家文書七五九
62	小西行長書状（折紙）	島又八（島津忠恒）	（文禄五年〈一五九六〉）四月二十五日	島津家文書四―一九―一二
63	小西行長書状（折紙）	相良宮内少輔（長毎）	（文禄五年〈一五九六〉）五月七日	相良家文書七六一
64	小西行長書状（折紙）	相良宮内少輔（長毎）	（文禄五年〈一五九六〉）五月八日	相良家文書七六二
65	小西行長書状（折紙）	島又八（島津忠恒）	（文禄五年〈一五九六〉）五月十日	島津家文書四―二〇―二
66	小西行長書状（折紙）	島又八（島津忠恒）	（文禄五年〈一五九六〉）六月十二日	島津家文書四―二〇―三
67	小西行長書状（折紙）	相良宮内大輔（長毎）	（文禄五年〈一五九六〉）八月十四日	相良家文書七七二
68	小西行長書状	羽兵（島津義弘）	（文禄五年〈一五九六〉）八月二十一日	『旧記雑録後編』三
69	小西行長書状（折紙）	相良宮内太輔（長毎）	（文禄五年〈一五九六〉）十月七日	相良家文書七七三
70	小西行長書状（折紙）	相宮内太輔（長毎）	（文禄五年〈一五九六〉）十月九日	相良家文書七七五
71	小西行長書状（折紙）	島又八（島津忠恒）	（文禄五年〈一五九六〉）十二月十一日	島津家文書四―一九―一九
72	小西行長書状（折紙）	島又八（島津忠恒）	（慶長元年〈一五九六〉）十二月十八日	島津家文書四―二〇―九
73	小西行長書状（折紙）	相良宮内太輔（長毎）	（慶長二年〈一五九七〉）二月三日	相良家文書七八二
74	寺沢正成・小西行長連署状（折紙）	島津又八郎（島津忠恒）	（慶長二年〈一五九七〉）二月十日	島津家文書四―二〇―一四
75	小西行長書状（折紙）	島又八（島津忠恒）	（慶長二年〈一五九七〉）二月十日	島津家文書四―二〇―一三
76	小西行長・寺沢正成連署状（折紙）	島津又八郎（島津忠恒）	（慶長二年〈一五九七〉）三月六日	島津家文書四―二〇―一五

77	小西行長書状(折紙)	相良宮内太輔(長毎)	(慶長二年〈一五九七〉)三月十日	相良家文書八三六
78	小西行長書状(折紙)	島又八(島津忠恒)	(年未詳)三月十一日	島津家文書四—一九—二一
79	小西行長書状(折紙)	相良宮内太輔(長毎)	(慶長二年〈一五九七〉)四月八日	相良家文書七九九
80	小西行長書状(折紙)	島又八(島津忠恒)	(慶長二年〈一五九七〉)四月八日	島津家文書四—二〇—一七
81	小西行長書状(折紙)	相良宮内太輔(長毎)	(慶長二年〈一五九七〉)四月九日	相良家文書八〇一
82	小西行長書状(折紙)	相良宮内太輔(長毎)	(慶長二年〈一五九七〉)四月十一日	相良家文書八〇二
83	小西行長書状(折紙)	島又八(島津忠恒)	(慶長二年〈一五九七〉)四月十二日	島津家文書四—二〇—一八
84	小西行長書状(折紙)	相良宮内太輔(長毎)	(慶長二年〈一五九七〉)五月十三日	相良家文書八四三
85	小西行長書状(折紙)	相宮太(相良長毎)	(慶長二年〈一五九七〉)六月五日	相良家文書八二九
86	島津義弘外五名連署言上状案(折紙)	徳善院(前田玄以)ら四名	(慶長二年〈一五九七〉)七月十六日	島津家文書四—六—九
87	宇喜多秀家外十四名連署言上状案(竪継紙)	徳善院(前田玄以)ら四名	(慶長二年〈一五九七〉)九月十六日	島津家文書四—七—一一
88	島津義弘外十二名連署全羅道海南定榜文写(竪継紙)		慶長二年(一五九七)九月	島津家文書四—六—一三
89	小西行長書状写	備前中納言(宇喜多秀家) 藤堂佐渡守(高虎)	(慶長二年〈一五九七〉)十二月二日	浅野家文書二五五—四
90	小西行長書状(折紙)	須佐美太郎左衛門	(慶長三年〈一五九八〉以前)六月十八日	個人蔵
91	島津義弘外三名連署条書(竪紙)		(慶長三年〈一五九八〉)十月晦日	島津家文書三—一四—一一
92	寺沢正成・小西行長連署状(折紙)	島又八(島津忠恒)	(慶長三年〈一五九八〉)十二月十一日	島津家文書四—二一—一三
93	小西行長書状(折紙)	羽薩少将(島津忠恒)	(慶長四年〈一五九九〉)八月十五日	島津家文書四—一〇—一七
94	小西行長通行手形(切紙)	人あらための衆中	(年未詳)九月十四日	大村市立史料館
95	小西行長書状(折紙)	羽少将(島津忠恒)	(慶長四年〈一五九九〉)九月二十四日	島津家文書四—二二—五
96	小西行長書状(折紙)	羽少将(島津忠恒)	(慶長四年〈一五九九〉)九月二十七日	島津家文書四—二二—七
97	小西行長書状(折紙)	羽少将(島津忠恒)	(慶長四年〈一五九九〉)十月晦日	島津家文書四—一〇—二三
98	小西行長知行宛行状(折紙)	(宛所欠)	慶長四年(一五九九)十一月十八日	大阪青山大学・短期大学
99	小西行長書状(切紙)	義久(島津)	(慶長五年〈一六〇〇〉)正月十一日	島津家文書四—一五—六
100	宇喜多秀家外三名連署禁制(竪紙)	はやしむら	慶長五年(一六〇〇)八月二十七日	顕性寺(岐阜県大垣市)
101	宇喜多秀家外三名連署禁制(竪紙)	あかさかさいえん寺	慶長五年(一六〇〇)九月五日	西圓寺(岐阜県大垣市)

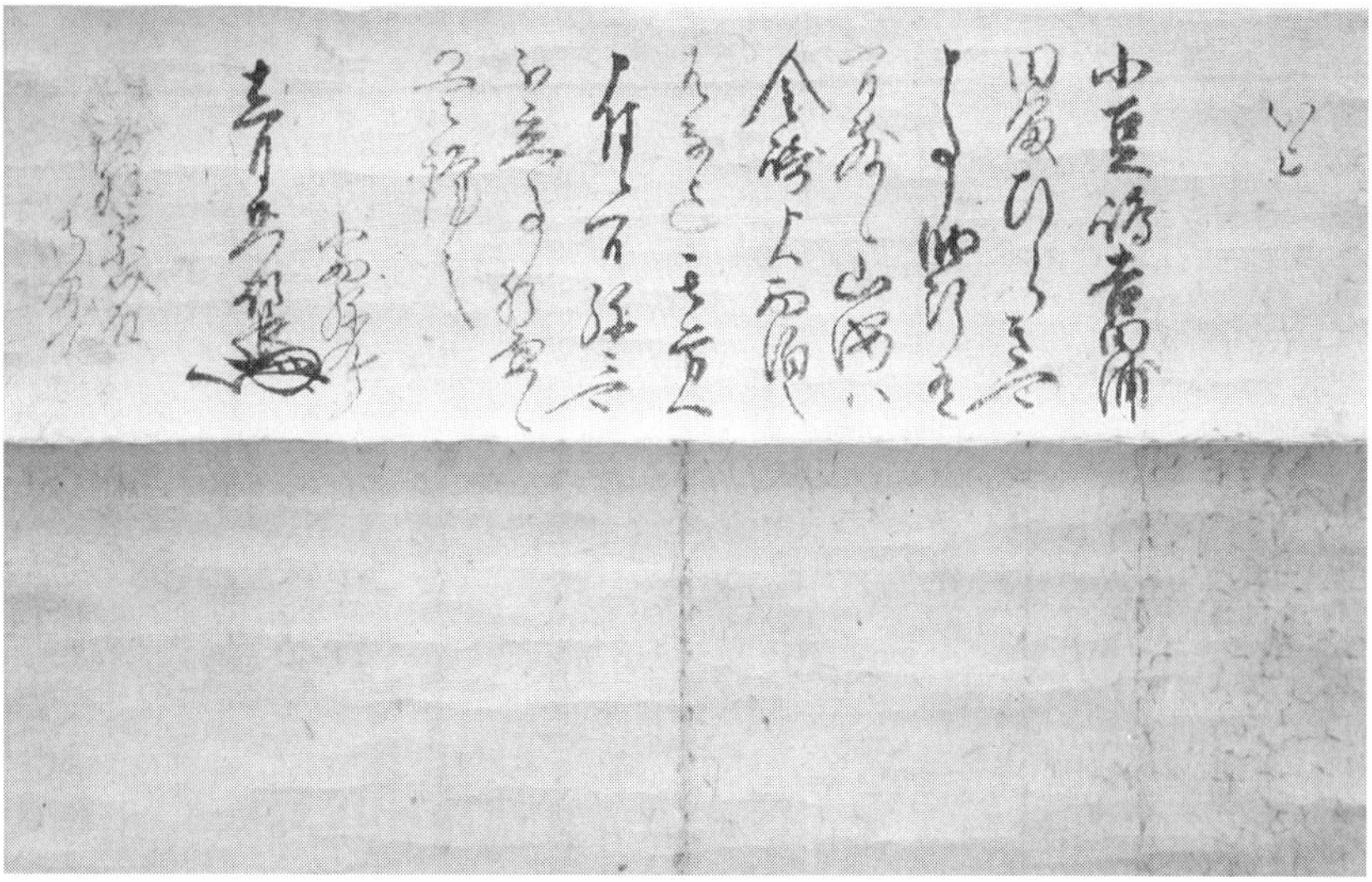

小豆島の田畠開発を命じる

1 小西行長書状（折紙）

（天正十〜十四年〈一五八二〜八六〉）十二月二十一日

高松市歴史資料館所蔵

以上、

小豆島吉田浦」田畠ひらき可」申事、油断有」間敷候、
山海ハ」金崎ゟ西泊之」はな迄其方へ」申付候間、弥々
可」被立事肝要候、」恐々謹言、

十二月廿一日　　小西弥九郎
　　　　　　　　行長（花押）

□□羽宗介殿
　御宿所

【解説】「□□羽宗介」に宛てた書状。小豆島の吉田浦（小豆島町吉田）の田畠開発を命じるもの。「金崎」（金ヶ崎）から「西泊之はな」までの開発をしっかり行なうようにと述べている。内容から推すと「□□羽宗介」は吉田浦一帯の有力者であろう。行長が小豆島管理にあたるのは天正十年（一五八二）ごろからであり、「弥九郎」を称している時期を考えると、天正十年から天正十四年（一五八六）の間の書状であろう。

〔本書25・74・75頁参照〕

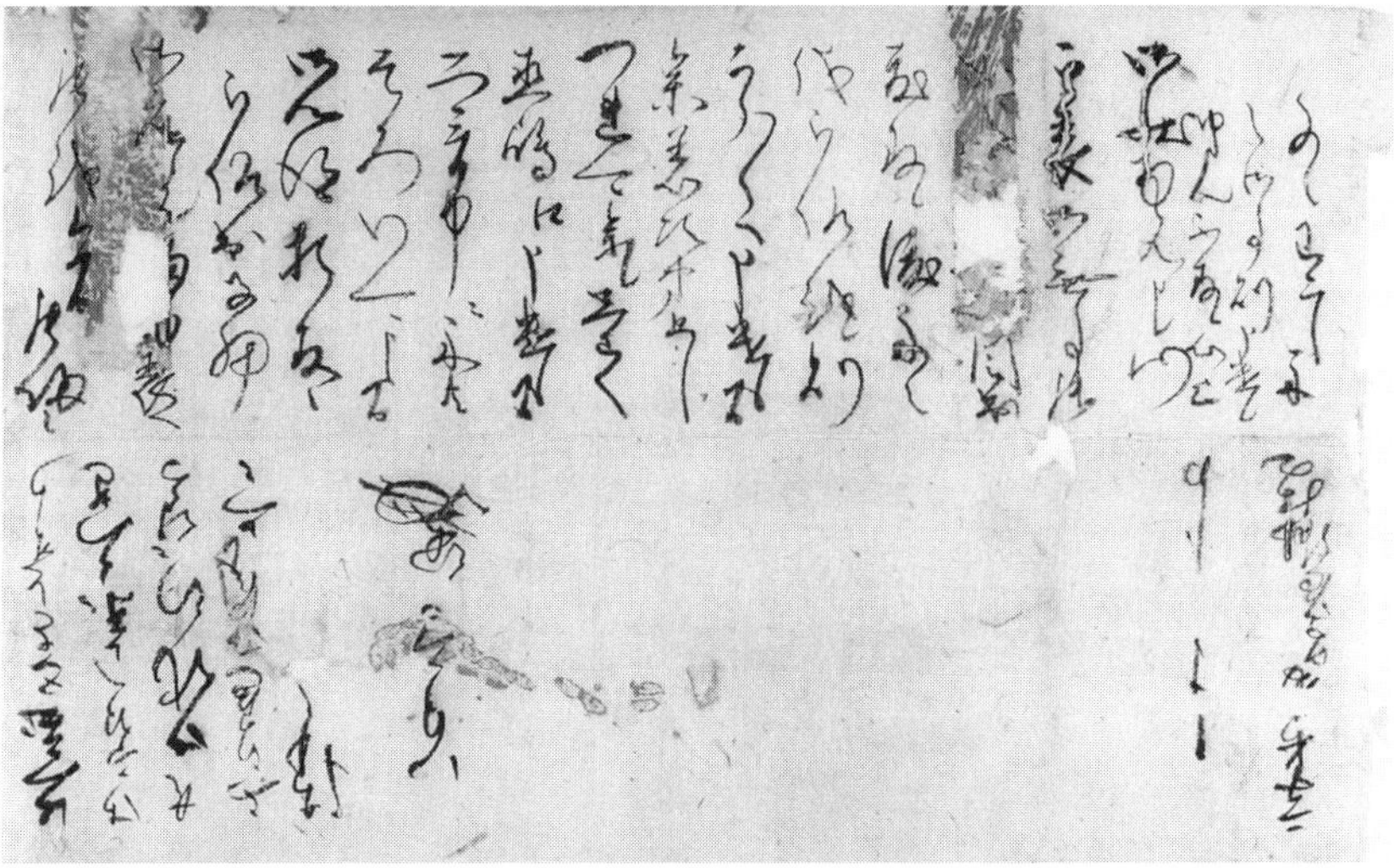

瀬戸内海で船の調達に奔走中

2 小西行長書状 （折紙） （天正十三年〈一五八五〉）八月二日

京都市歴史資料館所蔵

尚々わたし舟」之御事、則申遣候、」ゆたん不存候、」以上、

御状拝見申候、仍」其表御無事御」成［　　］」目出」度存候、渡舟之」儀、被仰越候、則」うら〳〵へ申遣候間、」参着次第召し」つれ可参候、しわく・」直島江申遣候間、」二三日中ニ舟共」そろい可申候間、」御心得頼存候、」被仰出子細」御座候て、備中表へ」罷越、今日罷帰候、」（折返）先度とさとまり」御宿へ参かへれ」共、御他行ニ付而、」不被懸御目候、恐々」謹言、

八月二日　　　　行長（小西）（花押）

（礼紙ウハ書）
（切封）
「宮長さま（宮木豊盛）　　　　　　　小弥九」
まいる御返報　　　　　　　　　〆

【解説】宮木豊盛に宛てた書状。渡し舟の調達について確かに承ったこと、「しわく」（塩飽）・直島まで命令したので二、三日中に舟が揃う見込みであること、今日備中（岡山県西部）から戻り土佐泊（徳島県鳴門市）の宿を訪問したが会えなかったことなどを伝える。行長が瀬戸内海における船舶調達に従事していたことを裏付ける重要な資料。

〔本書25・28・74・75頁参照〕

ヴィセンテ洞院との交流

3 小西行長書状（竪紙）

年月日未詳（天正十三～十四年〈一五八五～八六〉カ）
リスボン屏風文書

尚々馬之事」やかてく」御左右候へ共」申候、
御上洛之由、御太義にて候、」馬之儀、我等のり馬一疋、」
□入候、関白様《豊臣秀吉》被成御帰候間、」いつれへ御使ニ参候ハ
んも」不存候、かり申所御入候間、」た、今人を遣候て、
御左右」可申入候、」かしく、

（端裏書）
（切封）いるまん
ひせんてさま《ヴィセンテ洞院》
まいる御報
小弥九《小西行長》

【解説】いわゆる「リスボン屏風文書」に含まれている書状。宛名の「いるまんひせんて」は、十六世紀末から十七世紀初頭にかけて上方で活動した説教家・ヴィセンテ洞院を指す。馬の貸借に関する簡潔なもので、内容から時期を推測するのは難しいが、「関白様」という言葉が見えることと、行長が「弥九郎」（「小弥九」）を名乗っている時期から考えて、天正十三年（一五八五）から天正十四年（一五八六）の間の書状と推定される。

〔本書45頁参照〕

キリシタン宛の行長書状は貴重

4 小西行長書状（竪紙）

年月日未詳（天正十三～十四年〈一五八五～八六〉カ）
リスボン屏風文書

た、今人を可進候、「　　」」預御状候、御のほりなく
候へは、」不及是非候、もし又御上候ハ、、」馬ハかり候
て置申度候、」可承候、二疋成共御入候、」かしく、

（切封カ）いるまん
ひせんてさま《ヴィセンテ洞院》
御報
より
小弥九《小西行長》

【解説】前掲3とともに「リスボン屏風文書」に含まれている書状。宛名の「いるまんひせんて」も、3と同じヴィセンテ洞院であり、同時期のものであろう。現存する行長の書状の中でも、キリシタンに宛てた書状はこの二通しか残っていない。行長のキリシタンとの関係がうかがえる貴重な一次資料である。なお3・4については中村質『近世長崎貿易史の研究』（吉川弘文館、一九八八年）の翻刻を参照した。

〔本書45頁参照〕

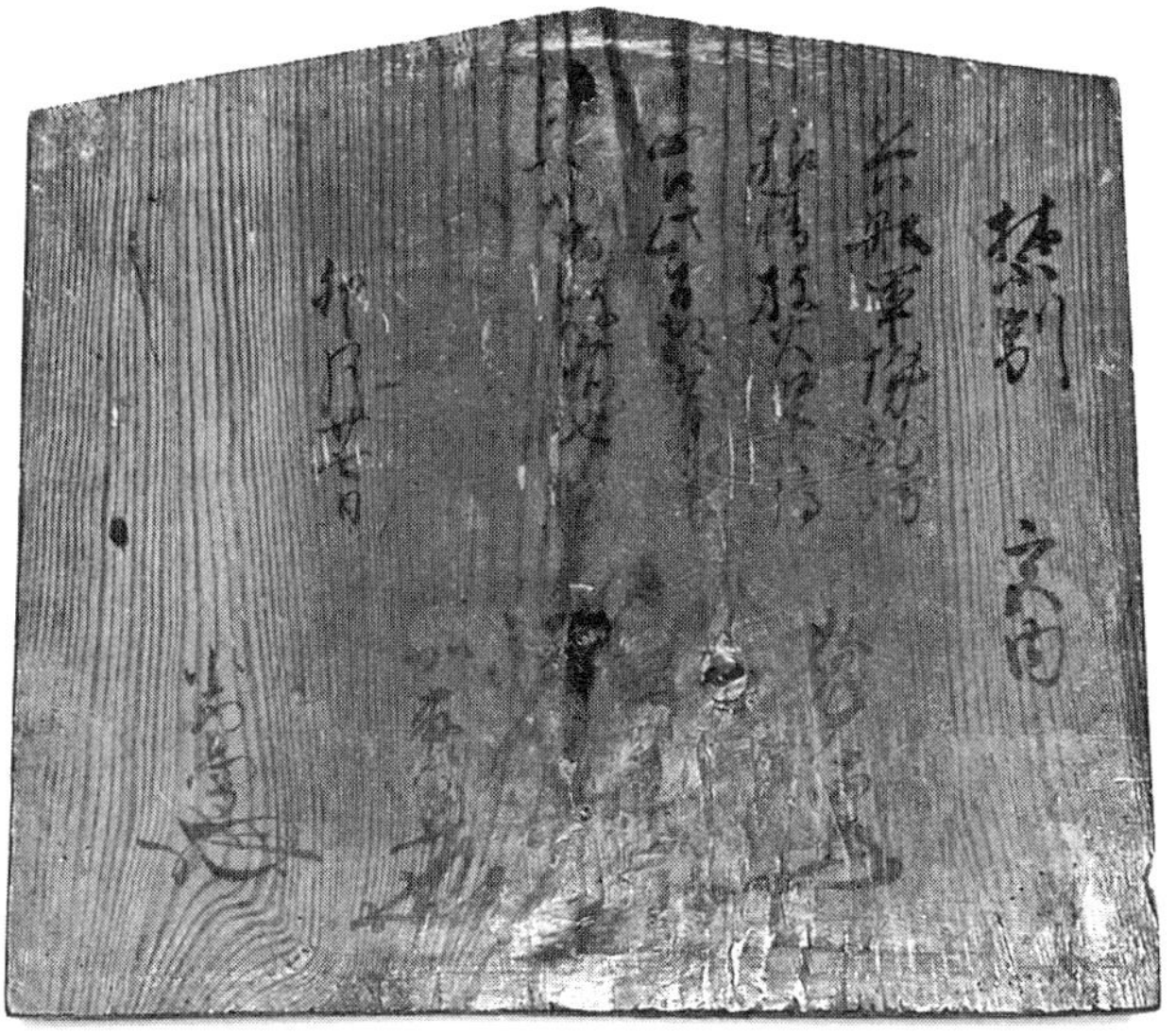

唯一の「小西日向守」署名

5 小西行長外三名連署禁制

天正十五年（一五八七）四月二十七日
新田神社（鹿児島県薩摩川内市）所蔵

禁制　宮内
兵船軍勢、乱妨」狼藉放火、堅令停」止候、此旨相背輩、」
可加成敗者也、
卯月廿七日
九鬼（嘉隆）大隈守（花押）
脇坂（安治）中務少輔（花押）
加藤（嘉明）左馬助（花押）
小西（行長）日向守（花押）

【解説】 天正十五年（一五八七）の秀吉による九州攻めの際、川内・新田宮における乱暴・狼藉を禁ずるために、小西行長らによって立てられた禁制高札である。署名がある九鬼嘉隆・脇坂安治・加藤嘉明・小西行長の四名は秀吉の水軍の中枢を担った武将たち。行長は天正十五年の三月から「日向守」を名乗っている（八月以降は「摂津守」）。この禁制高札は、日向守の署名を持つものとして現存唯一の資料である（国指定重要文化財）。〔本書52・74・75頁参照〕

宗氏との関係のはじまり

6 小西行長書状

（天正十五年（一五八七））五月八日

武田勝蔵「伯爵宗家所蔵豊公文書と朝鮮陣」所収

猶以、御鷹弐居虎皮弐枚、てりふ五端、被懸御意、過分至極候、軽嶺候儀候へ共、具足壱領令進覧候、表御祝儀斗候、以上、

御状拝見、並柳川権之介殿（調信）口上、被仰越候趣、具承届候、則達上聞候処、蒙成御朱印候、猶以、被仰出御内証、従我等一書以、可申入旨、御託候、

一、御自身御出頭筑前表、可被成御出候、自然遅候は、其内殿下様（豊臣秀吉）御上洛之跡へ御加候へは如何候間、何篇御急可被成候、

一、為人質、内野善衛門尉、平戸迄御越候、重而近御親類間、被指出候へと被成御託候、御一家内之内、御年少可然候、

一、高麗国之儀、急度被仰遣尤存候、自然返事遅候ハ、、諸兵船悉至対馬、可被指出之旨、堅被仰出候、則柳川殿（調信）へ直被成御託、御油断候てハ、如何存候間、右之御分別専一候、其御咄候内五島より、賤舡堅申付而、其通可被仰遣候、自今権介殿（調信）へ申渡候、恐惶謹言、

五月八日　行長（小西）（花押）

宗讃岐守殿（義調）

参御報

【解説】天正十五年（一五八七）、秀吉の九州攻めに従軍中の行長が、対馬の宗義調に宛てた書状。これ以降、行長は対馬・宗氏に対する秀吉の「取次」を務めることとなる。秀吉の意向を受け、①秀吉との面会のため義調自身が筑前へ出頭すること、②一家の親類から秀吉に人質を出すこと、③高麗国との交渉（国王の入朝・服属）をすみやかに行うこと、④遅滞すれば秀吉が対馬に軍勢を差し向けるであろうことを伝えている。この書状を受けて、宗義調・義智父子は六月七日に筑前筥崎にて秀吉に謁見し、対馬の安堵を受けている。

〔本書53・54・113頁参照〕

「何でも私に相談を」

7 小西行長書状
（天正十五年〈一五八七〉）九月二十八日

武田勝蔵「伯爵宗家所蔵豊公文書と朝鮮陣」所収

猶以、御人質為御替、佐須彦八郎殿御上洛、別而馳走可申之条、可心易候、以上、

御近札致拝見候、今度者筑前表早速被成御越、御仕合無残所、可被下之御面目不過之候、其以後、自是可申上候処、遠路故致無沙汰候処、早々御状并御鷹忝存候、高麗国之儀、無油断、御使者被指遣旨申上候処、喜思召候由、相心得可申上旨候、向後別而可得其意之条、爰元御用何事ニても、無御隔心可被仰付候、委細佐須右近殿迄申渡候、恐惶謹言、

九月廿八日　　　　行長（花押）

宗対馬守殿（義智）
参貴報

【解説】対馬の宗義智に宛てた書状。筑前での秀吉との謁見を称賛した上で、朝鮮との交渉を油断なく行うことを念押しし、何か用件があれば行長に「御隔心なく」（心置きなく）相談するように、と伝えている。取次としての行長の配慮がよくうかがえる。〔本書113頁参照〕

「早く朝鮮との交渉状況を知らせて！」

8 小西行長書状
（天正十六年〈一五八八〉）二月二十九日

武田勝蔵「伯爵宗家所蔵豊公文書と朝鮮陣」所収

猶以、預御使者之由、於下関承候、路次ニて罷違不及是非候、迚自是在国中ニ以使者可申入之条、令省略候、

改年之御慶重畳申納候、旧冬者平賀弥右衛門差下申候処、種々御懇志之段、具申聞候、其節御報殊御音信之段忝存候、将又肥後之国、去年一揆蜂起付而、為可被成其御糺明、中国・西国之御人数被仰付、為其検使、拙者も罷下候、内々自是以使者可得貴意之処、柳川方（調信）使者帰国之間、先令啓達候、四、五月之比迄者、九州可致在国之条、御用之儀御座候へは博多通肥後之国ニ可被仰越候、如何様自是も急度以使者、当年之御祝儀可申上候、次従高麗之御左右無御座候哉、承度存候、殿下様（豊臣秀吉）高麗之儀切ニ被成御尋候、御吉左右聽而奉侍候、猶追而可得貴意候、恐惶謹言、

二月廿九日　　　　（小西）行長（花押）

宗讃岐守殿（義調）
参人々御中

【解説】宗義調に宛てた書状。一揆の検使として肥後に在国すること、秀吉から朝鮮との交渉状況を尋ねられているので早く状況を知らせてほしいと述べている。秀吉の取次として、焦りを募らせる行長の心情がよくうかがえる。〔本書70・114頁参照〕

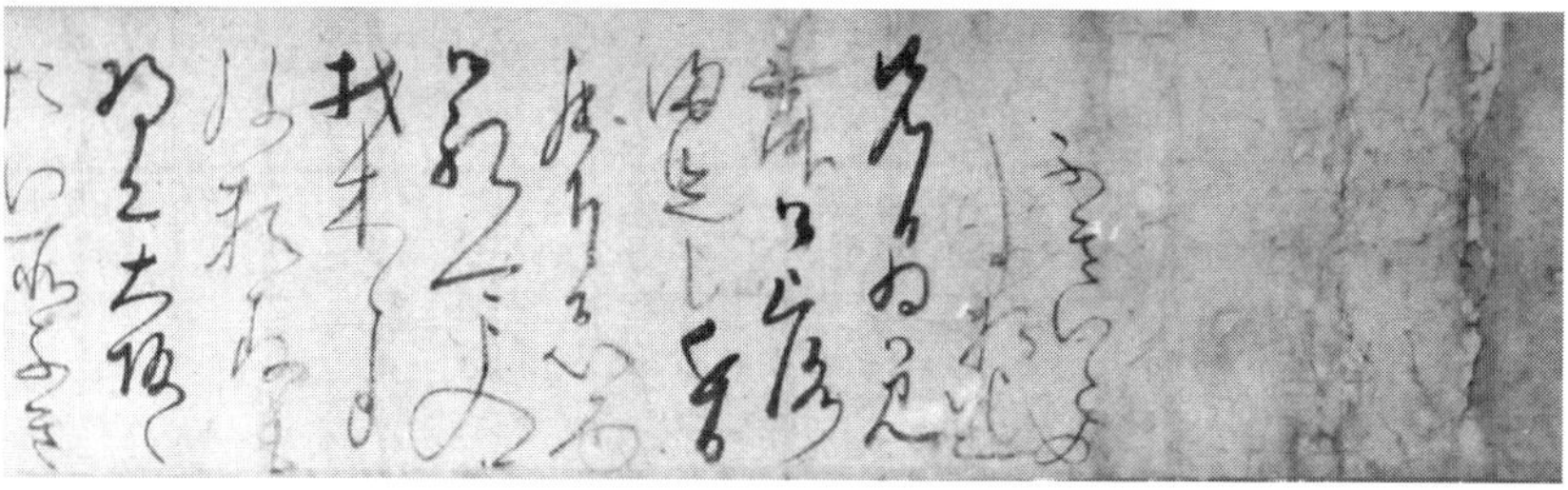

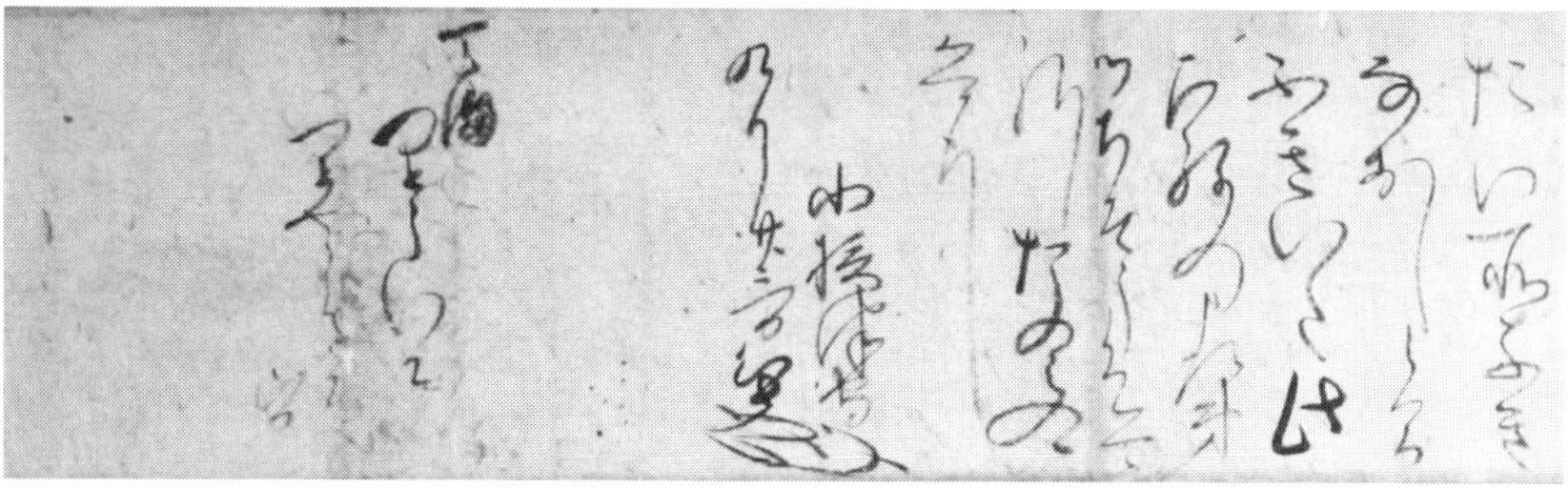

「材木調達よろしくお願いします」

9 小西行長書状（切継紙）

年未詳（天正十五年〈一五八七〉以降）九月二十三日
大阪城天守閣所蔵

ふきいたの」事、頼申候、以上、
先日為御見」舞御上洛」満足申候、近日」罷下候間、以
面」御礼可申入候、」材木之事、」弥頼存事候」将亦大坂之」
たい所ふき」なおし候間、」ふきいた、此」□□の申次第」
御ちそう候て、可」給候、たのミ入候、」恐々謹言、

小摂《（小西）》津守
行長（花押）

九月廿三日

天満
りうい殿
りやうさ殿
まいる

【解説】京都に滞在中の行長が大坂天満の材木商と想定される「りうい」「りやうさ」に宛てた書状。上洛見舞に対するお礼と、材木および「大坂之たい所」の修繕にともなう葺板調達を依頼している。本文・花押ともに他の書状の筆跡と異なり、行長自筆の可能性がある。天正十五年（一五八七）以降の文書と考えられるが時期を特定できないため、仮にここに配列しておく。

〔本書74・75頁参照〕

「三成に会えましたか？」

10 小西行長書状（竪紙）

年月日未詳（天正十五～十六年〈一五八七～八八〉）

『思文閣古書資料目録』第二一八号所収

夕へハ御出忝存候、」治少（石田三成）ニ御あひなく候哉、仰付」沙汰も無御座候哉、承度候、」参候て可申候へ共、御隙不存候間、」先申上候、恐々謹言、

小摂（小西行長）

（切封）宗及（津田）様まいる
人々御中

【解説】小西行長が堺の豪商・津田宗及に宛てた書状。筆跡から見て自筆の可能性がある。文中の「治少」（治部少輔）とは石田三成を指すと考えられ、三成との面会および「沙汰」の有無を宗及に尋ねる内容である。詳細は不明だが、行長が「摂津守」（小摂）を称する時期（天正十五年以降）、津田宗及の没年（天正十九年）、三成の堺奉行在任（天正十四～十六年）の期間を合わせ考えると、天正十五～十六年（一五八七～八八）ごろの書状と推測されるため、仮にここに配列しておく。

〔本書185頁参照〕

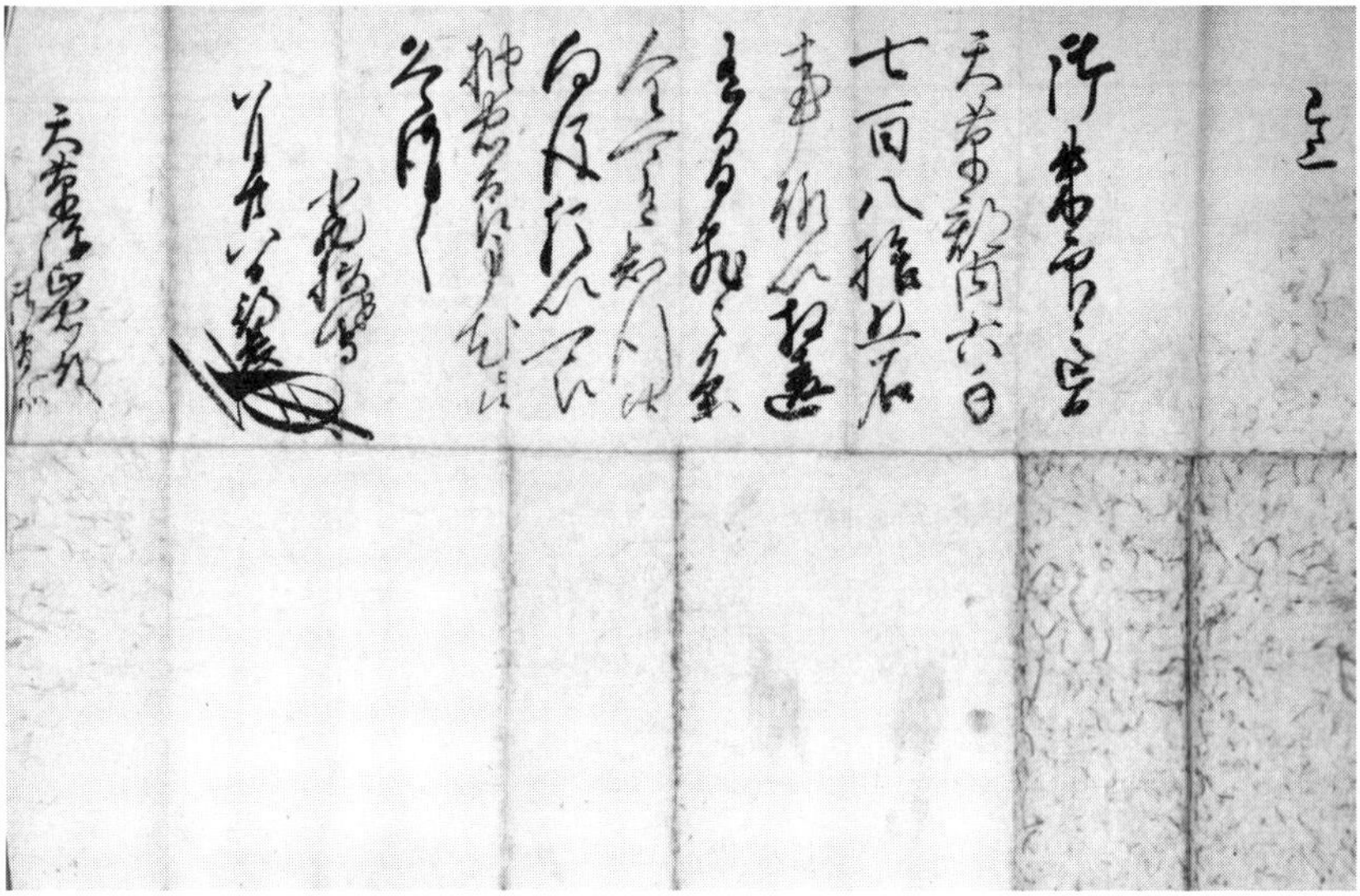

「秀吉様の言うとおり、知行を与えます」

11 小西行長知行安堵状（折紙）

（天正十六年〈一五八八〉）八月二十八日

個人蔵

已上、

御朱印之旨、」天草郡内六千」七百八拾五石」事、聊以相違」有間敷候之条、」全可有知行候、」向後猶以可被」抽忠節」事尤ニ候、」恐々謹言、

小西摂津守

八月廿八日　行長（花押）

天草弾正忠殿
御宿所

【解説】 肥後南半国の領主となった行長は秀吉から天草の統治も委任された。天正十六年（一五八八）閏五月十五日、秀吉は天草の国人衆に対して、行長に服従することを命じる朱印状を発給していた。本状はこの秀吉の朱印状をふまえて天草弾正忠に発給したもので、秀吉から宛行われた知行を行長が追認して安堵し、行長への「忠節」を求めるように命じている。この複雑な関係が、やがて天草一揆の原因となる。

〔本書85・99頁参照〕

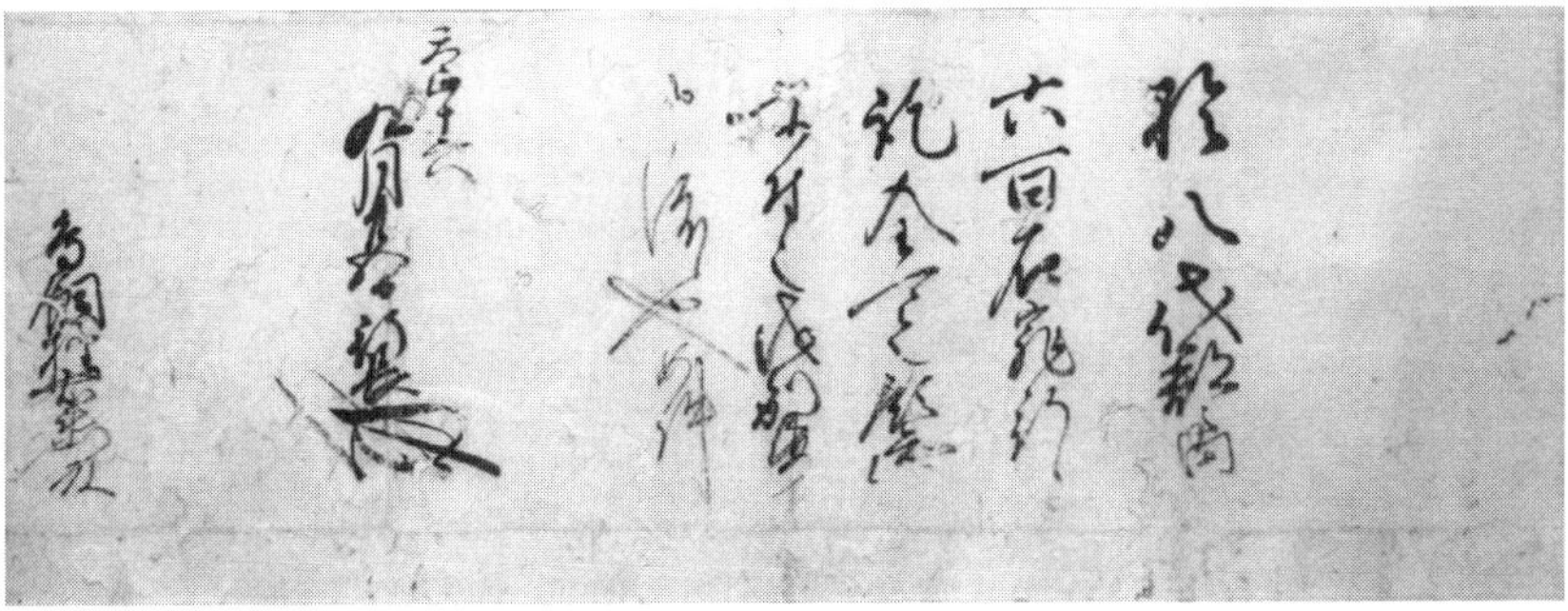

「八代郡内から六〇〇石を与えます」

12 小西行長知行宛行状（折紙）

天正十六年（一五八八）九月二十五日
竹田市立歴史資料館所蔵

於八代郡之内」六百石宛行候」訖、全可令領知候、」所付之儀別紙」申渡候也、如件、

天正十六
九月二十五日　　行長（小西）（花押）

鳥飼権右衛門殿

【解説】家臣の鳥飼権右衛門へ宛てた、八代郡のうち六〇〇石の宛行状。この年の閏五月、小西行長は秀吉から肥後半国を与えられている。本書状はこれまで『碩田叢史』により内容が知られていたが、近年原本の所在が確認された。鳥飼氏は関ヶ原合戦以降、加藤氏に仕え、後に豊後中川氏に仕えた家である。

〔本書74・75・85頁参照〕

「益城郡内から四〇〇石を与えます」

13 小西行長知行宛行状写

天正十六年（一五八八）九月二十五日
『黄薇古簡集』所収

於益城郡内四百石宛行之訖、全可令領知候、所付之儀、
別紙申渡候也、如件、
天正十六
九月廿五日　（小西）行長（花押写）
安部文蔵殿

【解説】家臣の安部文蔵へ宛てた、益城郡のうち四〇〇石の宛行状の写し。前掲12と同日付で発給されており、行長はこの日に家臣団編成の一環として、ある程度まとめて知行宛行状を発給したのだろう。なお、宛名の安部文蔵は慶長四年（一五九九）十月に加藤清正より知行宛行状を与えられている。これらの写しは「安部伝左衛門文書」として『黄薇古簡集』に収録されている。

〔本書85頁参照〕

「天草本渡に代官を置きます」

14 小西行長知行預ヶ状写

（天正十七年〈一五八九〉）三月十日
個人蔵

以上、
態申遣候、本砥之儀、天草殿（種元）へ為代官預け置之間、百姓
中何も可得其意候也、
三月十日　行長（花押）
本砥百姓中

【解説】天草の「本砥」（本渡）を、「天草殿」に代官として預けたことを、本砥の百姓たちに伝達した書状。この場合の「天草殿」は本渡城主の天草種元を指すと考えられ、行長は種元を代官として本砥を直接支配しようとしたことがうかがえる。本状は行長が天草を完全に掌握する直前の天正十七年（一五八九）に推定され、この後しばらくして天草一揆が勃発することとなる。

〔本書99頁参照〕

行長の役割がよくわかる書状

15 小西行長書状写 （天正十七年〈一五八九〉）十一月八日

『武家事紀』所収

急度奉致言上候、夫廿三日之合戦得大利申候、先日御註進申上候、其以後敵少々罷出候ヲ、主計頭申談討果申候、首数多討取申候事、

一、先書ニ如申上候、志岐居城二丸迄引崩、城内之者一人モ抜不申様ニ柵ヲ結、取巻在之ニヨッテ城内致迷惑、種々様々懇望仕、為加勢天草堺ニ人数三万余相添、本丸ニ相籠候ヲ為志岐討果、忠節ニ仕、命之儀懇望仕候間、扶申儀者京都へ申上可得御意之由申候テ、先天草之者トモ今日八日巳刻不残一人討果申候、当城之儀者不及申上、葉城二、三箇処御座候ヲモ急度請取可申候、度々之合戦ニ、天草役ニモ言申程ノ者ヲハ、大形討果候間、当島之儀者無残所申付、頓而越年罷上可申上事、

一、主計頭(加藤清正)自身被罷渡候事、御国ヲ明申両人ナカラ罷立候事儀不得御諚、如何可被思召候哉ト、種々相留申候ヘトモ、去廿八日至此表被罷渡候間、不及是非諸事申談、九州御置目ニ御座候間、越度無御座様ニ申付候事、

一、五島・平戸之唐人八幡仕候由、被成下御朱印候、昨日致頂戴候、既平戸・五島是ニ在陣仕候間、上意之旨申聞、当春大唐ェ商買ニ罷出候、唐人其外何モ相留改申候、不残召集罷上候事、

一、従高麗対馬守(宗義智)飛脚ヲ差越申候、高麗へ出船仕儀、シカト御請申之由申越候、雖然異国ニテ御座候故、年内彼国往来モ難成候間、正月中ニ召連罷渡由申候テ、対馬守ハ高麗ニソレマテ逗留仕候、対馬守相添高麗へ遣申候拙者使島井宗室、今明中ニ罷帰候間、是又召連罷登、彼国之様体可申上候、兎角日本へ罷渡候由申旨、慥ニ申越候間、先御註進申上事、

右之趣宜御披露奉頼候、恐惶謹言、

十一月八日　　小西摂津守行長

進上　浅野弾正少弼(長政)殿

【解説】宛名は浅野長政であるが、秀吉に対して出された披露状。天正十七年（一五八九）の天草在陣中に出されたもので、①志岐城制圧と事後処理の経過、②加藤清正の天草渡海、③五島・平戸の「唐人八幡」（ばはん。海賊の意）対策、④宗義智による対朝鮮交渉の進展具合報告、の四項目からなる。いずれも重要な内容であるが、簡潔に言えば、この時期の行長の役割、すなわち、肥後領主・九州諸大名の取次・対朝鮮交渉が全て凝縮された書状と言える。

〔本書102・103・114・115頁参照〕

本願寺とのやりとり

16 小西行長書状（切紙）

（年未詳）七月五日

『山口県史』資料編中世三所収

御札拝見申候、」乃従御門主様（本願寺顕如）御」使僧殊御音信」忝存候、
則御報」申上候間、可然之様」御披露憑存候、」猶御使
者へ申入候、」恐惶謹言、

小摂津守（小西）
行長（花押）

七月五日
下刑法様（下間頼廉）
貴報

【解説】下間頼廉に宛てた書状。頼廉からの書状を受けてのもので、「御門主様」（本願寺顕如）からの使僧と音信に対するお礼を伝えており、形式としては顕如に対する披露状と言える。年記を欠き、詳細不明で時期を特定できないため、仮にここに配列しておく。キリシタンとして知られる行長だが、きちんと本願寺とのやりとりをしている点が興味深い。

「秀吉様の朱印状をお送りします」

18 小西行長書状（折紙）（天正二十年〈一五九二〉）正月十八日

東京大学史料編纂所所蔵台紙付写真

高麗国へ為」御使小西摂津守（行長）」被差遣候条、」遂返事申
上候」迄は壱岐島・」対馬ニ諸勢陣」取候て可相待候、」
高麗へ人数」一人も差渡間」敷候、右之通」国衆へも入
念」堅可申聞候、」委細之儀、小西」摂津守可申候也、

御朱印

正月十八日
毛利壱岐守（吉成）とのへ
加藤主計頭（清正）とのへ
黒田甲斐守（長政）とのへ

御朱印ハ此者飛脚」候之間不進之候、加主へ（加藤清正）」渡可申
候、即拙者判を仕」進入候、

小摂（小西行長）（花押）
甲州様（黒田長政）

【解説】秀吉の朱印状の写しに行長が追記・加判する形で黒田長政に宛てたもの。朱印状自体は朝鮮出兵開始直前の天正二十年（一五九二）のもので、壱岐・対馬における布陣を、毛利吉成・加藤清正・黒田長政に指示したものであり、行長は「取次」として、秀吉の意向を確実に伝えるようにこのような書状を発給したものと考えられる。「唐入り」における「取次」としての行長の姿がよくうかがえる。

〔本書127頁参照〕

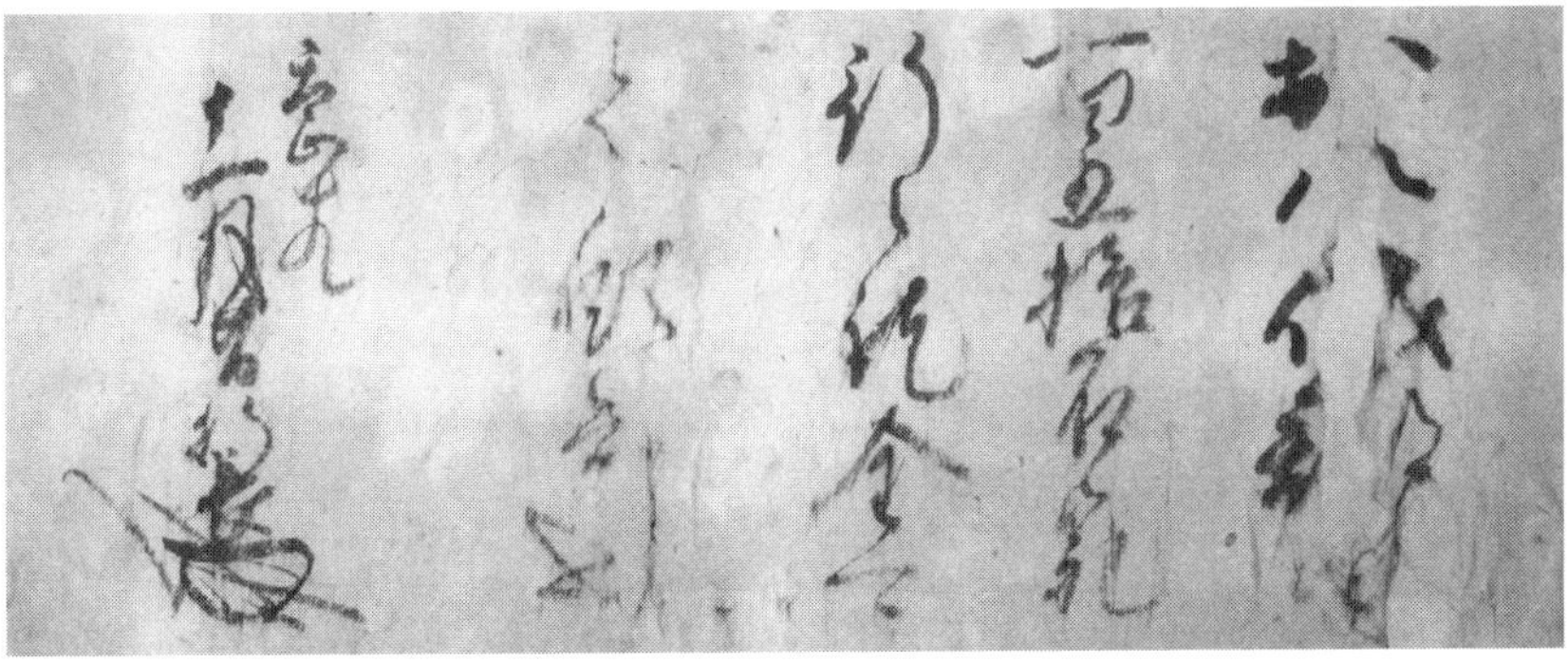

「八代郡内から一五〇石を与えます」

17 小西行長知行宛行状（切紙）

天正十九年（一五九一）十一月二十日

個人蔵

於八代郡内、」百五拾石宛」行之訖、全可」令領知候也、

天正十九
十一月廿日　行長《（小西）》（花押）

（切断により宛名欠）

【解説】行長の知行宛行状で、八代郡のうち一五〇石を与える内容。宛所部分が切断されており、誰に宛てたものかははっきりしないが、この宛行状が伝来した家には、天正十九年（一五九一）十月に小西美作（末郷）に進上した家系図の控えが残されていることから、本状はこの家の先祖に宛てられたものと考えられる。〔本書119頁参照〕

先鋒としての働きぶりを秀吉に報告

19 小西行長書状写 （天正二十年（一五九二）四月二十五日

『豊公遺文』所収

謹而致言上候、去十五日・同十七日此表之様子壱書并絵図を以申上候、

一、昨日廿四日尚州表江都ヨリ大将分三十余人・弐万計山座仕候を則時追散、大将分其外千余人討捕候、残候者共者むへ山ニ逃籠、及暮悉討果不申、不及是非候而日本通事壱人、都より使ニ指出候を生捕申候而如何様ニも御諚次第人質を出シ、唐江の案内者をも仕、人数召連馳走可仕之由申候間、御諚之旨、壱ッ書を以申遣、通事返申候、通事申候分者、大人一両人召連、二三日中可罷出之由申候間、急度相究到来可申越之通、堅申付候、

一、都国王之儀、御礼をも申上、唐江之案内者ニも可罷出之由候而者致赦免、重而可申上候、但少成とも相障儀候而者、討果可申候、何之道ニも今五六日の間ニ御注進可申上候事、

一、御番被仰付候城之事、拙者罷通候道筋中、海道東莱城・慶州之城被仰付候条、其分申付候、相残之城者不苦候事、

一、去十七日、加藤主計頭（清正）・黒田甲斐（長政）・毛利壱岐（吉成）・鍋島加賀守、西海道越申之由候、都近辺ニ而者、何も一所ニ罷成、各申談御注進可申上候、可然様ニ御披露所仰候、恐々謹言、

卯月廿五日　　小西摂津守
　　　　　　　　　行長

長束大蔵太輔（正家）殿
木下半介（吉隆）殿

【解説】長束正家と木下吉隆へ宛てた秀吉への披露状。天正二十年（一五九二）四月、行長率いる第一軍は釜山に上陸。十四日には釜山城、十五日には東莱城を陥落させて北上し、二十五日には尚州を陥落させた。本状はその際の戦況を報告するもので、「大将分三十余人、弐万計」を追い散らしたと戦果を（誇大して）述べる。朝鮮国王に対しては、服属するようにアプローチしつつ、明への案内に出向けば赦免し、少しでも障りがあれば「討果」たす所存であることを述べている。先鋒としての行長の働きがよくわかる書状である。〔本書132頁参照〕

「今年の「唐入り」は延期だそうです」

20 小西行長書状（折紙）（天正二十年〈一五九二〉）八月十八日

木島文書（東京大学史料編纂所所蔵影写本）

尚以□□越□」脚忝存候、主殿（小西主殿助）・」作右衛門尉（小西末郷）かたへの御状ハ」何も相届候、是自」可申入候、以上、

御状拝見申候、自」是も切々可申入」処ニ、遠路故無」背本意候、御上使」衆□□着ニ付而」我等も都へ罷越、即」又罷帰候、当年唐」入之儀者、先相延」申分に候、去十六日、同」廿七日、唐之もの罷越」及一戦、即時ニ切崩」数千人□□」（折返）将亦其表番船はい」こう仕候付而、吉被仰談候、追而御中進之由」承候、定而急度」可被仰付候而、存事ニ候、」我等之船共も其元ニ」在之儀候而ハ、諸事可然」様ニ頼申候、此書状を」脇中（脇坂安治）へ被遣候て可」被下候、加」左馬（加藤嘉明）へ」別帋を以可申候へ共、」御心得頼申候、恐々謹言、

八月十八日　小摂（小西）
行長（花押）

九鬼（嘉隆）大隅守殿

【解説】九鬼嘉隆に宛てた書状。日本からの「上使衆」の漢城到着、今年の「唐入り」（明への侵攻）の延期、先日の戦闘の様子、秀吉への注進承諾、行長の軍船に関する依頼などについて伝えている。〔本書139頁参照〕

「なぜ黒田長政は撤退したの？」

21 小西行長書状（文禄二年〈一五九三〉）正月十三日

吉川家文書七四七

御状拝見申候、其許聢御陣取之由、尤ニ存候、甲州（黒田長政）被引取候儀、未何共相聞不申候、尚期貴面候、恐々謹言、

正月十三日　小摂（小西）
行長（花押）

吉蔵様（吉川広家）
御返報

【解説】天正二十年（一五九二）六月、平壌を占領した行長軍はそのまま在陣を続け、そこで明との講和交渉を開始する。しかし、明の大軍が平壌を包囲する事態となり、文禄二年（一五九三）正月七日、明・朝鮮軍の総攻撃を受け、行長は平壌から撤退。本状はその際、南下する行長が開城に在陣中の吉川広家に宛てたもので、「甲州」（黒田長政）が陣を引き上げたことは何もまだ聞いていない、と述べている。この後、行長軍は広家らがいる開城まで撤退する。〔本書141頁参照〕

「碧蹄館で素晴らしいご活躍だったそうですね」

22 小西行長書状（折紙）

（文禄二年（一五九三））二月四日

『山口県史』資料編中世三所収

尚以被寄思召」御懇札過分至極候、以上、

昨日者御状忝」存候、即御報可申」処ニ、令他出夜更」罷帰、背本意候、」我等も御陣所参を以」御見廻可申入処ニ」手前取紛致無」沙汰候、誠先日者」御合戦之刻御手」柄共、各其御取沙（折返）」汰ニて候き、御名誉」之至候、向後切々可」得御意之条、いか様」在陣中ニ令伺」可申達候、恐惶謹言、

小摂（小西）
行長（花押）

二月四日

毛利七郎兵殿（末次元康）
御報

【解説】宛名の「毛利七郎兵」（末次元康）は毛利元就の八男で、子孫は厚狭毛利氏として存続した。文禄・慶長の役で渡海し、文禄二年（一五九三）一月の碧蹄館の戦いに参陣。その際の軍功を行長が賞賛する内容。平壌から撤退した行長は、一月末には漢城に入っており、この書状を出した段階でも漢城に在陣中であったのだろう。

〔本書141頁参照〕

「これからはみんなで仲良く相談しましょう」

23 宇喜多秀家外十六名連署契状

（文禄二年（一五九三））二月二十七日

吉川家文書一一三六

条々

一、今度　言上之趣、並御仕置等之事、物談儀存知寄通、不残心底可申候、向後一分之身上之儀をかばい、公儀之御ためにならさるつよミ、又者よわミを申間敷候、とにもかくにも、公儀之御為、可然様ニ所心底ニ及令分別、存分之たけ可申事、

一、面々存分申出上ニおゐて多分ニ可付申事、

一、物談相究　言上候以後、善ニも悪ニも衆議次第たるへく候、私之存分申立、一分之申ひらき有之間敷候事、

右条々、八幡大井・愛宕・白山、偽有之間敷候、仍如件、

二月廿七日

備前宰相（宇喜多）　秀家（花押）
筑前侍従（小早川）　隆景（花押）
豊後侍従（大友義統）　吉統（花押）
小西摂津守

行長（花押）
毛利壱岐守
吉成（花押）
黒田甲斐守
長政（花押）
前野但馬守
長泰（花押）
加藤遠江守
光泰（花押）
大谷刑部少輔
吉継（花押）
石田治部少輔
三成（花押）
増田右衛門尉
長盛（花押）
福島左衛門大輔
正則（花押）
生駒雅楽頭
近則
蜂須賀阿波守
家政
加藤主計頭
清正（花押）
鍋島加賀守
直茂（花押）
吉川侍従
広家（花押）

【解説】漢城在陣中の諸将十七名による連署契状。文禄二年（一五九三）二月二十七日、漢城での軍議において、秀吉の渡海延期の言上や漢城を放棄して釜山まで撤退すべきとの方針が話し合われた。この契状はこの軍議と関連するものと思われ、今後は私情によらず、「とにもかくにも、公儀之御為」に言動し「衆議」に従うことなどについて誓約が行なわれている。おそらくこの段階で諸将の間で意見の対立や不満が渦巻いており、その事態収拾の手段としてこうした契状が作成されたのであろう。〔本書141頁参照〕

みんなで秀吉に漢城撤退を報告

24 宇喜多秀家外五名連署状写

（文禄二年〈一五九三〉）四月十七日
『日本戦史　朝鮮役』所収

急度御注進申上候、

一、先度合戦城責以後、大明より罷立候惣大将かたより最前御侘言申上候儀、於平安表ニ彼方ゟ不致相違通、段々小西（行長）手前へ申理候而、とても都近辺へよせ来候へハ、及一戦可討果候付而、右之及返答候処、ゆうけき（沈惟敬）将軍去九日ニ小西陣所へ罷越候て逗留仕、今日十七日ニ大明ゟ日本へ相渡候勅使両人、罷越候、則ゆうけきも釜山海迄送可申ニ相定候事、

一、都之兵粮は手さきへ相越候奉行共改置候通、蔵共ニ書付を以請取、ふうを付置候、此中支配仕候処、右之書付ゟおほく御座候、五月上旬迄之分御座候、乍去釜山海ゟ之御兵粮、何と被仰付候ても、都迄不相続儀ニ御座候条、此面之儀、此中差急、前後之衆、無越度様ニ申談候、右之分ニ御座候間、大明勅使官人召連、都一両日中ニ打入可申候、彼官人之儀、即なこやへ差渡可申候事、

一、黒田勘解由（長政）ニ様子被仰含由被仰下候へ共、釜山海面ニ相待申由候間、途中迄可罷出由、申遣候条猶以様体承届、各申談、御仕置之儀、無由（油）断可申付候、猶跡より慥可申上候、今日勅使請取申候条、先飛脚を以、致言上候、於此上も丈夫ニ申付候間、不被成御気遣様ニ宜預御披露候、恐々謹言、

卯月十七日

小西摂津守　行長華押
増田右衛門尉　長盛華押
大谷刑部少輔　吉継華押
石田治部少輔　三成華押
小早川左衛門佐　隆景華押
備（宇喜多）前宰相　秀家華押

長束（正家）大蔵大輔殿
石田木（正澄）工頭殿

【解説】行長ら漢城在陣中の諸将から長束正家・石田正澄に宛てた秀吉への披露状。冒頭では明の「勅使」（実際には正式な勅使ではない）が漢城の小西陣中に到着したこと、釜山からの兵糧輸送が滞っているので「勅使」を連れて、日本の軍勢も都から撤退することが述べられている。

〔本書143頁参照〕

「毛利元政殿の病気が心配です」

25 小西行長書状（切紙、もと折紙）　（年未詳）四月二十八日

『山口県史』資料編中世三所収

御状拝見申候、」従輝元（毛利）様御」使札、則御報申」上候、
自是も細々」可申入処ニ、手前」取紛無音背本」意
候、六郎（毛利元政）左衛門尉殿御」煩之由、無御心元候、」猶自是
可申述候、」恐々謹言、

卯月廿八日　　小（小西）摂津
　　　　　　　　行長（花押）

毛利六郎左衛門尉殿
杉　森　孫　兵　衛殿
御返報

【解説】毛利元政・杉森孫兵衛に宛てた書状。元政らと毛利輝元からの書状を受けてのもので、こちらから連絡するべきところを多忙により連絡できず失礼したこと、毛利元政の病気が心配であることなどを伝えている。年記を欠き、詳細不明で時期を特定できないため、仮にここに配列しておく。

「日本から戻ってきました」

26 小西行長書状（折紙）　（文禄二年〈一五九三〉）七月七日

相良家文書七一四

以上、
下着為御見廻（舞）、」御状拝見、本望之」至候、御前仕合」
能罷下候、可御心」易候、自是も可」申入処ニ手前取」紛、
令無音候、御」煩気之由、能々可被」御養生候、猶追々
可」申述候、恐々謹言、

七月七日　　小（小西）摂津
　　　　　　　行長（花押）

相良宮内少輔（長毎）殿
御返報

【解説】相良長毎に宛てた書状。これより前の五月十五日、行長は明の「勅使」をともない、秀吉が在陣する名護屋に到着。同二十三日に秀吉と「勅使」の会見が行なわれ、行長は六月初めには釜山に戻り、六月下旬には晋州城攻めに参陣している。こうした状況を考えると、「下着」「御前仕合能罷下」との文言は、名護屋から再び朝鮮に渡海してきたことを指しているのだろう。

〔本書152頁参照〕

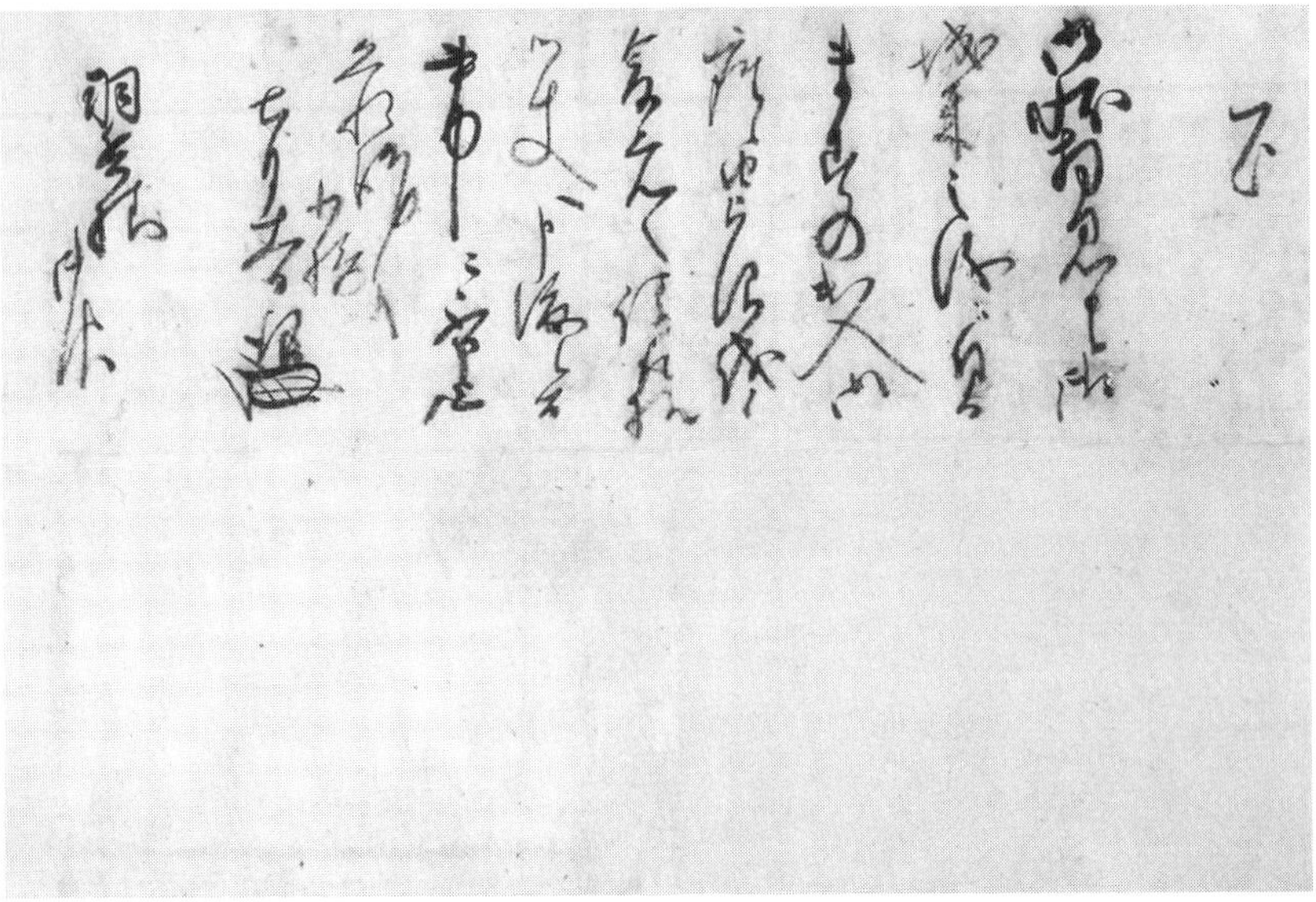

島津義弘と兵粮の相談

27 小西行長書状（折紙）（文禄二年（一五九三））七月十一日

島津家文書四―一六―一五（東京大学史料編纂所所蔵）

以上、

御状拝見申候、御」城米之儀ニ付而、」ますの出入御」座
候由被仰越候、」爰元之請取様、」御使へ申渡候間、」書
中ニ不申上候、」恐惶謹言、

小摂（小西）
行長（花押）

七月十一日

羽兵様（島津義弘）
御報

【解説】島津義弘に宛てた書状。「御城米」の「ますの出入」（分量の過不足との意か）について、行長の「請取様」を伝える、という内容である。義弘は晋州攻めの後、秀吉から巨済島（唐島）の永登浦での在番を命じられており、そのことと関連する書状と思われる。

〔本書152・153頁参照〕

「昨日朝鮮の軍船と戦いました」

28 小西行長書状（折紙）　（年未詳）十月十二日

相良家文書八三四

御状拝見申候、如御」書中、一昨日番」船此表へ相越候、」
昨日たゝかいへ引入候、」相替儀候ハヽ、自是」可申入候、
早々預示、」本望ニ存候、恐々謹言、

小摂津（小西）
行長（花押）

十月十二日
相良（長毎）宮内太輔殿
御返報

【解説】相良長毎に宛てた書状。軍船襲来を知らせる長毎の書状を受けてのもので、知らせどおり朝鮮の軍船がこちらへ襲来し、昨日戦闘に及んだこと、異変があればこちらから連絡することなどを伝えている。年記を欠き、詳細不明で時期を特定できないため、仮にここに配列しておく。

〔本書152・153頁参照〕

「普請お見舞いありがとうございます」

29 小西行長書状（折紙）　（年未詳）十月二十二日

堀内文書（東京大学史料編纂所所蔵影写本）

尚々御懇之御心付」満足申候、以面御礼可」申述候、以上、

御状拝見申候、普」請為御見廻（舞）裁巻木」五百本被懸御意
之」御心付之段、誠忝」存候、自是も切々」可申入処ニ
手前」取紛、無音令迷」惑候、猶林伝右衛門殿」申入候、
恐々謹言、

小摂津（小西）
行長（花押）

十月廿二日
堀安（堀内氏善）様
御返報

【解説】堀内氏善に宛てた書状。氏善からの書状を受けてのもので、普請見舞いに対するお礼を述べ、こちらから連絡するべきところを多忙により連絡できず失礼したことなどを伝えている。本文に見える「林伝右衛門」とは氏善の家臣であろうか。堀内氏善は文禄の役に際し舟手衆を務めている。年記を欠き、詳細不明で時期を特定できないため、仮にここに配列しておく。

〔本書152・153頁参照〕

「秀吉様の朱印状が届きました」

30 小西行長書状（折紙）（文禄二年（一五九三））十二月三日

相良家文書七三三

以上、

其以後無音、」背本意候、仍従」日本岡田勝五郎（善同）」罷渡

候ニ各へ被成」御朱印則持参申候、」御前之様子、勝五郎」

可申入候、恐々謹言、

十二月三日　小摂（小西）
行長（花押）

相良宮内太輔（長毎）殿
御陣所

【解説】相良長毎に宛てた書状。日本から諸将宛ての秀吉の朱印状を持参して岡田勝五郎（善同）がやってきたので、秀吉の意向を勝五郎から伝えさせる、とある。このとき勝五郎が持参したのは同年九月二十三日付の朱印状で、引き続き現地支配を油断なく行なうように、との内容である。勝五郎は諸将の陣を直接訪れており、おそらくこの日に行長の陣を訪れ、その旨を行長が長毎に報告したのであろう。実際、勝五郎は十二月八日に相良長毎のもとを訪れたようである（相良家文書七三四）。

〔本書152・153頁参照〕

堀内氏善へ御祝儀を

31 小西行長書状（年未詳）正月八日

堀内文書（東京大学史料編纂所所蔵影写本）

」之為

」御名代殊

」忝存候、則

」可申上候へ共

」之成候之故、延

」為其使者以御礼申上候、

」」

」を以申入候、為御

祝儀弐百疋令

進入候、恐々謹言、

正月八日　小西摂津守
行長（花押）

堀内安房守（氏善）殿
御返報

【解説】堀内氏善に宛てた書状。破損が激しいため、詳しい内容は不明であるが、氏善からの使者に対する返礼を伝え、「祝儀」を進呈しているようである。年記を欠き詳細が不明で時期を特定できないため、仮にここに配列しておく。

〔本書152・153頁参照〕

おそらく堀内氏善への手紙

32 小西行長書状（竪紙）　（年未詳）二月十四日

堀内文書（東京大学史料編纂所所蔵影写本）

尚々□
此事□
御状拝見□　□珍
敷さかな被懸御意忝存候、
これゟも可申入候処ニ
如御書中之大明よ□
到来ニ付而取□
御存事ニ罷成候、必□
以参御礼可申延候、恐々謹言、
二月十四日　行長《小西》（花押）
（宛名欠）

【解説】宛名を欠くが、29・31同様「堀内文書」に含まれるため、堀内氏善に宛てた書状と推定される。音信に対するお礼を述べ、明からの使者の到来で多忙であることを伝えている。年記を欠き、詳細不明で時期を特定できないため、仮にここに配列しておく。

〔本書152・153頁参照〕

「秀吉様の朱印状をお届けします」

33 小西行長書状（折紙）　（文禄三年〈一五九四〉）六月九日

相良家文書七五四

已上、
其後者無音、非」本意候、仍被成」御朱印候間、則」持
せ進之候、御請」此者ニ可給候、并」山城州《山中長俊》ゟ之書状」
進入候、猶使可」申候、恐々謹言、
六月九日　小摂津守《小西》
行長（花押）
相良宮内少輔《長毎》殿
御陣所

【解説】相良長毎に宛てた書状。秀吉の朱印状を使者に持たせるので、「御請」（受領書）を使者に渡すこと、山中長俊の書状もあわせて届けることを伝えている。この年の四月ごろ行長は日本に戻っており、これにあわせて四月十六日に朝鮮在番諸将に対する秀吉の朱印状が発給されており、その副状として山中長俊も書状を出している（相良家文書七五三）。本状は、朝鮮に戻ってきた行長が、「取次」としてこれらの書状を長毎に伝達している様子を物語っている。

〔本書152・153頁参照〕

「朱印状の受領書は日本へ送りましたのでご安心を」

34 小西行長書状（折紙） （文禄三年〈一五九四〉）七月十九日

相良家文書七五五

猶々、遠路」御使者忝候〳〵、已上、

御状拝見申候、」如仰、先度者」御朱印持せ」進入候、御請即」指上申候条、可御心」安候、自是も切々」可申入候処ニ程隔」候ニ付而無意、背」本意候、為御音」信、御樽弐荷遥（折返）」送給候、御懇之」儀共、令満足候、」猶自是可申」入候、恐々謹言、

七月十九日　小摂守（小西）
行長（花押）

相良（長毎）宮内太輔殿
御返報

【解説】相良長毎に宛てた書状。先日持参させた秀吉の朱印状に対する「御請」（受領書）はすぐに送ったので安心すること、こちらからも連絡するべきところ距離が離れているので失礼していること、音信のお礼などを伝えている。おそらくは33の行長書状と関連するものであろう。「遠路御使者」と見えるように、この時点での行長の拠点は熊川で、長毎は加藤清正とともに西生浦であった。

〔本書152・153頁参照〕

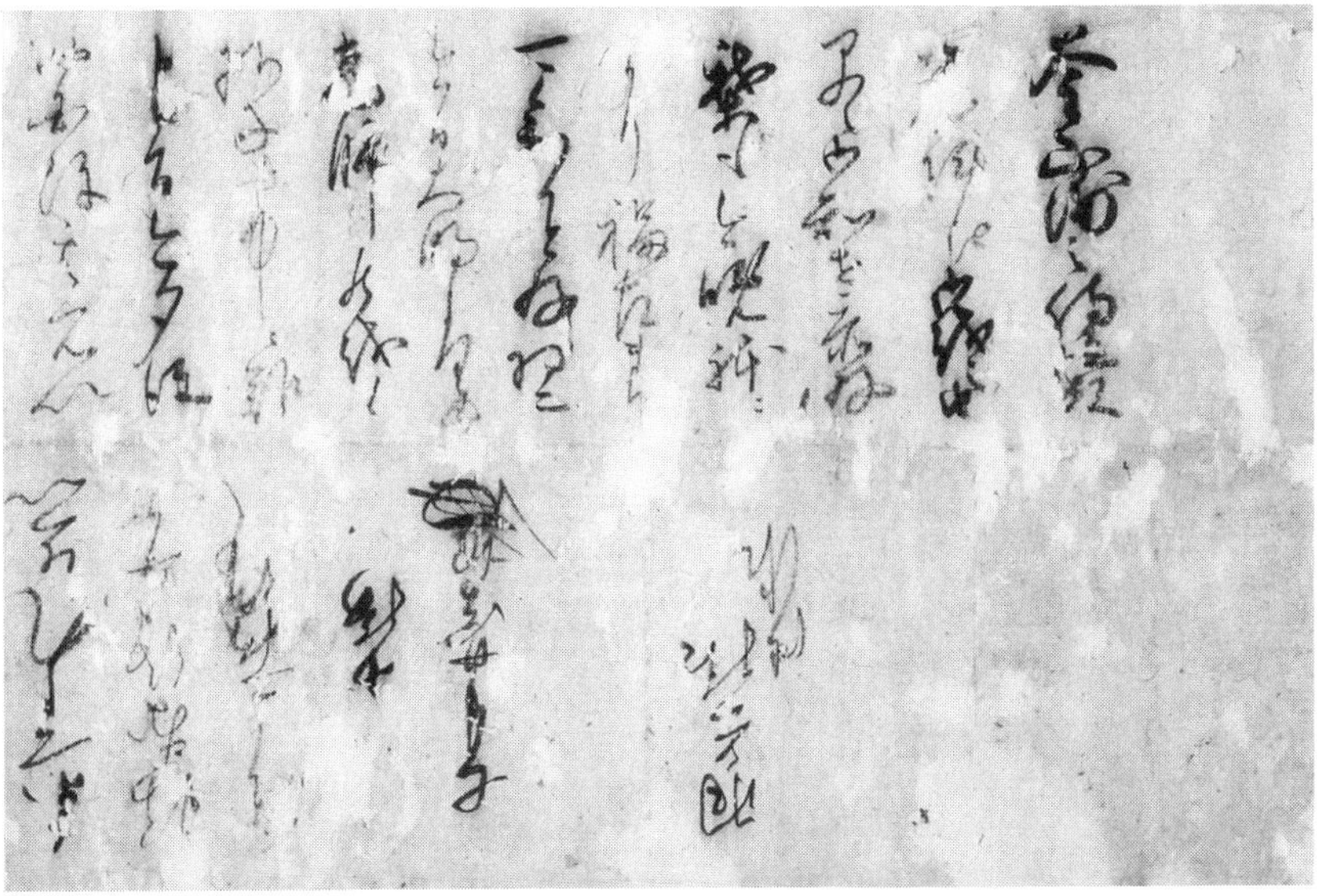

島津義弘と頻繁に情報交換

35 小西行長書状（折紙）（文禄三年〈一五九四〉）七月二十四日

島津家文書四―一七―四一（東京大学史料編纂所所蔵）

釜山浦之侍従殿（毛利秀元カ）」□陣江御越之由、」早々御知せ忝存候、」
我等も今晩体ニ」かり福左（福島正則カ）まて」可参候と存候、将亦」
今日大明ゟの」□脚罷越候」様子、書中ニ難」申候間、
今夕従」四国陣其元以」（折返）参可申入候、先以」珍敷儀も無
御」座候、恐惶謹言、

七月廿四日　　小摂（小西）
　　　　　　　　行長（花押）

羽兵様（島津義弘）
　御報

【解説】島津義弘に宛てた書状。「釜山浦之侍従殿」（毛利秀元か）の動向についての報告のお礼を述べ、自分も今晩「福左」（福島正則か）の陣に赴くこと、今日明からの使いが来たこと、今夕中に四国衆の陣からそちらに参ることなどを述べている。『薩藩旧記雑録』によれば、二日後の七月二十六日に「安芸侍従」（毛利秀元）と福島正則が巨済島の島津陣を訪れており、本状はこれに関する内容と考えられる。

〔本書152・153頁参照〕

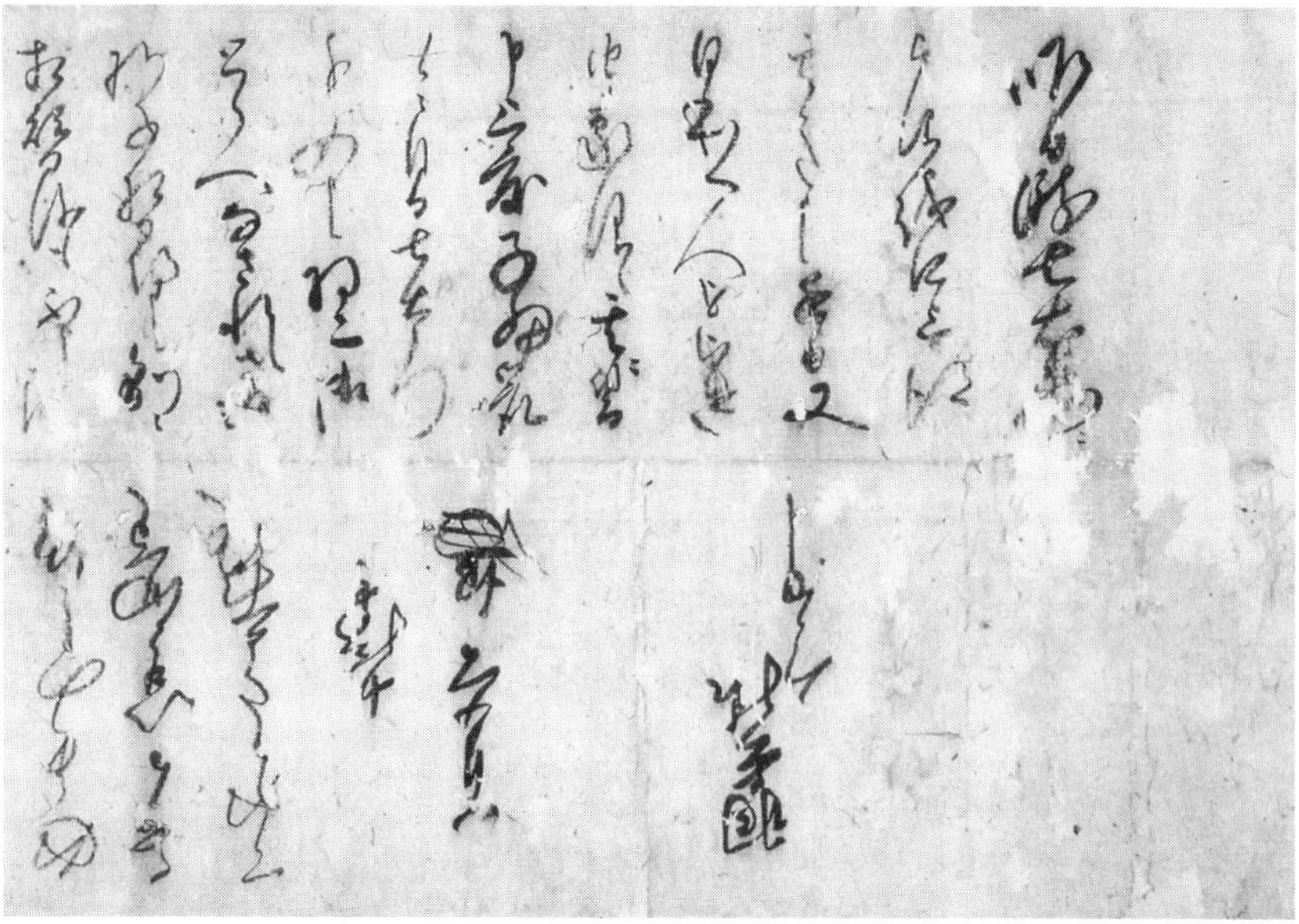

島津義弘に家臣の滝重時を派遣

36 小西行長書状 （折紙）

（年未詳）八月十一日

島津家文書四—一七—四三（東京大学史料編纂所所蔵）

昨日滝七右衛門《（重時）》ニ」被仰越口上得」其意申候、近日又」日本へ人を被遣候」由蒙仰候、其ニ付而」申上度子細御座」候ニ付而七右衛門」進入申候、将亦御」とらへなされ候さるミ」様子相尋申候、別ニ」相替儀も不申□」《（折返）》返進入申候、何も」追而以貴面、万々」可得御意候、恐惶謹言、

小摂守《（小西）》
行長（花押）

八月十一日

羽兵様《（島津義弘）》
人々御中

【解説】島津義弘に宛てた書状。近日、日本へ使者を派遣されると聞いて、申し上げたいことがあるので滝七右衛門を遣わすこと、捕らえた「さるミ」（朝鮮人）について尋ねることなどを伝えている。島津義弘が朝鮮在陣中のものであることは確かだが、年記を欠き、詳細不明で時期を特定できないため、仮にここに配列しておく。ここで名が見える「七右衛門」は小西家臣・滝重時のことであり、島津氏との取次役として諸資料に登場している。

〔本書152・153頁参照〕

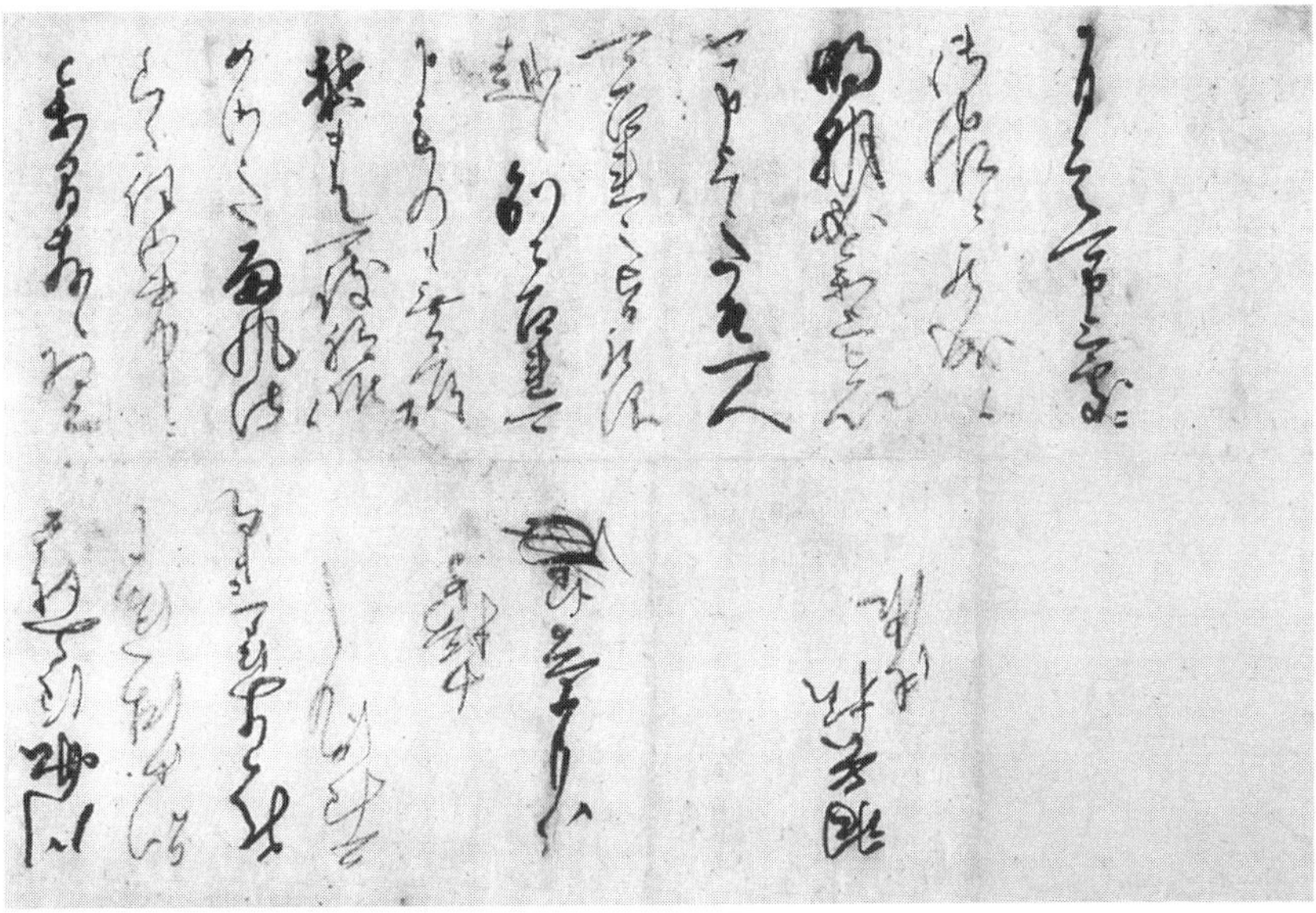

「明日の朝に必ず参上します」

37 小西行長書状（折紙）　（文禄三年〈一五九四〉）八月十六日

島津家文書四―一六―三三（東京大学史料編纂所所蔵）

自是可申上処ニ、」御報ニ罷成候、」明朝必参上を以」可申上候、たそ一人」可召連之旨被仰」越候、別ニ召連可」申ものも無御座候間、」我等まて可致祇候候、」如御意雨風仕」候ハヽ、任御書中ニ、」参問敷候、将亦」（折返）川船注文仕候間、」則御使へ渡申候、」猶御使口上ニ申上候、」恐惶謹言、

八月十六日　（小西）小摂守
　　　　　　行長（花押）

（島津義弘）羽兵様
　　御報

【解説】島津義弘に宛てた書状。義弘からの書状を受け、明日の朝、義弘の陣へ必ず参上すること、天気が悪ければ書状で済ませること、「川船」は注文済みであること、などが記されている。このとき、行長は熊川、義弘は巨済島に在陣中である。

〔本書152・153頁参照〕

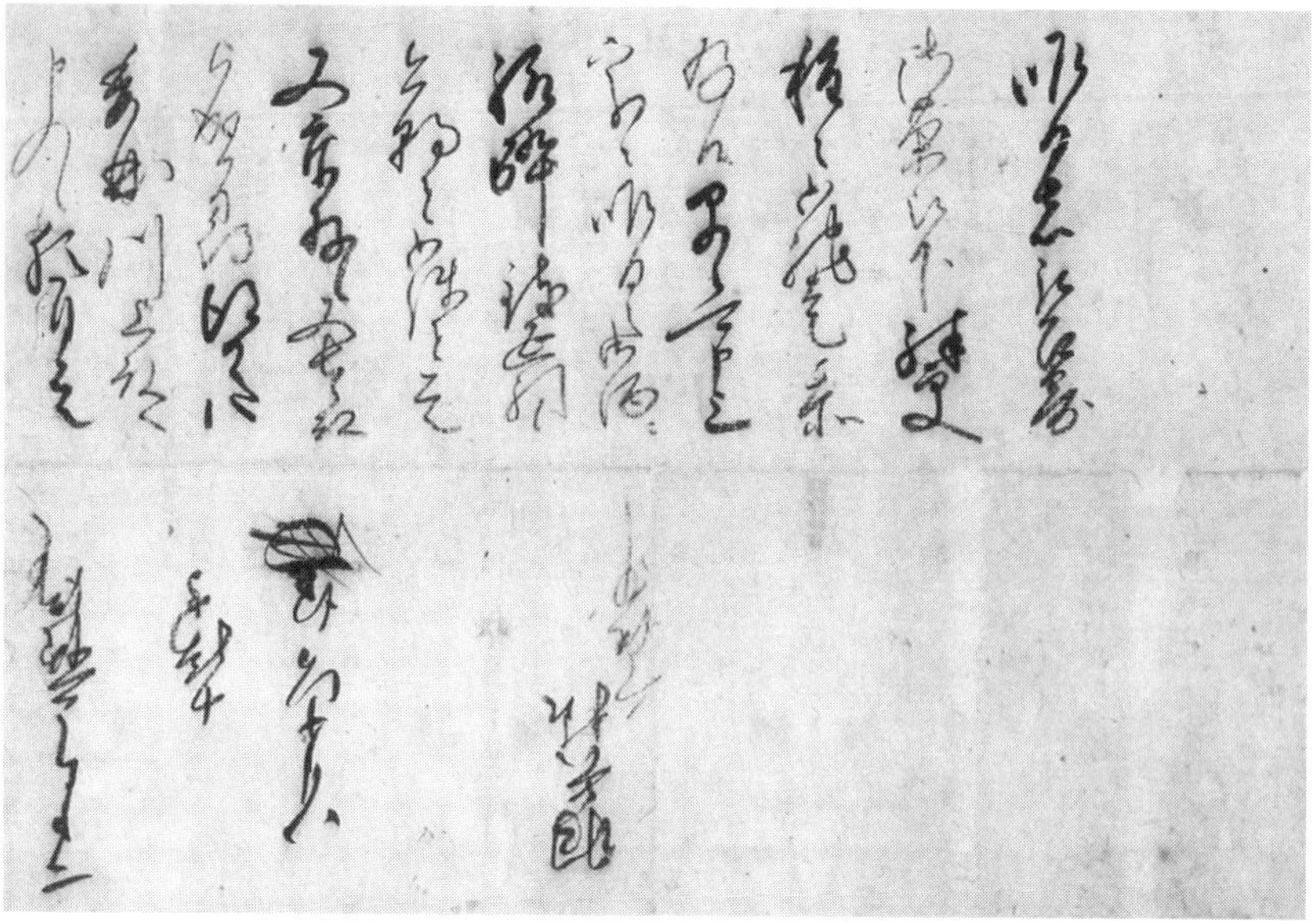

「ちょっと酔っ払ってしまいました」

38 小西行長書状（折紙）（文禄三年〈一五九四〉）八月十八日

島津家文書四―一六―三四（東京大学史料編纂所所蔵）

昨日者被召寄」御茶被下、殊更」種々御馳走忝」存候、早々可申上」処ニ、昨日之御酒ニ」聊酔致延引候、」今朝者御使者、是」又忝存候、又七郎殿（島津豊久）」被成御尋得御意候、」委曲川上殿へ」申入候、猶自是」（折返）可申上候、恐惶謹言、

小摂守（小西）
行長（花押）

八月十八日

羽兵様（島津義弘）
人々御中

【解説】37の二日後に島津義弘へ宛てた書状。前日の十七日、行長は義弘の陣を訪れたようで、「昨日の酒に酔ってしまい、お礼が遅くなりました」（昨日之御酒ニ聊酔致延引候）と、もてなしに対するお礼を述べており、行長と義弘の交流の様子がうかがえる。本文中の「又七郎殿」は島津豊久（義弘の甥）、「川上殿」は島津家臣の川上氏である。〔本書152・153頁参照〕

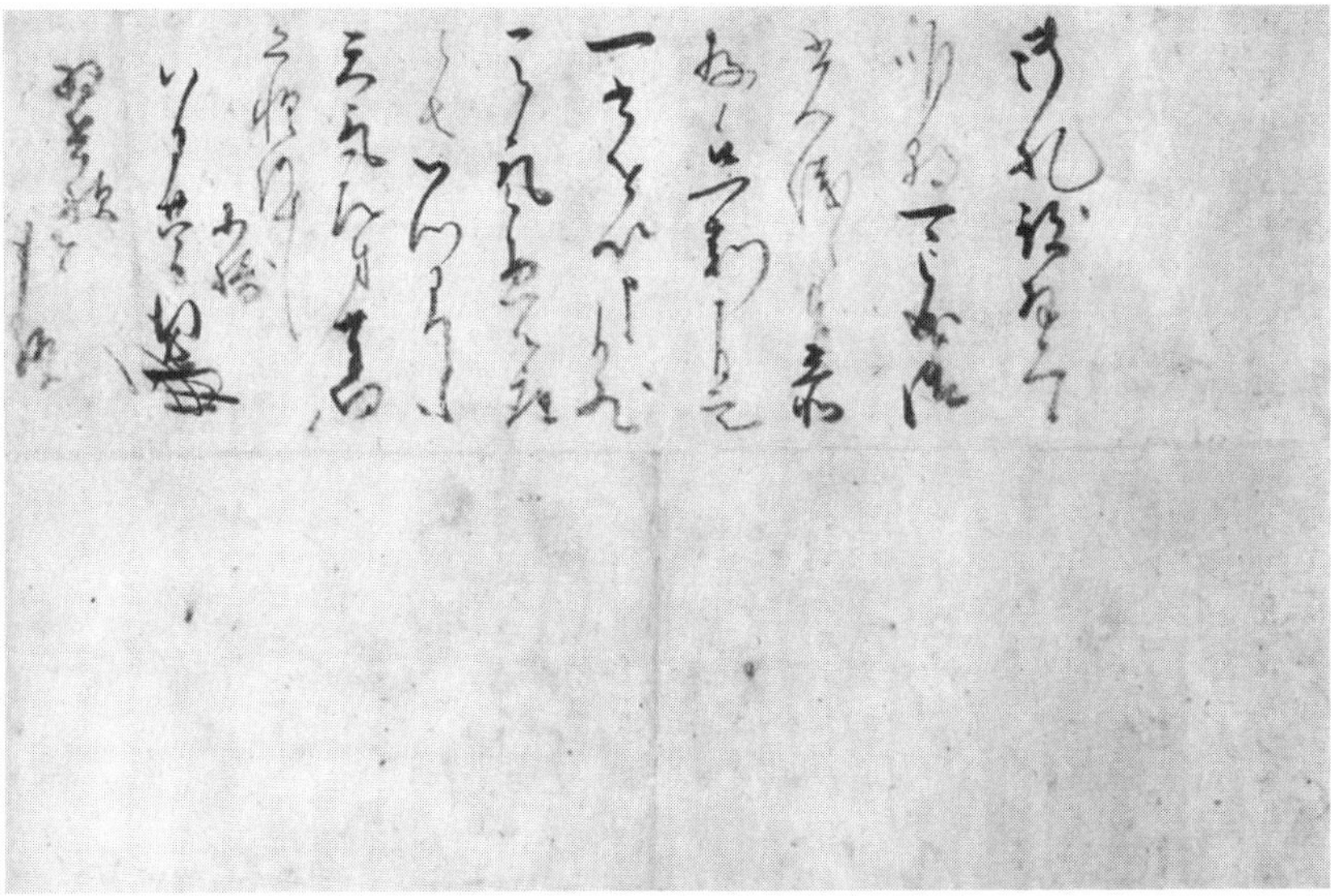

「明日のお越しをお待ちしています」

39 小西行長書状（折紙）

（文禄三年〈一五九四〉）八月二十四日

島津家文書四―一六―三七（東京大学史料編纂所所蔵）

御札致拝見候、」明朝可被成御」光儀之旨、忝」存候、
先刻自是」一書を以申候、自然」天気悪御座」候者、い
つニても」天気次第奉待候、」恐惶謹言、

小摂（小西）
行長（花押）

八月廿四日
羽兵様（島津義弘）まいる
貴報

【解説】島津義弘へ宛てた書状。義弘からの書状を受け、明日二十五日の朝に義弘が行長の陣へ来訪すること（「御光儀」）へのお礼と、来訪は天気次第であることを述べている。37～39は、この時期に行長と義弘が頻繁に行き来していることを物語っている。〔本書152・153頁参照〕

「新年のお祝いありがとうございます」

40 小西行長書状（折紙）　（年未詳）二月四日

相良家文書八三二

猶々、遠路」御使札忝候、以上、

如仰、新年之」御慶珍重候、」尚以不可有休」期候、為
御祝儀、」青銅参百疋」被懸御意候、」祝着之至ニ存候、」
自是も早々可」申入処ニ手前」取紛、御報ニ罷成、」（折返）背本
意候、何様」自是も可申」述候、猶御使者へ」申渡候、恐々
謹言、

二月四日　　小西摂津守
　　　　　　行長（花押）

相良（長毎）宮内太輔殿
御返報

【解説】相良長毎へ宛てた書状。新年の祝意と礼物に対するお礼を述べた上で、多忙のため連絡できずに申し訳ございません、と伝えている。年記を欠き、詳細不明で時期を特定できないため、仮にここに配列しておく。

〔本書152・153頁参照〕

「慌ただしくて返事もせずにすみません」

41 小西行長書状（折紙）　（年未詳）二月二十七日

相良家文書八三三

先日者御使札」忝存候、尤自是も」早々可申入処ニ、手」

前取紛延引、背」本意候、為御祝儀、」御太刀三百疋令」

進入候、猶使者」可申入候、恐々謹言、

二月廿七日　　小（小西）摂津守
　　　　　　　行長（花押）

相良（長毎）宮内少輔殿
御陣所

【解説】相良長毎に宛てた書状。先日の使者のお礼を述べ、無沙汰の非礼を詫び、長毎に対し祝儀を送る、という内容である。年記を欠き、詳細不明で時期を特定できないため、仮にここに配列しておく。

〔本書152・153頁参照〕

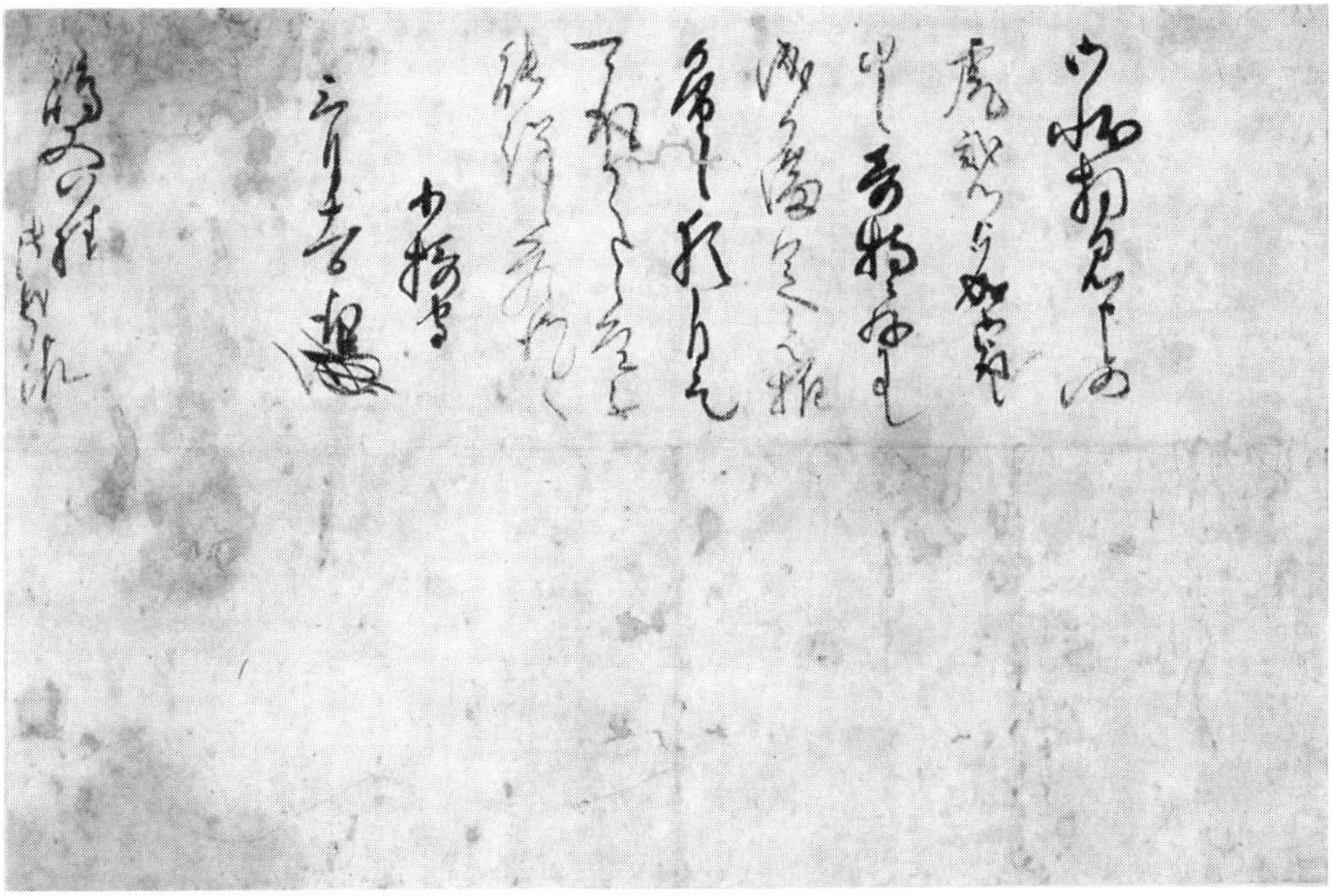

「虎二頭捕まえたのはスゴイ！」

42　小西行長書状（折紙）（文禄四年〈一五九五〉）三月十一日

島津家文書四―一〇―一（東京大学史料編纂所所蔵）

御状拝見申候、仍」虎弐ツ被成御取候」由候、奇特ニ存
事候、」誠御満足令推」量候、猶自是」可得御意候条、不」
能詳候、恐惶謹言、

三月十一日　小（小西）摂守
行長（花押）

島又八（島津忠恒）様
御返報

【解説】島津忠恒（義弘三男）へ宛てた書状。虎狩りに成功したことに対する祝意を伝える内容。昨年十二月、秀吉は島津忠恒に対し、薬用として虎肉を送るよう命じており、これを受けて義弘・忠恒父子は虎狩りを実行。二匹を仕留め、虎肉は秀吉のもとにただちに送られた。忠恒の虎狩りを賞する秀吉の朱印状や、虎狩りの様子を描いた屏風・絵巻も現存している。

〔本書152・153頁参照〕

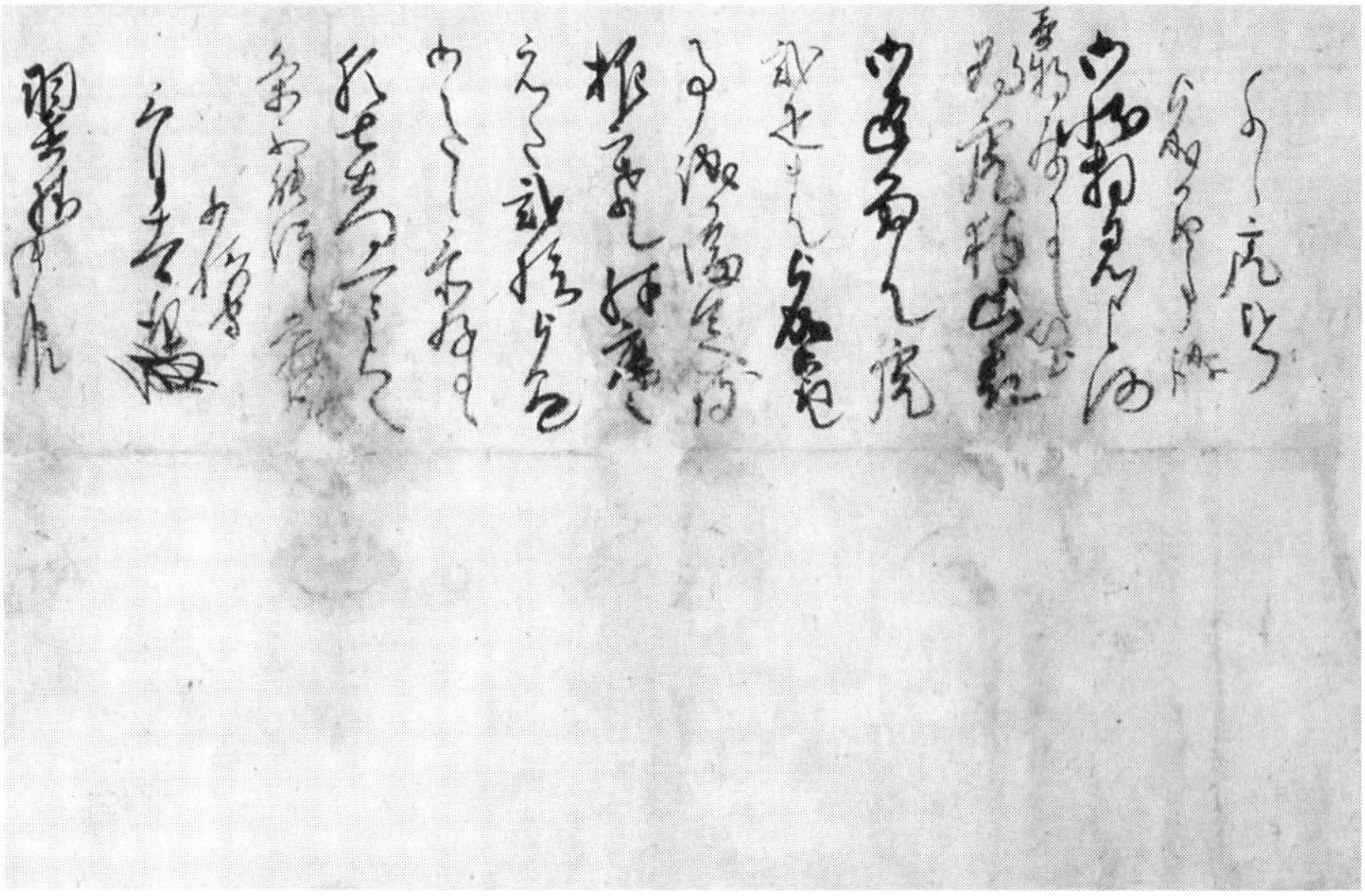

「虎狩りに成功し、さぞご満悦のことでしょう」

43 小西行長書状（折紙）（文禄四年〈一五九五〉）三月十一日

島津家文書四—一七—一〇（東京大学史料編纂所所蔵）

尚々虎弐ツ」被成御取事、誠」奇特存事候、以上、

御状拝見申候、仍」為虎狩此表」御逗留候て、虎」弐疋まて被成御取候」事、誠御満足致」推察候、殊鹿之」えた弐拾被懸」御意候、忝存事候、」猶七右衛門尉（滝重時）可申上候」条、不能詳候、恐惶謹言、

三月十一日　　小摂守（小西）行長（花押）

羽兵様（島津義弘）
御報

【解説】島津義弘へ宛てた書状。42同様、虎狩りに成功したことに対する祝意と、「鹿之えた」（鹿の足か）を贈られたお礼を伝える内容。「此表」とは昌原を指し、義弘らは巨済島に戻る際に、近く熊川に在陣中の行長に虎狩りの成果を報告していたようである。

〔本書152・153頁参照〕

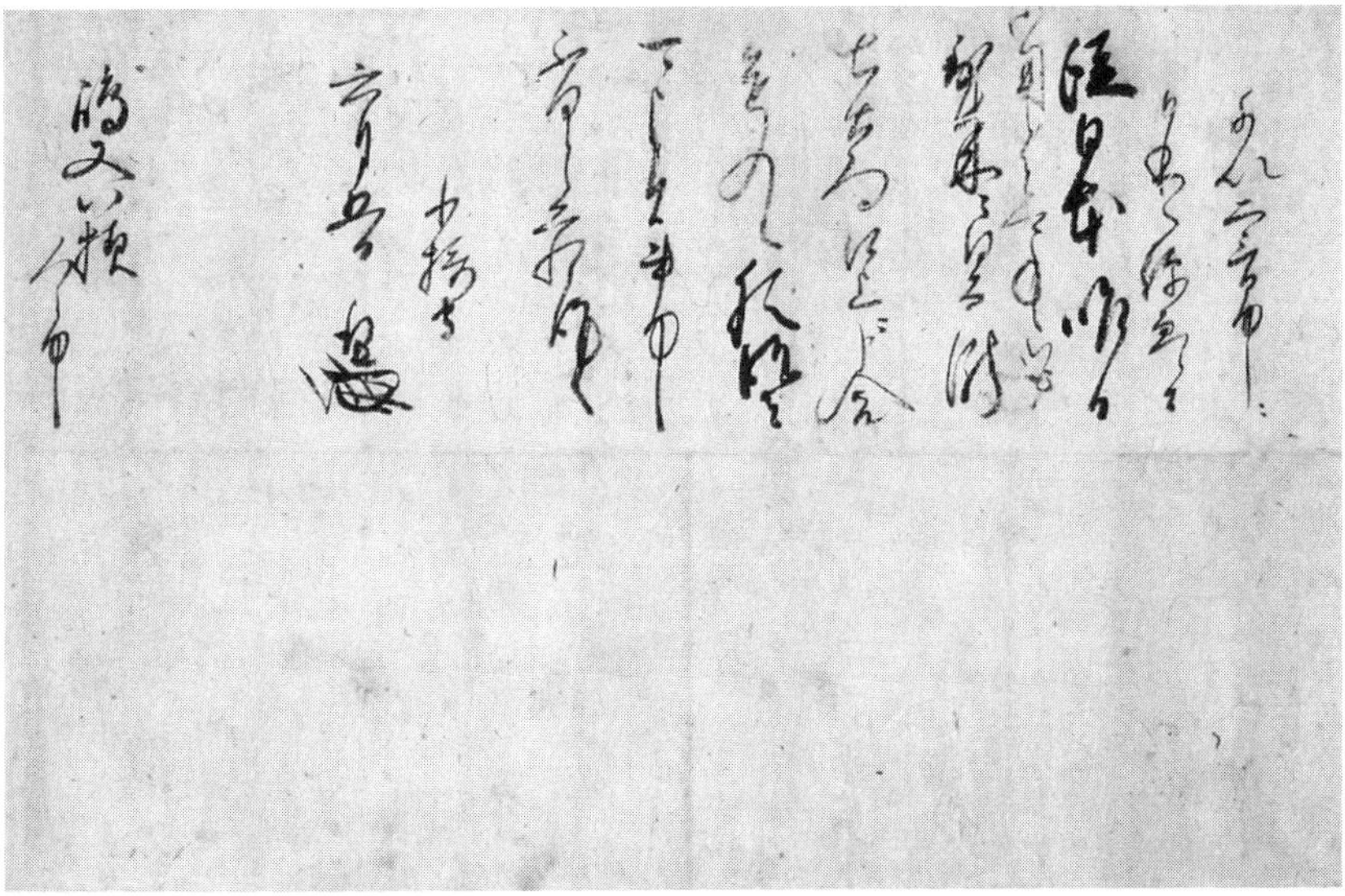

「昨日、日本から戻ってきました」

44 小西行長書状（折紙）〈文禄四年（一五九五）〉六月五日

島津家文書四―一九―六（東京大学史料編纂所所蔵）

猶以二三日中ニ」日本へ便急候間、」御用候者可承候、以上、

従日本昨日」到来ニ付而、滝（重時）」七右衛門尉口上ニ申含」進入候、猶彼者」可申候間、書中」不具候、恐惶謹言、

小摂（小西）守

行長（花押）

六月五日

島又八（島津忠恒）様

人々御中

【解説】島津忠恒へ宛てた書状。文禄四年四月、内藤忠俊（小西如安）の尽力により日本へ派遣された明勅使が漢城に到着。これを受けて、秀吉への報告と今後の指示を受けるため、行長は四月末に日本へ戻っていたが、六月四日に再び釜山に着陣。この書状に「従日本昨日到来」とあるのはこのことを指す。島津義弘はこの時期日本に戻っており、子の忠恒が巨済島に在番していた。

〔本書155頁参照〕

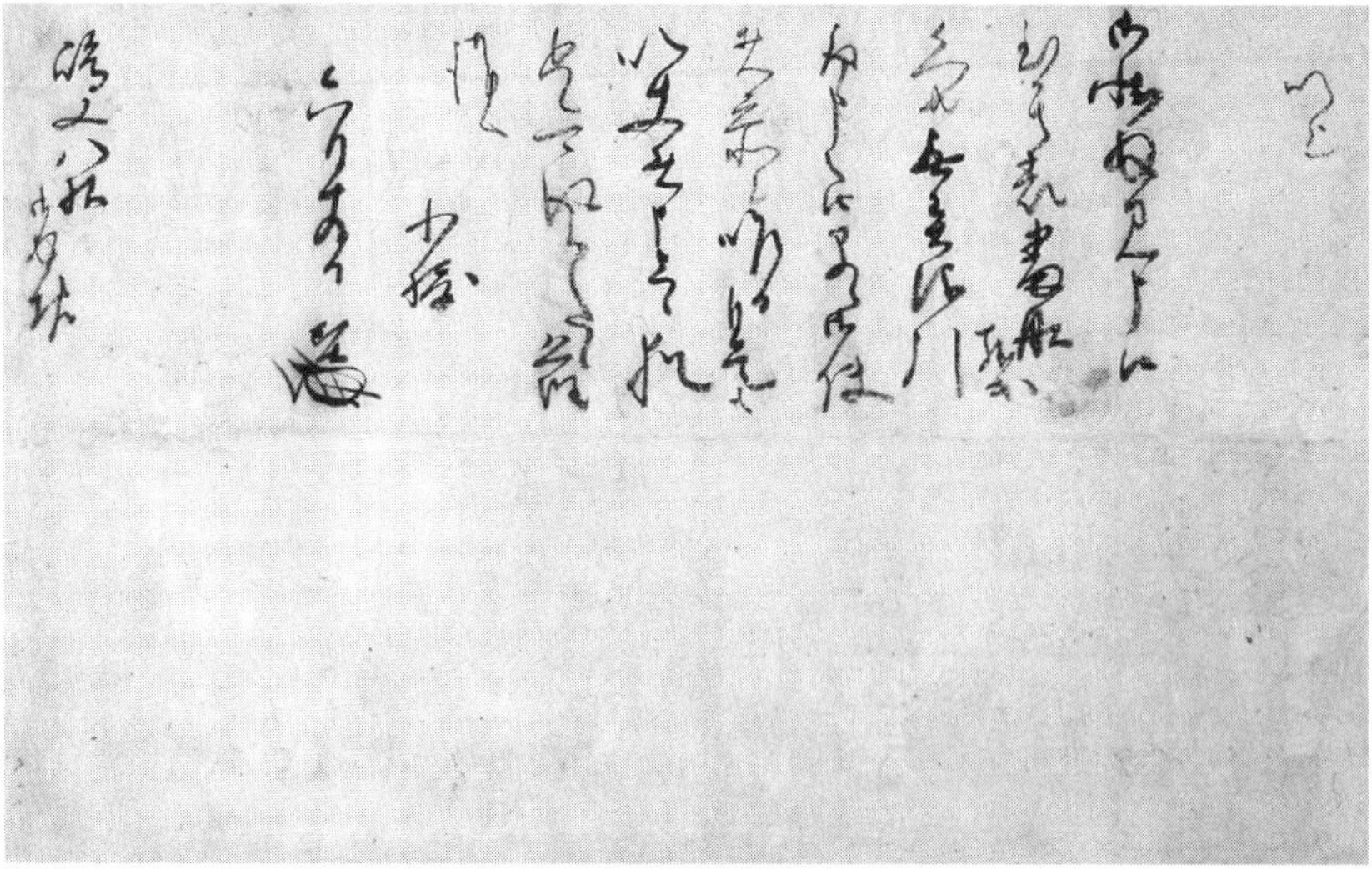

「そちらの状況報告ありがとうございます」

45 小西行長書状 （折紙） （文禄四年〈一五九五〉）六月十九日

島津家文書四―一九―七（東京大学史料編纂所所蔵）

以上、

御状拝見申候、」至其表番船罷出」候へ共、無異儀引」取申之由、早々御」使者忝候、昨日自是も」以使者申上候、猶」追々可得御意候、恐惶」謹言、

小摂（小西）
行長（花押）

六月十九日

島又八様（島津忠恒）
御返報

【解説】 島津忠恒へ宛てた書状。忠恒からの書状に対する返書で、巨済島付近に朝鮮の番船が押し寄せたが、何事もなく引き上げたことの報告に対するお礼を述べる。少しでも異変があればすぐに連絡を取り合っている様子がよくわかる。

〔本書155頁参照〕

「朝鮮人を連れて行くのはご法度です」

46 小西行長・寺沢正成連署状（折紙）

（文禄四年〈一五九五〉）七月四日

相良家文書七二八

以上、

態申入候、さるミ日本へ」被遣候儀、御法度」之儀ニ候、
遊撃《(沈惟敬)》通事、」被相添候、其元城廻」さるミ、てるま、か
くせい」数為改、此者進之候、」奉行被仰付、さるミ」
可被請取置候、日本ゟ」来在之町人以下」買候て置候も、
同前」之事候条、能々可被仰付候、」恐々謹言、

寺志广《(寺沢)》
正成（花押）
小摂津《(小西)》
行長（花押）

七月四日

相良宮内少輔《(長毎)》殿
御陣所

【解説】相良長毎へ宛てた行長と寺沢正成の連署状。「さるミ」の日本連行がご法度であること、よって城周辺の人口調査を行なうべきことを述べている。沈惟敬が通事を添えてチェックするようで、これは明との講和交渉を意識した政策だろう。寺沢正成はこの年の六月に朝鮮に渡り、行長と在番体制の再編を担当しており、この時期から小西・寺沢の連署状が多く見られる。

〔本書155頁参照〕

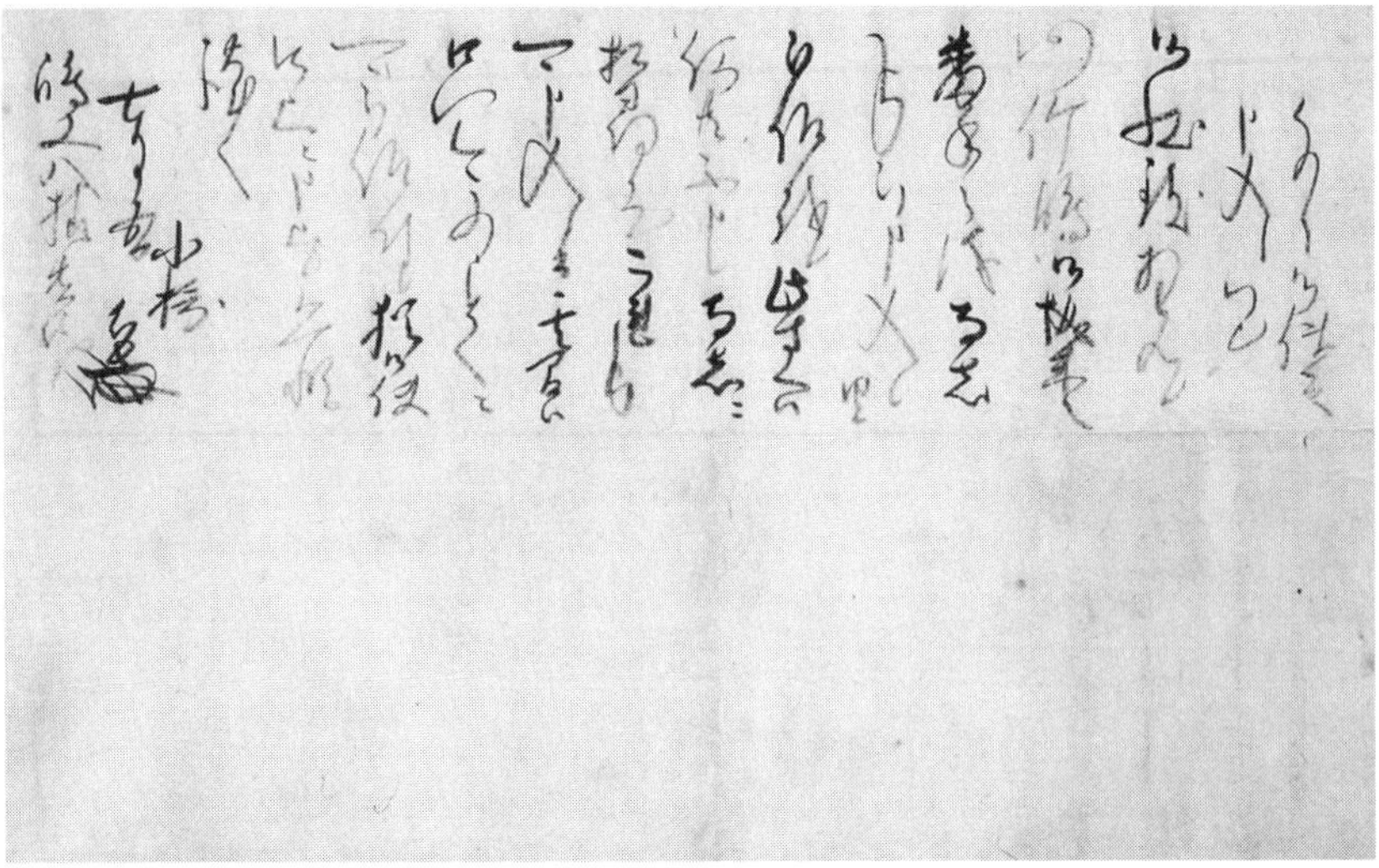

「寺沢の指示は聞いてないので確認します」

47 小西行長書状（折紙）（文禄四年〈一五九五〉）七月五日

島津家文書四―一九―一〇（東京大学史料編纂所所蔵）

尚々御使者へ」申入候、以上、

御状致拝見候、」仍竹島御城米之」番手之儀、寺志（寺沢正成）」ゟ
被申入候由」被仰越候、此方へハ」仰共不申候、寺志ニ」
相尋候て、これゟ」可申入候間、其間ハ」只今のことく
ニ」可被仰付候、猶御使」口上ニ申上候、恐惶」謹言、

小摂（小西）
行長（花押）

七月五日

島又八（島津忠恒）様
貴報

【解説】島津忠恒へ宛てた書状。忠恒からの書状に対する返書で、「竹島（金海）御城米」の警備について寺沢正成から指示があったようだが、こちらは何の指示もないので、寺沢に確認してから改めて連絡する、という内容である。〔本書155頁参照〕

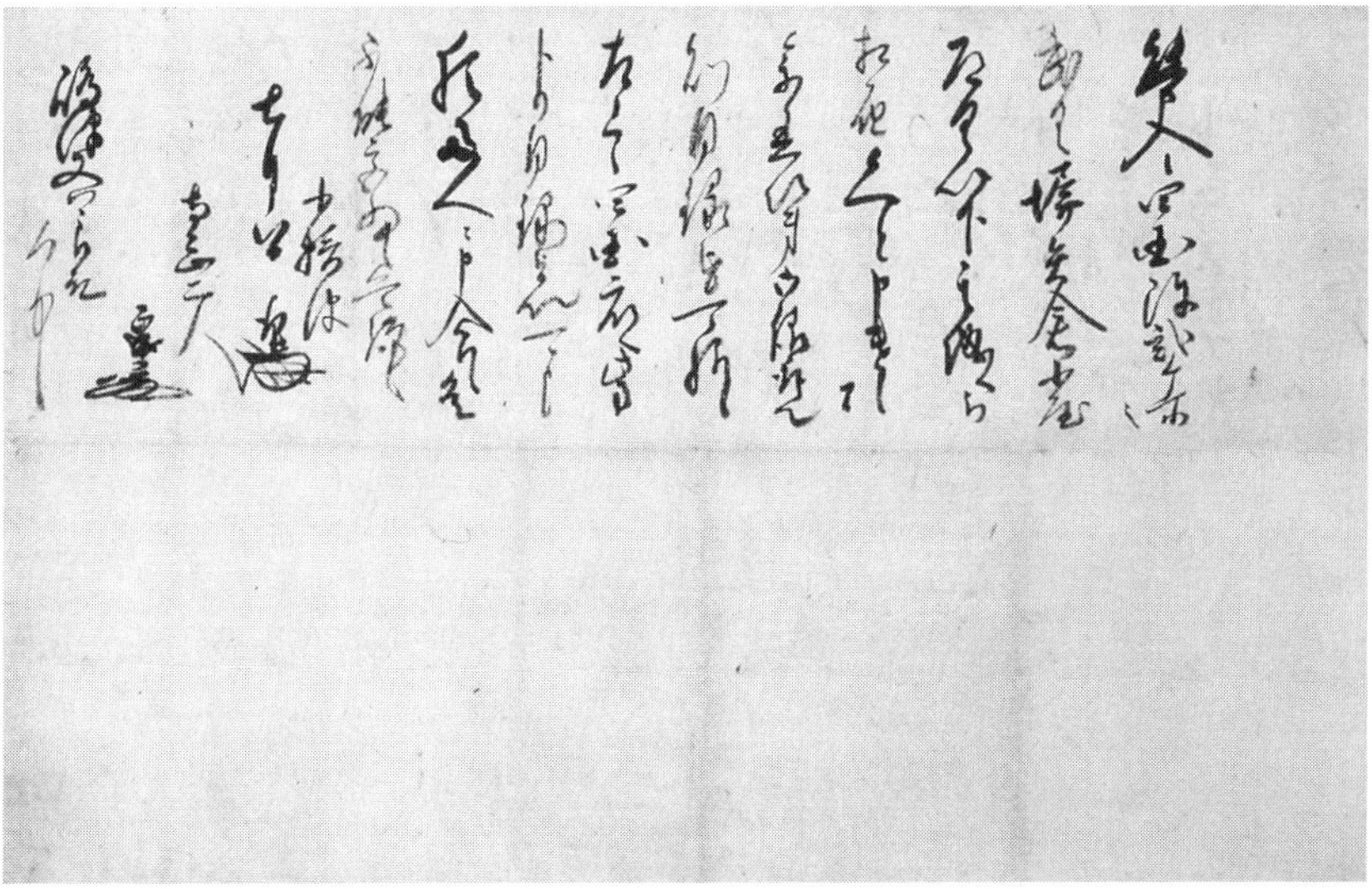

巨済島の城々を整理・縮小

48 寺沢正成・小西行長連署状（折紙）

（文禄四年〈一五九五〉）七月八日

島津家文書四―一九―一一（東京大学史料編纂所所蔵）

態申入候、四国陣弐ヶ所之」武具・堀・矢倉・小屋・」道具以下、其城へ被」相届候へと申遣候間、」参着次第御請取候て、」則目録を可給候、」左候ハヽ、四国衆へ此方」ゟ目録を以可申候、」猶両人ニ申含候条、」不能巨細候、恐惶謹言、

七月八日

小摂津（小西）
行長（花押）

寺志广（寺沢）
正成（花押）

島津又八郎（忠恒）殿
人々御中

【解説】島津忠恒へ宛てた行長と寺沢正成の連署状。本状は巨済島（唐島）の拠点のうち四国勢が在番していた二つの城の武器・道具などを島津の城に移動させるので、受け取り次第目録を作成して差し出すように、と命じている。この時期、明との講和に向けて軍事拠点（倭城）の整理・縮小が行なわれており、それを担当していたのは行長と寺沢正成であったことが本状からうかがわれる。

〔本書155頁参照〕

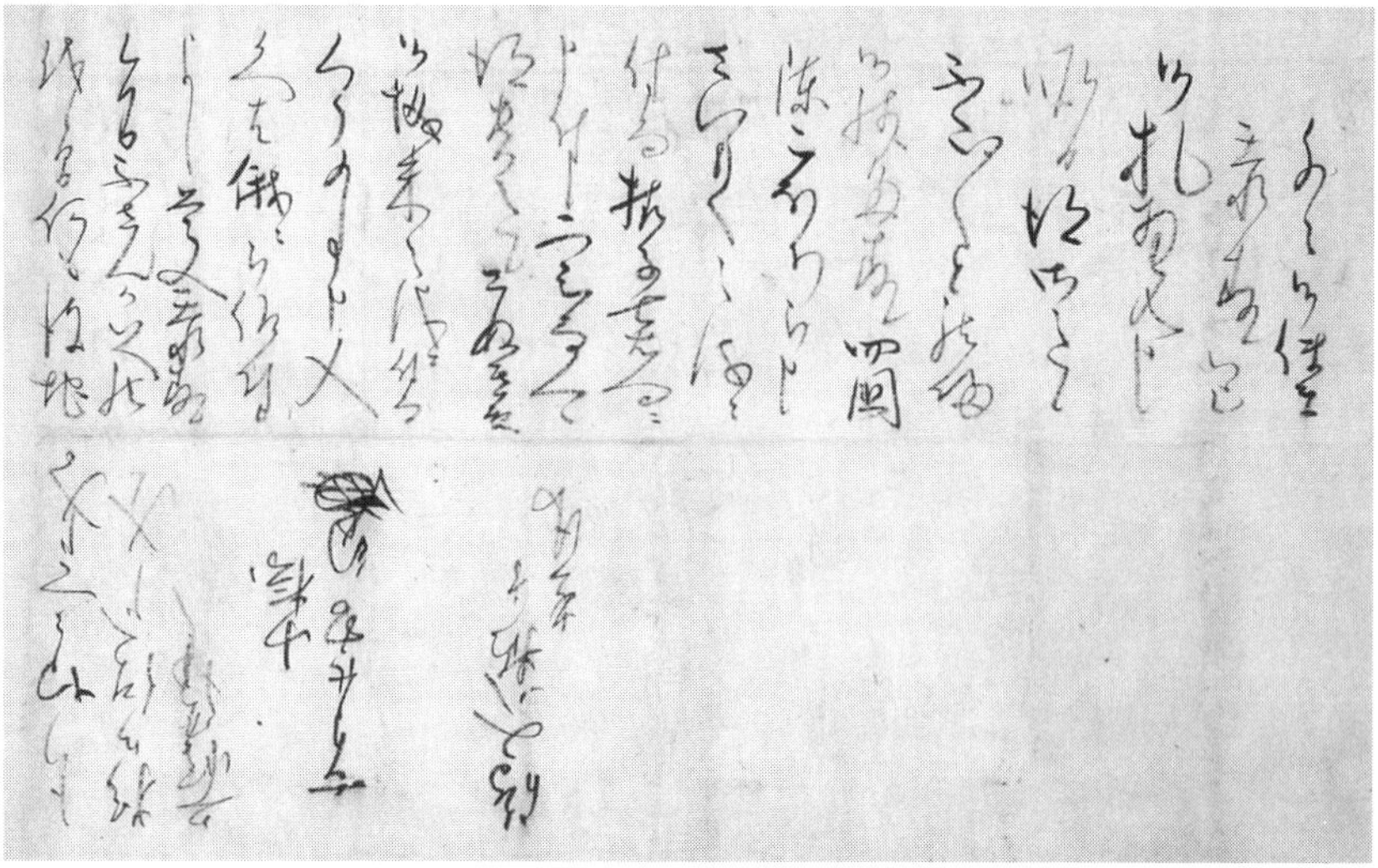

「今日釜山に戻ってきました」

49 小西行長書状（折紙）

（文禄四年〈一五九五〉）七月二十五日
島津家文書四―一九―一二（東京大学史料編纂所所蔵）

尚々御使者」忝存候、以上、

御札拝見申候、」昨日得御意候、」ふた〳〵と罷帰、」御残多存候、四国」陳（陣）こほち被申候、」さいもく之儀ニ」付而、様子七右衛門尉（滝重時）ニ」申付候、定而可」得貴意候、さぬき殿（生駒一正）」御城米之儀ニ付而、」くらの事申入」候へは、俄ニ被仰付候」よし、是又忝存候、」今日ふさんかいへ罷」越候間、何も彼地」（折返）ゟ切々可申入候、」猶御使へ申入候、」恐惶謹言、

七月廿五日　小摂（小西）行長（花押）

島又八様（島津忠恒）まいる
貴報

【解説】島津忠恒へ宛てた書状。四国衆の陣の破却の様子については滝重時に伝えさせること、「さぬき殿（生駒一正）御城米」を納める倉の措置についてのお礼、今日釜山に到着したので今後は釜山から連絡することなどを述べている。「ふた〳〵と罷帰、御残多存候」（バタバタ帰ってしまい名残惜しいです）と述べており、これより前に行長と忠恒が直接面会していたのだろう。

〔本書155頁参照〕

「すみやかに釜山までお越しください」

50 小西行長・寺沢正成連署状（折紙）

（文禄四年〈一五九五〉）七月二十六日

島津家文書四―一〇―七（東京大学史料編纂所所蔵）

尚以此書状到着」次第、早々御出待申候、以上、

態申入候、在陣衆可」申渡候旨、被成　御朱印候、」各相談可有之候之間、」至釜山海可有御出候、」急申候之条、早々申入候、」恐惶謹言、

七月廿六日

寺志广守（寺沢）
正成（花押）
小摂津守（小西）
行長（花押）

島津又八郎（忠恒）殿
御陣所

【解説】島津忠恒へ宛てた行長と寺沢正成の連署状。朝鮮在陣の諸将に対する秀吉の朱印状が届いたので、それぞれ相談したいことがあるから、釜山まで早急にお越しいただきたい、という内容。この時期、秀吉からの命令が行長・寺沢正成を通じて諸将に通達されていたことがわかる資料である。

〔本書155・156頁参照〕

緊急事態発生！　釜山に集合せよ！

51　小西行長・寺沢正成連署状（切紙）

（文禄四年〈一五九五〉）八月四日
『山口県史』資料編中世三所収

去月十日伏見ゟ」在陣衆被成御朱印候、」早々釜山浦へ可有」御寄合候、彼是相談」可仕儀も有之事候条、」急待申候、恐々謹言、

八月四日

寺志摩守《寺沢》
正成（花押）
小摂津守《小西》
行長（花押）

毛利六郎左衛門尉殿《元政》
御陣所

【解説】毛利元政へ宛てた行長と寺沢正成の連署状。伏見から朝鮮在陣の諸将に対する秀吉の朱印状が届いたので、早々に釜山までお越しいただきたい、いろいろと相談しなければいけないことがある、という内容。この秀吉の朱印状とは七月十日付のもので、秀吉による関白秀次の高野山追放を伝える内容。「彼是相談」とはこの事件に対する動揺を鎮め、善後策を講じるためのものと考えられる。〔本書155・156頁参照〕

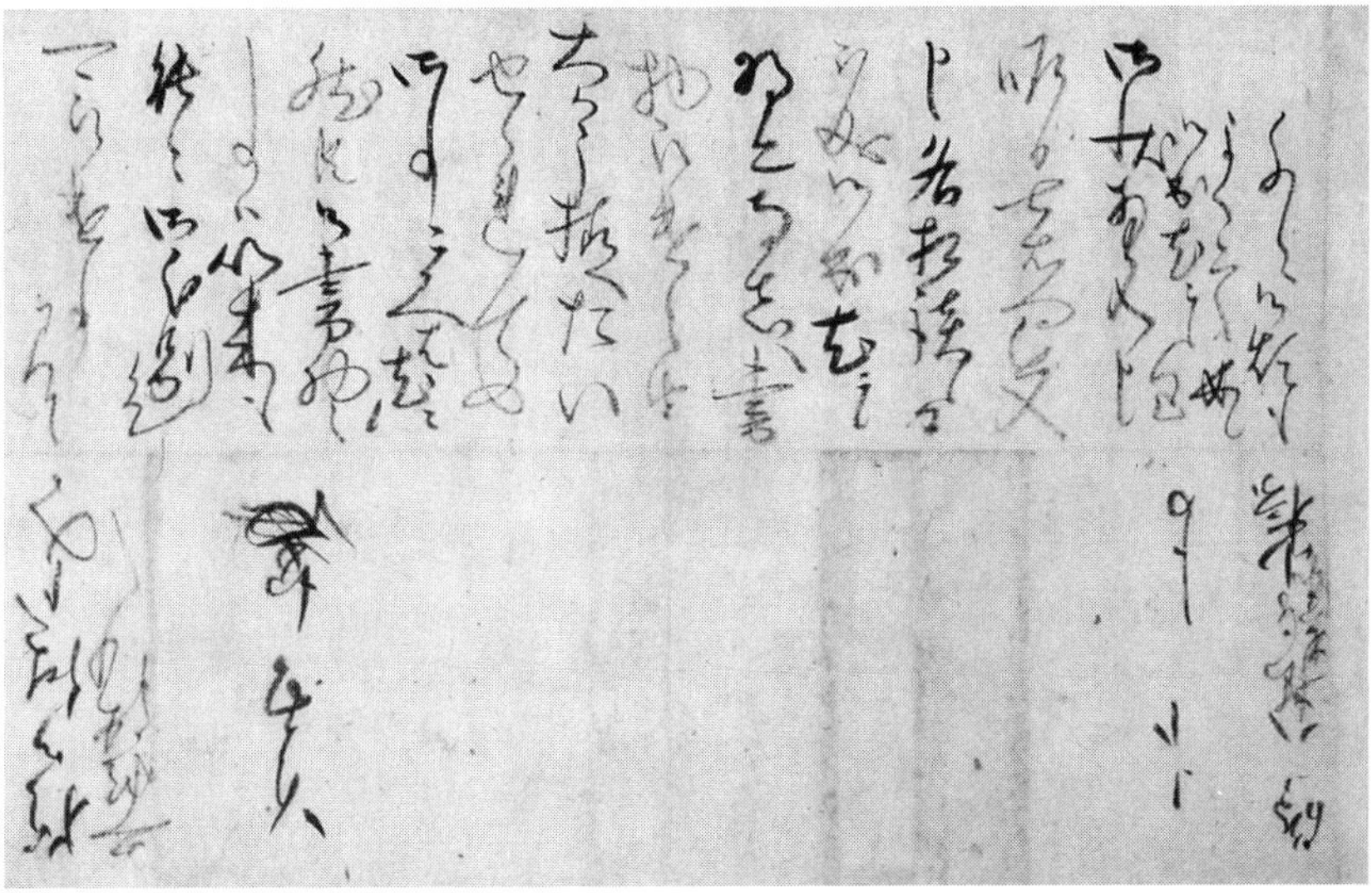

「秀吉様に関する手紙は気をつけて出すように」

52 小西行長書状 （折紙） （文禄四年〈一五九五〉）八月五日

島津家文書四―一九―一三（東京大学史料編纂所所蔵）

尚々御煩も」よく候ハヽ、必々」御出尤ニ候、以上、

御状拝見申候、」昨日七右衛門尉（滝重時）進入」申、各相談候而」被成御出尤ニ候、」将亦寺志（寺沢正成）へ書」物被遣候之由、」大か（豊臣秀吉）う様へたい」せられての」御事ニ候へは尤ニ候、」然共御書物之」（折返）事ハ以来も」能々御分別候て」可被遣事、被存候、」猶御使へ申入候、」恐惶謹言、

八月五日　　行長（小西）（花押）

（切封）

「島又八様（島津忠恒）まいる 貴報　　小摂（小西行長）」

【解説】島津忠恒へ宛てた書状。忠恒からの書状を受けての返書で、病気が回復次第、釜山へお越しいただきたいこと、寺沢へ書状を送ったことについてはもっともだが、太閤様に対する内容の書状ならば今後はよくよく考えた上で出したほうがよい、と述べている。この「大かう様へたいせられて」出された「書物」の内容は不明だが、行長は何かしら苦言を呈しているようである。

〔本書155頁参照〕

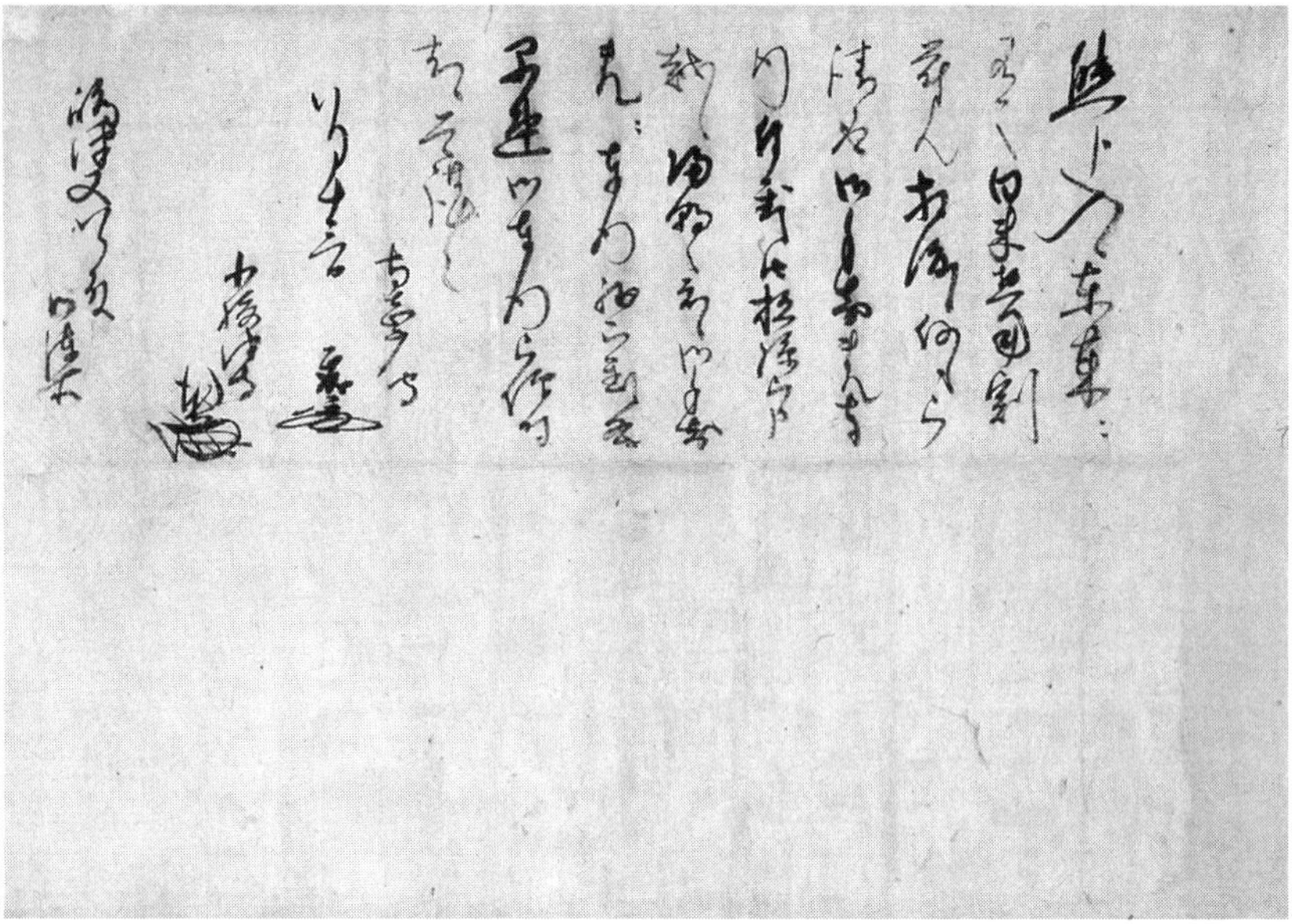

東莱倭城の兵糧について相談

53 小西行長書状（折紙）（文禄四年〈一五九五〉）八月十三日

島津家文書四―一九―一四（東京大学史料編纂所所蔵）

態申入候、東莱ニ」有之白米、惣用割」符候て相渡候、
何も被」請取、御手前まて奉」行付置候由、杉孫《杉森孫兵衛》被申」
越候、帰朝之衆々御手前」まてニ奉行残被置候条、」早
速御奉行被仰付」尤候、恐々謹言、

寺志《寺沢》广守
正成（花押）

八月十三日

小《小西》摂津守
行長（花押）

島津又八郎《忠恒》様
御陣所

【解説】島津忠恒へ宛てた行長と寺沢正成の連署状。東莱城にある白米について「割符」によって渡すことなど、再編された残りの倭城のうち、東莱の兵糧の入れ替え（もしくは分配）についての内容と思われるが、後半は文意が取りづらく、正確な意味付けは今後の課題としたい。

〔本書155頁参照〕

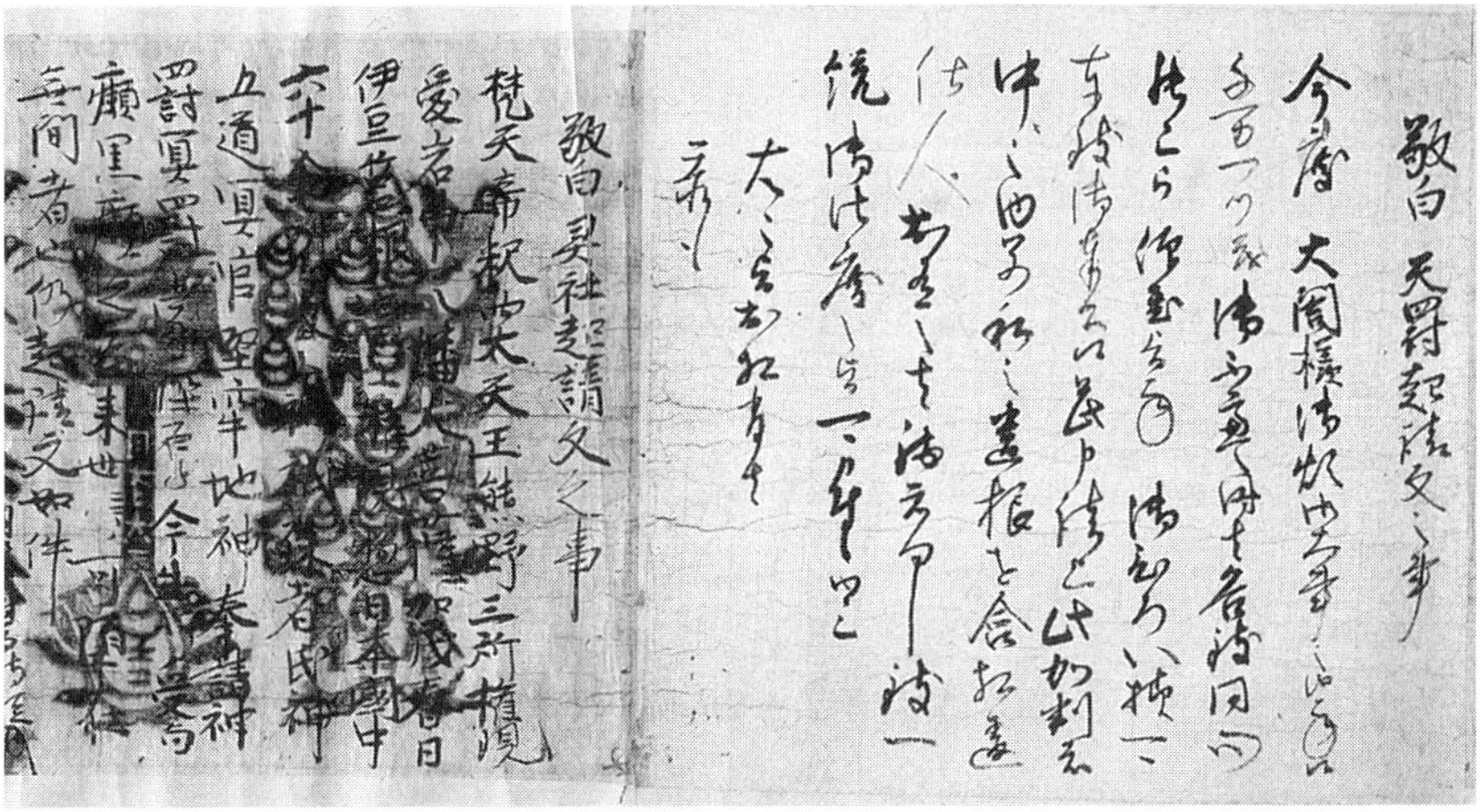

「秀頼様に忠誠を誓います」

54 加藤清正等二十二名連署血判起請文（竪継紙）

文禄四年（一五九五）八月二十日
大阪城天守閣所蔵

敬白　天罰起請文之事
今度　太閤（豊臣秀吉）様御煩御大事之由承候、」千万一ッ茂御不慮之
時者、各致同心」罷上、被　仰置旨承、　御ひろい（豊臣秀頼）様可」
奉致御奉公候、如此申談上、此加判衆」中之内、若私之
遺恨を含相違」仕人於有之者、残衆同し致一」統、御法
度之旨、可中付候、以上、」
右之旨於相背者
忝も
敬白霊社起請文之事
（中略）

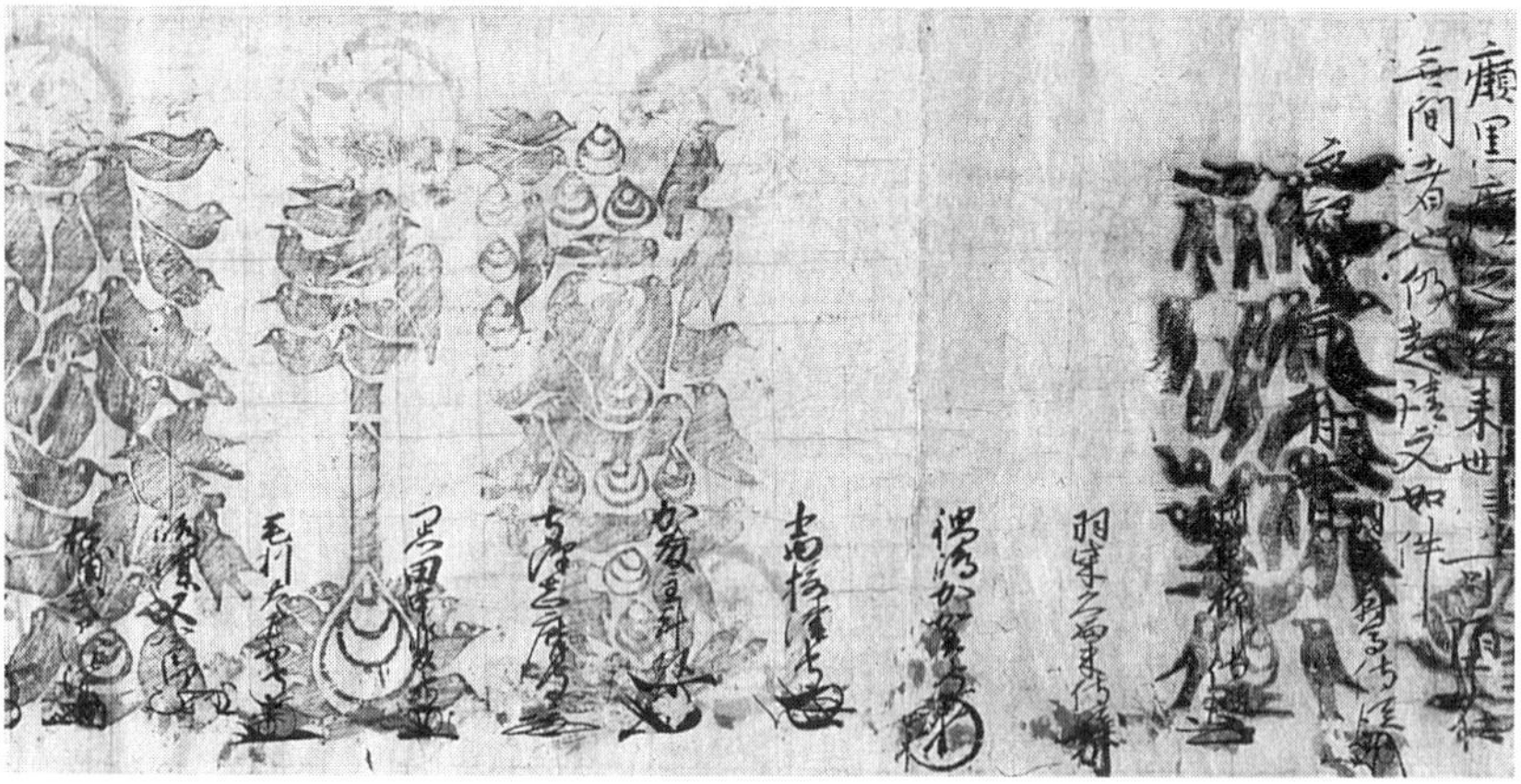

文禄四年八月廿日

羽柴（宗義智）対馬侍従（血判花押）
羽柴（立花宗茂）柳川侍従（血判花押）
羽柴（小早川秀包）久留米侍従（血判花押）
鍋島（直茂）加賀守（血判花押）
小西（行長）摂津守（血判花押）
加藤（清正）主計頭（血判花押）
寺沢（正成）志摩守（血判花押）
黒田（長政）甲斐守（血判花押）
毛利（吉政）豊前守（血判花押）
島津（忠恒）又八郎（血判花押）
松浦（鎮信）式部卿法印（血判花押）
松浦（久信）源三郎（血判花押）
秋月（種長）三郎（血判花押）
高橋（元種）九郎（血判花押）
相良（長毎）宮内太輔（血判花押）
島津（豊久）又七郎（血判花押）
伊藤（祐兵）民部大輔（血判花押）
筑紫（広門）上野〔　〕（血判花押）
高橋（直次）主膳（血判花押）
有馬（晴信）修理大夫（血判花押）

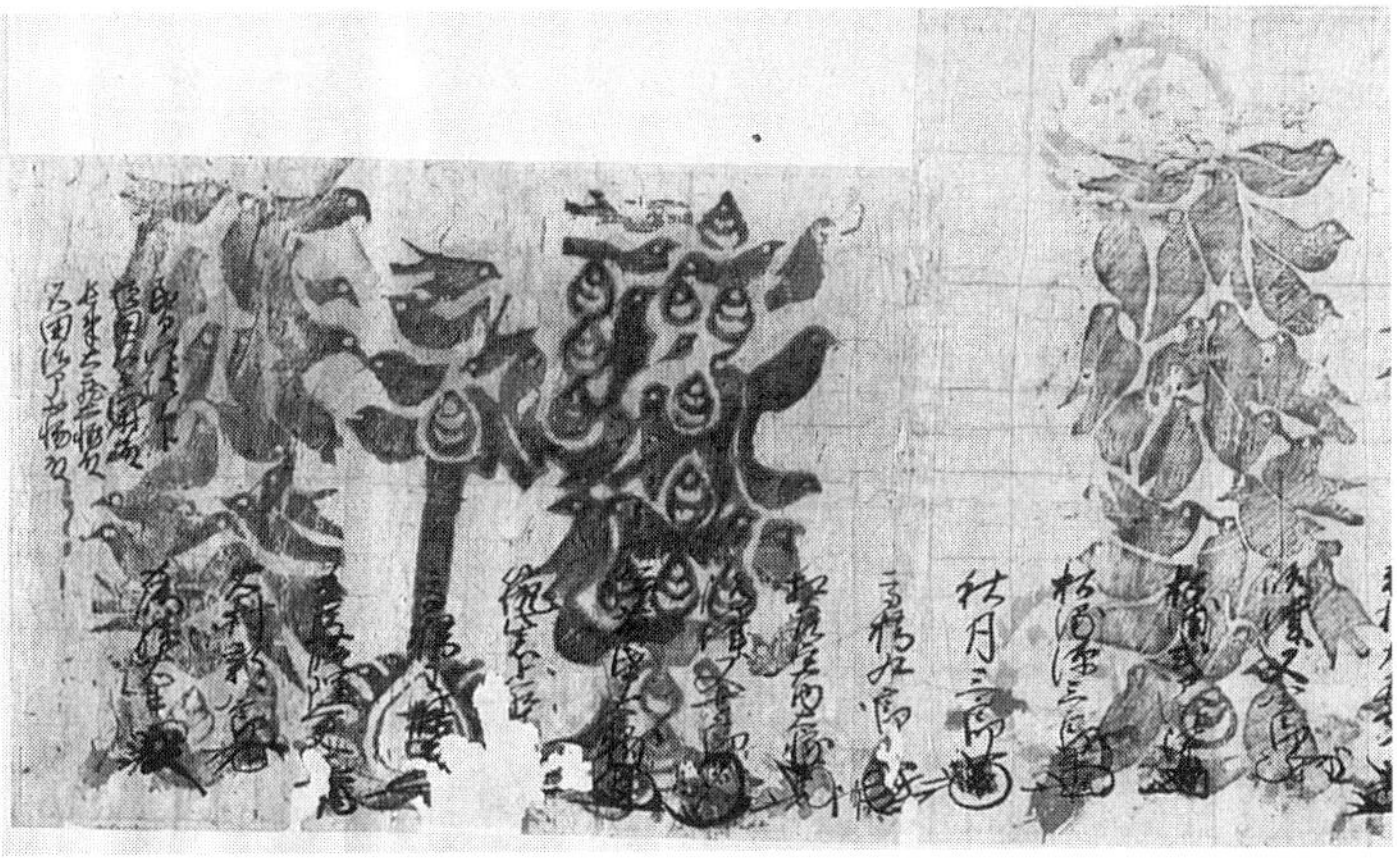

大村（喜前）新八郎（血判花押）
五島（玄雅）孫右衛門（血判花押）

（前田玄以）民部卿法印
増田（長盛）右衛門尉殿
長束（正家）大蔵大輔殿
石田（三成）治部少輔殿

【解説】朝鮮在陣中の諸将二十二名により奉行衆に出された血判起請文。「太閤様御煩御大事」に際し、万が一の場合は豊臣秀頼に忠誠を誓い補佐するというものであるが、これは、明らかに秀吉による関白秀次追放事件を受けてのものである。51に見えるようにこの報に接した行長らが各地の諸将を釜山に招集し談合した結果、作成されたものと考えられる。

〔本書155頁参照〕

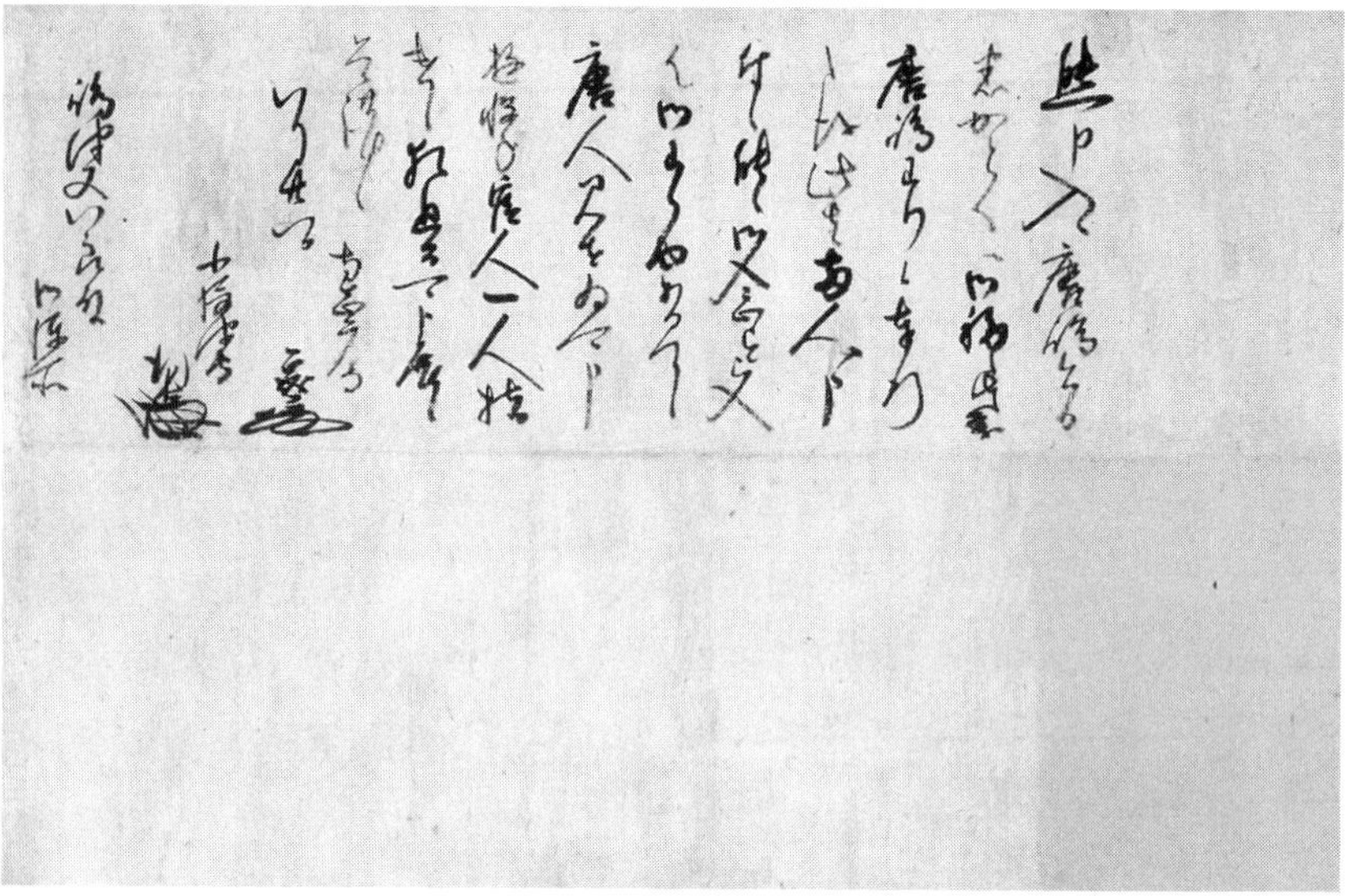

島津忠恒の陣替えを指示

55　小西行長・寺沢正成連署状（折紙）

（文禄四年（一五九五））八月二十八日

島津家文書四―一九―一六（東京大学史料編纂所所蔵）

態申入候、唐島今日」悉かとくへ御移之由候条、」唐島わり候奉行」之儀、此者両人申」付候、能々御念を被入」候て御わらせあるへく候、」唐人見せ為可申、」遊撃官人（沈惟敬）一人指」遣候、猶追而可申展候、」恐々謹言、

八月廿八日

寺志广守（寺沢）
正成（花押）

小摂津守（小西）
行長（花押）

島津又八郎殿（忠恒）
御陣所

【解説】島津忠恒へ宛てた行長と寺沢正成の連署状。この時期になり、島津勢が在番していた「唐島」（巨済島）の倭城も破却されることになったようで、本状では、「唐島」から「かとく」（加徳島）への陣替えと、「唐島」破却奉行の派遣、さらにその破却の様子を「唐人」に検分させるので「遊撃官人一人」を派遣する、と伝えている。講和交渉を意識して、明側に軍縮の姿勢を見せようとする意図がよくわかる資料である。

〔本書155頁参照〕

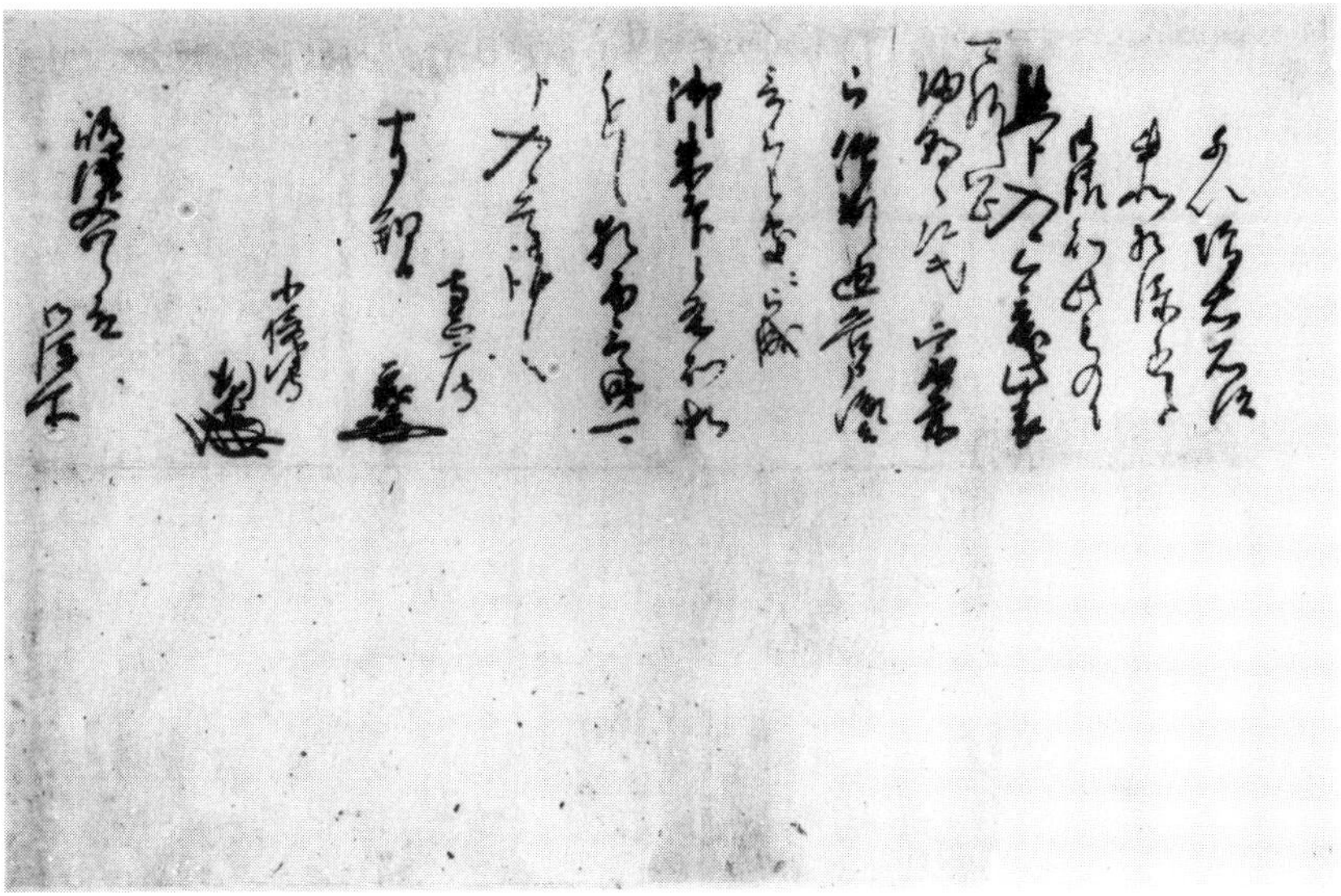

「秀吉様の朱印状が届きましたが」

56 小西行長・寺沢正成連署状（折紙）

（文禄四年（一五九五））十月朔日

島津家文書四―二〇―八（東京大学史料編纂所所蔵）

尚以、増右《増田長盛》・石治《石田三成》」書状相添進之候、」御請則此もの二」可給候、以上、

態申入候、今度此表」帰朝之次第、最前」被仰出候通、

各申渡候旨」言上申候処ニ、被成」御朱印之条、則相」進候、

猶面上之時可」申入候、恐々謹言、

十月朔日　　寺志《寺沢》广守
　　　　　　　正成（花押）
　　　　　小摂《小西》津守
　　　　　　　行長（花押）

島津又八郎《忠恒》殿
　御陣所

【解説】島津忠恒へ宛てた行長と寺沢正成の連署状。秀吉の「御朱印」（と増田長盛・石田三成の副状）が届いたのでそちらに送ると伝えている。この時期、おそらく忠恒については「帰朝」が検討されていたようだが、この時届いた朱印状は八月二十八日付のもの（『大日本古文書　島津家文書』四二八）で、引き続き朝鮮在番を命じる内容であった。受け取った忠恒はさぞショックであっただろう。〔本書155・156頁参照〕

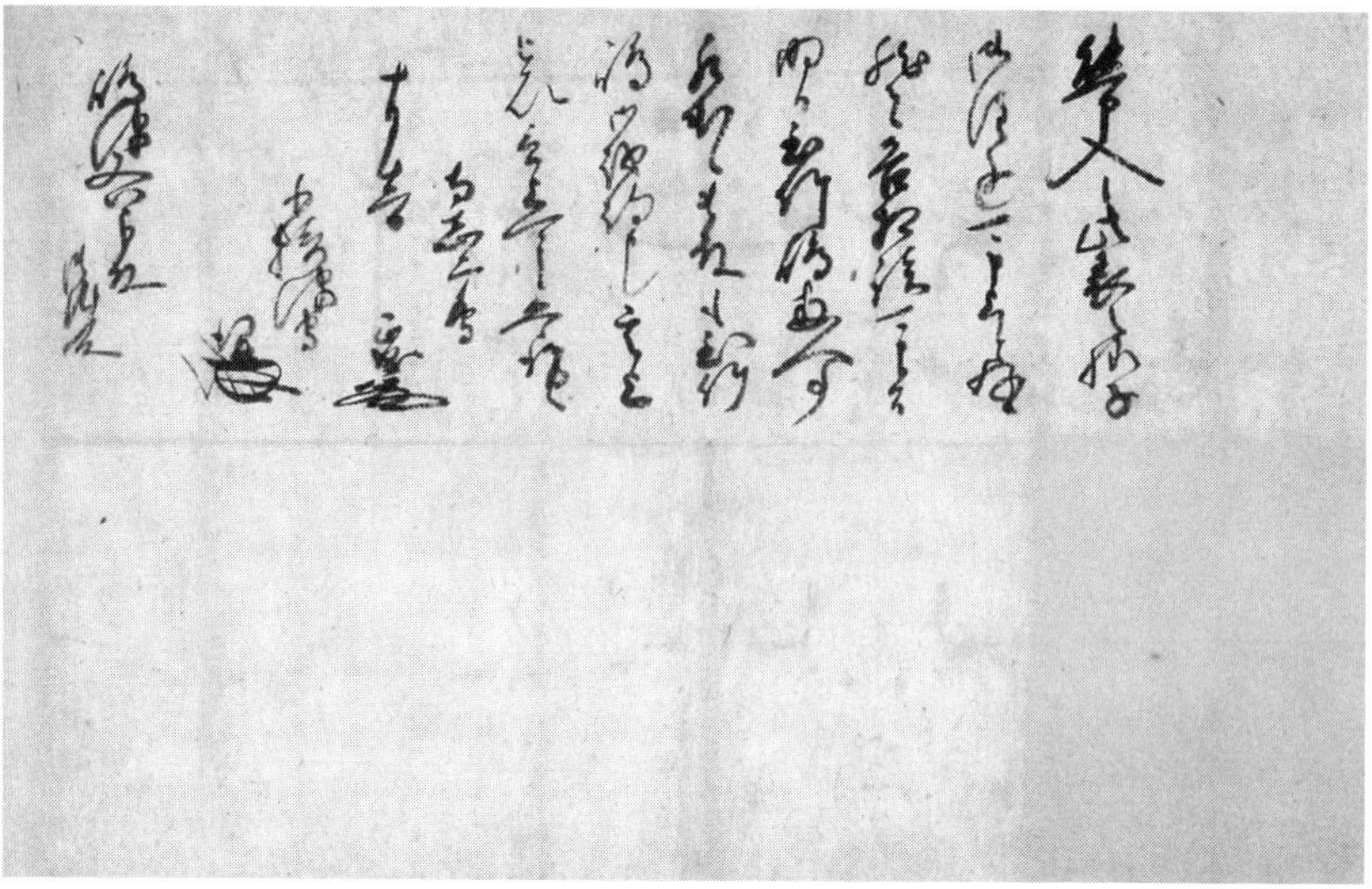

意見取りまとめと報告役を務める行長たち

57 小西行長・寺沢正成連署状（折紙）

（文禄四年〈一五九五〉）十月十二日
島津家文書四—一九—一七（東京大学史料編纂所所蔵）

態申入候、此表之様子」御注進可申上と存候、」然者各
相談可申候間、」明日至竹島、両人事」罷出候、貴殿も至竹」
島御越待申候、其上」を以言上可申候、恐々謹言、

十月十二日　寺志广守（寺沢）
正成（花押）
小摂津守（小西）
行長（花押）

島津又八郎（忠恒）殿
御陣所

【解説】島津忠恒へ宛てた行長と寺沢正成の連署状。朝鮮在番の様子を秀吉へ注進しようと考えているので、みなと相談したい。明日、我々二人とも「竹島」（金海）まで出向くので、貴殿もお越しいただきたい、と伝えている。この時期において も、小西と寺沢が日本からの情報・指示の統括、朝鮮在番諸将への伝達、および日本への諸連絡の統括という「パイプ役」の中心であったことがうかがえる。

〔本書155・156頁参照〕

「明の勅使が到着したので忙しいのです」

58 小西行長書状（折紙）

（文禄四年〈一五九五〉）十一月二十一日
相良家文書七五〇

猶以、其以来」不申通御床敷候、已上、

為御見廻、預御」使札、祝着之至ニ」存候、自是も可」申入処ニ勅使来」着ニ付而取紛、令」無音候、次生鶴」十被懸御意候、」満足申候、猶面上」之時可申達候条、」不能詳候、恐々謹言、

十一月廿一日　小摂（小西）守
行長（花押）

相良（長毎）宮内太輔殿
御返報

【解説】相良長毎へ宛てた書状。陣中見舞いに対するお礼を述べ、こちらからも連絡すべきところ「勅使来着」で慌しくしていました、と伝えている。この年の九月、日本へ派遣された明勅使はようやく漢城を出発し、この書状が出された十一月に釜山の小西陣中に到着した。この「勅使来着」とはこのことを指すのであろう。ちなみに相良長毎は、このとき加藤清正とともに機張で在番にあたっている。

〔本書155・156頁参照〕

「もうすぐ日本に戻ります」

59 小西行長書状（折紙）

（文禄五年〈一五九六〉）正月十二日
相良家文書七五一

改年之御慶、重」畳申納候、為御祝」儀、太刀一腰、三百疋」令進入候、将亦、」遊撃（沈惟敬）渡海ニ而、」我等事致帰朝候、」猶八木田勘兵衛」可申候、恐々謹言、

正月十二日　小西摂津守
行長（花押）

相良（長毎）宮内太輔殿
御陣所

【解説】相良長毎へ宛てた書状。新年の祝意を述べた上で、沈惟敬が日本へ渡海するので私も日本に帰国します、詳しいことは八木田勘兵衛（小西家臣か）が伝え申し上げます、と伝えている。明勅使とともに釜山に到着していた沈惟敬は、行長の要請により、明勅使迎接の儀礼について協議するために、同月名護屋に渡った。このときに行長と寺沢正成も日本に帰国している。

〔本書155・156頁参照〕

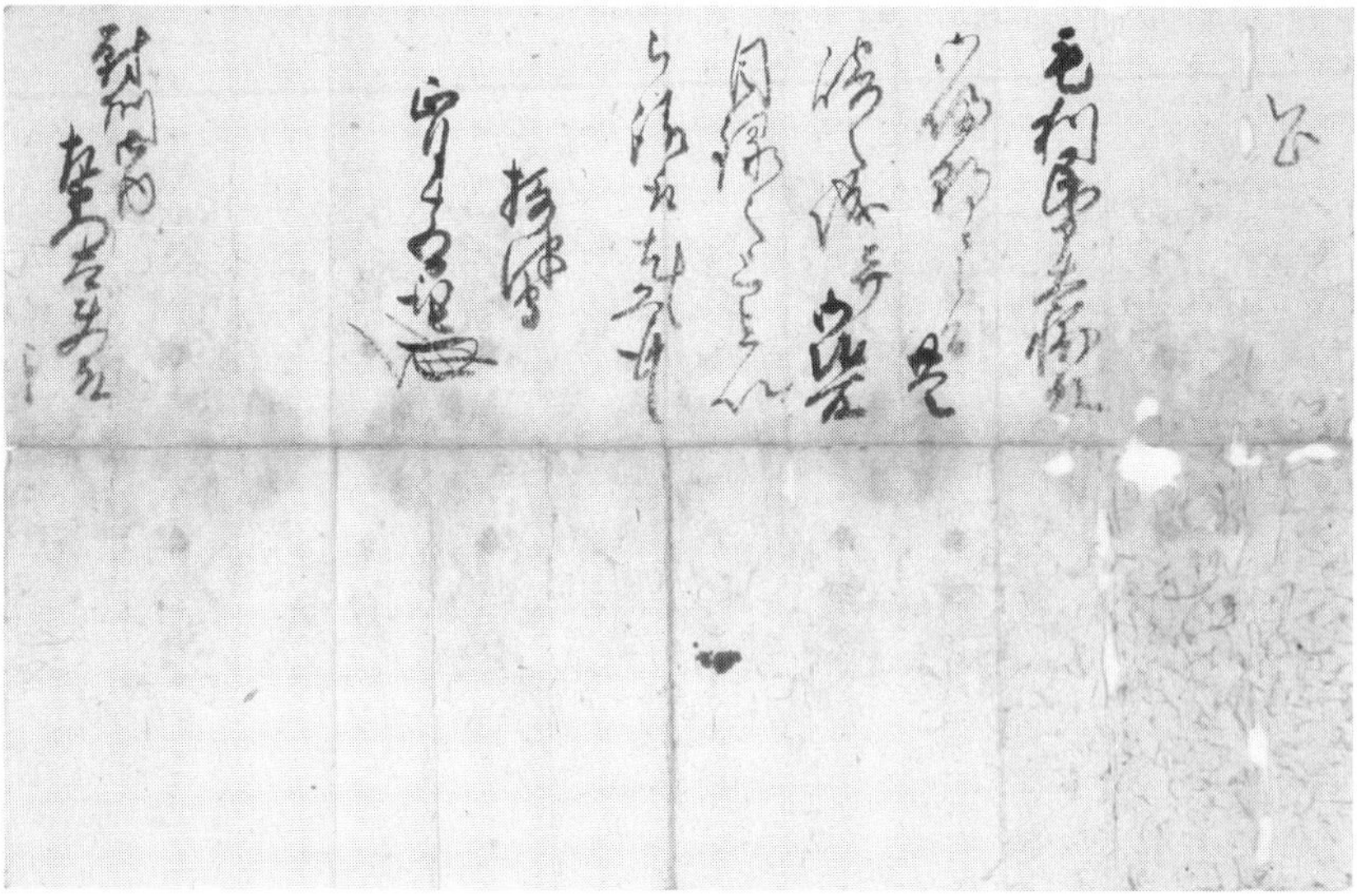

対馬の在番体制に関わる行長

60 小西行長書状（折紙）（文禄五年〈一五九六〉）正月十五日

長崎県立対馬歴史民俗資料館所蔵

以上、

毛利（友重）民部太輔殿」御帰朝ニ候間、豊」崎之城并御地所」

目録之上を以、」被請取尤候、恐々謹言、

摂津守（小西）

行長（花押）

正月十五日

対州御内

左衛門太夫殿（大浦）

まいる

【解説】対馬宗氏の家臣・大浦左衛門太夫に宛てた書状。毛利友重が帰朝するので、豊崎（長崎県対馬市上対馬町豊）の城と「御地所」の返却について目録に記録して受け取るようにと伝えている。豊崎は軍事・物資中継地点として重視された。毛利友重が駐留し、朝鮮―対馬間の船舶の差配等にあたる体制が整っていた。本状は毛利友重が豊崎から撤退した文禄五年に出されたものと推測される。行長がこうした在番諸将の撤退や対馬とのやりとりにあたっていたことがわかる。

〔本書155頁参照〕

「明の勅使が逃げました」

61 小西行長書状（折紙）（文禄五年〈一五九六〉）四月二十四日

相良家文書七五九

以上、

御状拝見申候、従」是可申入之処ニ、」昨晩罷着付而」取紛、
御報罷成候、」勅使渡海候者、」貴所御事も可為」御帰朝
之旨、被」仰出候処、勅使」不慮之仕合出」来付而、遊(沈惟敬)
撃上洛候、」(折返)其被　仰出様」可在之条、被任其」旨尤ニ候、
猶重而」到来次第、自是」可申入候、恐々謹言、

小摂(小西)
行長（花押）

卯月廿四日

相良宮内太輔(長毎)殿
御返報

【解説】相良長毎に宛てた書状。日本から昨晩釜山に到着したこと、明勅使の渡海にともない、貴方も帰朝すべき命令が出ていたが、明勅使に不慮の事態が起き、沈惟敬が日本へ向かうことになったことなどが伝えられている。「勅使不慮之仕合」とは、同月二日、釜山の日本陣営から明正使・李宗城が逃亡した事件を指す。これにより副使・楊方亨が正使に、沈惟敬が副使となり、日本へ赴くこととなった。〔本書155～157頁参照〕

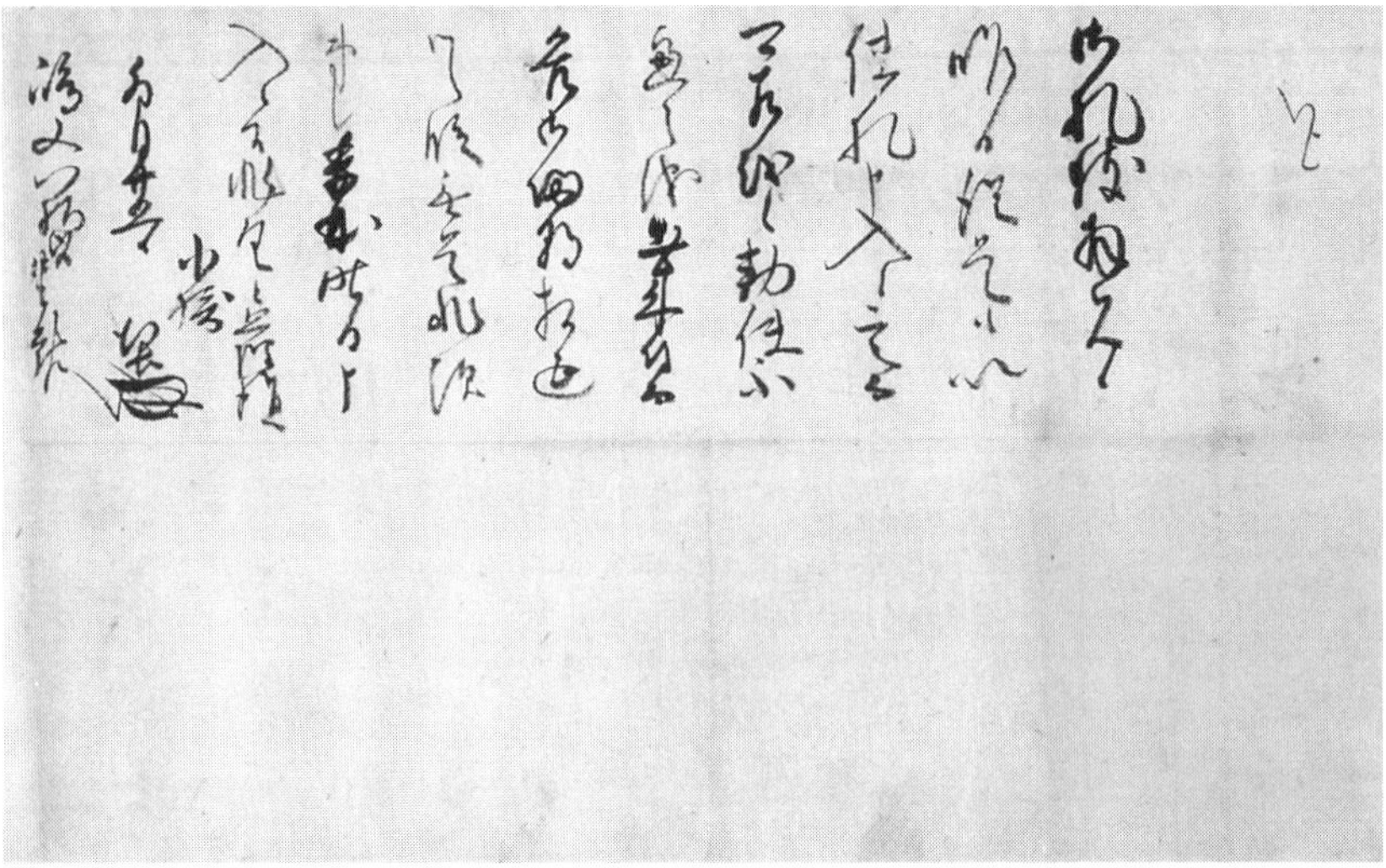

「帰朝延期は残念です」

62 小西行長書状（折紙）（文禄五年〈一五九六〉）四月二十五日

島津家文書四―一九―二二（東京大学史料編纂所所蔵）

以上、

御札致拝見候、」昨日従是も以」使札申入候、定而」可相越候、勅使不」慮之儀出来付而、」各御帰朝相延」候之段、無是非次」第候、委曲昨日申」入候間、非具候、恐惶謹言、

卯月廿五日　小摂（小西）行長（花押）

島又八（島津忠恒）様まいる　貴報

【解説】島津忠恒に宛てた書状。忠恒からの書状を受け、昨日こちらからも書状を出したこと、「勅使不慮之儀」（明勅使逃亡事件）が発生したせいで、（日本への帰朝命令が出ていた）朝鮮在陣諸将の帰朝が延期になったことは、とても残念である、と伝えている。

〔本書155～157頁参照〕

「きっと日本に帰れますよ」

63 小西行長書状（折紙）

（文禄五年〈一五九六〉）五月七日

相良家文書七六一

以上、

急度申入候、今度」寺志(寺沢正成)我等帰朝之節、」貴所御事可為御」帰陣之旨、被」仰出候、則増右(増田長盛)・」石治(石田三成)ゟの御状持参」申候へ共、不慮ニ」勅使壱人走申候」付而延引候、右之通、重而得」上意候処、最前被」仰出如御仕置、」(折返)在陣衆可為帰」朝之旨、昨日従御奉行衆被仰越候、」被任　上意、急度」御帰陣尤ニ候、猶両」使可申候、恐々謹言、

小摂津守(小西)

行長（花押）

五月七日

相良宮内少輔(長毎)殿

御陣所

【解説】相良長毎に宛てた書状。私と寺沢が帰朝したとき、貴殿の帰朝命令が確かに出されたが、明勅使逃亡事件により延期になっていたこと、このたび改めて帰朝命令が出たことを昨日奉行衆が伝えてきたので、きっと帰朝できるであろうことなどを伝えている。

〔本書155～157頁参照〕

石田三成・増田長盛の意向を伝える

64 小西行長書状（折紙）

（文禄五年〈一五九六〉）五月八日

相良家文書七六二

以上、

御札拝見申候、」昨日以使者如」申入、石治(石田三成)・増右(増田長盛)」被任御書中之旨、」急度御帰朝尤ニ」存候、相当之御用、」馳走可申候旨、従」治少(石田三成)被申越候間、聊」不存疎意候、無御」隔心、御用等可承候、」将亦為御音信、」熊皮壱枚被懸」(折返)御意、過分至極ニ候、」猶追々可申承候、」恐々謹言、

小摂(小西)

行長（花押）

五月八日

相良宮内少輔(長毎)殿

御返報

【解説】相良長毎に宛てた書状。昨日伝えたように、石田三成・増田長盛らの書状が言うとおりきっと帰朝できること、相当のもてなしをするつもりであると石田三成から言って来ているが、全然疎意はないので、遠慮なくご用などを承るように、などと伝えている。なお、この書状には行長重臣・小西末郷の副状が添えられていた（相良家文書七六三）。

〔本書155～157頁参照〕

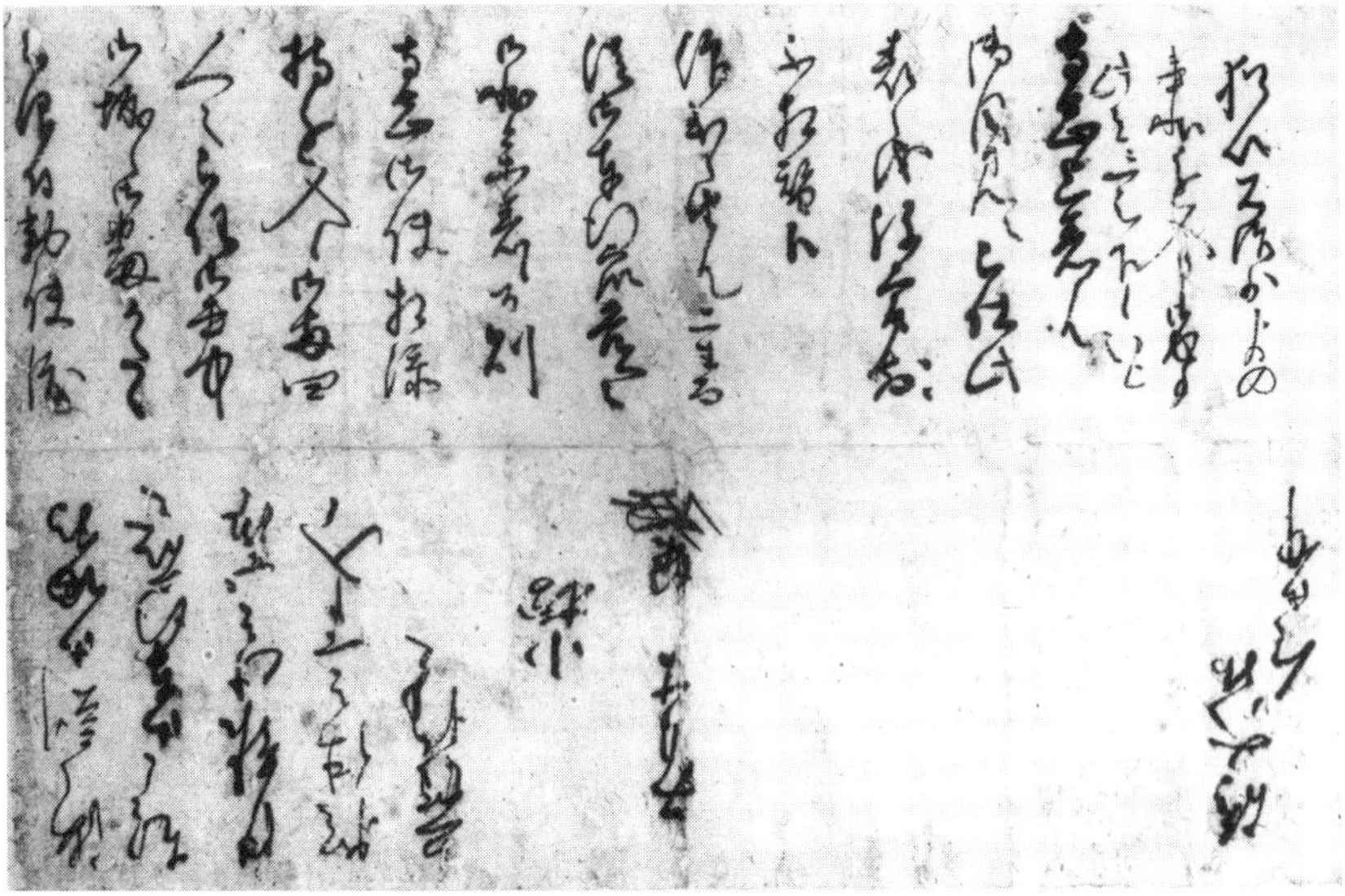

「明の勅使が渡海すれば帰国できますよ」

65 小西行長書状（折紙）　（文禄五年（一五九六））五月十日

島津家文書四―二〇―二（東京大学史料編纂所所蔵）

猶以石治少（石田三成）〻の」書状進入申候、御返事」此者ニ可被下候、以上、

寺志（寺沢正成）上着候て、」御目見ぇ被仕、此」表之儀弥最前ニ」不相替被」仰出之由候て、重而」従御奉行衆、各へ之」御状参着候間、則」寺志御使相添」持進入候、御両四」人之被任御書中、」御城之御番かたく」被仰付、勅使渡（折返）」海之刻、御帰朝」尤ニ候、御奉行衆へ之」御報、此者ニ可給候、」猶使者可申入候、」恐惶謹言、

小摂（小西）行長（花押）

五月十日

島又八（島津忠恒）様
人々御中

【解説】島津忠恒に宛てた書状。寺沢正成が上洛して秀吉に謁見し、引き続き朝鮮在番の命令が出たこと、奉行衆から書状が届いたので寺沢の使者に持たせること、在番を固く命じられ、明勅使が渡海するときには帰朝できるだろうことなどを伝えている。日本から朝鮮在番諸将に伝えられる命令はこうして、行長を介して伝えられていた。

〔本書155～157頁参照〕

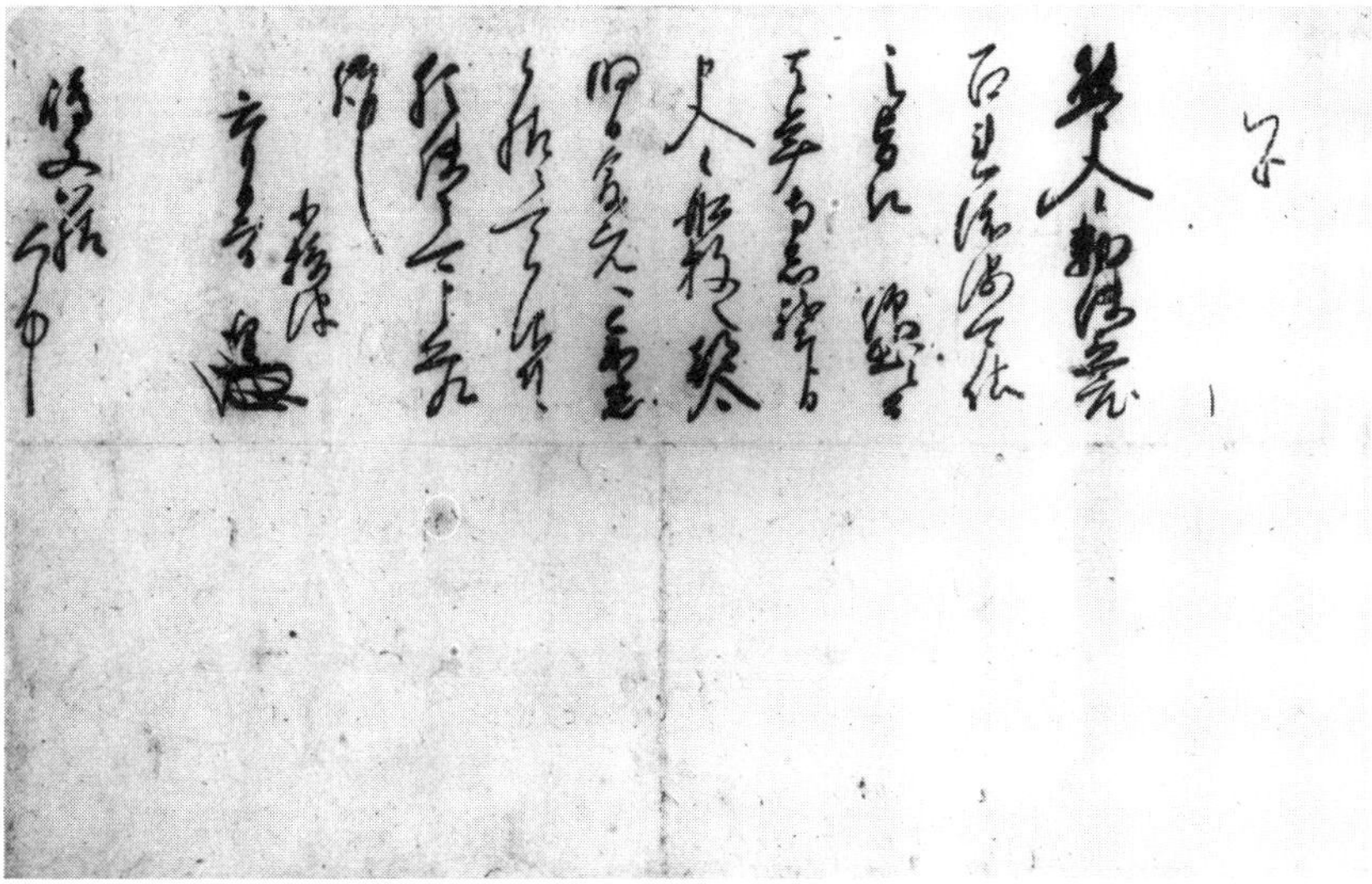

「船を釜山までお願いします」

66 小西行長書状（折紙）（文禄五年〈一五九六〉）六月十二日

島津家文書四―二〇―三（東京大学史料編纂所所蔵）

以上、

態申入候、勅使急度」召連渡海可仕」之旨被　仰出候間、」去年寺志《寺沢正成》我等ゟ」申入候船数之都合、」明日爰元へ参着」候様ニ可被仰付候、」猶使者可申候、恐惶」謹言、

小摂津《小西》

行長（花押）

六月十二日

島又八様《島津忠恒》

人々御中

【解説】島津忠恒に宛てた書状。明勅使を連れてすぐに日本へ渡海すべきと命ぜられたので、去年寺沢と私からお願いしていた船を全て、明日こちらへ到着させるように、と伝えている。この三日後に、明勅使の正使・楊方亨は釜山を出発しており、本状はこれに関連するものであろう。

〔本書155・157頁参照〕

「朝鮮使節が到着次第、面会が行なわれます」

67 小西行長書状（折紙）　（文禄五年〈一五九六〉）八月十四日

相良家文書七七二

猶々、従是御左」右、十日十五日之中ニ」可申入候間、無御退」屈、
其元諸事」無異儀御逗留」専用候、以上、
従御同兵部殿（相良頼兄）、」人を被差下由候」間、令啓候、勅使」事、
朝鮮人上」着次第、可被成」御対面之由、被」仰出候、
朝鮮人も」近日可為上着候」条、　御対面之様」子、従
是可申入候、」其元御逗留も不」可有程候、万無御」退屈、
今少之間」（折返）御滞留専用存候、」切々以書状も可申」入処、
此間少相煩」申ニ付て、無其儀候、」猶御同兵可被申」入候、
恐々謹言、

八月十四日　　小西摂津守
　　　　　　　　行長（花押）

相良宮内大輔殿（長毎）
　御陣所

【解説】相良長毎に宛てた書状。明勅使および朝鮮の使節と秀吉との面会予定を伝えるもので、「朝鮮人」が日本に到着次第、面会が行なわれるだろうという見通しを述べている。このころ長毎はおそらく伏見に滞在中で、長毎に対し、「退屈でしょうがしばらくご滞在ください」と伝えている。〔本書155・157・158頁参照〕

秀吉と明勅使会談直前の様子

68 小西行長書状　（文禄五年〈一五九六〉）八月二十一日

『旧記雑録後編』三所収

猶以此中之無音背本意候、旁期貴面之時候、以上、
先刻預御使者候、自是も可申入処ニ今朝ゟ御前へ罷出、
只今罷帰候ニ付て無音背本意候、朝鮮之使一昨日上着候、
さ様之儀為可致言上、夜前爰元罷越候、来廿五六日勅使
并朝鮮仁へ可被成　御対面之由被　仰出候、其ニ付て今
夜大坂へ罷帰候間、御見廻も不申上慮外千万ニ候、御
対面之節者、定而大坂へ可被成御越之条、以貴面可得御
意候間、書中委不申入候、恐惶謹言、

八月廿一日　　小摂津（小西）
　　　　　　　　行長（花押）

羽兵様（島津義弘）
　人々御中

【解説】島津義弘に宛てた書状。明勅使との面会を直前に控え、秀吉と打ち合わせをしていること、朝鮮の使節が昨日到着したので、面会がもうすぐ行なわれること、その準備のため今夜大坂に戻ってきたこと、「御対面」の際は大坂へお越しになるべきことなどを伝えている。明勅使と秀吉との対面を前に、準備に追われる行長の姿がうかがえる。しかしその甲斐なく、講和交渉は失敗に終わることとなる。〔本書155・157・158頁参照〕

講和交渉失敗！ 再び名護屋に到着

69 小西行長書状（折紙）

（文禄五年〈一五九六〉）十月七日

相良家文書七七三

猶以、治少（石田三成）書中御覧候て、」此ものニ可返給候、已上、

態申入候、至名護屋」罷着候、順風次第、」其許可罷渡候、其元」永々御逗留、可為御」退屈と、推量申候、」加主（加藤清正）事、今度被」召出、重而朝鮮へ」可罷渡之旨、被」仰出候、さ候ハ、、貴殿（相良長毎）も」可為御渡海哉と存候、」其ニ付而、治少内存之」通、此者口上ニ申含候、」治少ゟ我等への書中、」（折返）懸御目候、加主事も、」一両日以前、下関ゟ」国元へ帰宅之由候、」恐々謹言、

十月七日　小摂（小西）

行長（花押）

相良宮内（長毎）太輔殿

御宿所

【解説】相良長毎に宛てた書状。和平交渉失敗後の書状で、朝鮮に渡るため名護屋に到着したこと、「加主」（加藤清正）が秀吉に召し出されて再び朝鮮渡海を命じられたので、貴殿（長毎）も渡海を命じられるであろうこと、これについて石田三成の「内存」を使者に伝えさせ、さらに三成の書状も見せること、清正が数日前に下関から「国元」（隈本）に戻ったことなどを伝えている。

〔本書173頁参照〕

「また渡海することになるでしょう」

70 小西行長書状（折紙）

（文禄五年〈一五九六〉）十月九日

相良家文書七七五

猶々、預御使札」令満足候、已上、

御状令拝見候、自」是も使札を以申候つる、」御報拝見申候、石治（石田三成）」被任異見、国元へ」御越之由、先以尤ニ存候、」驪而可為御渡海之」条、於朝鮮、諸事」可申承候、猶御使者へ」申候、恐々謹言、

十月九日　小摂（小西）

行長（花押）

相宮（相良長毎）内太輔殿

御返報

【解説】相良長毎に宛てた書状。長毎からの書状を受け、石田三成の意見に従って「国元」（人吉）に帰ることはもっともであること、やがて貴殿も朝鮮に渡海することになるので諸事は朝鮮にて承ること、などが伝えられている。この段階で相良長毎がどこにいたのかは問題であるが、69の内容と関連するものであることは確実である。秀吉の意向の伝達に三成や行長の影響力が大きかったことがうかがえる。

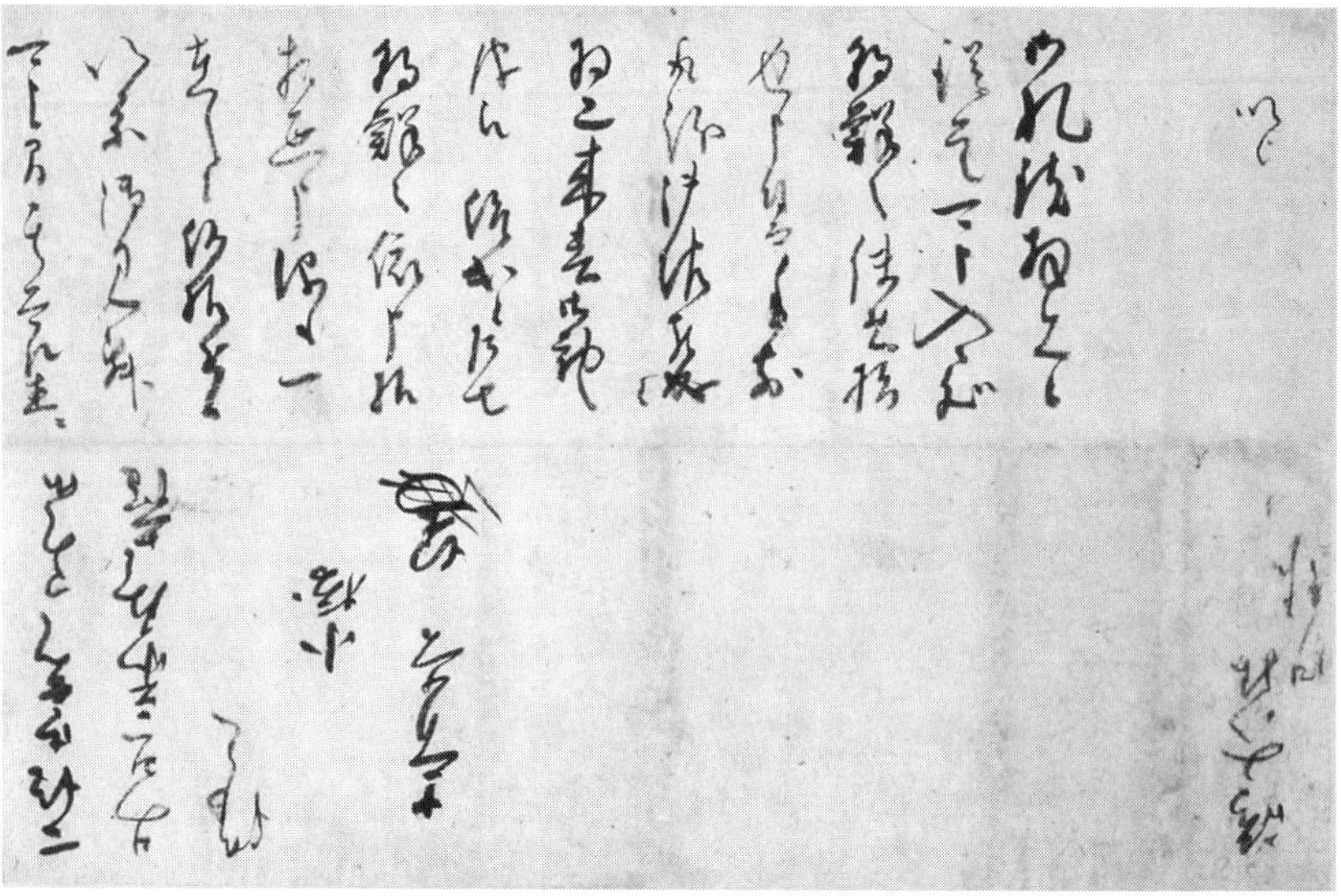

行長は依然朝鮮と講和交渉中

71 小西行長書状（折紙）（文禄五年〈一五九六〉）十二月十一日

島津家文書四―一九―一九（東京大学史料編纂所所蔵）

以上、

御札致拝見候、」従是可申入候処、」朝鮮之使者指」返申付而、手前」取紛、御報罷成候、」将亦来春御動之」儀被　仰出候、乍去」朝鮮之依申様、」相延申儀も可」（折返）在之候、何様近日」以参御見舞」可申候間、其節直ニ」可得御意候、早々御」使者忝存候、恐惶」謹言、

小摂（小西）
行長（花押）

十二月十一日

島又八（島津忠恒）様
御報

【解説】島津忠恒に宛てた書状。「朝鮮之使者」（明勅使とともに日本に来ていた朝鮮使節）を帰還させることで多忙だったこと、来年春の軍役について秀吉から命令があったが、朝鮮の対応によっては延期があるかもしれないこと、いずれにしろお会いして直接お話ししたいことなどを伝えている。この段階で行長は釜山に在陣している。『日本往還日記』によれば、朝鮮使節は十二月九日に釜山から帰途についている。「朝鮮の申し様により」という表現から、この時点においても行長が朝鮮側と和平交渉にあたっていると考えられる。

〔本書174頁参照〕

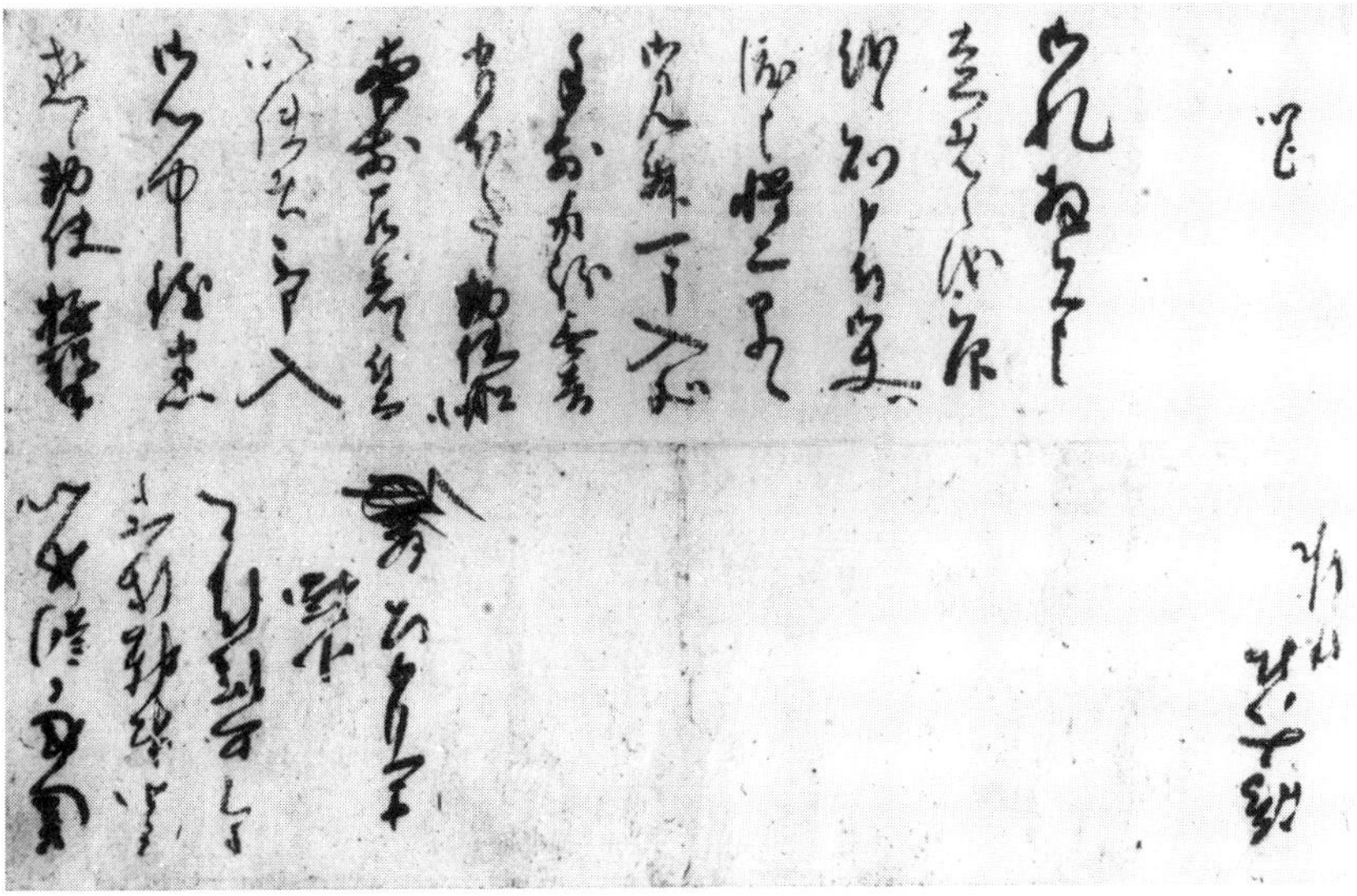

「ゆっくり積もる話をしましょう」

72 小西行長書状（折紙）（慶長元年〈一五九六〉）十二月十八日

島津家文書四―二〇―九（東京大学史料編纂所所蔵）

以上、

御札拝見申候、」走者之儀被仰」越候、則申付御使へ」渡申候、将亦早々」御見舞可申入処、」手前取紛、無音」背本意候、勅使船も」夜前罷着候付而、」以使者不申入、」（折返）御心中致迷」惑候、勅使遊撃（沈惟敬）」送返候刻、必以」参相積儀可申」上候、恐惶謹言、

十二月十八日　　小摂（小西）
　　　　　　　　行長（花押）

島又八（島津忠恒）様
　御報

【解説】島津忠恒に宛てた書状。報告があった「走者」（脱走者）について、「申付」を使者に申し渡したこと、お見舞いをすべきところ慌しかったこと、明勅使の船が夜前に到着したが連絡もせず申し訳なかったこと、明勅使や沈惟敬を送り返した後に必ずそちらに出向いて積もる話をしたいこと、などを伝えている。このとき行長は釜山に在陣中で、日本から明へ戻る勅使の出迎えをしたのであろう。

新年のお祝いと無事渡海のお祝い

73 小西行長書状（折紙）　（慶長二年〈一五九七〉）二月三日

相良家文書七八二

已上、

改年之御慶、珍重ニ」存候、其ニ付て御使札」拝見、并参百疋、御」懇志過分至極ニ候、」昨日御渡海之由不」存、人をも不進之候、」先以無事ニ御渡海、」目出度存候、明日石治（石田三成）」まて此表之事申遣」候間、則御渡海之由、」并御使口上之趣、具ニ」可申入候、其段可御心」安候、其元珍敷」（折返）儀も候ハヽ、御知せ頼存候、」自是も可申入候、」猶御使者へ申入候、」恐々謹言、

二月三日　　小（小西）摂津守
　　　　　　行長（花押）

相良（長毎）宮内太輔殿
　御返報

【解説】相良長毎に宛てた書状。新年の挨拶と使者・進物のお礼、ならびに昨日長毎が朝鮮へ無事に渡海してきたことのお祝いを述べ、それらのことを明日石田三成に伝えること、そちらの状況に変化があれば報告をお願いしたいことなどを伝えている。〔本書176頁参照〕

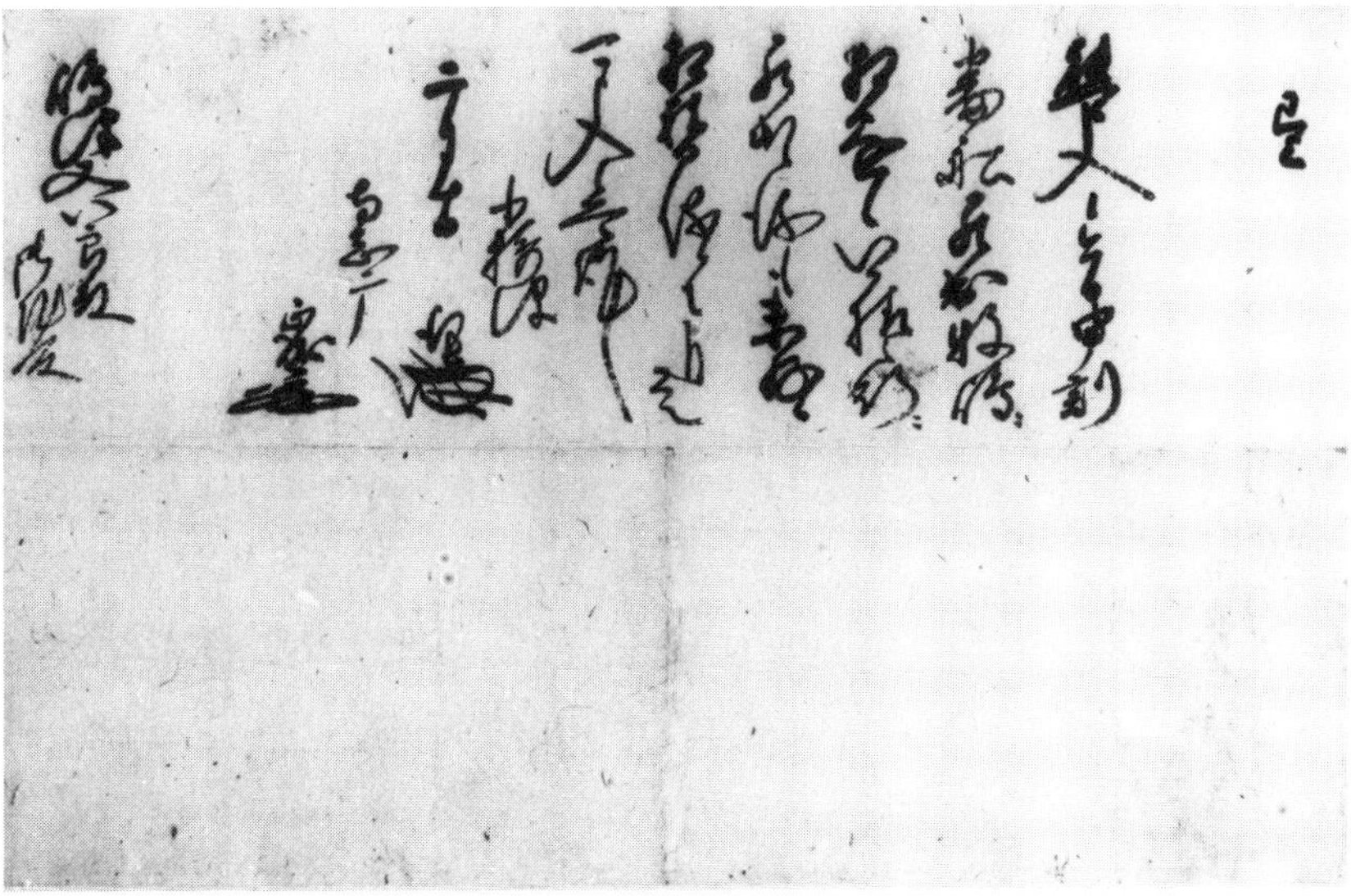

朝鮮軍船の出没を伝える行長

74 寺沢正成・小西行長連署状（折紙）

（慶長二年（一五九七））二月十日
島津家文書四―二一〇―一四（東京大学史料編纂所所蔵）

已上、

態申入候、今日申刻」番船罷出、牧島ニ」相懸候、いか様之行ニ」罷出候儀も未存候、」相替儀候者自是」可申入候、恐々謹言、

二月十日　小摂津（小西）行長（花押）
寺志广（寺沢）正成（花押）

島津又八郎（忠恒）殿
御陣所

【解説】島津忠恒に宛てた行長と寺沢正成の連署状。今日の申刻（午後四時ごろ）に朝鮮の軍船が出現し、牧島（釜山・影島）に到来したが、何のために来たのかはわからないこと、異変があれば連絡することなどを伝えている。この時点では行長・寺沢も釜山に在陣中であったのだろう。〔本書176頁参照〕

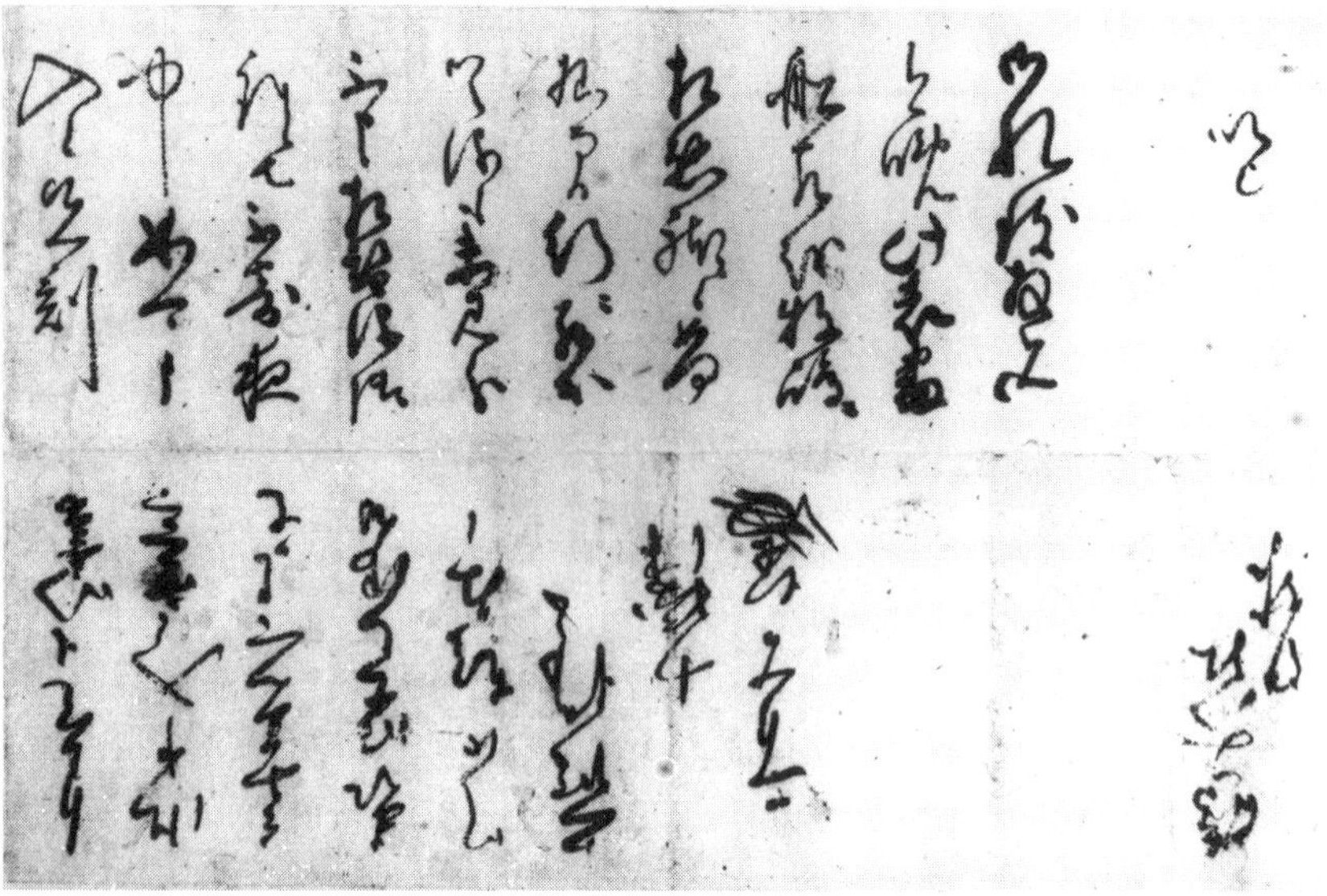

「異変があれば夜中でも連絡します」

75 小西行長書状（折紙）　（慶長二年〈一五九七〉）二月十日

島津家文書四―二〇―一三（東京大学史料編纂所所蔵）

以上、

御札致拝見候、」今晩此表番」船罷越、牧島ニ」相懸体ニ候、
如何」様なる行ニ罷出」候之儀も未見分」不申、相替儀
御」座候者、不寄夜」中必可申」入候、先刻」（折返）自是も以
書」状申入候、定而」参着可申候、其」表堅被仰付」候
之由尤ニ存候、」恐惶謹言、

二月十日　　　（小西）小摂津
　　　　　　　　　行長（花押）

（島津忠恒）島又八様
　　御報

【解説】島津忠恒に宛てた書状。今晩こちらに朝鮮の軍船が出現し、牧島（釜山・影島）に到来したが、何のために来たのか理由がわからないこと、何か異変があれば、夜中でも報告すること、などを伝えている。74と同日・同内容であるが、番船襲来の時間を74では「申刻」、本状では「今晩」とする点が相違する。いずれにしろ、74は奉行的立場からの連署状、本状は一大名という立場からの書状と見受けられる。

〔本書176頁参照〕

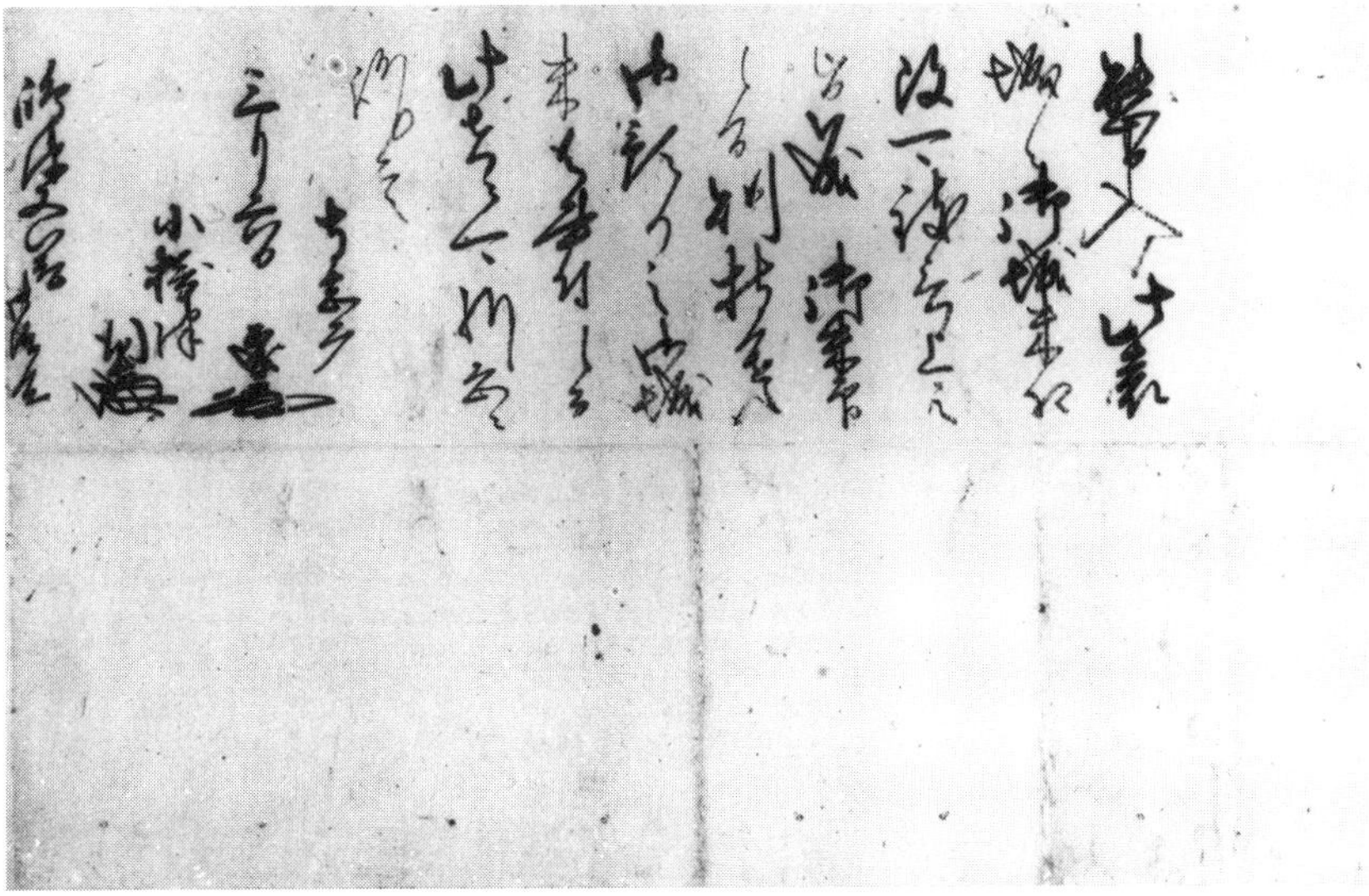

秀吉の命令を忠実に伝える行長たち

76 小西行長・寺沢正成連署状（折紙）

（慶長二年〈一五九七〉）三月六日

島津家文書四―二〇―一五（東京大学史料編纂所所蔵）

態申入候、此表」城々御城米相」改可致言上之」旨、被成 御朱印」候間、則持進之候、」御預り之御城」米御書付候而」此者ニ可給候、恐々」謹言、

三月六日　　寺志广《寺沢》
　　　　　　正成（花押）
　　　　小摂津《小西》
　　　　　　行長（花押）

島津又八《忠恒》殿
　御陣所

【解説】島津忠恒に宛てた行長と寺沢正成の連署状。朝鮮の各城にある兵糧米について確認し報告せよとの秀吉の朱印状が出されたので報告すること、在番中の城の兵糧米を報告書にまとめて、この使者に渡すように、などと伝えている。秀吉の命令を諸将に伝達し履行させる役目を担う、行長と寺沢の姿がうかがえる。

〔本書176頁参照〕

「貴殿の意向を三成に伝えておきます」

77 小西行長書状（折紙）　（慶長二年（一五九七））三月十日

相良家文書八三六

猶以、被仰越趣、則」申上候、猶追々可」申承候、已上、

御札拝見、御使者口上」之趣、委承候、幸明日」京都へ使者差上候間」被仰越様子、一々懇ニ」石治少(石田三成)まで可申入候、」同者治少へ御状」被差上可然存候へとも」はや明日出船之体候間、」自我等具ニ申上候、定而」聽而返事可有之条」其節自是可申入候、

一、近き比京都ヨリ到来」御座候へ共、珍敷儀も無」之ニ付て不申入候、当夏」(折返)中御人数可被差」渡旨、追々参着候、」内々其御用意尤候、」其元珍敷儀候ハヽ、」御しらせ頼存候、猶」御使者へ口上ニ申入候、」恐々謹言、

三月十日　小摂(小西)行長（花押）

相良(長毎)宮内太輔殿
御返報

【解説】相良長毎に宛てた書状。石田三成へ長毎の意向を伝えておくこと、京都から使者が到来し、今年の夏に日本から軍勢を渡海させることなどの情報について伝えている。

〔本書176頁参照〕

慶長の役の陣立書の到着を伝える

79 小西行長書状（折紙）　（慶長二年（一五九七））四月八日

相良家文書七九九

猶以、一両日中ニ」使者を以可申入候間」書中不委候、

態申入候、当年」御働弥相定、御」備之御書立并」御軍法之」御朱印参着候、」貴所へ之　御朱印も」有之儀ニ候、先西目之」城々へ持せ遣候、」一両日中ニ其元」へ之御朱印可」持進之候、貴所御事」(折返)あんかうらい衆一手ニ」御朱印ニ相見え申候、」為御心得申入候、」猶、村尾弥七可申候、」恐々謹言、

卯月八日　小摂(小西)行長（花押）

相良(長毎)宮内太輔殿
御陣所

【解説】相良長毎に宛てた書状。今年の軍役について軍備と軍法に関する秀吉の朱印状が到着したこと、長毎への朱印状もあること、先に西側の城へ持たせるので一両日中にそちらに朱印状が届くこと、貴殿は「あんかうらい」（安骨浦）に配置と朱印状に書いてあるので心得ること、詳細は村尾弥七が述べることなどを伝えている。この朱印状とは同年二月二十一日付の慶長の役の陣立書である。なお、本状に関する村尾弥七の副状がある（相良家文書八〇〇）。

〔本書176頁参照〕

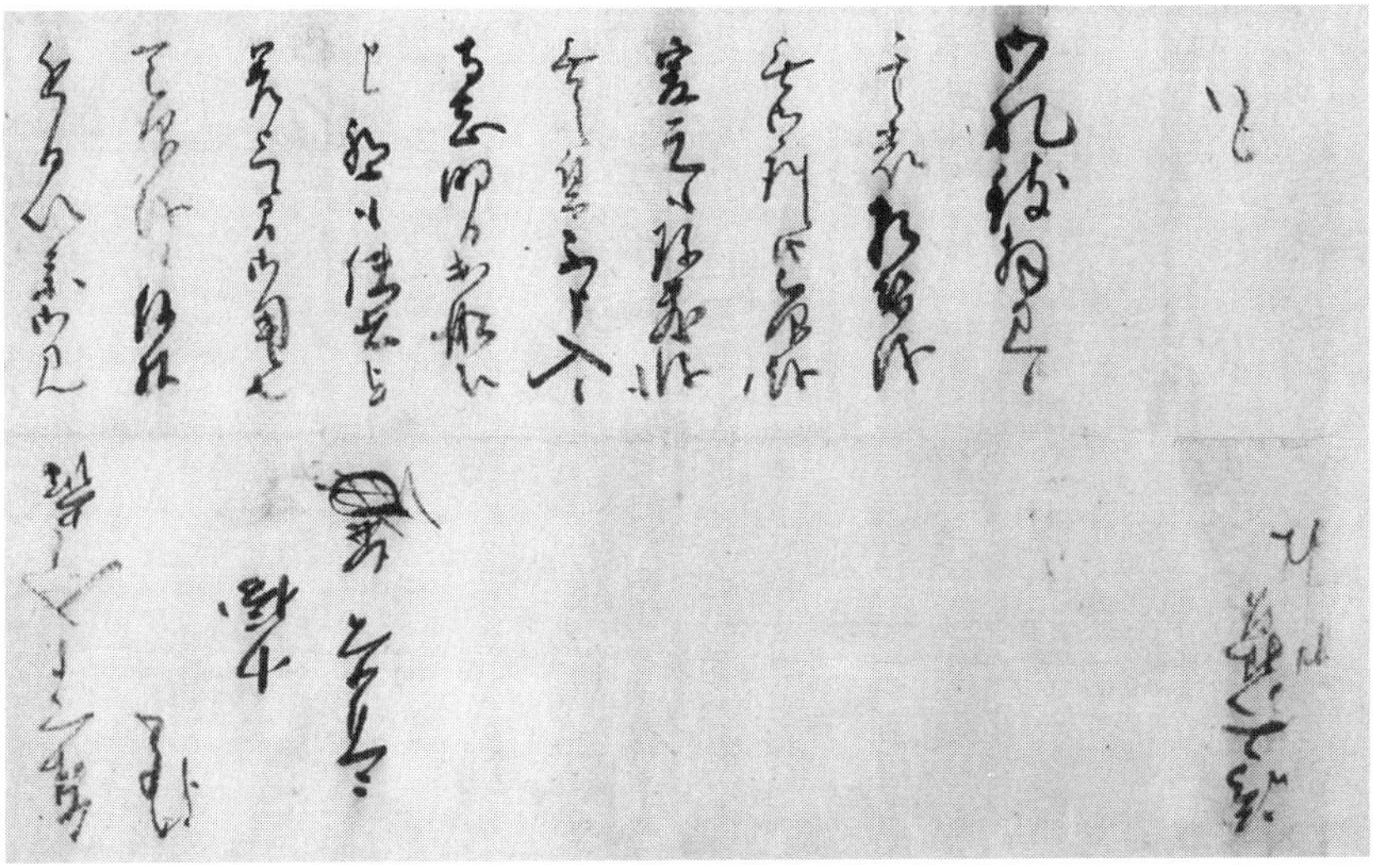

「何か日本へのご用があれば連絡を」

78 小西行長書状（折紙）

（年未詳）三月十一日

島津家文書四―一九―二一（東京大学史料編纂所所蔵）

以上、

御札致拝見候、」其表相替儀」無御座候由、被仰越候、」
爰元も珍敷儀も」無之付而不申入候、」寺志（寺沢正成）明日出船被」
申候、我等も使者を」差上候間、御用候は、」可被仰越
候、何様」近日以参御見」（折返）舞可申入候、恐惶」謹言、

小摂（小西）
行長（花押）

三月十一日

島又八様（島津忠恒）まいる
御報

【解説】島津忠恒に宛てた書状。忠恒の書状を受けてのもので、こちらも特に変わったことはないこと、寺沢正成が明日日本へ出船するので、私も使者を派遣するが、何かご用があれば連絡するようになどと述べている。年記を欠き、詳細不明で時期を特定できないため、仮にここに配列しておく。

〔本書176頁参照〕

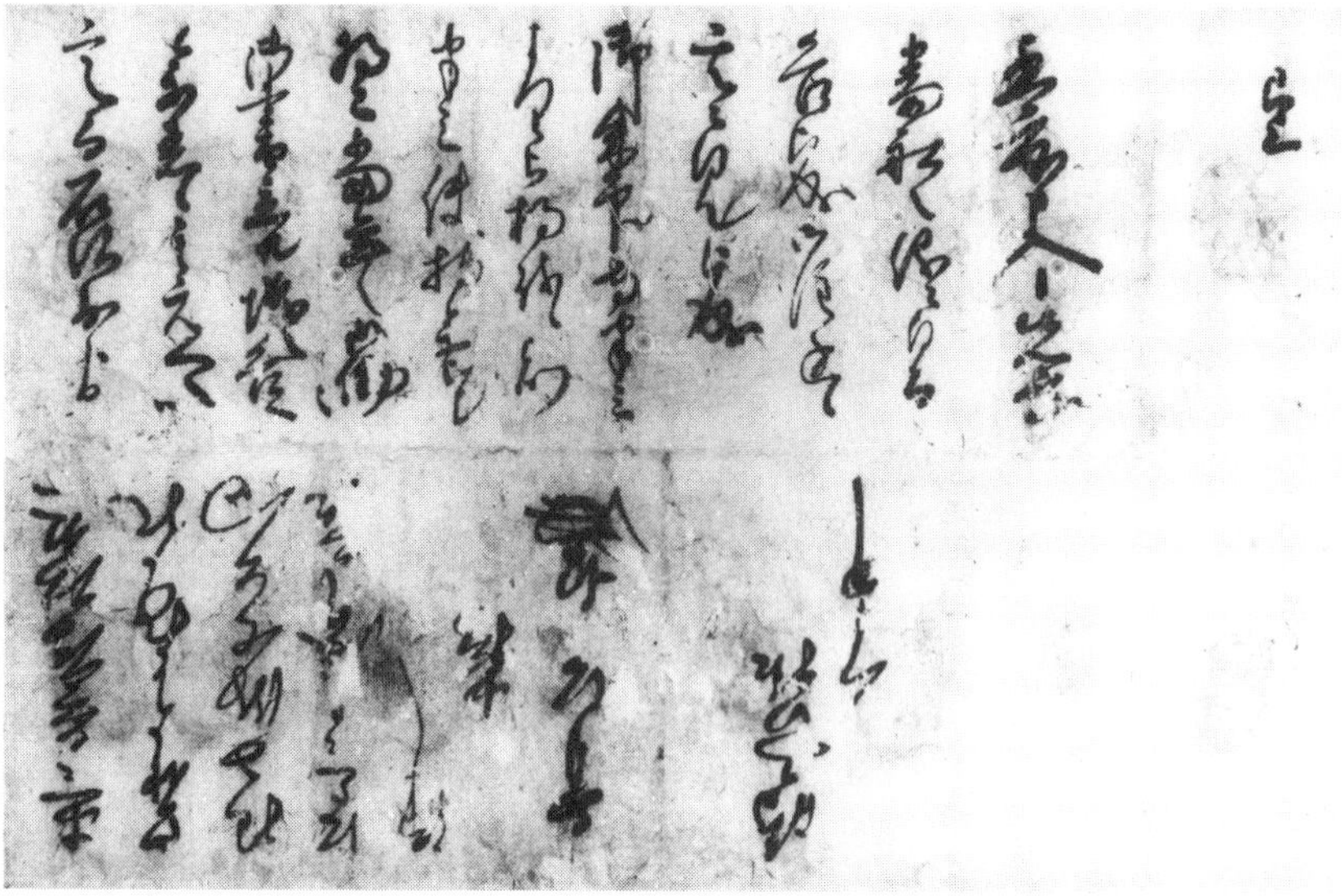

「朱印状は三成から義弘殿に届きます」

80 小西行長書状（折紙）（慶長二年〈一五九七〉）四月八日

島津家文書四―二〇―一七（東京大学史料編纂所所蔵）

已上、

急度申入候、先度」番船之儀ニ付而、」各被成御注進候、」其ニ付て被成」御朱印、寺半三」ゟ被指越候、則」半三使持参被申候、」将亦当年之御働之」御書立共、城々各へ」参着候、其元へハ」定而石治少《石田三成》ゟ」（折返）直ニ兵庫頭《島津義弘》殿へ」御届候かと存候、猶」様子、滝七右衛門尉《重時》」口上ニ申含候、恐惶謹言、

小摂《小西》 行長（花押）

卯月八日

島又八《島津忠恒》様 人々御中

【解説】島津忠恒に宛てた書状。先ごろ軍船の件を日本へ注進したことについて秀吉の朱印状が出され「寺半三」（寺沢の一族か）が使者として持参してきたこと、今年の軍役について軍備と軍法に関する秀吉の朱印状が到着したこと、そちらへは石田三成より直接「兵庫頭（義弘）殿」へ届けられるであろうこと、などが伝えられている。これも79と同様、同年二月二十一日付秀吉朱印状（陣立書）を伝える内容で、行長がその伝達役を務めていたことがわかる。

〔本書176頁参照〕

「なんでもご用をお申付けください」

81 小西行長書状（折紙）　（慶長二年（一五九七））四月九日

相良家文書八〇一

以上、
御状拝見申候、」昨日従是も以」書状申入候、仍倉」屋
敷之儀被仰越候、」則所御使へ渡申候、」何ニても似合之」
御用可被仰越候、」次ニ安宅（秀安）三河方」書状請取申候、従是」
便宜ニ返事可」仕候、猶御使へ（折返）」申入候、恐々謹言、

卯月九日　小（小西）摂津
行長（花押）

相良（長毎）宮内太輔殿
御返報

【解説】相良長毎に宛てた書状。長毎からの書状を受けたもので、昨日こちらからも書状を出したこと、倉・屋敷について連絡いただいたことについては使者に伝えたこと、なんでも相応しいご用は連絡いただくべきこと、「安宅三河」（秀安。石田三成の家臣）の書状は受け取ったので都合のいい時期に返事を出すこと、などを伝えている。

〔本書176頁参照〕

「朱印状のお届けはもう少しお待ちください」

82 小西行長書状（折紙）　（慶長二年（一五九七））四月十一日

相良家文書八〇二

已上、
御状令拝見候、」仍　御朱印早々」可持進之候処ニ、」先
西目へ持遣候ニ」付て、令延引候、」今明日中ニ可」持進
之候間、可有」御頂戴候、於様子ハ」御使者口上ニ申」含候、
猶村尾（折返）」弥七可申候、恐々謹言、

卯月十一日　小（小西）摂
行長（花押）

相良（長毎）宮内太輔殿
御返報

【解説】相良長毎に宛てた書状。長毎からの書状を受けたもので、同年二月二十一日付秀吉の朱印状を持参すべきところ、まず西側（に在番している諸将の城々）に持参したので遅延していること、今日明日中に持参するのでお受け取りいただきたいこと、その様子は使者に伝えており、詳しいことは村尾弥七が申すことなどを伝えている。

〔本書176頁参照〕

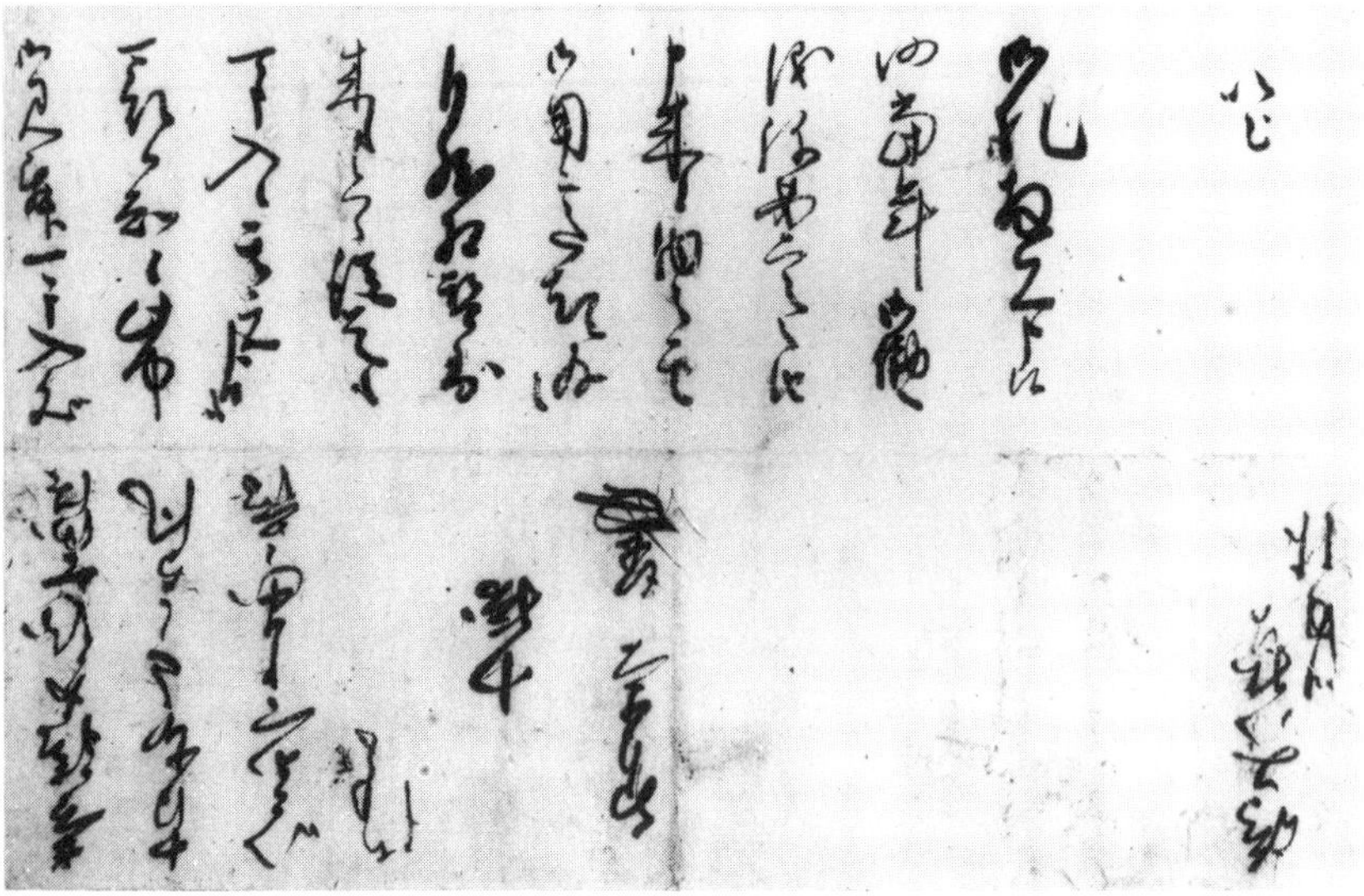

「今年の軍役のご用意、よい心掛けです」

83 小西行長書状 （折紙） （慶長二年〈一五九七〉）四月十二日

島津家文書四―二〇一―八（東京大学史料編纂所所蔵）

以上、

御札拝見申候、」仍当年御働之」儀、弥必定之由」申来候、内々其」御用意尤ニ存候、」自然相替到」来申候ハヽ、従是も」可申入候、其元ゟも」可預御知候、此中」御見舞可申入処、（折返）」普請取紛無沙汰」背本意候、与風」以参可申述候、恐惶」謹言、

（小西）小摂
行長（花押）

卯月十二日

（島津忠恒）島又八様
御返報 まいる

【解説】島津忠恒に宛てた書状。今年の軍役が確実となったことについて、内々に用意されているとのことはもっともであること、何か変わったことがあればこちらから連絡するのでそちらからもご報告いただきたいこと、こちらからお見舞いすべきところ、普請中（場所は不明）で慌ただしくしており失礼したこと、などを伝えている。

〔本書176頁参照〕

「ご用があれば遠慮なくどうぞ」

84 小西行長書状（折紙）　（慶長二年〈一五九七〉）五月十三日

相良家文書八四三

猶以、為御礼御使者、」御隔心之至候、必以」参御見舞可申候、已上、

御札拝見申候、如」御書中、先日者」適々之御逗留ニ」候処ニ、何たる御馳」走も不申、心外」之至候、其元御有」付之由、尤ニ存候、」何ニても御用之」儀、無御隔心可被」仰越候、猶御使者へ申候、」恐々謹言、

五月十三日　小摂津（小西）行長（花押）

相良宮内太輔（長毎）殿
御返報

【解説】相良長毎に宛てた書状。長毎からの書状を受けてのもので、先日こちらにご逗留だったのにおもてなしもせず失礼したこと、貴殿のほうは落ち着いたとのことはもっともであること、何かご用があれば遠慮なく申し付けいただきたいこと、などと伝えている。79によればこの時期に長毎は安骨浦での在番を命じられており、「其元御有付」とはそのあたりの事情を指すのであろうか。なお、本状に関連する井上正次（小西家臣か）の書状（相良家文書八三九）と村尾七郎右衛門の副状（相良家文書八四四）がある。

〔本書176頁参照〕

「三成にしっかりご相談を」

85 小西行長書状（折紙）　（慶長二年〈一五九七〉）六月五日

相良家文書八二九

御使札拝見申候、」如御書中、先日」以来無音罷過候、」其元御有付之由、」尤ニ存候、必参を以」御見舞可申述候、」日本之到来、先日」申入候以後、珍敷（折返）」儀も無之候、自」然」珍敷儀候ハヽ、自」是可申入候、」如被仰越、石治少（石田三成）」ゟ別而可申談之」旨此度も被申」越候、聊疎略有」間敷候間、相当之」御用可被仰越候、」自是も可申入候、」猶御使へ申候、恐々謹言、

六月五日　小摂（小西）行長（花押）

相宮太（相良長毎）殿
御返報

【解説】相良長毎に宛てた書状。長毎からの書状を受けてのもので、日本からの使者の到来については先日お伝えして以後は変わりないこと、石田三成から特別に相談したいことがあると連絡があったので、少しも疎略がないようにして、「相当之御用」を仰るべきことなどを伝えている。なお、本状に関連する村尾弥七の副状（相良家文書八三〇）と井上正次の副状（相良家文書八三一）がある。

〔本書176頁参照〕

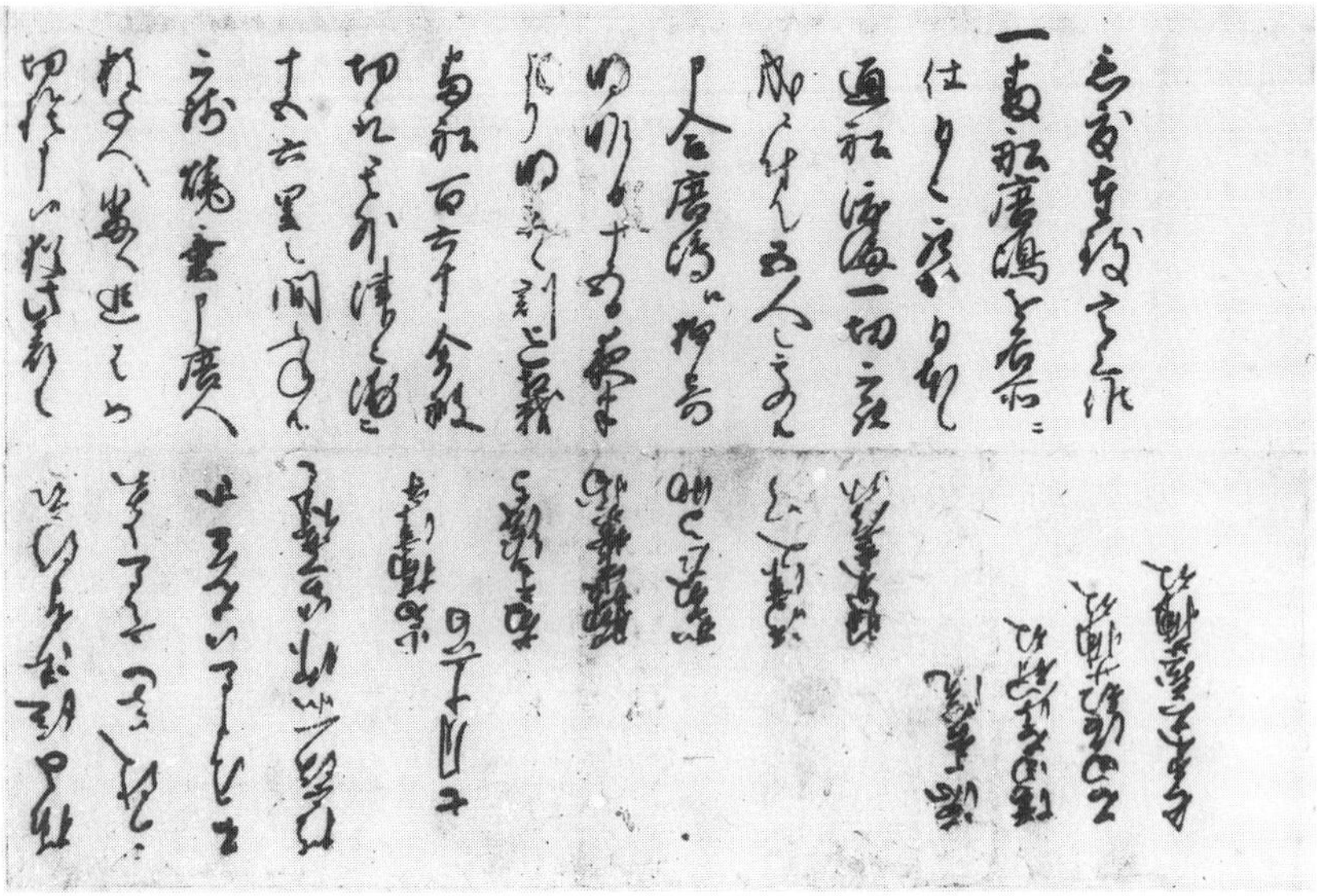

巨済島での戦いを秀吉へ報告

86 島津義弘外五名連署言上状案（折紙）

（慶長二年（一五九七））七月十六日

島津家文書四―六―九（東京大学史料編纂所所蔵）

急度奉致言上候、

一、番船唐島を居所ニ」仕、日々罷出、日本之」通船渡海一切不罷」成ニ付て、五人之もの共」申合、唐島え押寄、」明昨日十五日夜半」ゟ明未之刻迄相戦、」番船百六十余艘」切取、其外津々浦々」十五六里之間、ふね共」不残焼棄申、唐人」数千人⿱大毎（海）へ追はめ、」切捨申候、猶此表之」（折返）様子、従御奉行衆」可被遂言上之条、」不及申上候、右宜　御」披露所仰候、恐々謹言、

七月十六日

小西摂津守（行長）

藤堂佐渡守（高虎）

脇坂中務少輔（安治）

加藤左馬助（嘉明）

島津又八郎（忠恒）

羽柴兵庫頭（島津義弘）

徳　善　院（前田玄以）

増田右衛門尉殿（長盛）

石田治部少輔殿（三成）

長束（正家）大蔵少輔殿

【解説】奉行衆に宛てた行長ら六人の諸将による連署状案。慶長の役における最初の大規模な海戦である「唐島」（巨済島）の戦いを秀吉に報告する内容。巨済島付近に朝鮮の軍船が出没して日本との「通船」に支障を来していたので戦闘におよび大勝したことを伝えている（この戦いで朝鮮水軍の大将元均が戦死）。藤堂・脇坂・加藤らは水軍の将であり、島津義弘・忠恒はほど近い加徳島に在番していた。これは案文であるが、この連署状は実際に作成・送付され、八月九日に秀吉に披露されている（島津家文書四三六）。

〔本書176頁参照〕

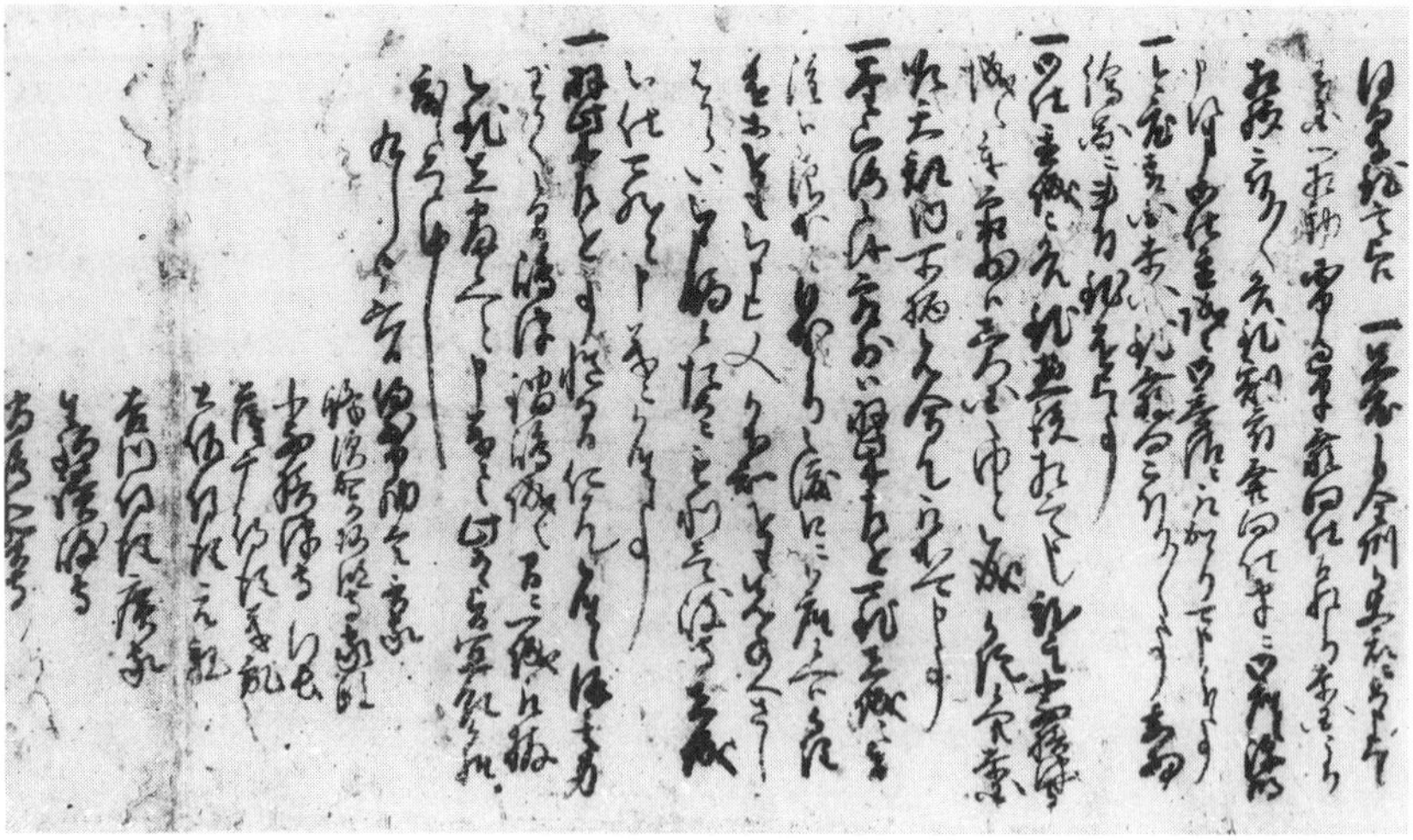

軍議の結果を秀吉に報告

87 宇喜多秀家外十四名連署言上状案（竪継紙）

（慶長二年（一五九七））九月十六日

島津家文書四―七―一一（東京大学史料編纂所所蔵）

謹而奉致言上候、一、先度自全州御使衆ニ委申上候、」青国へ相動、国中過半発向仕、それゟ赤国うち」相残こほり〳〵、各致割符、発向仕半ニ御座候、隙明」申次第、御仕置城々、御普請ニ取かゝり可申分候事、

一、今度青国・赤国致発向、こほり〳〵之事、委細」絵図ニ書付、致進上候事、

一、御仕置城々、各致惣談相定申候、就其、小西摂津守（行長）」城之義、最前ハしろ国之内と、被成　御諚候へ共、赤国」順天郡内所柄見合て、取出可申候事、

一、釜山海之義、最前ハ羽柴左近（立花宗茂）可致在城之旨、」雖被仰出候、日本ゟ之渡口ニ御座候へハ、御注」進等をも被申上、又御下知をも先手へさし」はからい、被申觸候ために、毛利壱岐守（吉成）在城」被仕可然と申義ニ御座候事、

一、羽柴左近事、慥なる仁にて御座候、併其身」わかく候間、島津（忠恒）・鍋島（直茂）城之間ニ一城取拵、」被致在番候へと中義ニ候、此等之旨、宜預御披」露候、恐々謹言、

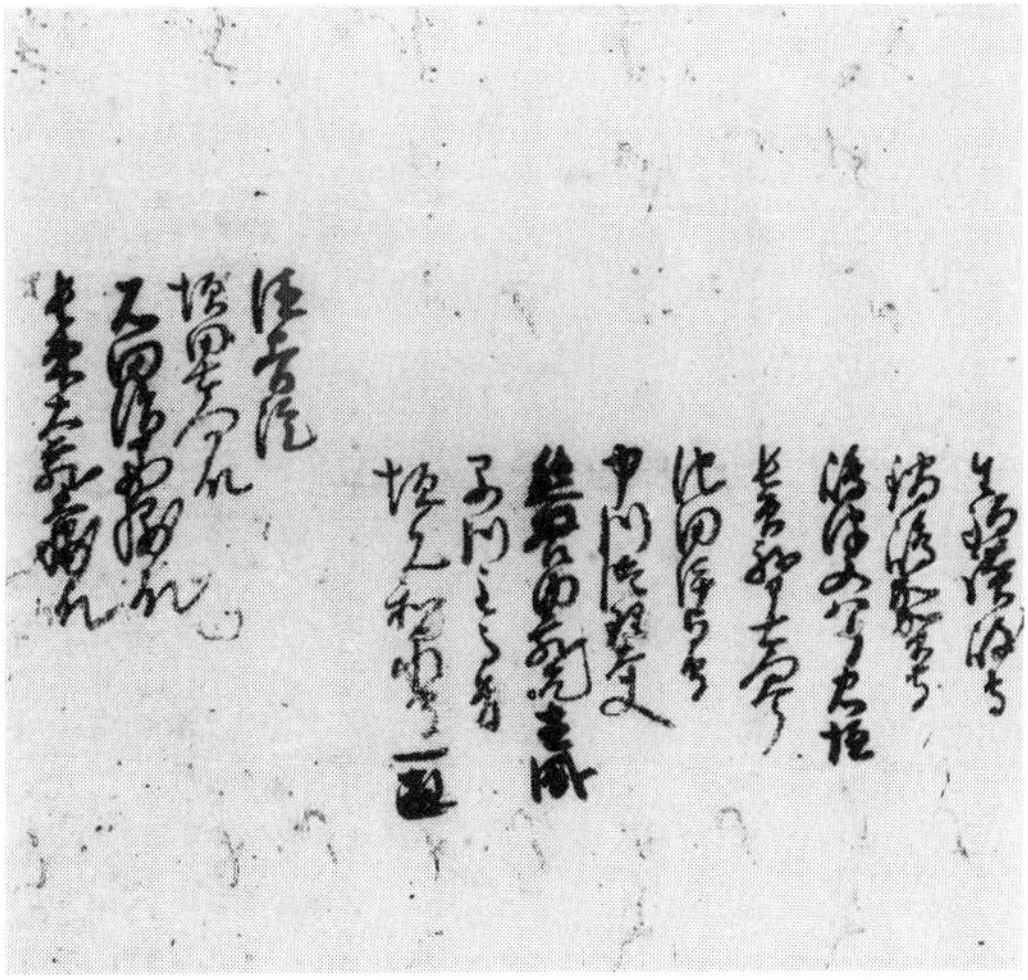

【解説】慶長の役の際に「左軍」に編成された諸将により奉行衆に宛てて出された連署状の案文。連署末尾の熊谷・早川・垣見は軍目付である。全羅道井邑で行われた軍議の結果を秀吉に言上する内容で、「青国」（忠清道）「赤国」（全羅道）への侵攻状況、行長在番の城について「しろ国」（慶尚道）の予定を「赤国順天郡」へ変更の提案、釜山浦の在番を若年の「羽柴左近」（立花宗茂）から毛利吉成への変更の提案を伝えている。内陸部の現地支配を志向しつつも、日本からの海上輸送ルートを確保しようとする戦略がうかがえる。

〔本書177頁参照〕

九月十六日

備前（宇喜多）中納言秀家
蜂須賀阿波守家政
小西摂津守行長
薩广（島津）侍従義弘
土佐（長宗我部）侍従元親
吉川侍従広家
生駒（一正）讃岐守
鍋島（直茂）加賀守
島津又八郎忠恒
長曽我部（盛親）右衛門太郎
池田（秀雄）伊与守
中川（秀成）修理大夫
熊谷内蔵允直盛
早川（長政）主馬首
垣見和泉守一直

徳善院（前田玄以）
増田（長盛）右衛門尉殿
石田（三成）治部少輔殿
長束（正家）大蔵少輔殿

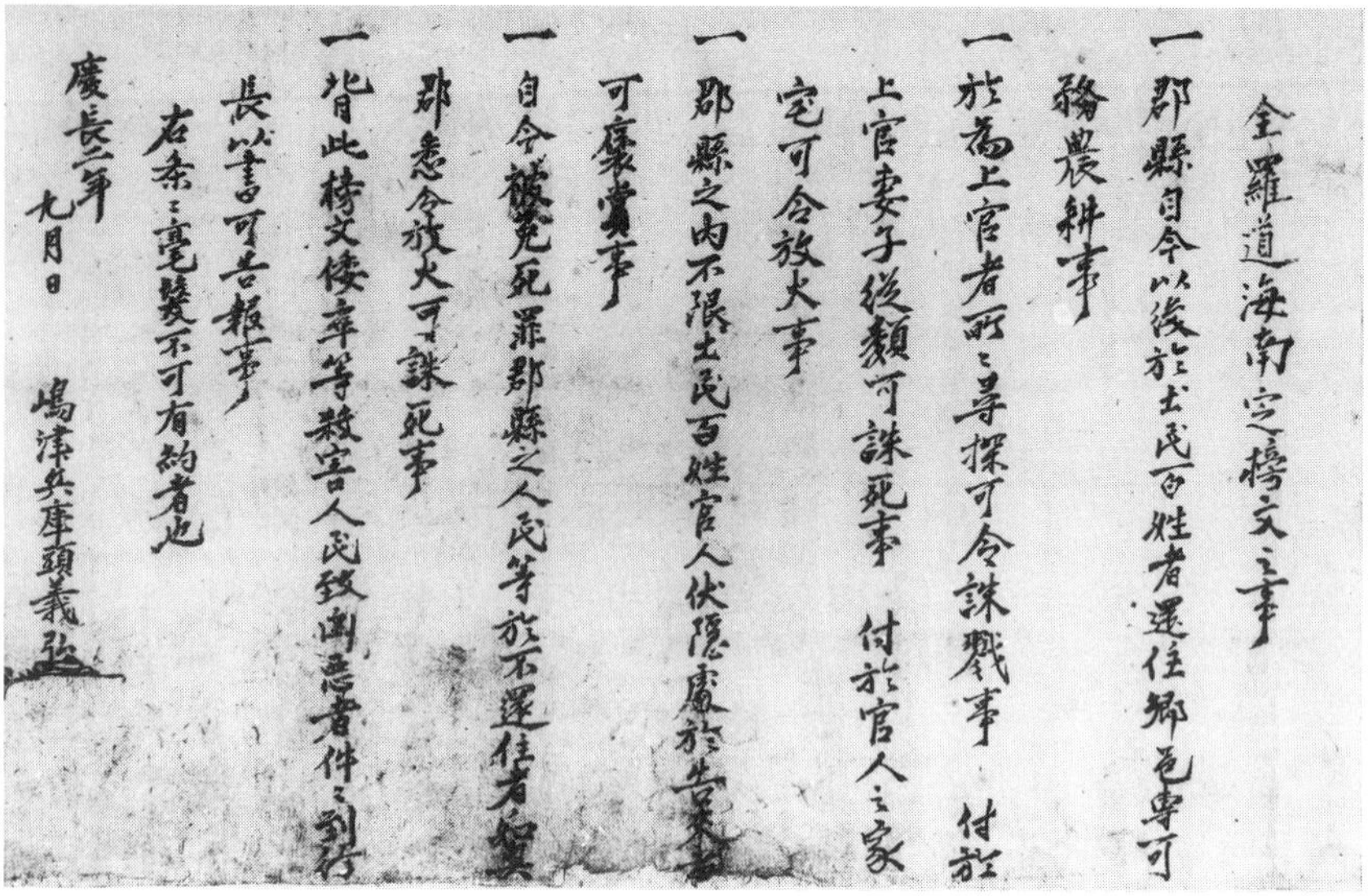

全羅道海南定榜文之事
一郡縣自今以後於土民百姓者還住郷邑専可
務農耕事
一於為上官者所々尋探可令誅戮事　付於
上官妻子従類可誅死事　付於官人之家
宅可令放火事
一郡縣之内不限土民百姓官人伏隠處於告来者
可褒賞事
一自今被免死罪郡縣之人民等於不還住有如奥
郡悉令放火可誅死事
一背此榜文倭卒等殺害人民致凶悪者件々到行
長以書可告報事
右条々毫髪不可有約者也
慶長二年
九月日　嶋津兵庫頭義弘

「村に戻って農耕に励め」と朝鮮住民に伝える掟書

88 島津義弘外十二名連署全羅道海南定榜文写（竪継紙）

慶長二年（一五九七）九月

島津家文書四―六―一三（東京大学史料編纂所所蔵）

全羅道海南定榜文之事

一、郡県、自今以後、於土民百姓者、還住郷邑、専可」務
農耕事、

一、於為上官者、所々尋探、可令誅戮事、付、於」上官
妻子従類、可誅死事、付、於官人之家」宅、可令放火事、

一、郡県之内不限土民百姓、官人伏隠処、於告来者、」可
褒賞事、

一、自今被免死罪郡県之人民等、於不還住者、如奥」郡悉
令放火、可誅死事、

一、背此榜文、倭卒等殺害人民、致凶悪者、件々到行（小西）」長、
以書可告報事、

右条々、毫髪不可有約者也、

慶長二年
九月日

島津兵庫頭義弘（花押）
蜂須賀阿波守家政（花押）
生駒讃岐守一正（花押）
小西摂津守行長（花押）

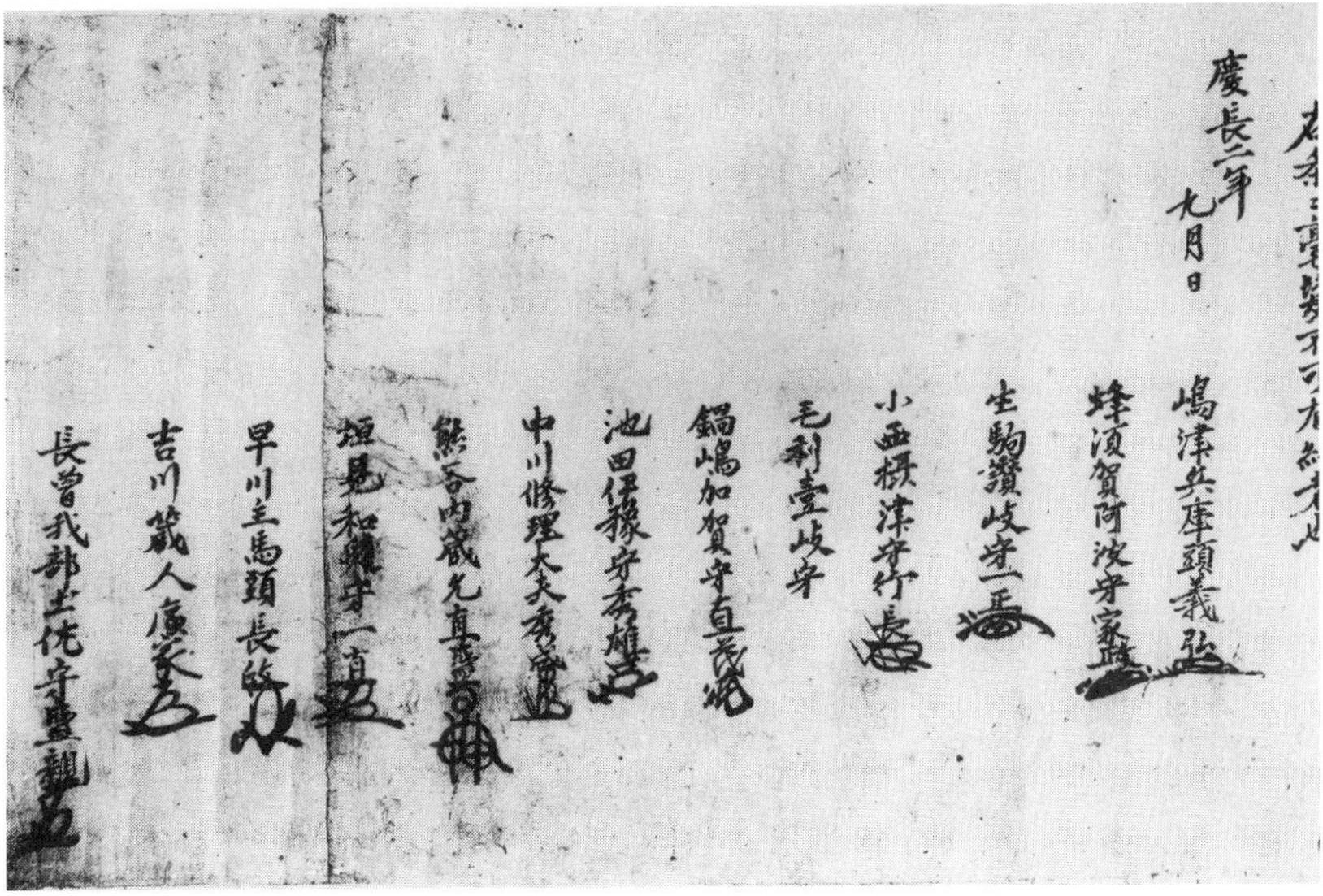

毛　利　壱（吉成）岐　守

鍋島加賀守直茂（花押）

池田伊予守秀雄（花押）

中川修理大夫秀成（花押）

熊谷内蔵允直盛（花押）

垣見和泉守一直（花押）

早川主馬頭長政（花押）

吉　川　蔵　人　広　家（花押）

長曽我部土佐守盛親（花押）

【解説】全羅道海南で現地住民に対して掲げられた榜文の写し。島津義弘や小西行長ら諸将と熊谷・垣見・早川ら軍目付による連署がある。住民は自分の村に還り農耕に励むこと、「上官」（朝鮮の役人）は殺害すること、「上官」の隠れ場を密告すれば褒賞すること、日本軍が現地住民に危害を加えるようなことがあれば小西行長に報告すること、などが掲げられている。この時期、日本軍は現地支配政策に重点を置くようになっており、この榜文はそのことを示している。

〔本書177頁参照〕

「順天城を確かに受け取りました」

89 小西行長書状写

（慶長二年〈一五九七〉）十二月二日

浅野家文書二五五―四

赤国之内、順天之御城御普請悉相済、請取申候、恐惶謹言、

小西摂津守
行長判

十二月二日

備前
中納言様（宇喜多秀家）
藤堂佐渡守様（高虎）
人々御中

【解説】宇喜多秀家と藤堂高虎に宛てた書状の写し。「赤国」（全羅道）の順天城の普請完了にともない、確かにこの城を受け取ったことを伝えている。順天城は宇喜多秀家と藤堂高虎が普請にあたり完成。行長が本状により城を受け取り、これ以後順天在番にあたった。

〔本書177頁参照〕

小豆島時代からの家臣・須佐美氏に宛てた手紙

90 小西行長書状（折紙）（慶長三年〈一五九八〉以前）六月十八日

個人蔵（写真提供・熊本市歴史文書資料室）

至八代下国、其元」番等精を被入」之由、早々可申遣」処ニ取紛、無其」儀候、甚太（須佐美甚太郎）御不慮」之仕合、無是非」事ニ候、子共之儀、」少も如在有間敷候、」委細作右衛門（小西末郷）（折返）尉」かたより可申之条、」書中不具候、」恐々謹言、

六月十八日　行長（小西）（花押）

須佐美太郎左衛門殿

【解説】家臣・須佐美太郎左衛門に宛てた書状。八代下国に際し、在番などに励んだ働きに対し何も措置をしていないこと、「甚太」（父の須佐美甚太郎）の「御不慮之仕合」（おそらく死去）は残念なことであり、子に対して粗略にはしないこと、詳しくは「作右衛門尉」（小西末郷）から申し述べることなどを伝えている。須佐美氏はもともと小豆島の有力者で、行長の肥後入国に伴い肥後に移住した一族である。本状の時期について確証はないが、慶長四年四月に小西末郷から須佐美太郎左衛門へ一〇〇石の加増がなされていることから、慶長三年（一五九八）以前のものと推定し、ここに配列した。

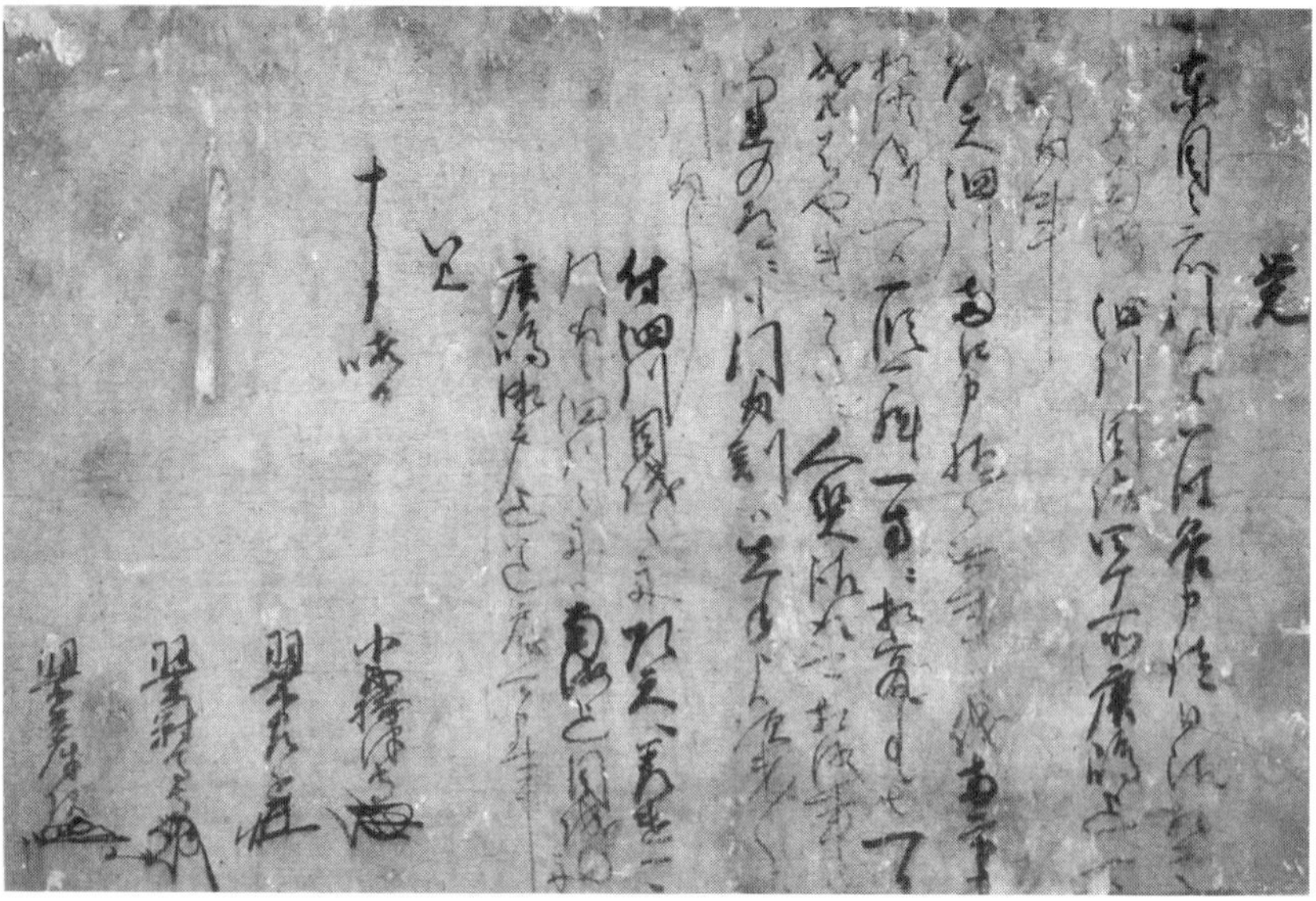

「撤退方針を取り決めました」

91 島津義弘外三名連署条書（竪紙）

（慶長三年（一五九八））十月晦日

島津家文書三―一四―一一（東京大学史料編纂所所蔵）

覚

一、東目之衆引取候以後、各申談、日限相定、」順天・南海・泗川・固城四ヶ所、唐島迄可」引取事、

□（二）、順天・泗川両口申拵御無事之儀、両方も」相澄儀候へハ一段可然候、一方ニ相究事候者、一日」成共はやきかたニ人質請取可相澄事、

□（三）、いつれの道ニも引取刻ハ、先年合次第〳〵ニ可引取事、付、泗川・固城之舟、順天へ差遣可」引取候、泗川之舟ハ南海迄、固城の舟」唐島瀬戸迄送届可申事、

十月晦日

小西摂津守（行長）（花押）
羽柴左近（立花宗茂）（花押）
羽柴対馬守（宗義智）（花押）
羽柴兵庫頭（島津義弘）（花押）

【解説】順天城の小西行長、固城の立花宗茂、南海の宗義智、泗川の島津義弘らによる連署条書。秀吉死去による日本への撤退方針を受け、撤退計画を取り決めたものである。〔本書181頁参照〕

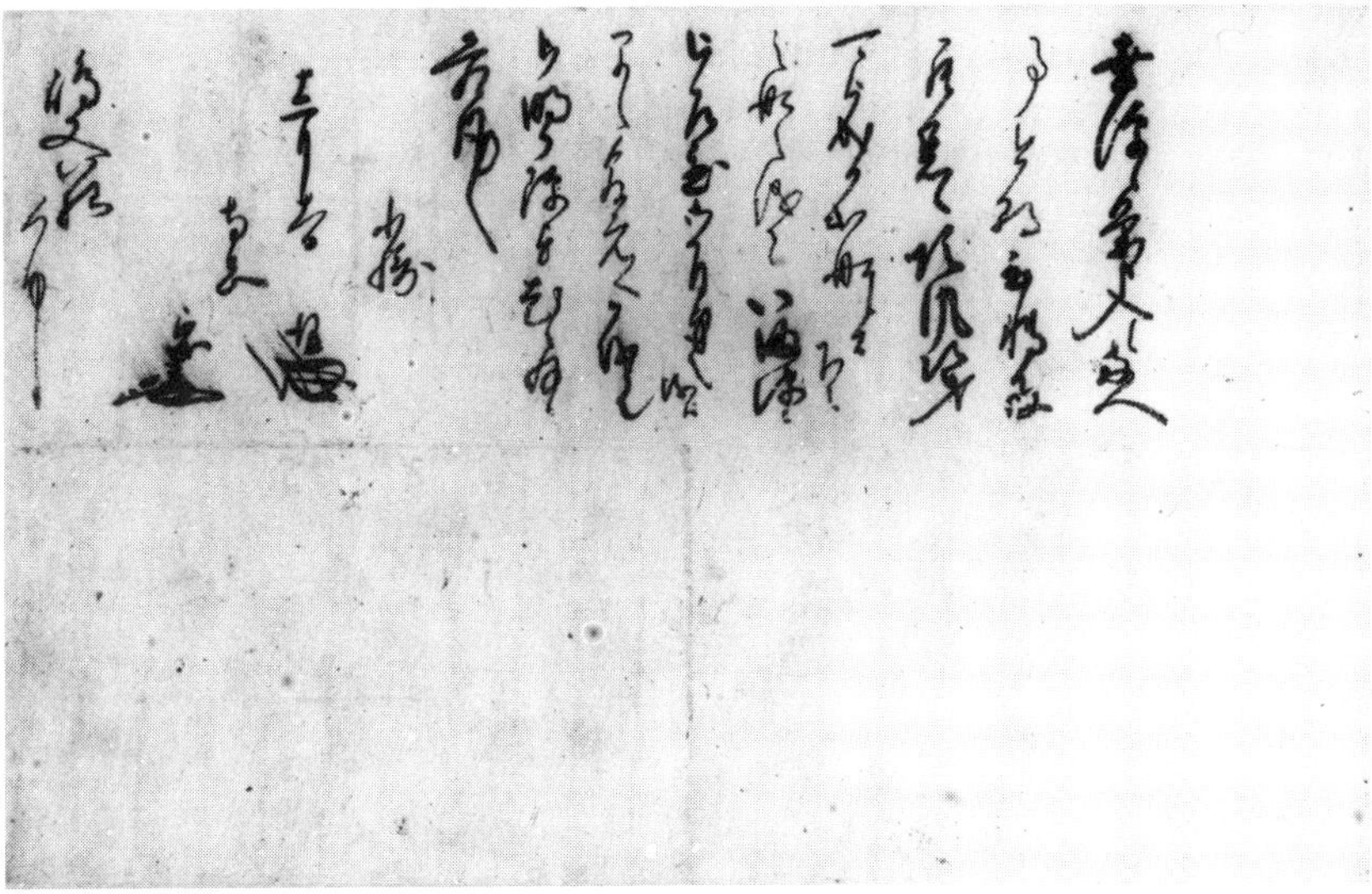

「今朝博多に到着しました」

92 寺沢正成・小西行長連署状（折紙）

（慶長三年（一五九八））十二月十一日
島津家文書四―二二―一三（東京大学史料編纂所所蔵）

幸便之条申入候、両人」事、今朝到博多」罷着候、順風次第」可被成御出船候間、下々」之船之儀者いま津ニ」被召置、御自身之儀ハ」早々爰元へ御越候て、」被明御隙を尤ニ存候、」恐惶謹言、

十二月十一日　　小摂（小西）
　　　　　　　　　行長（花押）
　　　　　　　寺志（寺沢）
　　　　　　　　　正成（花押）

島又八（島津忠恒）様
　人々御中

【解説】島津忠恒に宛てた行長と寺沢正成の連署状。日本への帰還後のもので、両人は今朝博多に到着したこと、風向きがよくなり次第、軍勢は今津（博多西部の今津湾）に残したままで、貴殿は早々お越しいただきたい、と伝えている。島津勢の日本への帰還報告を受けるための書状とみてよく、同時に行長がこの日に博多へ到着したことがわかる。　〔本書182頁参照〕

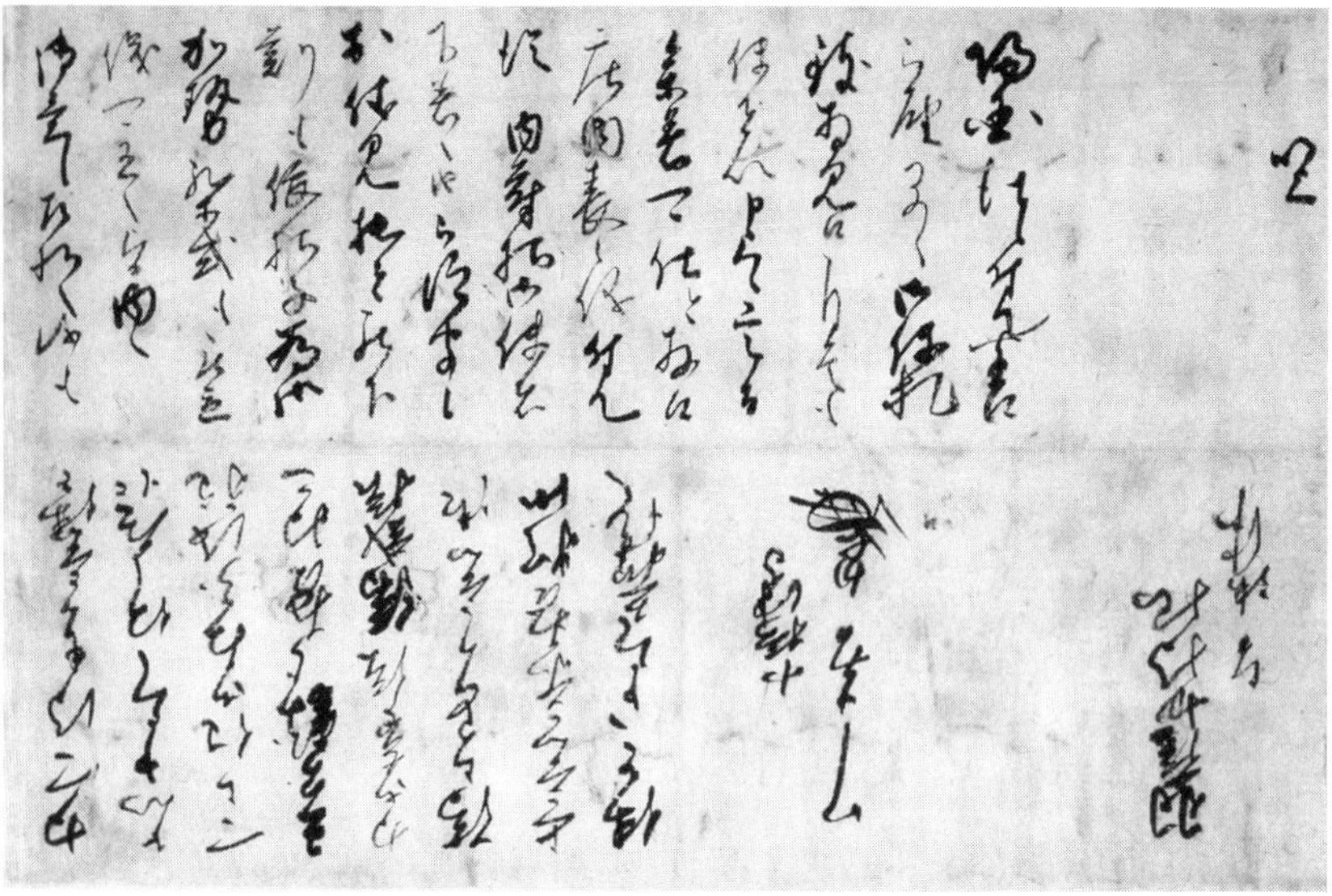

庄内の乱についての手紙

93 小西行長書状（折紙）（慶長四年〈一五九九〉）八月十五日

島津家文書四―一〇―一七（東京大学史料編纂所所蔵）

以上、
帰国仕候付て、聞召」被届、早々御使札」致拝見候、自是も」
使を以申上候、定而」参着可仕と存候、」庄内表之儀付て、」
従内府様（徳川家康）御使者」下着之由被仰聞候、」於伏見拙者（行長）罷
下」刻も、依様子、為御」加勢我等式も罷立」儀可有之旨、
内々」御意候、左様之儀も」（折返）為可得貴意、使者」を以申
上候、何之道ニも」可被任御存分儀、程」有間敷と存候、
将亦、」為御音信縮弐拾」端被懸御意、御」懇意忝存候、
猶御」使者へ申上候、恐惶謹言、

小（小西）摂津守
行長（花押）

八月十五日

羽薩少将様（島津忠恒）
まいる御報

【解説】島津忠恒に宛てた書状。行長の肥後帰国後すぐに出されたもので、庄内の乱について、「内府様」（家康）の使者が到着されたそうだが、私も肥後に下国したときは状況により、庄内で忠恒の加勢をするようにと、伏見で家康から命じられたことなどを伝えている。

〔本書190頁参照〕

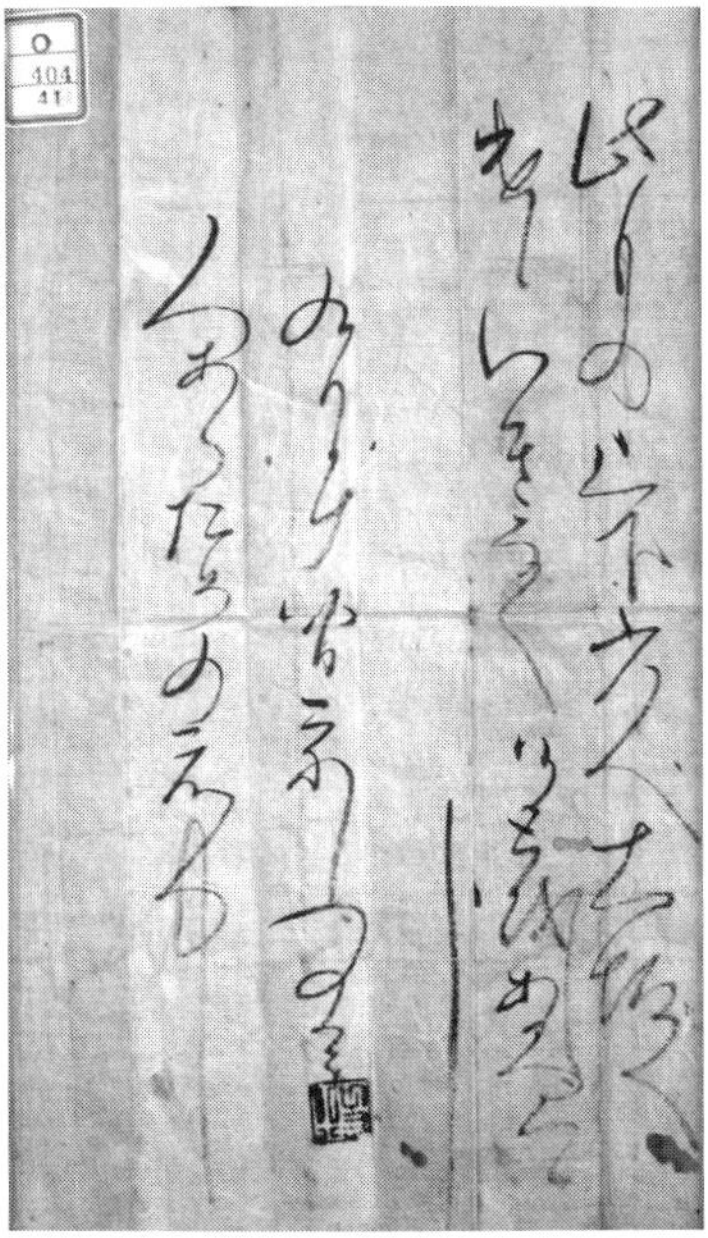

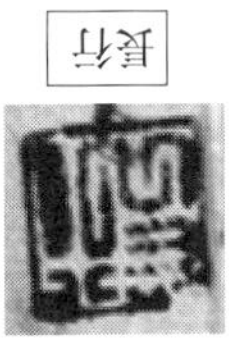
黒印

行長が発向した通行手形

94 小西行長通行手形（切紙）

（年未詳）九月十四日
大村市立史料館所蔵

此もの上下六人大坂へ」遣候、いきなく御とをしあるへく候、」かしく、

九月十四日　　こにしつのかミ（小西行長）（黒印）

人あらための衆中

【解説】肥前大村家に伝来した文書。行長が大坂へ派遣した「上下六人」の通行許可を「人あらための衆中」に求めた「通行手形」と言うべき性格の文書。差出名が「こにしつのかミ」となっていることから、「摂津守」時代の文書と見られるが、年記を欠き、詳細不明で時期を特定できないため、仮にここに配列しておく。捺されている黒印は一・五㎝四方の小さな方印で、文字は「行長」の文字を一八〇度回転させたものである。行長の印判の使用例としては現存唯一のものであり、貴重である。また、筆跡は自筆のようである。

家康の意向がわからず悩む行長

95 小西行長書状（折紙）

（慶長四年（一五九九））九月二十四日

島津家文書四—二二一—五（東京大学史料編纂所所蔵）

尚以我等儀ハ最前」令下国仕、寺志（寺沢正成）」此間下着之儀候条、」公儀（徳川家康）いか丶被仰含候哉、」寺志ニ未あひ不申候間、」様子承、其上にて」可得貴意候、猶御」両使へ申入候、以上、

去七日之御礼、今日」廿四日到来、致拝」見候、并御両使へ」口上之通得其意申、」寺志近日此表迄」可相越之由候間、寺志」次第ニ可仕覚悟ニ候、」此間之御使僧、自」是昨日から津へ」送申候、定而近日可」被罷帰之条、其節」尚又可得貴意候、」恐惶謹言、

九月廿四日　　小摂津（小西）
　　　　　　　　行長（花押）

羽少将様（島津忠恒）
　御報

【解説】島津忠恒に宛てた書状。寺沢正成が近日こちら（宇土）に来るようで、（行長が庄内に赴くかは）寺沢次第と考えていること、「公儀」（家康）がどのように寺沢に指示を伝えているか、寺沢にまだ会ってないのでわからない、などと伝えている。庄内の乱にどのように対処するか悩む行長の様子がうかがえる。

〔本書190頁参照〕

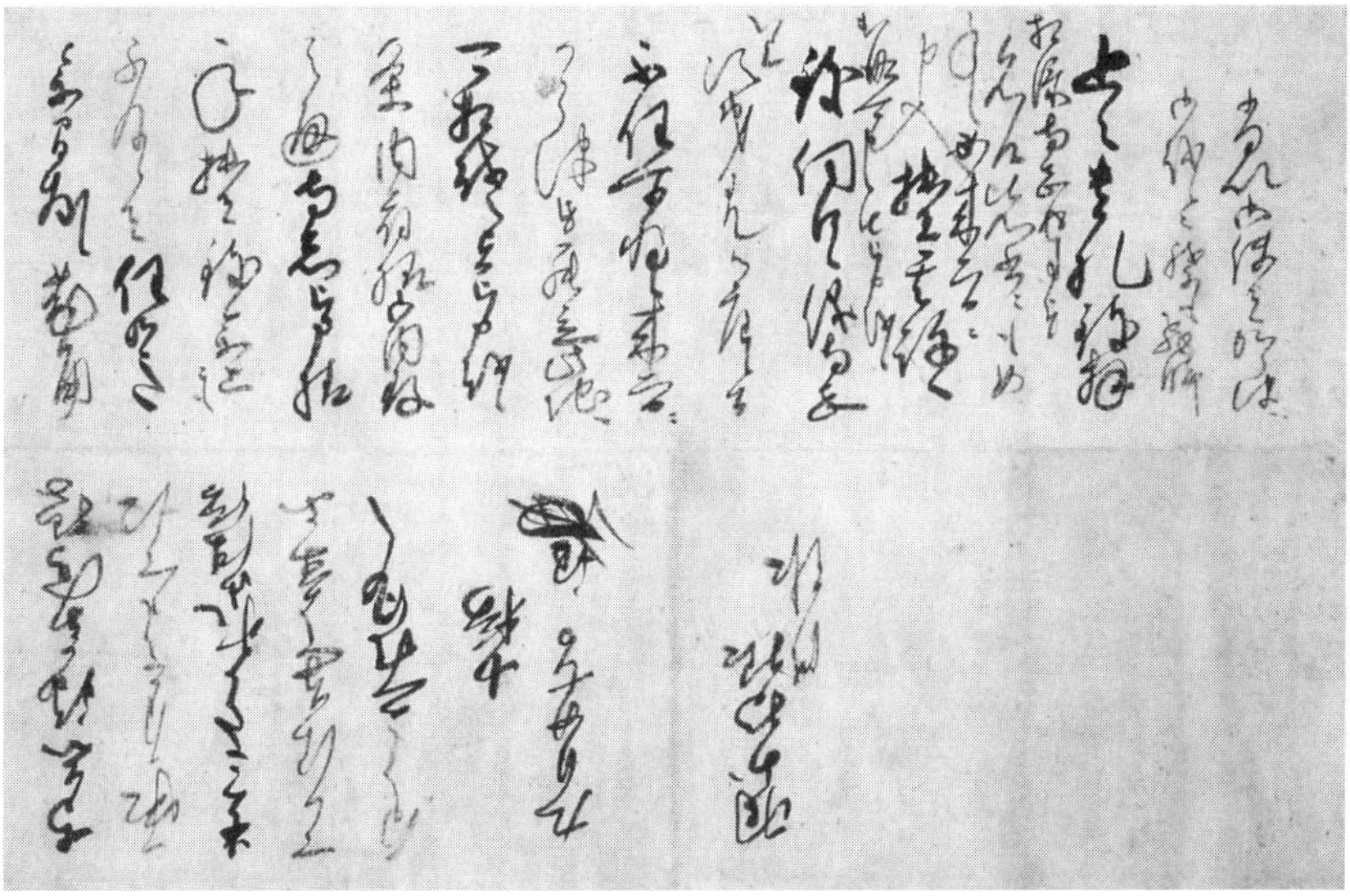

「家康様の意向に従って行動します」

96 小西行長書状（折紙）

（慶長四年〈一五九九〉）九月二十七日

島津家文書四―一二二一―七（東京大学史料編纂所所蔵）

尚以御使者から津へ」御越候ニ、我等も飛脚」相添、寺志（寺沢正成）返事を」承候、
必来二日ニ」出船可申候由、被申越候、」以上、

追々貴札致拝」見候、先書ニも如」申入、拙者其許へ」
致伺候儀、寺志」次第ニて御座候間、」不任所存候、
来二日ニ」から津を罷立、此地へ」可相越之旨被申越候」
条、内府様（徳川家康）御内存」之通、寺志被申様」承、拙者（行長）致参上
ニも」不及候者、任御意」参間敷候、菟角」（折返）寺志致参会
様子」承、自是も可得」貴意候、猶御使僧」可被仰達之
条、不」具候、恐惶謹言、

九月廿七日　　小摂（小西）
　　　　　　　　行長（花押）

羽少将（島津忠恒）様
　御報

【解説】島津忠恒に宛てた書状。私が庄内に赴くかどうかは寺沢次第であり、来月二日に寺沢が唐津から宇土に来ること、「内府様御内存」（家康様のお考え）を寺沢から聞き、それに従う意向であること、などを伝えている。

〔本書190頁参照〕

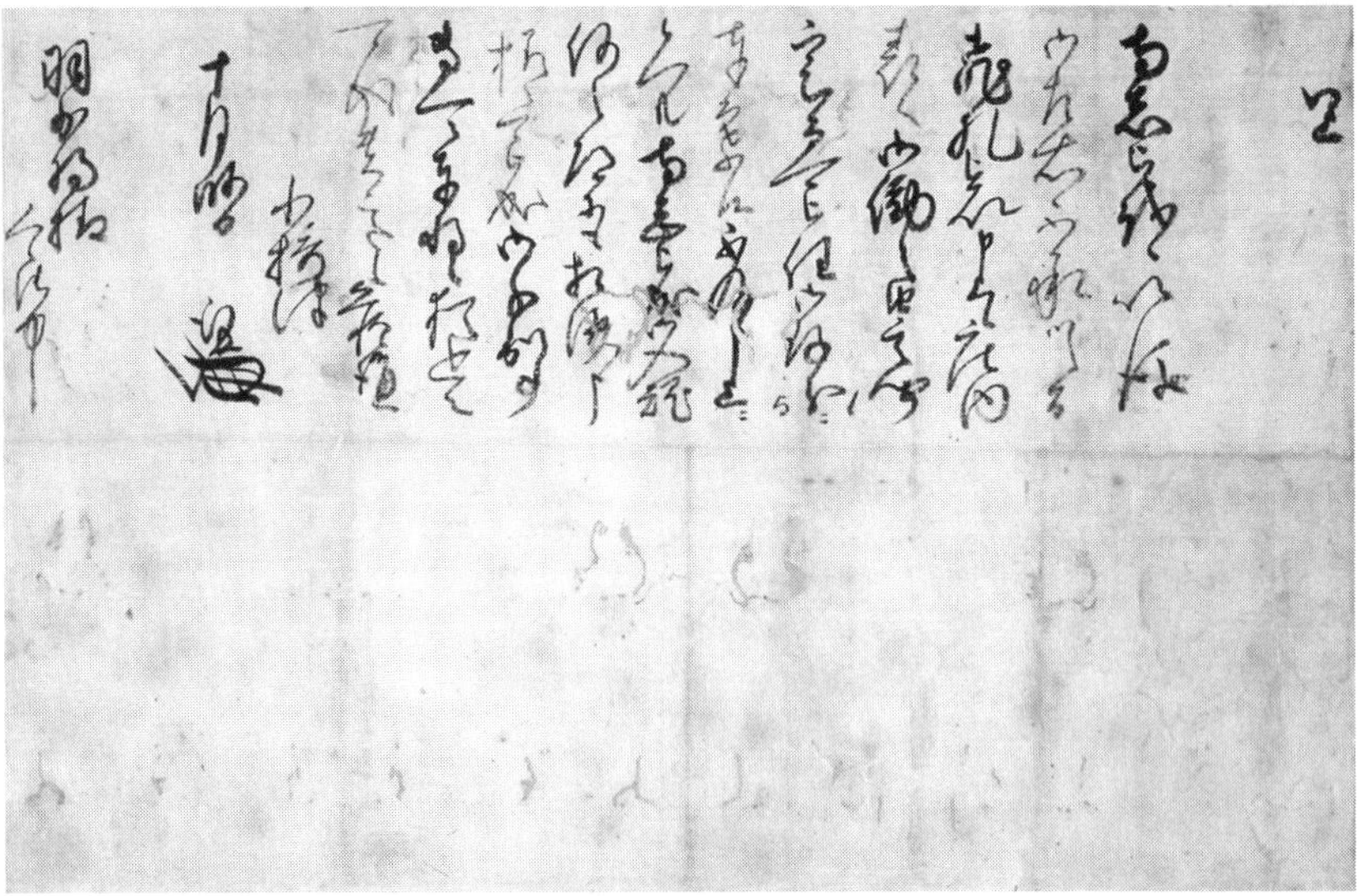

「寺沢正成とは仲良くしたほうがいいですよ」

97 小西行長書状 （折紙） （慶長四年〈一五九九〉）十月晦日

島津家文書四—一〇—一二三（東京大学史料編纂所所蔵）

以上、

寺志《（寺沢正成）》被越候以後、」御左右不承候間、」飛札を以申上候、庄内」表へ御働之由其聞候、」定而可被任御存分ニと」奉察候、不及申上ニ」候へ共、寺志被成御入魂、」何之道にも相済申」様ニ可被成御分別事、」専一ニ奉存候、猶追々」可得貴意候、恐惶謹言、

十月晦日　　小摂津《（小西）》
　　　　　　行長（花押）

羽少将様《（島津忠恒）》
人々御中

【解説】島津忠恒に宛てた書状。寺沢正成がそちらにお越しになってから様子を聞いていないので書状を出すこと、庄内へ出兵のことは聞いており、思い通りに処置されたであろうこと、言うまでもないが寺沢とは「入魂」（昵懇）にして、どうにかして早く内乱を解決するようお考えになるのが大事であること、などを伝えている。この書状からうかがえるのは、政権に対する寺沢正成の影響力の増加であり、庄内の乱において行長は直接何の働きもできなかったのである。

〔本書190頁参照〕

「益城郡内から一五〇石を与えます」

98 小西行長知行宛行状（折紙）

慶長四年（一五九九）十一月十八日
大阪青山大学・短期大学所蔵
『舒文堂古書目録』第三三号より図版転載

於益城郡之内」領知百五拾石」宛行候訖、全」可令知行
之状」如件、
慶長四年
十一月十八日　行長（小西）（花押）
（宛名欠）

【解説】家臣・某に宛てた知行宛行状。益城郡のうち一五〇石を与えるとする。宛名部分が切断されており、誰に宛てられたものかはっきりしないが、もともと本状は慶長五年十月十六日付森左吉宛加藤清正知行宛行状（第五章図12、209頁）と同じ文書群の一部だったことから、森左吉に与えられたものと考えられる。

〔本書196頁参照〕

「肥後から上洛します、またお会いしましょう」

99 小西行長書状（切紙）（慶長五年〈一六〇〇〉）正月十一日

島津家文書四―一五―六（東京大学史料編纂所所蔵）

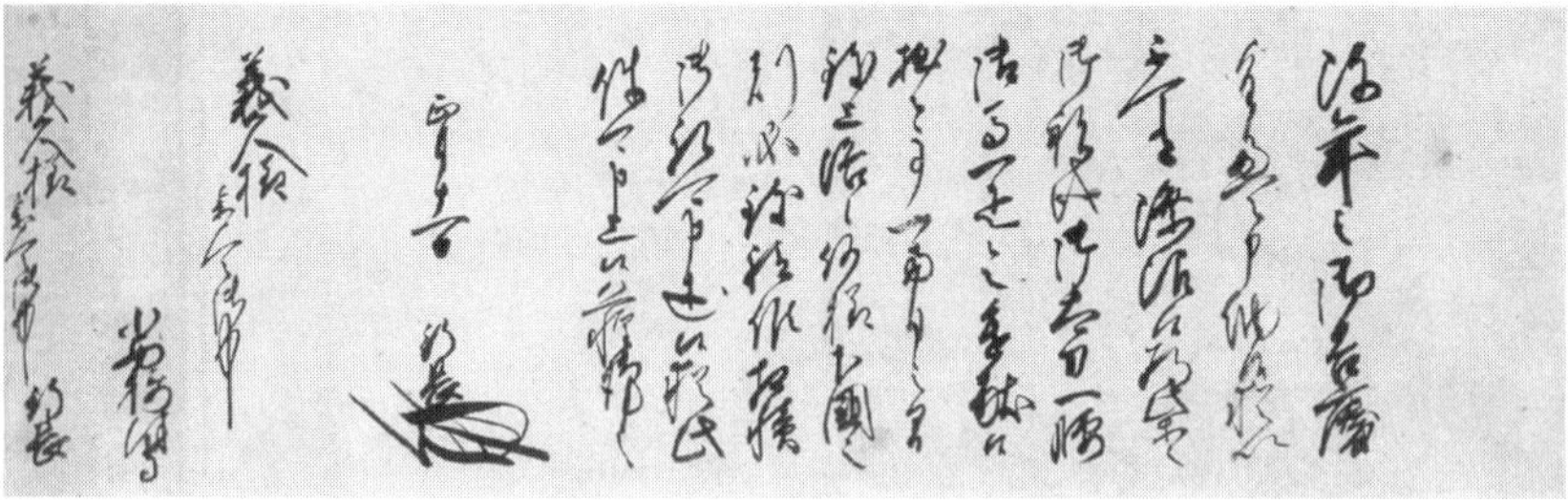

改年之御吉慶」重畳申納候、猶以」不可有際限候、為此等之」御祝儀、御太刀一腰・」御馬一疋令進献候、」拙者事、一両日之間」致上洛候、何様下国之」刻、必致祗候相積」御礼可申述候、猶此」使可申上候、恐惶謹言、

行長（小西）（花押）

正月十一日

義久様（島津）

参人々御中

（礼紙ウハ書）

「義久様　　小西摂津守

参人々御中　　行長」

【解説】島津義久に宛てた書状。新年の祝いを述べ、一両日中に肥後から上洛すること、今度肥後に下国した際にお会いして積もるお礼を申し述べることなどを伝えている。本状から行長が肥後から上洛した時期がわかり、このまま関ヶ原合戦を迎えることとなる。現段階で確認できる行長最後の書状となっている。

〔本書203頁参照〕

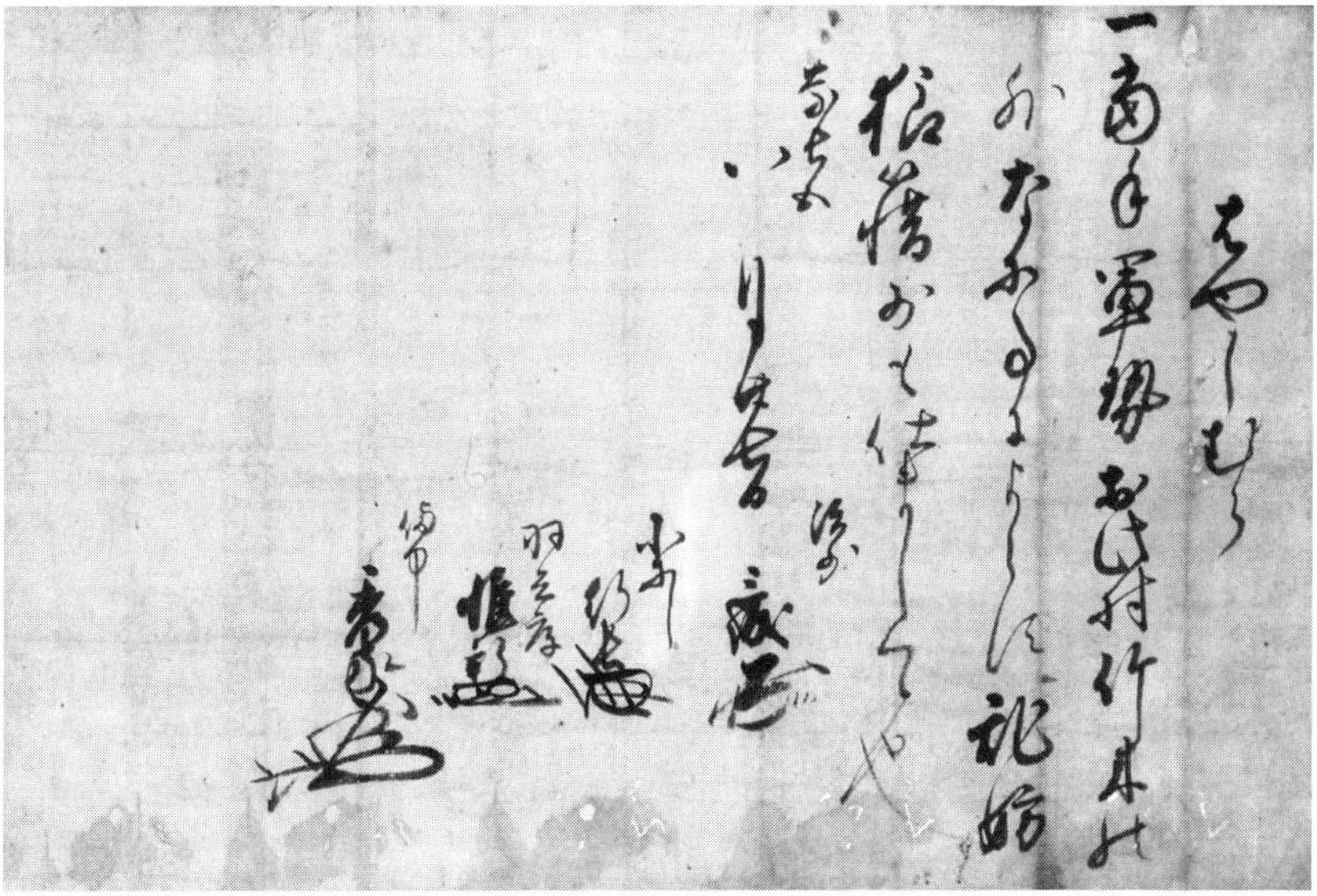

「村で乱妨狼藉はしません」と宣言する西軍首脳

100 宇喜多秀家外三名連署禁制（竪紙）

慶長五年（一六〇〇）八月二十七日
顕性寺（岐阜県大垣市）所蔵

はやしむら

一、当手軍勢於此村竹木の」外、なに事によらす、乱妨」狼籍〔藉〕少も仕ましく候也、

慶長五
八月廿七日

治　少（石田）三成（花押）
小にし（小西）行長（花押）
羽兵庫（島津義弘）惟新（花押）
備　中（宇喜多）秀家（花押）

【解説】関ヶ原合戦の前に、石田三成・小西行長・島津義弘・宇喜多秀家ら西軍首脳の四人が出した禁制。宛名の「はやしむら」は現在の大垣市内であり、西軍の軍勢がこの村において乱妨狼藉をしないことを村に対して保証したものである。

〔本書205頁参照〕

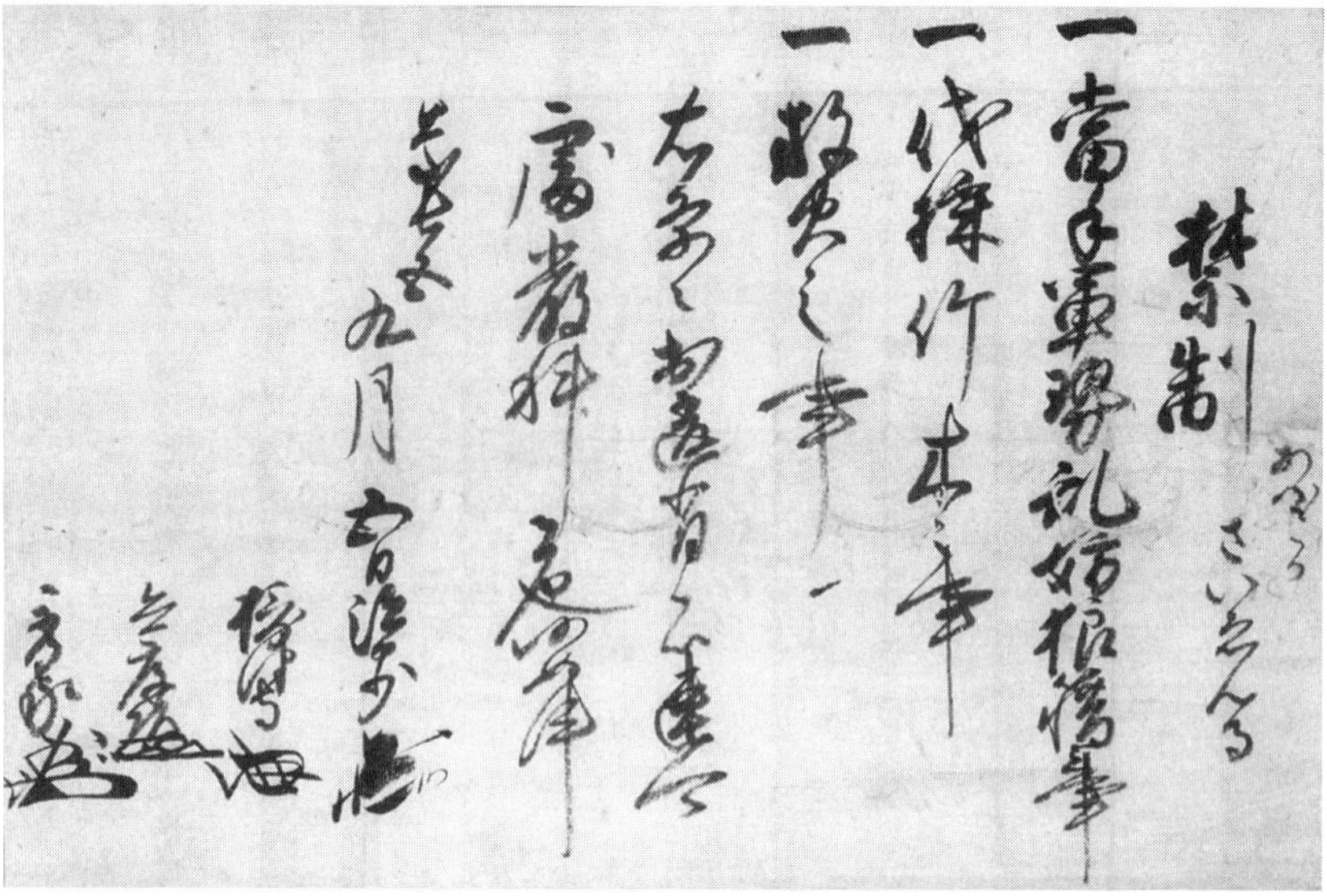

「境内で乱妨狼藉はしません」と宣言する西軍首脳

101 宇喜多秀家外三名連署禁制（竪紙）

慶長五年（一六〇〇）九月五日
西圓寺（岐阜県大垣市）所蔵

禁制　　あかさか
　　　　さいゑん寺

一、当手軍勢乱妨狼籍〔藉〕事、
一、伐採竹木之事、
一、放火之事、
右条々、於違背者、速可」処厳科者也、仍如件、

慶長五
九月五日　　（石田三成）治部少（花押）
　　　　　　（小西行長）摂津守（花押）
　　　　　　（島津義弘）兵庫頭（花押）
　　　　　　（宇喜多）秀　家（花押）

【解説】関ヶ原合戦の前に、石田三成・小西行長・島津義弘・宇喜多秀家ら西軍首脳の四人が出した禁制。宛名の「あかさかさいゑん寺」（赤坂西圓寺）は現在の大垣市内であり、西軍の軍勢の乱妨狼藉、竹木伐採、放火の禁止を保証したものである。

〔本書205頁参照〕

史料解題（五十音順）

開《あ》口《ぐち》神社文書　堺・開口神社の伝来文書。『開口神社史料』（開口神社社務所、一九七五年）に収録。

有浦《ありうら》文書　肥前松浦《まつら》党・有浦《ありうら》氏の伝来文書。福田以久生・村井章介編『改訂松浦党有浦文書』（清文堂出版、二〇〇一年）に収録。

安藤《あんどう》文書　東京大学史料編纂所所蔵影写本（請求記号三〇七一・六六―七六）を参照。

イエズス会日本年報　村上直次郎によるイエズス会年報・書簡の日本語訳史料集。『新異国叢書三・四　イエズス会日本年報　上下』（雄松堂書店、一九六九年）に収録。

陰徳太平記《いんとくたいへいき》　香川景継（宣阿）の軍記物。享保二年（一七一七）刊。『陰徳太平記』（マツノ書店、二〇〇〇年）に収録。

宇《う》都宮《つのみや》高麗《こうらい》帰《き》陣《じん》軍《ぐん》物語　慶長三年（一五九八）成立。跡部信「史料紹介『宇都宮高麗帰陣物語』」（『倭城の研究』第二号、一九九八年）に収録。

宇《う》土《と》軍記《ぐんき》　小西行長時代の宇土に関する記録。元禄十三年（一七〇〇）成立。『肥後古記集覧』（熊本市史関係資料集第四集、二〇〇〇年）に収録。

榎戸《えのど》克弥《かつや》氏《し》所蔵文書　『兵庫県史史料編　中世九』（兵庫県史編纂専門委員会編、一九九七年）に収録。

絵《え》本太閤記《ほんたいこうき》　江戸時代中期刊行の伝記。『絵本太閤記』全十二冊（国書刊行会、一九一八年）に収録。

近江水口《おうみみずぐち》加《か》藤《とう》文書　東京大学史料編纂所所蔵影写本（請求記号三〇七一・六一―七）を参照。

大阿《おおあ》弥《み》陀経寺《だきょうじ》文書　東京大学史料編纂所所蔵影写本（請求記号三〇七一・六三―四八）を参照。

大矢《おおや》野《の》文書　天草大矢野氏の伝来文書。『熊本県史料　中世編第四』（熊本県、一九六七年）に収録。

加藤清正家《かとうきよまさけ》蔵《ぞう》文書　幕臣加藤家の伝来文書。『熊本県史料　中世編第五』（熊本県、一九六六年）に収録。

加藤清正《かとうきよまさ》文書集　加藤清正関係の文書集。『熊本県史料　中世編第五』（熊本県、一九六六年）に収録。

加藤《かとう》文書　紀伊徳川家・南葵《なんき》文庫の伝来文書。『熊本県史料　中世編第五』（熊本県、一九六六年）に収録。

韓陣《かんじん》文書　文禄・慶長の役関係の文書。内閣文庫影印叢刊『楓軒文書纂』（内閣文庫、一九八五年）に収録。

看羊録《かんようろく》　日本に連行された朝鮮の朱子学者・姜沆《カンハン》の記録。『東洋文庫四四〇　看羊録　朝鮮儒者の日本抑留記』（平凡社、一九八四年）に収録。

紀州御発向之事《きしゅうごはっこうのこと》　大村由己の豊臣秀吉による紀州攻めの記録。『続群書類従　第二〇輯下』（続群書類従完成会、一九二三年）に収録。

喜連川《きつれがわ》文書　東京大学史料編纂所所蔵影写本（請求記号三号一・三二一―三）を参照。

黄薇古簡集《きびこかんしゅう》　備前岡山藩士・斎藤一興《さいとうかずおき》編纂の文書集。寛政五年（一七九三）成立。『岡山県地方資料叢書八』（岡山県地方史研究連絡協議会、一九七一年）に収録。

九州御動座記《きゅうしゅうごどうざき》　天正十五年（一五八七）豊臣秀吉による九州攻めの行軍記録。清水紘一『織豊政権とキリシタン』（岩田書院、二〇〇一年）に収録。

清正記《きよまさき》　古橋又玄の加藤清正の事績を記した書物。十七世紀中ごろに成立か。『肥後文献叢書　第二巻』（歴史図書社、一九七一年）に収録。

黒田家《くろだけ》文書　筑前黒田家の伝来文書。福岡市博物館編『黒田家文書　第一～三巻』（一九九八～二〇〇五年）を参照。

慶長年中卜斎記《けいちょうねんちゅうぼくさいき》　徳川家康の侍医・板坂卜斎《いたさかぼくさい》の記録。『改定史籍集覧　第七冊』（臨川書店、一九八四年）に収録。

経略復国要編《けいりゃくふっこくようへん》　明の武将・宋応昌《そうおうしょう》著。文禄・慶長の役に関する明側の文書を多数収録。『朝鮮史料叢編　壬辰之役史料匯輯』（全国図書館文献縮微復制中心出版、一九九〇年）に収録。

江雲随筆《こううんずいひつ》　対馬以《い》酊庵《ていあん》（宗氏の朝鮮外交を担当した禅寺）の外交文書を収めた記録。建仁寺所蔵。東京大学史料編纂所謄写本（請求記号二三五一—三）を参照。

小早川家文書《こばやかわけ》　安芸小早川家の伝来文書。文化庁所蔵。東京大学史料編纂所編『大日本古文書　家わけ十一　小早川家文書』（一九七一年）に収録。

西笑《さいしょう》**和尚文案**《おしょうぶんあん》　相国寺《しょうこくじ》僧・西笑《さいしょう》承兌《じょうたい》の自筆案文集。『相国寺蔵　西笑和尚文案』（思文閣出版、二〇〇七年）に収録。

相良家文書《さがらけ》　肥後人吉・相良家の伝来文書。慶應義塾図書館所蔵。東京大学史料編纂所編『大日本古文書　家わけ五　相良家文書』（一九七〇年）に収録。

薩藩旧記雑録《さっぱんきゅうきざつろく》　薩摩島津家に関する記録・史料集。『鹿児島県史料　旧記雑録後編　二・三』（鹿児島県、一九八二・八三年）に収録。

真田軍功家伝記《さなだぐんこうかでんき》　江戸時代に編集された信州真田家の記録。関ヶ原合戦関係の記録は『関ヶ原合戦史料集』（人物往来社、一九七九年）に収録。

三宮社記録《さんぐうしゃ》　西岡神宮《にしおか》（熊本県宇土市）の社記。『宇土細川氏藩政関係歴史資料調査報告書　三』（宇土市教育委員会、一九九一年）に収録。

志岐文書《しき》　天草志岐家の伝来文書。東京大学史料編纂所所蔵。『熊本県史料　中世編第四』（熊本県、一九六七年）に収録。

島津家文書《しまづけ》　薩摩島津家の伝来文書。東京大学史料編纂所所蔵。東京大学史料編纂所編『大日本古文書　家わけ十六　島津家文書』（一九五二年）に一部収録。

下条文書《しもじょう》　東京大学史料編纂所所蔵影写本（請求記号三〇七一・三六—六八）を参照。

十六・七世紀イエズス会日本報告集　松田毅一らによるイエズス会年報・書簡の日本語訳史料集。第Ⅰ～Ⅲ期の全十五冊が刊行されている（同朋舎出版、一九八七～九四年）。

神宗実録《しんそうじつろく》　明・神宗《しんそう》（万暦帝《ばんれきてい》。在位一五七二～一六二〇）の時代の編年記録。『明神宗実録《みんしんそうじつろく》』（中央研究院歴史語言研究所、一九六六年）に収録。

西征日記《せいせいにっき》　文禄の役の際、小西行長ら第一軍に従軍した妙心寺僧・天荊《てんけい》の従軍日記。『続々群書類従　第三』（続群書類従完成会、一九七〇年）に収録。

宣祖《せんそ》実録《じつろく》・宣祖修正実録《せんそしゅうせいじつろく》　李氏朝鮮の編年史料『朝鮮王朝実録』のうち、第十四代国王・宣祖《せんそ》（在位一五六七～一六〇八）の時代の編年記録。韓国国史編纂委員会ホームページ（韓国語、http://www.history.go.kr/）で全文閲覧可能。

宗及自会記《そうぎゅうじかいき》　堺の豪商・津田宗及《つだそうぎゅう》の茶会記録。『茶道古典全集　第八巻』（淡交社、一九五九年）に収録。

宗家《そうけ》文書　対馬宗家の伝来文書。武田勝蔵「伯爵宗家所蔵豊公文書と朝鮮陣」（『史学』第四巻第三号、一九二五年）に一部翻刻収録。韓国国史編纂委員会ホームページ（韓国語、http://www.history.go.kr/）でガラスフィルム画像が閲覧可能。

宗達他《そうたつた》会記《かいき》　堺の豪商・津田宗達《つだそうたつ》の茶会記録。『茶道古典全集　第七巻』（淡交社、一九五九年）に収録。

宗湛《そうたん》日記　博多の豪商・神屋宗湛《かみやそうたん》の茶会記録。『茶道古典全集　第六巻』（淡交社、一九五八年）に収録。

太閤記《たいこうき》　儒学者・小瀬甫庵《おぜほあん》の豊臣秀吉の伝記。寛永十一～十四年（一六三四～三七）ごろ刊行。『新日本古典文学大系　六〇　太閤記』（岩波書店、一九九六年）に収録。

高橋《たかはし》文書　東京大学史料編纂所所蔵影写本（請求番号三〇七一・七二―一〇）を参照。

竹内《たけうち》文書　本書引用の天正十二年六月十六日付羽柴秀吉書状は東京大学史料編纂所編『大日本史料　十一編之七』（一九七〇年）に収録。

筑紫《ちくし》家《け》文書　『佐賀県史料集成　古文書編二八』（佐賀県立図書館、一九八七年）に収録。

懲毖録《ちょうひろく》　十六世紀末の朝鮮の宰相・柳成龍《ユソンリョン》の倭乱の記録。『東洋文庫三五七　懲毖録』（平凡社、一九七九年）に収録。

中川家文書《なかがわけ》　豊後中川家の伝来文書。神戸大学文学部日本史研究室編『中川家文書』（臨川書店、一九八七）に収録。神戸大学附属図書館ホームページ（http://www.lib.kobe-u.ac.jp/products/nakagawake/）で画像の閲覧可能。

成恒文書《なりつね》　『大分県史料（八）第二部　宇佐・下毛諸家文書』（大分県史料刊行会、一九五八年）に収録。

南海通記《なんかいつうき》　福岡藩士・香西成資の軍記。享保年間成立。『改定史籍集覧　第七冊』（臨川書店一九八三年）に収録。

新納文書《にいろ》　薩摩島津家の一族、新納《にいろ》家の伝来文書。肥後関係の史料を『熊本県史料　中世編第五』（熊本県、一九六六年）に収録。

日本往還日記《にほんおうかん》　文禄五年（一五九六）に来日した朝鮮通信使の正使・黄慎《ファンジン》著の日記。『青丘学叢』第十一号（一九三三年）に翻刻、『日本庶民生活史料集成　第二十七巻』（三一書房、一九八一年）に読み下し文を収録。

日本外史《にほんがいし》　朱子学者・頼山陽《らいさんよう》の歴史書。文政十年（一八二七）成稿。岩波文庫『日本外史』全三冊（一九八一年）に収録。

日本国総目録《にほんこくそうもくろく》　慶長三年（一五九八）八月当時の諸大名の石高等を記した目録。内閣文庫本『日本賦税《にほんふぜい》』（延宝九年〈一六八一〉の水戸彰考館本を明治十一年に書写、国立国会図書館所蔵）に収録。

日本史《にほんし》　イエズス会宣教師ルイス・フロイスの日本の記録。松田毅一・川崎桃太訳『フロイス日本史』全十二巻（中央公論社、一九七七〜八〇年）に収録。

日本要録《にほんようろく》　東インド巡察師ヴァリニャーノの日本に関する報告書。一五八三年成立。『東西交渉旅行記全集Ⅴ　日本巡察記　ヴァリニャーノ』（桃源社、一九六五年）に収録。

萩藩閥閲録《はぎはんばつえつろく》　長州毛利家が、家中諸家の伝来文書を収集した史料集。原題「閥閲録」。享保十一年（一七二六）成立。

『萩藩閥閲録』全六巻（マツノ書店、一九九四年）に収録。

破提宇子《はでうす》　宗教論者・不干斎《ふかんさい》ハビアンのキリスト教批判の論書。元和六年（一六二〇）成立。『日本思想大系二五　キリシタン書　排耶書』（岩波書店、一九七〇）に収録。

晴豊記《はれとよき》　十六世紀末の公家（武家伝奏）・勧修寺《かじゅうじ》晴豊《はれとよ》の日記。『続史料大成　第九巻』（臨川書店、一九八一年）に収録。

肥後《ひご》**国誌**《こくし》　江戸時代中期成立の肥後の地誌。大正五年（一九一六）後藤是山《ぜざん》が再編・再版。『肥後国誌』（青潮社、一九七二年）に収録。

備前軍記《びぜんぐんき》　備前岡山藩士・土肥《どい》経平《つねひら》の軍記。『吉備群書集成　第三輯』（吉備群書集成刊行会、一九二二年）に収録。

松浦《まつら》**文書**　肥前松浦家の伝来文書。『平戸松浦家資料』（京都大学文学部国史研究室、一九五一年）に収録。

三木《みき》**文書**　本書引用の天正八年四月二十六日付羽柴秀吉書状は桑田忠親編『太閤書信』（地人書館、一九四三年）に収録。

道川三郎左衛門《みちかわさぶろうざえもん》**文書**　山本元編『敦賀郡古文書』（桑原武夫発行、一九四三年）に収録。

妙満寺《みょうまんじ》**文書**　京都・妙満寺の伝来文書。東京大学史料編纂所所蔵影写本（請求記号三〇七一・六二―一三六）を参照。

名将《めいしょう》**言行録**《げんこうろく》　上野館林藩士・岡谷《おかや》繁実《しげざね》の戦国武将から江戸中期の大名の言動をまとめた人物列伝。明治二年（一八六九）成立。『定本名将言行録』全三巻（人物往来社、一九六七年）に収録。

毛利《もうり》**家**《け》**文書**　大名毛利家の伝来文書。毛利博物館所蔵。東京大学史料編纂所編『大日本古文書　家わけ八　毛利家文書』（一九七〇年）に収録。

吉野《よしの》**覚書**《おぼえがき》　肥前松浦家家臣・吉野甚五左衛門の記録。天正二十年（一五九二）四月から文禄二年（一五九三）七月にかけての小西行長ら第一軍の朝鮮における動向を書き記す。別名『吉野私記』『吉野甚五左衛門覚書』。『続群書類従　第二〇輯下』（続群書類従完成会、一九二三年）に収録。

乱中《らんちゅう》**雑録**《ざつろく》　趙慶男の壬辰倭乱の朝鮮側史料。『韓国古典叢書　乱中雑録』（民族文化推進会、一九七七年）に収録。

参考文献（五十音順）

【小西行長全般】

有本　実　一九五七、「備前岡山と小西行長」『日本歴史』一〇三

池永　晃　一九三六、『中世堺を代表する俊傑　小西行長』福音社

宇土市教育委員会　二〇〇五、『宇土市史研究第二六号　小西行長基礎資料集』

二〇〇七、『新宇土市史　通史編第二巻中世・近世』

二〇一〇、『記録集　小西行長を見直す』

遠藤周作　一九七七、『鉄の首枷　小西行長伝』中央公論社

木村紀八郎　二〇〇五、『小西行長伝』鳥影社

幸田成友　一九三四、『和蘭雑誌』第一書房

佐島（国重）顕子　一九八八、「秀吉の国内統一過程における小西行長」、箭内健次編『鎖国日本と国際交流』上巻、吉川弘文館

一九九二、「秀吉の「唐入り」構想の挫折と小西行長の講和交渉」『福岡女学院大学紀要　人文学部編』二

一九九五、「謎の海将小西行長の実像に迫る！」『歴史群像』二月号No.一七

園田信行　二〇〇四、『アゴスチイノ小西摂津守行長回想帖』中央公論事業出版

田中健夫　一九九八、「遠藤周作氏の大胆な憶測―『鉄の首枷―小西行長伝』によせて―」『日本歴史』六〇〇

鳥津亮二　二〇〇八、「小西行長発給文書と花押について」『熊本史学』八九・九〇・九一号

二〇〇九、「肥後八代・麦島城と小西行長」別府大学文化財研究所・九州考古学会・大分県考古学会編『キリシタン大名の考古学』思文閣出版
名越那珂次郎　一九二七、「切支丹信徒としての小西行長」『朝鮮』一四一号
松崎　実　一九三三、「どんあごすちによ小西摂津守」『改造』一五巻三号
松田毅一　一九六七、『近世初期日本関係南蛮史料の研究』風間書房
　一九八六、「小西立佐、行長伝再考」『京都外国語大学研究論叢』二七
満江　巌　一九四三、『切支丹大名小西行長』基督教出版社
森山恒雄　一九九七、「小西行長の外交と交易圏の拡大」『宮嶋クリエイト』第九号
八代市立博物館未来の森ミュージアム　二〇〇七、『小西行長─DON AGOSTINHO─』〈展覧会図録〉
山本博文　一九八一、「文禄の役における講和勅使の舟の調達をめぐる小西行長と島津忠恒」『海事史研究』三六

【その他】
朝尾直弘　一九七二（初出）、「織豊期の堺代官」『朝尾直弘著作集　第三巻』岩波書店、二〇〇四（再録）
池内　宏　一九一四、『文禄慶長の役　正編第一』南満州鉄道
池上尊義　一九八三、「肥後本妙寺と清正公信仰」『宗教と現代』九月号
池　田　町　一九八四、『池田町史』小豆郡池田町
稲葉継陽　二〇〇三、「兵農分離と侵略動員」、池享編『日本の時代史一三　天下統一と朝鮮侵略』吉川弘文館
上原兼善　二〇〇一、『幕藩制形成期の琉球支配』吉川弘文館
大阪城天守閣　二〇〇〇、『特別展　秀吉家臣団』〈展覧会図録〉

太田浩司　二〇〇九、『近江が生んだ知将　石田三成』サンライズ出版
太田秀春　一九九九（初出）、「文禄の役（壬辰倭乱）における漢城の日本軍陣所について―宇喜多秀家本陣における天守造営を中心に」『朝鮮の役と日朝城郭史の研究　異文化の遭遇・受容・変容』清文堂出版、二〇〇五（再録）
　二〇〇五、「倭城の「城下」と「附逆」朝鮮人」『朝鮮の役と日朝城郭史の研究　異文化の遭遇・受容・変容』清文堂出版
奥野高広　一九八八、『増訂織田信長文書の研究　補遺・索引』吉川弘文館
海津一郎　二〇〇八、「一五八五年雑賀太田攻め関係史料集」『中世終焉―秀吉の太田城水攻めを考える』清文堂出版
笠谷和比古　二〇〇〇、『関ヶ原合戦と近世の国制』思文閣出版
北島万次　一九九五、『豊臣秀吉の朝鮮侵略』吉川弘文館
　二〇〇七、『加藤清正　朝鮮侵略の実像』吉川弘文館
京都市歴史資料館　二〇〇六、『叢書京都の史料九　大中院文書・永運院文書』
熊本県立美術館　二〇〇七、『熊本城築城四〇〇年記念　激動の三代展―加藤清正・忠広・細川忠利の時代―』〈展覧会図録〉
熊本市　一九九四、『新熊本市史　史料編　第三巻　近世Ｉ』
五野井隆史　二〇〇三、「被虜朝鮮人とキリスト教―十六、十七世紀日韓キリスト教関係史―」『東京大学史料編纂所研究紀要』一三
佐島（国重）顕子　一九八九、「豊臣政権の情報伝達について―文禄二年初頭の前線撤退をめぐって―」『九州史学』九六
　一九九七、「日明講和交渉における朝鮮撤退問題―冊封正使の脱出をめぐって―」、中村質編『鎖国と国際関係』吉川弘文館
参謀本部　一九二四、『日本戦史　朝鮮役』村田書店

清水紘一　一九八八（初出）、「伴天連追放令の発布」『織豊政権とキリシタン―日欧交渉の起源と展開―』岩田書院、二〇〇一（再録）
一九八九（初出）、「天正十四年の布教許可状をめぐって」『織豊政権とキリシタン―日欧交渉の起源と展開―』岩田書院、二〇〇一（再録）
一九九三（初出）、「博多基地化構想をめぐって―天正禁教令との関連を中心として」『織豊政権とキリシタン―日欧交渉の起源と展開―』岩田書院、二〇〇一（再録）
二〇〇一、「九州御動座記」『織豊政権とキリシタン―日欧交渉の起源と展開―』岩田書院
城郭懇話会　一九九八、『倭城の研究　第二号　小西行長の順天城』岩田書院
高瀬弘一郎　一九七七、「キリシタン宣教師の軍事計画」『キリシタン時代の研究』岩波書店
武田勝蔵　一九二五、「伯爵宗家所蔵豊公文書と朝鮮陣」『史学』第四巻第三号
田中健夫　一九六一、『島井宗室』吉川弘文館
一九七五、「豊臣秀吉の水軍と石井与次兵衛」『中世対外関係史』東京大学出版会
徳富蘇峰　一九三五、『近世日本国民史　豊臣氏時代丁篇　朝鮮役上巻』民友社
豊田　武　一九六六、『堺―商人の進出と都市の自由』至文堂
仲尾宏・曺永禄　二〇〇二、『朝鮮義僧将・松雲大師と徳川家康』明石書店
中野　等　二〇〇六、『秀吉の軍令と大陸侵攻』吉川弘文館
中村　質　一九八八、『近世長崎貿易史の研究』吉川弘文館
中村栄孝　一九六九、『日鮮関係史の研究　中』吉川弘文館
林　千寿　二〇一〇、「慶長五年の戦争と戦後領国体制の創出―九州地域を素材として」『日本歴史』七四二

平井誠二　一九八六、「『御朱印師職古格』と山田三方—豊臣秀吉のキリシタン禁令をめぐって」『古文書研究』二五
福岡市博物館　一九九七、『博多の豪商嶋井宗室』〈展覧会図録〉
藤田達生　一九九三（初出）、「豊臣政権と国分」『日本近世国家成立史の研究』校倉書房、二〇〇一（再録）
一九九五（初出）、「豊臣政権と天皇制—九州国分から聚楽行幸へ—」『日本近世国家成立史の研究』校倉書房、二〇〇一（再録）
松本寿三郎　一九九四（初出）、「近世初頭の村落把握についての覚書」『近世の領主支配と村落』清文堂出版、二〇〇四（再録）
森　俊弘　二〇〇三、「年欠三月四日付け羽柴秀吉書状をめぐって—書状とその関係史料を再読して—」『岡山地方史研究』一〇〇
森山恒雄　一九六六、「豊臣期海外貿易の一形態」『東海大学文学部紀要』第八輯
八代市教育委員会　二〇〇六、『八代市文化財調査報告書第三〇集　麦島城跡』
山室恭子　一九九二、『黄金太閤—夢を演じた天下びと』中央公論社
山本浩樹　一九九四、「天正年間備中忍山合戦について」『岐阜工業高等専門学校紀要』第二九号
山本博文　一九九〇、『幕藩制の成立と近世の国制』校倉書房
二〇〇九、『天下人の一級史料—秀吉文書の真実』柏書房
遊佐教寛　二〇〇七、「カミソリで「下文」に虫食い穴を作った男—紀州藩越後流軍学者宇佐美定祐文書を解きほぐす—」『和歌山県立文書館紀要』一二号
二〇〇八、「その謙信「感状」は紀州藩軍学者宇佐美定祐が作った」『和歌山県立文書館紀要』一三号
ルイス・デ・メディナ　一九八八、『遥かなる高麗—十六世紀韓国開教と日本イエズス会』近藤出版社

二〇〇三、『イエズス会士とキリシタン布教』岩田書院
苓北町　一九八四、『苓北町史』本編
J.L.Alvarez-Taladriz　一九五九、「Un documento inedito del ano 1586 sobre los Hibiya de Sakai」『大阪外国語大学学報』七号（佐久間正・松田毅一共訳　一九六三、「堺の日々屋家に関する一五八六年の新史料」『キリシタン研究』第八輯）

小西行長関係キリシタン略伝（五十音順）

伊地智文太夫《いじちぶんだゆう》（生年未詳～一五八九） 洗礼名パウロ。もともと河内烏帽子形《かわちえぼしがた》（大阪府河内長野市）を所領とし、オルガンティーノらイエズス会宣教師たちとの関係を持っていた有力なキリシタン武将。天正十六年（一五八八）小西行長の重臣（「親類衆」）として肥後に入る。翌年の天草一揆の際、袋浦《ふくろうら》（熊本県苓北町）で戦死。

ヴァリニャーノ Valignano,Alexandro（一五三九～一六〇六） イタリア出身のイエズス会司祭。一五七三年インド派遣の際、イエズス会総長の名代である巡察師に就任。天正七年（一五七九）来日。日本の風習に応じた布教と日本人のイエズス会会員育成方針を打ち出し、天正遣欧使節派遣に成功。その後、天正十八～文禄四年（一五九〇～九五）と慶長三～八年（一五九八～一六〇三）長崎を拠点に日本のキリスト教定着の基礎固めに尽力。その間に記した書簡には行長の動向が多く記されている。一六〇六年、マカオで死去。

ヴィセンテ洞院《とういん》（一五四〇？～一六〇九） 若狭出身のキリシタン。もともと父の養方軒パウロとともに医師であったが、天正八年（一五八〇）宣教師となり、安土セミナリヨでキリスト教諸学科を教授。行長と交流があったことでも知られている。天正十五年（一五八七）ごろには大坂・堺にあり、細川ガラシャを指導したことでも有名。後に長崎に下り、キリシタン版邦訳書の仕事に従事。日本文学に通じ、説教に優れた。

オルガンティーノ Organtino,Gnecchi-Soldo（一五三三～一六〇九） イタリア出身のイエズス会司祭。元亀元年（一五七〇）来日し、フロイスを補佐するため京都に派遣され、天正二年（一五七四）から都地方教区の修院長として尽力。織田信長の知遇を得て、京都南蛮寺の建立や安土セミナリヨの開設に成功。信心と人柄に優れ、天正十五年（一五八七）伴天連《ばてれん》追放令発令の際、消極的態度をとった小西行長を説得し、小豆島《しょうどしま》にキリシタンを潜伏させた。以降も京畿内で布教活動に従事し、慶長九年（一六〇四）に長崎に隠退。同地で死去。

コエリョ Goelho,Gaspar（一五三〇？～九〇） ポルトガル出身のイエズス会司祭。元亀三年（一五七二）に来日し、肥前大村領を中心に布教を推進。天正九年（一五八一）ヴァリニャーノによって初代日本準管区長に任命されるが、天正十五年（一五八七）には秀吉により伴天連追放令が発令される事態を招き、九州のキリシタン大名を結集して秀吉に抵抗するよう試みるが行長や有馬《ありま》晴信《はるのぶ》に阻止される。天正十八年（一五九〇）、肥前加津佐《かづさ》で死去。

小西如清《こにしじょせい》（生没年未詳） 洗礼名ベント。行長の兄。室は日比屋了珪の娘アガタ。父立佐の影響で早くからキリシタンとなり、畿内におけるキリシタンの代表的人物となる。天正二十年（一五九二）立佐没後は、後継者として堺奉行に就任。行長とともに豊臣政権内での影響力を持ち、前田利家や徳川家康との交流もあった。慶長五年（一六〇〇）関ヶ原合戦で行長が敗死したことで、如清も失脚したようだが、晩年の様子は不明。

小西末郷《こにしすえさと》（生年未詳～一六〇一） 洗礼名ディエゴあるいはジアン。本姓は木戸。作右衛門、美作《みまさか》とも称す。娘は日比屋了荷の室で、小西・日比屋氏と縁戚関係を持ち、行長の重臣として活躍。行長統治下の肥後で八代《やつしろ》城代を務めた。朝鮮出兵の際には、小西軍の中核を担い、行長が留守の場合は名代を務める立場であった。慶長四年（一五九九）には八代でキリスト教布教を推進。慶長五年（一六〇〇）加藤清正による八代城攻撃により薩摩に逃れ、翌年同地で死去。

小西立佐《こにしりゅうさ》（生年未詳～一五九二） 洗礼名ジョウチン。行長の父で堺出身。上洛したザビエルと接触を持ち、早くから京都でキリシタンになる。その後もイエズス会宣教師と積極的に関係を保ち、フロイスの使者として織田信長に面会し、これを機に権力者に接近。秀吉の信頼を得て、河内蔵入地《くらいりち》代官となり、天正十四年（一五八六）に堺奉行に就任。後に和泉法眼《いずみほうげん》と名乗る。財政面や南蛮貿易において能力を発揮し、子の如清・行長とともに秀吉の側近として影響力を持った。天正二十年（一五九二）京都の如清の家で死去。

セスペデス　Cespedes,Gregorio de（一五五一?～一六一一）スペイン出身のイエズス会司祭。天正五年（一五七七）来日し、天正七年（一五七九）から京都・大坂で布教に従事。天正十四年（一五八六）には小西行長の要請を受け小豆島で布教。後に長崎に移り、文禄二年（一五九三）再び小西行長の要請により、朝鮮半島南端の熊川《ウンチョン》に渡海し、陣中でミサを執り行った。また、細川ガラシャの指導司祭としても知られる。慶長十六年（一六一一）小倉で死去。

高山右近《たかやまうこん》（一五五二?～一六一五）洗礼名ジュスト。戦国期を代表するキリシタン大名。高山飛騨守の長男で永禄七年（一五六四）に受洗。和田惟政《わだこれまさ》・荒木村重《あらきむらしげ》に仕え、天正元年（一五七三）に摂津高槻《たかつき》城主となる。後に、豊臣秀吉に仕えて数々の武功をあげ、天正十三年（一五八五）に播磨明石を与えられる。しかし、領民の強制改宗が問題となり、天正十五年（一五八七）伴天連追放令発令の際に改易され、一時期小西行長に匿われる。その後、加賀前田氏に仕えた。慶長十九年（一六一四）マニラに追放され、同地で死去。

竹内吉兵衛《たけのうちきちべえ》（生没年未詳）洗礼名アンブロジオ。行長の家臣で「御馬廻《おうままわり》」（『吉野覚書』）。天正二十年（一五九二）六月の平壌《ピョンヤン》陥落後、明と行長の停戦交渉の過程で明側に捕えられ北京に連行されたが、北京では優遇された（フロイス『日本史』）。その後は、肥後に帰国したようで、宇土城三ノ丸に屋敷があったと伝えられている。

内藤忠俊《ないとうただとし》（生年未詳～一六二六）洗礼名ジョアン。如安《じょあん》、徳庵《とくあん》とも称する。もと丹波守護代の有力キリシタン。後に行長の家臣となり、天正十八年（一五九〇）有馬で催されたコエリョの葬儀に行長の名代として参列。このころから小西姓を名乗り、朝鮮出兵の際は、行長の命で北京に派遣され明皇帝に謁見し講和交渉に尽力。行長の死後は高山右近がいる金沢に移る。慶長十九年（一六一四）キリシタンを理由にマニラに追放され、同地で死去。

原《はら》**マルチノ**（一五六九?～一六二九）肥前波佐見《はさみ》出身。早くから入信し、有馬セミナリヨに在学中、ヴァリニャーノによって遣欧使節副使に選ばれ、天正十年（一五八二）ローマへ出発し、天正十八年（一五九〇）に帰国。天正十九年（一五九一）にイエズス会に入会し、布教活動に尽力。文禄五年（一五九六）には肥前名護屋で行長と会談している。慶長十三年（一六〇八）長崎で司祭叙階。慶長十九年（一六一四）にマカオに追放され、同地で死去。

日比屋《ひびや》了荷《りょうか》（一五五四〜没年未詳）洗礼名ヴィセンテ。兵右衛門と称す。堺の有力商人日比屋了珪の子で、永禄四年（一五六一）に宣教師ヴィレラから洗礼を受ける。後に行長の家臣となって肥後に移り、天草志岐《しき》城代を務め、現地でキリスト教を保護した。朝鮮出兵の際には行長に従って朝鮮に渡海したが、その後の活動は不詳。

日比屋《ひびや》了　珪《りょうけい》（生没年未詳）洗礼名ディオゴ。堺の有力商人。永禄四年（一五六一）に宣教師ヴィレラを自宅に招き、子の了荷を受洗させ、後に自身もキリシタンとなる。娘のアガタは小西如清に嫁しており、小西氏とともに堺キリシタンの中心人物として活動した。

フロイス　Frois,Luis（一五三二〜九七）ポルトガル出身のイエズス会司祭。永禄六年（一五六三）に来日し、後に上洛して中日本布教長として活躍。ヴァリニャーノやコエリョの通訳としても活動し、信長や秀吉に度々謁見した。天正十五年（一五八七）以降は主に九州に滞在し、慶長二年（一五九七）長崎で死去。言語・文筆の才に優れ、日本の社会情勢を詳細に記録してローマに度々報告しており、天正十一年（一五八三）からイエズス会総長の命令で初期日本教会史として『日本史』の編述を開始。これらの記録は当時の日本の歴史解明に不可欠の史料であり、行長に関する記述の宝庫でもある。

結城《ゆうき》弥平次《やへいじ》（一五四四〜没年未詳）洗礼名ジョルジ。河内岡山（大阪府四条畷市）の有力者で、永禄六年（一五六三）にキリシタンに改宗した結城《ゆうき》忠正《ただまさ》の甥。信仰に篤く、京都南蛮寺建設に関与するなど、積極的にイエズス会の活動に参加。後に行長の家臣となり、室《むろ》で高山右近やオルガンティーノの潜伏を助け、肥後では矢部《やべ》愛藤寺《あいとうじ》城代を務めた。行長の信頼は厚く、朝鮮出兵の際には留守を預かって肥後南部の統治に当たっている。行長没後、肥後を離れ、慶長七年（一六〇二）から肥前有馬氏に仕えるも、慶長十八年（一六一三）キリシタンを理由に追放された。

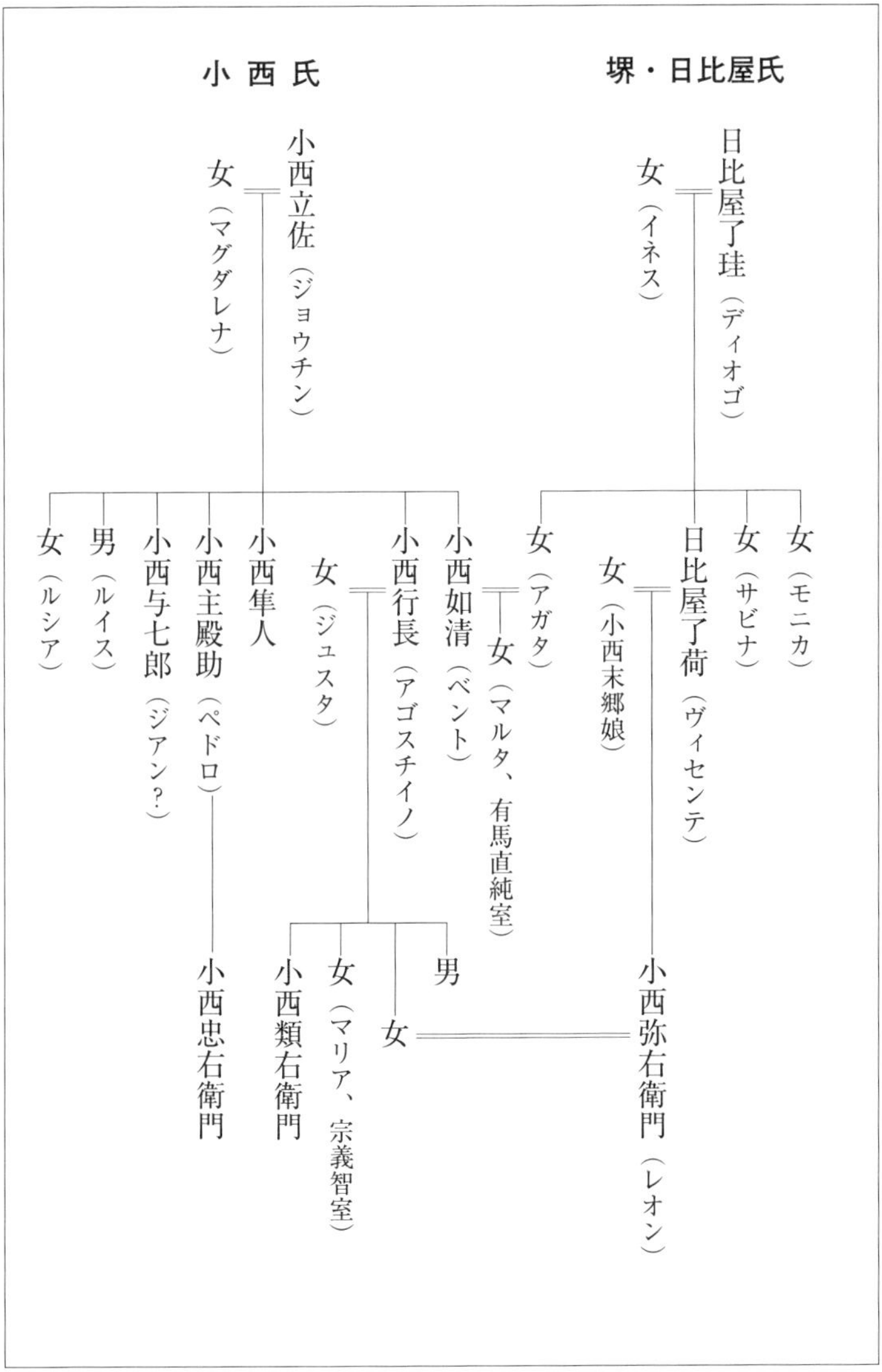

小西行長関係略系図　（　）洗礼名、姻戚・血縁関係を示す

あとがき

別に小西行長を褒め称えようと思って研究を始めたわけではない。ただ、従来語られてきたような、根拠がない「負」のイメージにはどうしても違和感があった。結果としてどのような人間像になろうとも、一次資料にもとづいて史実を解明し、それを人々に伝えるのが歴史学専門の学芸員としての使命に違いない、そう思った。そのためには「抹殺されて資料がない」という先入観を捨て、自分で資料を集めるのが最もシンプルで確実な方法だと考えた。

その作業を始めて約五年。幸いにもたくさんの方々のご協力を得て、行長に関する多くの資料を把握できた。それを整理してみると、私なりに行長のいろんな「顔」が見えてきた。そして、八代市や宇土市の教育委員会のご理解・ご協力のもと、その成果を展覧会や講演会というカタチで一般の方々に紹介するよう務めてきた。

その甲斐あってか、熊本では最近小西行長に対する認識が変わりつつあるように思う。最もそれを感じたのは、二〇〇九年十一月七日に熊本県の宇土市民会館で開催されたシンポジウム「小西行長を見直す」（宇土市教育委員会主催）においてである。僭越ながら私もパネリストの一人として参加させていただいたが、正直に言うと当日まで「小西行長の話ではお客さんが少ないのでは」と思っていた。しかし、フタを開ければ五〇〇人を超える大聴衆。客席から溢れてくる熱気は確かに「小西行長を求めて」のものだった。資料にもとづいて語り続ければ、市民の方々の歴史像を豊かにできる。小西行長の研究を通じて、私は歴史学の醍醐味を味わうことができた。

本書はこうした活動の「現時点での総括」である。私の論述はさておき、本書の最大の長所は資料図版と翻刻が多く掲載されていることだ。これはひとえに各所蔵者のご理解とご協力によるものであり、改めて感謝申し上げたい。そして、本書が契機となって、行長に関する研究が今後さらに進展することを切に願っている。

何事にも出来の悪い私が、今日まで歴史研究を続けてこれたのは、多くの方々のお導きの賜物である。特に、高校時代に歴史を学ぶ楽しさを教えていただいた大橋宏記先生、岡山大学で日本古代史を専攻した私に歴史学の基本と社会的意義を教えていただいた狩野久先生と今津勝紀先生には、改めて感謝申し上げたい。いつまでも不肖の弟子だが、今の私があるのは先生方の厳しくも温かいご指導のおかげである。

八代で働き始めてからも、多くの方々のご指導のおかげで学芸員生活を続けさせていただいている。紙面の都合上、一人ひとりのお名前をあげることはできないが、特に勤務先である八代市立博物館未来の森ミュージアムの先輩・同僚諸氏には毎日お世話になりっぱなしである。また、大倉隆二会長をはじめとする熊本日韓文化交流研究会の諸氏には、いつも貴重なご指導をいただき、私の研究の活力となっている。

加えて、小西行長の研究に際しては、平川恵会長を中心とする小西行長顕彰会の皆様のご協力に幾度となく助けられ、励ましていただいた。本書の刊行で、今までのご恩に少しでも報えるのであれば幸いである。

本書の発行元である八木書店とは二〇〇五年に『西山宗因生誕四〇〇年記念　宗因から芭蕉へ』の編集のお手伝いをさせていただいて以来のご縁である。この時、苦労をともにした出版部の金子道男氏には、遠い熊本の一学芸員にすぎない私を気にかけていただき、いつも温かい励ましをいただいている。また、編集担当の恋塚嘉氏には「小西行長でいい本を作ろう！」とありがたいお誘いをいただき、それが本書刊行のきっかけになった。その熱い気持ちに応えたいという一心で作業にとりかかり、時間はかかってしまったが何とか刊行にこぎつけることができた。これもひとえに代表取締役社長八木壮一氏はじめ出版部の皆様のおかげである。

このように、本書はたくさんの方々のご支援とご協力によって完成できた。ここに記して感謝申し上げたい。

最後に、いつも温かく応援してくれている神戸の両親と兄、そして本書の原稿執筆のため毎晩部屋に引きこもる私に愚痴も言わず、二人の小さな娘の子育てと家事を担ってくれた妻・典子と、同居している義父母に感謝の言葉を記しておきたい。

二〇一〇年七月一日

鳥津　亮二

和暦（西暦）	年齢	小西行長の動向
文禄2（1593）	36	1月、明・朝鮮軍の総攻撃を受け平壌から漢城へ撤退（140頁）
		4月、釜山へ撤退（143頁）
		5月、明勅使をともない名護屋に到着（143頁）
		6月、釜山へ渡海。秀吉の「和議七ヶ条」を受け、明との和平交渉開始（144頁）
		この頃、家臣内藤忠俊を北京へ派遣（145頁）
		11月、在番中の熊川へ司祭セスペデスを招聘（151頁）
文禄3（1594）	37	12月、北京に到着した内藤忠俊に対して明皇帝が日本へ勅使派遣を決定（146頁）
文禄4（1595）	38	4月、明勅使の漢城到着を報告するため日本へ帰国（153頁）
		6月、釜山在陣（155頁）
		11月、明勅使が釜山に到着（156頁）
文禄5（1596）	39	1月、明勅使受け入れ態勢構築のため日本に一時帰国（156頁）
		6月、明勅使が釜山を出発し日本に向かう。行長も同行（157頁）
		9月、秀吉は明勅使と対面。和平交渉決裂（158頁）
（10月、慶長に改元）		10月、行長は肥前名護屋に到着（173頁）
		12月、釜山に渡海（173頁）
慶長2（1597）	40	2月、秀吉、再派兵発令。行長は再び先手。慶尚・忠清・全羅道に進軍（175頁）
		12月、順天城に在番（177頁）
慶長3（1598）	41	8月、秀吉死去（180頁）
		11月、明・朝鮮軍の猛攻撃の中、順天を脱出（182頁）
		12月、博多に到着。上方へ到着（182頁）
慶長4（1599）	42	7月、肥後へ下国。庄内の乱の対応にあたる（190頁）
		この頃、肥後領内でキリスト教布教を本格化させる（197頁）
慶長5（1600）	43	1月、上洛。その後、石田三成らと徳川家康打倒のため挙兵（204頁）
		8月、大垣城に入城（205頁）
		9月、関ヶ原の戦いにて敗れ逃走。伊吹山で捕らえられる（206頁）
		10月、京都で刑死（208頁）
		肥後の小西領は加藤清正の攻撃により占拠され、加藤領となる（208頁）
慶長8（1603）		12月、八代で加藤家臣のキリスト教徒、ジョアン南・シモン竹田両名とその家族が処刑される（212頁）
慶長12（1607）		イタリア・ジェノバで行長を題材にした音楽劇『AGOSTINO TZVNI-CAMINDONO』が上演される

史料で読む戦国史①

証言 本能寺の変

藤田達生 著（三重大学教授）

好評発売中！

本体三、四〇〇円（税別）
A5判上製・カバー装・340頁
ISBN978-4-8406-2048-2 C3021

従来の常識・通説に左右されることなく、「本能寺の変」を史料に基づき検証！

本能寺の変研究を、織田政権論の重要なテーマとして位置づける

●本事変に関わる基本史料（117点）を紹介し、読み下し文を付して解説。

●このクーデターの分析を通して、室町幕府最後の将軍、足利義昭とその幕府の実態を明らかにし、織田政権論を再検討。

●「本能寺の変」を研究テーマとし、数々の論考を発表してきた筆者の研究の集大成。

信長の「天下布武」印

【著者】鳥津 亮二（とりづ りょうじ）
〔略歴〕
1977 年　兵庫県神戸市出身
1996 年　兵庫県立兵庫高等学校卒業
2000 年　岡山大学文学部歴史文化学科卒業
2002 年　岡山大学大学院文学研究科修了
同年より八代市立博物館未来の森ミュージアム学芸員
2007 年　特別展覧会「小西行長―Don Agostinho―」を担当
2011 年　本書により第 32 回熊日出版文化賞受賞

〔主な著書・論文〕
- 「小西行長発給文書と花押について」（『熊本史学』第 89-91 号, 2008 年）
- 「肥後八代・麦島城と小西行長」（別府大学文化財研究所ほか編『キリシタン大名の考古学』思文閣出版, 2009 年）
- 『加藤清正の生涯―古文書が語る実像―』（共著, 2013 年, 熊本日日新聞社）
- 「加藤清正のクセ字―自筆書状の基礎的考察―」（『東京大学史料編纂所画像史料解析センター通信』第 65 号, 2013 年）
- 「小西立佐と小西行長―秀吉側近キリシタンの一形態―」（中西裕樹編『高山右近 キリシタン大名への新視点』2013 年, 宮帯出版社）
- 「コレジオ天草移転の政治的背景」（豊島正之編『キリシタンと出版』2013 年, 八木書店）
- 『十六世紀末小西行長領内キリスト教関係基礎資料集』（2014 年, 宇土市教育委員会）
- 「小西立佐・如清の生涯と史料」（『堺市博物館研究報告』第 33 号, 2014 年）

小西行長《こにしゆきなが》―「抹殺《まっさつ》」されたキリシタン大名《だいみょう》の実像《じつぞう》―
〔史料で読む戦国史 ②〕

2010 年 7 月 31 日　初版第一刷発行
2015 年 9 月 5 日　初版第二刷発行
定価（本体 4,800 円＋税）

著者　鳥津亮二
発行所　株式会社 八木書店 古書出版部
代表 八木乾二
〒101-0052 東京都千代田区神田小川町 3-8
電話 03-3291-2969（編集）-6300（FAX）
発売元　株式会社 八木書店
〒101-0052 東京都千代田区神田小川町 3-8
電話 03-3291-2961（営業）-6300（FAX）
http://www.books-yagi.co.jp/pub/
E-mail pub@books-yagi.co.jp

本文印刷　上毛印刷
口絵印刷　天理時報社
製本　牧製本印刷
用紙　中性紙使用

ISBN978-4-8406-2049-9

索　引

【あ】

【い】

【き】

【く】

【け】

【こ】

【さ】

【し】

【ち】

【つ】

【て】

【と】

【な】

【へ】

【ほ】

【ま】

【み】

【む】

【め】

【も】